LA RECHERCHE EN ÉDUCATION

ENSEIGNER
ET APPRENDRE

LA RECHERCHE EN ÉDUCATION

Étapes et approches

4e édition revue et mise à jour

Sous la direction de **Thierry Karsenti** et **Lorraine Savoie-Zajc**

Les Presses de l'Université de Montréal

Catalogage avant publication de Bibliothèque et Archives nationales du Québec et Bibliothèque et Archives Canada

Introduction à la recherche en éducation

La recherche en éducation: étapes et approches / sous la direction de Thierry Karsenti, Lorraine Savoie-Zajc.

4ᵉ édition revue et mise à jour.

(Enseigner et apprendre)
Publié antérieurement sous le titre: Introduction à la recherche en éducation.
Comprend des références bibliographiques.
Publié en formats imprimé(s) et électronique(s).

ISBN 978-2-7606-3932-4
ISBN 978-2-7606-3933-1 (PDF)
ISBN 978-2-7606-3934-8 (EPUB)

1.Éducation – Recherche. I. Karsenti, Thierry, 1968- , éditeur intellectuel.
II. Savoie-Zajc, Lorraine, 1948- , éditeur intellectuel. III. Titre. IV. Collection:
Collection: Enseigner et apprendre.

LB1028.I57 2018   370.72   C2018-941354-9
                                                                                      C2018-941355-7

Mise en pages: Chantal Poisson

Dépôt légal: 3ᵉ trimestre 2018
Bibliothèque et Archives nationales du Québec
© Les Presses de l'Université de Montréal, 2018

Les Presses de l'Université de Montréal remercient de leur soutien financier le Conseil des arts du Canada et la Société de développement des entreprises culturelles du Québec (SODEC).

Financé par le gouvernement du Canada | Canada

Imprimé au Canada

Préface

Maurice Tardif

Au cours des dernières décennies, la recherche en éducation a connu une expansion extraordinaire, tant pour le volume produit que la diversité des études. Deux raisons principales sont à l'origine de cet essor. La première est la prise de conscience par les gouvernements nationaux et les grands organismes internationaux (OCDE, UNESCO, Banque mondiale, Commission européenne, etc.) du rôle crucial que joue l'éducation dans l'évolution actuelle de nos sociétés complexes. Cette prise de conscience s'est traduite depuis une trentaine d'années par la production d'un très grand nombre de travaux et d'enquêtes portant sur le fonctionnement des systèmes scolaires, leur efficacité et leur sens de l'équité, notamment leur capacité comparative à répondre aux besoins de plus en plus variés des élèves et à assurer la réussite scolaire du plus grand nombre. La seconde raison tient à la nature même de la recherche en éducation, qui par définition se situe au point de rencontre de multiples disciplines : psychologie, économie, histoire, sociologie, administration, etc. Or, toutes ces disciplines ont connu ces dernières années des avancées scientifiques majeures qui sont venues nourrir et enrichir la recherche éducative.

Cependant, pour positif qu'il soit, ce développement extraordinaire de la recherche en éducation risque de poser problème aux étudiants-chercheurs qui veulent s'y initier ainsi qu'aux praticiens qui souhaitent prendre connaissance de ses résultats afin de les utiliser comme guide pour leurs pratiques éducatives. En effet, le volume même de connaissances issues de la recherche en éducation ne cessant de croître et de se diversifier, il devient difficile pour des chercheurs novices et des acteurs scolaires de s'y retrouver, d'évaluer la pertinence scientifique, sociale et éducative des résultats souvent très variés, de faire des choix entre les diverses théories et méthodologies en présence, sans parler des epistémologies (constructiviste, positiviste, naturaliste, interprétative, etc.) qui orientent, parfois de manière implicite, les travaux des chercheurs de toutes les disciplines. Ainsi, un enjeu majeur s'impose aux chercheurs en éducation depuis quelques années : ils ne peuvent plus se limiter à produire des recherches, encore faut-il qu'ils prennent la peine de les rendre intelligibles aux apprentis chercheurs et à leurs utilisateurs potentiels, notamment les praticiens de l'éducation.

Tel est le défi relevé brillamment pour cet ouvrage qui réussit le tour de force de présenter dans un langage clair et accessible les arcanes de la recherche contemporaine en éducation. En fait, cet ouvrage me paraît non seulement précieux et utile, mais aussi et surtout absolument nécessaire pour toute personne qui souhaite découvrir la recherche en éducation telle qu'elle se vit et se pratique aujourd'hui. En ce sens, cet ouvrage n'est pas un simple livre de méthodologie, comme il s'en trouve tant, mais un véritable parcours initiatique – une suite cohérente d'étapes et d'approches, comme l'indique son sous-titre – qui introduit avec brio les étudiants-chercheurs et les praticiens de l'enseignement dans l'univers de la recherche éducative actuelle, afin qu'ils puissent non seulement la comprendre, mais également se l'approprier et la maîtriser au terme de leur parcours.

Je salue donc avec enthousiasme la parution de cette quatrième édition considérablement enrichie de *La recherche en éducation* et j'en recommande fortement la lecture aux étudiants en éducation ainsi qu'aux nombreux acteurs éducatifs désireux d'agir, et ce, en s'inspirant de ce que la recherche éducative nous apprend, car elle nous apprend beaucoup, comme le montre cet ouvrage.

Professeur titulaire
Membre de l'Académie des sciences sociales
de la Société royale du Canada

Introduction

> *« Il est d'un ambitieux et d'un cerveau présomptueux,*
> *vain et envieux, de vouloir persuader les autres qu'il n'y a qu'une*
> *seule voie d'investigation et d'accès à la connaissance de la nature.*
> *Et c'est d'un insensé et d'un homme sans discours de se le donner*
> *à croire à soi-même. Donc bien que la voie la plus constante et*
> *ferme, la plus contemplative et distincte, le mode de réflexion*
> *le plus élevé, se doivent toujours préférer et le plus honorer*
> *et cultiver ; néanmoins, il ne faut pas blâmer telle autre manière,*
> *qui n'est pas sans bons fruits, quoique ces fruits*
> *ne soient pas du même arbre. »*
> GIORDANO BRUNO (1548-1600), CAUSE, III.

Ce livre constitue une initiation générale et essentielle aux méthodes de recherche en éducation. Il a pour but d'amener étudiants-chercheurs et praticiens à mieux comprendre les différentes étapes et les théories du processus de recherche en éducation. L'ouvrage est conçu pour des étudiants inscrits au baccalauréat, à la maîtrise et au doctorat en éducation. Certains chapitres ou parties de chapitre dépassent largement le stade de l'introduction et décrivent de façon rigoureuse et novatrice les méthodes de recherche.

Qu'est-ce que la recherche ?

Plusieurs étudiants ont du chercheur une conception fantaisiste, celle de quelqu'un aux cheveux grisonnants et au dos courbé qui, vêtu d'un tablier blanc et muni de petites lunettes, observe une expérience de chimie. Même s'il est bien ancré dans la société, ce stéréotype ne reflète évidemment pas l'ensemble des chercheurs, aussi bien ceux des sciences et sciences appliquées, comme la chimie, que ceux des sciences humaines, comme l'éducation. En fait, souvent sans le savoir, tant les étudiants que les praticiens de l'éducation entreprennent de modestes recherches. Ce qui distingue la recherche d'une « expérience pédagogique » ou d'un « essai-erreur » en salle de classe réside surtout dans la rigueur et la méthode ou la démarche avec laquelle une expérimentation est entreprise.

À l'instar de Van der Maren (2003), on peut affirmer qu'il n'y a pas de recherche sans l'existence préalable d'une question, d'une interrogation, d'un problème de départ pour lesquels la réponse n'est pas encore connue. Lenoir (1996), citant Beillerot (1991), rappelle le sens familier du mot recherche, qui signifie « effort pour trouver un objet, une information ou une connaissance » (Lenoir, 1996, p. 207).

À cette définition de sens commun, il est possible de juxtaposer une définition à caractère savant : le processus de recherche en éducation est traditionnellement décrit comme une activité scientifique qui contribue à l'avancement des connaissances. Elle permet la résolution d'un problème grâce à la collecte systématique de données, à leur analyse et à l'interprétation des résultats (McMillan et Wergin, 1998 ; Schwandt, 1996).

Selon Heron (1996), une telle définition de la recherche s'inscrit dans le courant positiviste et remonte même aux travaux d'Aristote. Ce dernier voyait le développement de l'intellect humain comme le but le plus élevé à atteindre ; la finalité de production de connaissances de la recherche participe à une telle visée. Heron (1996) et Schwandt (1996) adoptent une position critique par rapport à l'énoncé d'une telle finalité. Ils proposent que la recherche en éducation poursuive d'abord des buts d'amélioration de la pratique enseignante et que, en second plan, elle s'attache à dégager les savoirs que produit une telle transformation. Ces savoirs ne sont pas généralisables, mais ils visent des propositions d'application, éventuellement transférables à d'autres groupes qui partageraient une problématique et des questionnements similaires. La recherche est ainsi vue comme une pratique discursive ; elle soutient le développement de savoirs ; elle informe les êtres humains et elle oriente les décisions qui guident leur conduite personnelle et professionnelle ; elle devrait soutenir la croissance personnelle (Reason, 1996). Ces finalités associées à la recherche, celle de produire de nouvelles connaissances et celle d'améliorer des pratiques, constituent, à divers degrés et selon les types de recherche, les points d'ancrage des pratiques de recherche.

Pour qu'une démarche soit considérée comme une «recherche», trois conditions s'imposent: «une production de connaissances nouvelles (premier critère), une démarche d'investigation rigoureuse (deuxième critère), une communication des résultats (troisième critère)» (Lenoir, 1996, p. 207).

Au premier critère, nous ajoutons la dimension «amélioration des pratiques», comme Heron et Schwandt l'ont fait valoir, car cet aspect caractérise certaines formes de recherche, dont la recherche-action.

Ainsi, parce que la recherche en éducation vise la production de nouvelles connaissances et, dans certains cas, des améliorations de pratique (premier critère), elle repose toujours sur une épistémologie (1)[1], c'est-à-dire sur les présupposés qui sont à l'origine de la production des connaissances et sur la manière dont ils influent sur l'activité même de la recherche. Les recherches peuvent alors être classées selon leur épistémologie.

Le deuxième critère, celui de la démarche rigoureuse, implique que le processus de recherche s'effectue selon une procédure systématique et explicite qui peut cependant varier selon les types (2) de recherche et selon les méthodologies (3). La notion de «méthodologie» renvoie à un ensemble de pratiques reflétées dans la manière de poser le problème de recherche, dans les stratégies de collecte et d'analyse des données, dans les dynamiques d'interprétation et, finalement, dans le choix des critères afin d'évaluer la rigueur des recherches effectuées.

Le troisième critère, la communication des résultats, rappelle que la recherche est une pratique dont les résultats sont validés par les pairs ou par des groupes d'individus susceptibles de poser un regard critique sur les connaissances produites ainsi que de témoigner des améliorations de pratique professionnelle. Il convient alors de s'intéresser aux attitudes et aux compétences qu'un chercheur (4) doit posséder ainsi que de souligner les finalités (5) de la recherche. La diffusion des résultats vers certains publics plutôt que d'autres sera alors adaptée selon que l'on s'adresse à des auditoires constitués de praticiens ou de chercheurs. Les premiers s'intéresseront aux aspects qui touchent à la pratique; les seconds, aux dimensions reliées à la production de connaissances.

---

1. Les chiffres entre parenthèses renvoient aux volets de la figure I.1, p. 15.

La pertinence de la formation à la recherche

Certains étudiants, particulièrement au baccalauréat, se demandent pourquoi suivre une formation à la recherche en éducation et aussi pourquoi initier les futurs maîtres à la recherche dans le cadre d'un programme de formation professionnelle. Examinons trois éléments de réponse.

Engagement, formation continue et responsabilité éthique

Bien qu'il existe un éventail de réponses possibles, la plus évidente est celle de permettre à tout enseignant de trouver des solutions à ses préoccupations professionnelles en consultant les résultats de la recherche.

C'est en partie ce que Gauthier, Martineau, Malo, Desbiens et Simard (1997) appellent la responsabilité éthique. Outre cet aspect concret et évident de résolution de problèmes liés à sa pratique, le professionnel de l'éducation possède aussi des caractéristiques et des qualités qui font de lui un professionnel engagé dans une démarche de réflexion et de formation continue ; l'enseignant-chercheur est d'abord un être en recherche, soucieux d'améliorer sa pratique. Il est également à l'affût de résultats de recherches qui l'informent et l'incitent à réviser, à nuancer et à ajuster ses pratiques selon la compréhension qu'il en tire et la pertinence qu'il y voit. Selon Lessard (2006), la recherche constitue « un réservoir de lectures possibles de [sa] pratique » (p. 41). L'enseignant s'ouvre ainsi à d'autres perspectives et en conséquence « élargit [sa] conscience professionnelle » (p. 41).

La recherche devrait donc faire partie des répertoires d'actions et de résolutions de problèmes des enseignants. Elle est vue comme un processus qui maintient la stimulation et la curiosité d'en savoir plus sur un sujet qui attire l'attention. En ce sens, elle constitue une stratégie importante de formation continue, car elle suscite une réflexion sur la pratique et permet de prendre une distance par rapport aux répertoires d'actions et aux « théories personnelles » de l'enseignement qui se sont constitués au fil des ans.

Comprendre la recherche et poser un regard critique

Les praticiens de l'éducation sont constamment exposés à des résultats de recherche. Ces résultats sont diffusés dans des revues à caractère scientifique, comme la *Revue des sciences de l'éducation*, la *Revue canadienne des sciences de l'éducation*, les *Cahiers de la recherche en éducation*, de même que dans des revues professionnelles ou spécialisées comme la *Vie pédagogique*, la *Revue de la pédagogie branchée (Infobourg)* et autres, qui présentent des résultats de recherche vulgarisés. Néanmoins, au-delà des revues en éducation, qu'elles soient à caractère scientifique ou professionnel, une trace de la recherche en éducation apparaît couramment dans la plupart des médias. Par exemple, combien de fois a-t-on entendu parler du taux de décrochage scolaire? des problèmes liés à la mixité dans les écoles? de la piètre qualité du français des élèves? du manque de motivation des apprenants? Souvent. En tant que professionnel de l'enseignement, il semble impératif de bien pouvoir comprendre comment ces recherches ont été analysées, non seulement pour mieux saisir l'importance des résultats rapportés, mais aussi éventuellement pour entreprendre des actions concrètes qui permettront de remédier à ces problèmes.

L'enseignant-chercheur, surtout s'il est motivé à mieux connaître son environnement et s'il désire capter des façons de l'améliorer, s'intéresse naturellement aux travaux de recherche qui le concernent. En tant qu'utilisateur de la recherche, il est en mesure de lire et de décoder le sens des études qu'il consulte ; il sait aussi prendre une position critique à leur égard. Sa connaissance du processus de recherche lui permet de poser les questions appropriées au sujet de la rigueur, de la cohérence, de l'intérêt de telle ou telle recherche pour lui et ses élèves. Il est également capable d'apprécier le degré de transfert qu'il est possible d'effectuer entre les résultats produits dans un contexte quelconque ou avec un échantillon déterminé et sa propre classe.

L'étude des méthodes de recherche en éducation se doit d'inspirer et de stimuler les futurs enseignants, tandis que la réflexion sur les erreurs peut signaler les écueils à éviter et aviver un sain esprit critique. À cet égard, il n'est plus permis de négliger délibérément diverses théories ou méthodes de recherche véhiculées dans la société ni de passer sous silence l'œuvre de certains chercheurs, didacticiens ou éducateurs. Le véritable esprit scientifique autant que la simple loyauté exigent de chercher dans tous les systèmes et événements la part de vérité qu'ils renferment.

Former la relève scientifique

Comme le fait valoir Krathwohl (1998), de nombreux chercheurs renommés en éducation ont débuté par un cours sur la recherche ou par un petit projet de recherche. Cet avant-goût de l'investigation scientifique leur a donné la piqûre de la recherche : cette lancée, c'était tout ce dont ils avaient besoin pour développer leur plein potentiel de chercheur. Enfin, nul praticien de l'éducation ne peut souhaiter vouloir en savoir moins dans son domaine, et même ceux pour qui les études avancées sont encore loin peuvent se laisser séduire par les avantages d'une initiation à la recherche remplie de défis. La formation à la recherche permet d'assurer la relève scientifique ; elle participe à la formation des futurs artisans des théories de demain.

Une meilleure compréhension des méthodes de recherche de même qu'une familiarisation accrue aux techniques de documentation contribuent au progrès pédagogique. Elles permettent aussi de faire un choix satisfaisant parmi les idées que nous ont léguées des siècles de formation. C'est en ce sens que le futur enseignant doit se former à la recherche, car celle-ci constitue un mécanisme important du développement professionnel qui lui permettra de grandir dans sa profession.

Une carte conceptuelle de la recherche

La figure I.1 présente les divers volets constitutifs de la notion de recherche que les auteurs du présent ouvrage abordent, chacun selon sa thématique, et elle en facilite la compréhension. Cette carte conceptuelle représente le processus de recherche comme un réseau intégrateur de plusieurs volets interreliés. Ainsi, une bonne recherche exprimerait une cohérence interne, c'est-à-dire que les prises de position dans chacun des volets formeraient un tout conséquent avec l'ensemble de la démarche.

Les différents chapitres du livre abordent l'un ou l'autre de ces volets, selon la particularité du thème exploré.

La structure de l'ouvrage

Un aperçu historique et les dimensions épistémologiques de la recherche en éducation ouvrent cet ouvrage (chapitre 1) ; il se poursuit par l'examen des conditions d'ordre éthique dans lesquelles évolue la recherche en sciences humaines et sociales (chapitre 2). Ces deux premiers chapitres constituent en quelque sorte des préalables à la recherche en éducation.

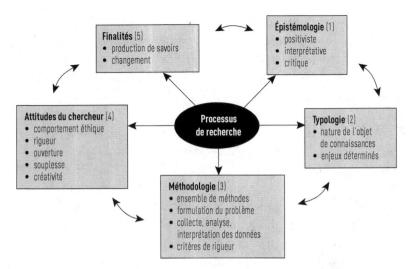

Figure I.1   Les volets constitutifs de la recherche

Trois textes suivront, qui correspondent à ce qu'il est convenu d'appeler la structure classique d'un rapport de recherche: la problématique (chapitre 3), le cadre théorique (chapitre 4) et la méthodologie (chapitre 5). Puis, au cœur de l'ouvrage, on présente six types de recherches: la recherche quantitative (chapitre 6), la recherche qualitative/interprétative (chapitre 7), la recherche ethnographique (chapitre 8), la recherche-action (chapitre 9), la recherche évaluative (chapitre 10) et l'étude de cas (chapitre 11), suivis par un texte sur l'analyse qualitative des données (chapitre 12).

Le chapitre 13 se penche, d'une certaine façon, sur le travail qui rend la recherche accessible. Cette dimension a trait au travail minutieux que requiert la présentation des textes de recherche et touche également à la qualité d'organisation des textes de recherche, qualité qui se révèle bien souvent une condition *sine qua non* de la diffusion des résultats de recherche: ce sont là deux volets essentiels aux retombées favorables de la recherche. Enfin, le chapitre 14 porte sur la recherche en éducation à l'ère des technologies de l'information et de la communication (TIC) et illustre comment leur usage judicieux peut bonifier toutes les étapes du processus de recherche.

On trouvera en annexe un glossaire des principaux concepts, notamment ceux qui sont abordés dans chacun des chapitres. Cet outil se veut utile au lecteur «stratégique» qui, tout au long de sa lecture, souhaite enrichir son vocabulaire et sa maîtrise du lexique scientifique. Cette section devrait permettre au praticien ou à l'étudiant-chercheur de s'approprier les principales notions et les principaux concepts relatifs à la recherche en éducation, en l'aidant de plus à en acquérir une compréhension approfondie.

La structure des chapitres

Par son contenu et sa structure, cet ouvrage va au-delà du processus de la recherche en éducation. Il reprend de façon intégrale et intégrée l'ordre chronologique de la présentation des chapitres ou des sections d'un article, d'un mémoire ou d'une thèse : problématique, cadre théorique, méthodologie, etc. Chaque chapitre, enfin, comprend un résumé, une introduction, un développement et une conclusion, le tout suivi d'une présentation d'activités d'apprentissage et de suggestions de lectures complémentaires. Cette uniformité facilite à la fois la lecture et l'utilisation de l'ouvrage et donne à l'étudiant-chercheur la possibilité d'acquérir des connaissances théoriques indispensables à la maîtrise du processus de recherche. Cette démarche est stratégique pour planifier son apprentissage de façon autonome et acquérir une méthode de travail transférable dans d'autres domaines. Grâce au résumé du chapitre, on se fait rapidement une première idée de la théorie et du contenu à maîtriser, ce que la lecture du chapitre permet de vérifier. Les exercices font appel au sens critique et à la capacité d'établir des liens entre les connaissances, puis de les organiser.

Les repères sociaux et épistémologiques

Marta Anadón

La recherche en éducation au Québec a parcouru un long chemin depuis son institutionnalisation avec la création des départements des sciences de l'éducation dans les universités québécoises. Ce premier chapitre reconstruit cette évolution en cinq périodes historico-épistémologiques qui s'organisent à partir des demandes sociales et des modèles de recherche qui se configurent dans chaque contexte historique et politique. Il y a plusieurs années, la recherche en éducation a amorcé un tournant majeur. Interpellée de toutes parts par les décideurs et les milieux de la pratique professionnelle, elle doit répondre à de nouvelles exigences qui placent l'efficacité des systèmes éducatifs au centre des préoccupations du monde de l'éducation. Afin de saisir l'importance et la raison d'être de ces nouvelles préoccupations et des façons de faire de la recherche en éducation, la lecture historique propose un regard rétrospectif avec l'objectif de reconstituer la genèse des problèmes auxquels fait face actuellement la recherche en éducation, et de fournir des éléments pour effectuer une analyse critique de ses enjeux.

□

Depuis plus de quarante ans, la recherche en éducation est au cœur de débats et de remises en question. Sa scientificité, sa légitimité et l'impact sociopolitique de ses résultats demeurent au centre des polémiques et des controverses plus générales sur les clivages épistémologiques et méthodologiques, qui perdurent encore, entre sciences de la nature et sciences humaines et sociales. Au Québec, elle a connu, pendant les trois dernières décennies, un essor plus que remarquable et on peut affirmer qu'aujourd'hui elle occupe toujours une place très importante dans la liste de priorités des universités et des organismes subventionnaires. La mise sur pied des chaires de recherche en éducation, le développement du Centre de recherches interuniversitaire sur la formation et la profession enseignante (CRIFPE) et la récente préoccupation pour la création d'un Institut national d'excellence en éducation témoignent de cette évolution.

Toutefois, actuellement, elle doit répondre à de nouvelles exigences que la société néolibérale impose aux systèmes éducatifs et, à cette fin, elle doit se doter d'approches rigoureuses capables de prendre en compte la complexité de l'objet de recherche que constitue l'éducation, tout en encourageant les praticiens à tirer parti des résultats de recherche.

Plusieurs auteurs affirment que la recherche en éducation aurait été, jusqu'aux années 1990, une recherche sur l'éducation, éloignée des intérêts des milieux de pratique, incapable de développer son propre champ disciplinaire et d'élaborer un savoir au bénéfice des acteurs de l'éducation (Carr et Kemmis, 1986; Bisaillon, 1992; Goodson, 1993; Van der Maren, 1995; Kennedy, 1997, 1999; Avanzini, 2008). Déjà en 2000, le rapport de l'Organisation de coopération et de développement économiques (OCDE) soutenait que l'orientation, la qualité et la valeur de la recherche et du développement dans le secteur de l'éducation étaient de plus en plus mises en question. Il dénonçait l'existence de deux cultures dans le champ des sciences de l'éducation. D'une part, ceux qui mettent l'accent sur la formation initiale des enseignants et qui justifient leur existence professionnelle par leur contribution à l'amélioration de la qualité pédagogique des pratiques enseignantes et des établissements scolaires et, d'autre part, les chercheurs universitaires qui, en général, n'ont pas d'expérience dans les milieux scolaires et qui justifient leur existence professionnelle par une logique orientée vers la mise à jour des connaissances qui devraient être appliquées, selon eux, dans les salles de classe. Cette division du travail entre praticiens et théoriciens ainsi que la distance qui s'ensuit entre les deux camps ont posé, et posent encore aujourd'hui, problème dans le monde de la recherche. De plus, cet état de fait explique pourquoi la recherche en éducation est depuis quelques années l'objet de multiples questionnements quant à ses finalités, à sa pertinence sociale et économique et à sa capacité de répondre aux nombreux défis et problèmes auxquels doivent faire face les systèmes éducatifs.

Afin de donner réponse à ces défis, des approches de recherche ont fait le pont entre la théorie et la pratique; elles se sont donné comme objectif d'établir avec les praticiens des modes de collaboration féconds dans le but d'améliorer la pratique éducative et ont préconisé un processus de recherche mené de concert avec les acteurs concernés. Ces

« principes » sont à la base des dynamiques participatives susceptibles de contribuer au changement, à la solution des problèmes éducatifs et au développement professionnel des acteurs de l'éducation.

En conséquence, des manières novatrices de faire la recherche et de produire un discours scientifique en éducation se sont élaborées, donnant une place prépondérante aux actions et aux rôles des différents acteurs du monde de l'éducation : élèves, enseignants, administrateurs, décideurs, etc. Dès lors, il semblait possible pour les chercheurs de produire un savoir qui serait vraisemblablement de nature à « toucher » les divers aspects de la pratique éducative.

Actuellement, dans un contexte social caractérisé par une logique gestionnaire centrée sur la recherche de l'efficacité, ces approches compréhensives et intersubjectives sont critiquées, cela ouvrant la porte à une posture épistémologique basée sur l'évidence et exigeant une méthodologie expérimentale et objective afin de fonder l'identification des pratiques exemplaires sur les résultats de recherches probantes (Saussez et Lessard, 2009 ; Snyder, Thompson, McLean et Smith, 2002).

Pour bien situer dans le temps cette transformation, tant sur le plan des finalités que sur celui des manières d'aborder le phénomène éducatif, nous traçons un bref historique de la recherche en éducation au Québec ; ce rappel remonte à la création des départements et des facultés d'éducation. Deux points d'ancrage guident cette évolution de la recherche en éducation. Le premier, d'ordre social, fait référence aux demandes qui, au cours de chaque période, ont contribué à orienter et à réorienter la recherche, et qui ont provoqué les changements observés actuellement dans ce champ d'investigation. Le second, d'ordre épistémologique, concerne les modèles, les conceptions, les paradigmes et les approches de recherche qui traversent les sciences sociales et humaines, plus particulièrement les sciences de l'éducation. Ces paradigmes s'articulent au contexte social et historique duquel ils émergent et dans lequel ils opèrent.

Cinq étapes historiques au Québec

La lecture historique, dont les avantages ne sont pas négligeables, permet de reconstituer la genèse des problèmes qui se posent actuellement dans la recherche en éducation et elle fournit les matériaux nécessaires à une lecture critique des enjeux de la recherche. Plusieurs auteurs ont déjà tracé la ligne d'évolution de la recherche québécoise (Ayotte, 1984) et, dans le cas qui nous préoccupe, de l'évolution de la recherche en éducation (Conseil des universités, 1986 ; Fontaine, 1994). C'est à partir de ces bilans que nous établissons en les complétant cinq grandes périodes dans l'évolution de la recherche en éducation.

La première période, celle des années 1960, voit émerger la recherche sur l'éducation. Pendant cette décennie, le projet de démocratisation de l'enseignement prend toute son ampleur avec la mise sur pied de la Commission royale d'enquête sur l'enseignement (1961) et la création du ministère de l'Éducation (1964). Dans ce contexte, la réforme scolaire, qui est éminemment politique, doit s'appuyer sur un ensemble de justifications scientifiques.

Les années 1970 et les premières années de la décennie de 1980 constituent la deuxième période. Celle-ci se caractérise par l'émergence d'une critique de la société et de l'école. Plusieurs recherches visent alors à montrer que les inégalités sociales et scolaires persistent malgré la démocratisation de l'enseignement. Dans ce contexte, les universités, les milieux syndicaux, le Conseil supérieur de l'éducation, le Conseil des universités et le Conseil des collèges mènent des activités de recherche en éducation. Or, au début des années 1980, la crise économique entraîne des compressions budgétaires dans les domaines de la santé, des services sociaux et de l'éducation ; cet état de fait remet profondément en question le système scolaire et la formation qu'il procure. Dans ce contexte, l'État-providence est durement attaqué et les idéologies contestataires qui ont caractérisé les décennies précédentes laissent la place à de nouvelles valeurs centrées sur l'individu. Le conservatisme et le néolibéralisme émergents donnent réponse aux nouvelles demandes sociales axées sur la recherche de la qualité, de la performance et de l'excellence en éducation. Ces valeurs transforment le visage de l'école québécoise, de plus en plus préoccupée de répondre aux nouvelles exigences de la société. Sur le plan de la recherche, les modèles expérimentaux sont en crise, parce qu'ils se révèlent incapables de résoudre les problèmes éducatifs. La nécessité de renouer avec les pratiques concrètes des acteurs se fait sentir. Prennent place de nouvelles analyses fondées sur l'observation des pratiques pédagogiques et la prise en compte des points de vue des acteurs. Leur vécu des situations, leurs rapports aux pratiques scolaires et les sens qu'ils attribuent à leur action occupent une place importante dans la recherche en éducation.

La troisième période, que nous appelons «émergence et stabilisation du paradigme interprétatif», se déroule de 1984 au début des années 1990. C'est au cours de cette période que le modèle de recherche scientifique jusque-là dominant est remis en cause. Un fort questionnement épistémologique anime les milieux de recherche en sciences humaines et sociales. La réflexion sur la production du savoir dit «scientifique» et sur les problèmes théoriques et méthodologiques qui en découlent préoccupe les milieux de la recherche en éducation. De cette réflexion ressort une nouvelle intelligibilité de la production du savoir scientifique, une compréhension renouvelée de l'objet de la recherche en sciences de l'éducation.

La décennie de 1990 devient la scène d'un nouvel axe de recherche en éducation: la formation et la profession enseignante, ce qui caractérise la quatrième période. Ces problématiques, qui sont abordées en termes d'action/signification, mettent l'accent sur une démarche globale, contextualisée en fonction du sens que les acteurs attribuent à la situation éducative et à leur action. Les chercheurs s'engagent dans une réflexion beaucoup plus poussée, tant sur le plan épistémologique (raffinement des postulats et des langages, élaboration des critères de scientificité, etc.) que sur le plan méthodologique (échantillonnage, généralisation, élaboration des techniques de collecte et d'analyse des données qualitatives, etc.). Ces développements nous permettent d'affirmer qu'à partir de 1990, le paradigme interprétatif atteint sa maturité et que la recherche en éducation est indéniablement marquée par cette manière de concevoir la production des connaissances scientifiques en sciences humaines et sociales. Cette période se prolonge pendant les premières années du XXIe siècle, caractérisées par la préoccupation croissante d'ancrer la recherche dans la pratique, d'aborder les problématiques de terrain avec une participation appréciable des acteurs concernés et de travailler en établissant un dialogue chercheur-praticien visant à rapprocher la théorie et la pratique et à donner la voix aux praticiens dans la production d'un savoir lié à leur pratique.

Ces années ont été très fécondes dans la production des connaissances autour de la formation initiale et continue des enseignants. La recherche en éducation se donne pour rôle de proposer des réponses aux multiples défis que l'évolution et les transformations sociales exigent. Par ailleurs, la réforme scolaire instaurée au début des années 2000 et sa mise en œuvre dans les écoles québécoises interpellent les enseignants et les formateurs et elles préoccupent les chercheurs en éducation.

D'autres approches sont aussi présentes dans les recherches en éducation, menées avec des devis qualitatifs, quantitatifs ou mixtes. Ces approches se développent dans un contexte caractérisé par une posture pragmatique qui disqualifie le débat épistémologique et privilégie un « bon fonctionnement » sur le terrain. Pour cela, on propose d'utiliser toutes les stratégies méthodologiques, autant celles qui se fondent sur la subjectivité des individus et la singularité des situations que celles qui, généralement, exploitent de grands volumes de données à la recherche d'invariantes et de relations de correspondance statistique entre variables. Il faut être prudent concernant cette intégration méthodologique, les arguments en sa faveur pouvant dissimuler l'expansionnisme de certaines approches et le problème épistémologique qui posait et pose toujours la question de l'objectivité dans les sciences sociales et humaines, donc dans les sciences de l'éducation. Cette intégration s'appuie sur une posture pragmatique donnant réponse aux principes du *New Public Management* qui définit l'État gestionnaire et régulateur des sociétés néolibérales. Dans ce cadre, on analyse l'éducation à partir de trois idées : l'efficience (l'optimisation des moyens pour parvenir aux résultats escomptés), l'efficacité (produire le maximum de résultats, avec une obligation de rendement) et la rentabilité (mettre en œuvre ce qui fonctionne effectivement). L'approche de l'éducation basée sur la preuve (ÉBP) se développe autour de la thèse selon laquelle les pratiques et les politiques devraient reposer sur une base de connaissances de qualité, fiable et scientifiquement valide. Le recours aux données probantes soulève un fort débat sur la scientificité de la recherche en éducation et touche « tant la formation initiale et continue à l'enseignement que l'exercice de la profession enseignante » (Larose, Couturier, Bédard et Charette, 2011, p. 32). C'est ce contexte qui caractérise la cinquième période que nous avons appelée « la dérive pragmatique ».

L'émergence d'une recherche sur l'éducation (1960-1970)

Pendant la Révolution tranquille, la recherche sur l'éducation est associée à l'élaboration de grandes politiques éducatives (démocratisation, régionalisation, polyvalence, etc.). Le choix de la préposition « sur » est important, car à cette époque, la recherche est effectuée par des chercheurs issus d'autres sciences sociales et humaines qui répondent aux demandes urgentes du ministère de l'Éducation du Québec, récemment créé. Dans ce contexte, la recherche a un but axiologique ; ses résultats fondent l'élaboration des orientations et des politiques éducatives. L'enjeu est éminemment politique, car il importe d'élaborer, dans les meilleurs délais, des politiques éducatives à partir de nouvelles valeurs qui considèrent l'éducation comme un moteur de changement social, de mobilité et de réussite. Ces travaux contribuent largement à la mise en place des politiques de démocratisation faisant suite à la volonté politique de favoriser l'égalité des chances pour tous. Paradoxalement, même si les préoccupations en sciences sociales sont centrées sur l'éducation, les professionnels du domaine n'y prennent aucune part.

À cette même époque sont créés les départements et les facultés des sciences de l'éducation, dont l'objectif est de transférer aux universités la formation des enseignants laissée jusque-là presque exclusivement aux mains de l'Église (sauf en ce qui concerne les écoles normales d'État concentrées à Montréal et à Québec). Ce mouvement de sécularisation et de qualification vise à donner à la formation des maîtres un caractère professionnel moins traditionnel et moins technique, mais plus universitaire et plus scientifique. C'est dans cet esprit que le gouvernement crée l'Université du Québec. À compter de 1971, l'ensemble des universités québécoises assume, par contrat avec le gouvernement, la responsabilité de la formation des enseignants des ordres primaire, secondaire et collégial. Trois buts principaux marquent ce changement : renforcer l'enseignement disciplinaire, faire profiter la formation des enseignants de l'interfécondation de l'enseignement et de la recherche, rehausser le niveau et le prestige de la profession enseignante.

Ainsi, la formation des maîtres et la profession enseignante s'inscrivent dans le mouvement scientifique, car pour entrer de plain-pied dans la Révolution tranquille, la formation à l'enseignement doit rejoindre les disciplines scientifiques. Le savoir disciplinaire, pédagogique et surtout psychologique devient celui qui définit désormais le savoir professionnel des enseignants au sein de la formation des maîtres. La profession se trouve ainsi « disciplinée » par un corps de savoirs issus de la recherche scientifique, plus abstraits et reconnus comme de hauts savoirs.

Cependant, le corps professoral de ces nouveaux départements et facultés d'éducation, largement héritier des écoles normales et mal préparé à faire de la recherche, est centré sur la formation des maîtres et se considère comme transmetteur des savoirs scientifiques élaborés par les spécialistes des différentes disciplines. La psychologie est à l'honneur, car les psychologues fournissent les repères fondamentaux sur lesquels doit se bâtir la pédagogie. De cette manière, une formation centrée sur les savoirs disciplinaires permet de faire entrer la formation des maîtres dans la spécialisation scientifique, même si les professeurs des sciences de l'éducation ne sont pas les producteurs des connaissances dans le domaine. En effet, ces départements et ces facultés n'ont pas de mission de recherche et très peu de professeurs conçoivent leur tâche en y intégrant une fonction de chercheur. En ce sens, on peut affirmer, avec Fontaine (1994), que cette étape d'émergence ne se caractérise pas par le développement de la recherche dans les départements et les facultés d'éducation préoccupés par l'implantation des programmes de formation des enseignants.

Par ailleurs, l'insertion de la formation des maîtres dans les universités ne se fait pas sans heurts. Les unités des sciences de l'éducation n'ont alors pas, et peut-être n'ont-elles pas encore, une grande coordination avec les autres unités de l'université; cette lacune suscite des conflits, tout particulièrement avec les secteurs disciplinaires qui partagent avec elles la formation des enseignants du secondaire et du collégial. On peut affirmer que seul l'objectif de renforcer l'enseignement disciplinaire est atteint.

L'emprise du paradigme positiviste expérimental (1970-1983)

À partir des années 1970, avec la création du Fonds d'aide aux chercheurs et d'action concertée (FCAC), les universités mettent en place des structures de recherche, et les effectifs des programmes de maîtrise et de doctorat en éducation augmentent. Une nouvelle logique émerge au sein des départements et des facultés d'éducation. Si la logique consistant à élaborer et à assurer une formation professionnelle des maîtres avait prédominé jusque-là, on valorise désormais une logique universitaire orientée vers la recherche et les études des cycles supérieurs, en tentant de construire un savoir pédagogique et de le faire reconnaître par la communauté scientifique. Implicitement, on croit qu'une science appliquée à l'éducation peut se construire à partir des théories et des méthodes des autres sciences humaines, principalement la psychologie béhavioriste et la sociologie. Les analyses macrosociologiques d'inspiration fonctionnaliste ou marxiste servent à rendre compte du rôle de l'école dans la société et à s'interroger sur les manières de répondre aux exigences de la nouvelle société, plus démocratique et moderne. La démocratisation de l'enseignement, mise en avant par la réforme Parent, est alors sujette à de vives critiques. Comme nous l'avions montré en 1989, les universitaires et la Centrale des syndicats du Québec (CSQ) mènent des recherches qui dénoncent la société technocratique, bureaucratique et capitaliste ainsi que le rôle de l'école, de l'enseignement privé et de la confessionnalité scolaire, car les inégalités sociales et scolaires persistent dix ans après la Révolution tranquille. Plusieurs recherches s'attachent au phénomène de la scolarisation au Québec. Par exemple, Escande (1973) met en lumière les différences entre les cheminements scolaires des étudiants du collégial. Sa recherche est suivie de la grande enquête sur les aspirations scolaires et les orientations professionnelles des étudiants (ASOPE). Les résultats de cette étude québécoise montrent un écart appréciable dans la réussite et le passage aux études postsecondaires entre les élèves des milieux défavorisés et ceux des milieux favorisés. Les clivages sociaux selon le sexe, les disparités entre les cheminements scolaires des francophones et des anglophones, la montée de l'école privée par rapport à l'école publique sont quelques-uns des thèmes qui retiennent l'attention de la recherche pendant la première moitié de cette période.

La psychologie apporte, pour sa part, des connaissances sur l'élève et sur l'apprentissage ; la psychopédagogie s'impose comme une nouvelle « science » centrée sur l'éducation. Une nouvelle pédagogie, plus scientifique, se développe, provoquant des changements importants dans les programmes, les méthodes d'enseignement, la conception du rôle de l'élève dans l'apprentissage, etc. S'inspirant de ces développements disciplinaires, plusieurs pratiques pédagogiques se teintent et demeurent encore aujourd'hui empreintes d'un empirisme trivial qui fait de l'apprenant un récepteur ou un spectateur passif. D'ailleurs, l'étymologie du mot *empirisme* conduit à l'idée d'expérience, car pour l'empirisme, n'est valable comme objet d'analyse scientifique que ce qui est observable, réductible à l'expérience concrète et identifiable dans l'environnement.

Une orientation déterministe du comportement humain caractérise les sciences de l'éducation, les recherches en didactique et en évaluation, les interprétations de l'adaptation scolaire, les conceptions du processus enseignement-apprentissage et les études macrosociologiques sur l'égalité des chances à l'école et dans la société, sur la mobilité ou la reproduction sociale et scolaire. Une conception similaire de la recherche scientifique en éducation s'installe. Pour « faire de la science » en menant une étude en éducation, il faut émettre des hypothèses, vérifier à l'aide des instruments de mesure valides l'existence des variables contenues dans les hypothèses et établir des corrélations entre les données obtenues. Bref, pour être scientifique en éducation, il faut désormais adopter le modèle reconnu en sciences de la nature, lequel prend sa source dans le paradigme positiviste.

Selon ce paradigme, la science sert d'abord à mettre en évidence les régularités qu'on suppose sous-jacentes à tout phénomène. Pour y parvenir, on décompose les phénomènes en variables et on cherche à établir des liens de causalité. L'expérimentation et la quantification sont les moyens privilégiés pour produire des connaissances. Dans ce paradigme, le but de la recherche en sciences humaines, comme d'ailleurs dans toutes les autres sciences, est de dégager des lois, des structures ou des régularités, soit en faisant abstraction du contenu symbolique qui est constitutif de la vie sociale, soit en considérant que l'objet d'étude n'est pas différent de celui des sciences de la nature et que l'on peut, en conséquence, le saisir selon les mêmes procédés. Cette approche est qualifiée de nomothétique (du grec *nomos*, « loi »).

Malgré ces développements, épistémologiquement uniformes, le champ des sciences de l'éducation au Québec est encore loin de produire une culture de formation et de recherche comme il en existe dans d'autres secteurs universitaires. Déjà en 1979, dans le cadre de la Commission d'étude des universités, le Comité d'étude sur la formation et le perfectionnement des enseignants dresse dans son rapport (le rapport Angers) un bilan plutôt négatif de la recherche en éducation ; il affirme que le Québec doit se doter d'une politique dans ce domaine et que la recherche en éducation doit être une priorité de la décennie de 1980.

Plusieurs éléments peuvent aider à comprendre cette situation. Premièrement, l'éducation n'est pas encore un domaine structuré du savoir ayant des fondements conceptuels et des méthodes qui lui sont propres (Legendre, 1993). Deuxièmement, les chercheurs, qui aspirent souvent à faire avancer leur discipline d'attache, abordent les problématiques éducatives d'un point de vue monodisciplinaire niant l'interdisciplinarité qui caractérise tout phénomène éducatif (Anadón, 1990). En effet, les spécialistes accordent leur première allégeance à leur appartenance disciplinaire, c'est-à-dire à la psychologie, à la sociologie, à l'histoire ou à la philosophie; il en résulte un éloignement du monde de l'enseignement-apprentissage. Finalement, selon Goodson (1993), ces spécialistes de l'éducation méconnaissent la réalité scolaire: dans un grand nombre de cas, on peut dire que les chercheurs en éducation se sont coupés de leurs pairs qui travaillent en milieu scolaire.

Afin de garantir leur survie et leur développement dans l'université, les professeurs-chercheurs en sciences de l'éducation s'attachent de plus en plus à leurs disciplines respectives et se conforment aux exigences du modèle universitaire, qui donne prestige et reconnaissance à la recherche fondamentale, aux publications arbitrées par des experts et à l'appartenance à une famille restreinte de spécialistes. De cette manière, le champ des sciences de l'éducation est divisé en plusieurs sous-champs ou domaines, chacun revendiquant une part importante de l'acte éducatif: l'évaluation, les didactiques disciplinaires, la psychopédagogie, l'adaptation scolaire, l'administration, les fondements, l'andragogie, l'éducation physique, etc. Cet éclatement en différents sous-champs, accompagné de logiques de développement différentes, entraîne des conflits et des tensions et engendre des savoirs partiels sur le phénomène éducatif. En outre, ces secteurs se révèlent insaisissables dans leur totalité par un seul modèle d'analyse ou à partir du point de vue étroit d'une spécialité. Les différentes disciplines se verrouillent dans leur savoir parcellaire et pratiquent une « chasse gardée » qui n'aide pas au développement de la recherche en éducation. Prise dans cette logique du développement disciplinaire, la recherche en éducation devient trop spécialisée, trop difficile à comprendre pour les praticiens, donc non pertinente socialement et professionnellement.

Cette réalité a des effets pervers. Si, d'un côté, la recherche en éducation a fait un bond considérable au Québec durant cette période – il est étonnant de constater tout le chemin parcouru en si peu de temps –, d'un autre côté, elle s'est éloignée de la formation pratique des enseignants. Du même coup, les liens entre les départements et les facultés des sciences de l'éducation et les écoles primaires et secondaires se sont, pour ainsi dire, rompus. Le savoir produit par la recherche universitaire est devenu un savoir séparé et distinct de celui du milieu scolaire et sans signification pour les praticiens.

L'émergence et la stabilisation d'un nouveau paradigme (1984-1990)

De la deuxième moitié des années 1980 au début des années 1990, les sciences sociales traversent une période de transition importante. La conception classique de la science qui domine depuis plusieurs siècles subit tant de remises en question qu'il est impossible de présenter ici tous les débats et les révisions critiques qui ont caractérisé cette époque. Sur le plan épistémologique, par exemple, certains philosophes contestent l'idée que le but de la science est de découvrir la vérité sur le monde empirique et refusent la croyance en une science objective, neutre et à portée universelle (Fourez, 1988). Sur le plan méthodologique, plusieurs contestent la prétention de la méthodologie expérimentale (des sciences de la nature) à vouloir examiner tous les thèmes, tous les objets au moyen de la même approche méthodologique, comme si l'on pouvait étudier tout objet avec la même méthode. On refuse donc l'imposition de règles « méthodiques » qui découragent l'imagination créatrice (Chalmers, 1987 ; Feyerabend, 1979 ; Morin, 1977 ; Pourtois et Desmet, 1988).

Pendant cette période, beaucoup de chercheurs en sciences humaines et sociales, tout comme ceux qui travaillent en éducation, se donnent des postulats épistémologiques nouveaux, fondamentalement différents, voire divergents, de ceux des sciences de la nature. Ils cherchent à se regrouper autour d'autres « visions », tentent de préciser la particularité de la recherche en sciences humaines (l'individu et le social), travaillent à élargir le front des méthodes et des instruments de saisie et d'analyse des données, et à définir de nouveaux critères de scientificité (Lincoln et Guba, 1985 ; Pirès, 1993 ; Savoie-Zajc, 1993). Ils postulent que le monde social est significativement différent du monde naturel, que nous ne pouvons pas le concevoir par nos sens, mais plutôt par un travail d'interprétation, que l'expérience humaine se caractérise par la continuité, mais aussi par le changement, et qu'en raison de cela, elle est imprévisible, que les problèmes humains sont locaux, toujours contextuels, et par conséquent, que les sciences sociales et humaines ne peuvent pas prétendre à l'élaboration de lois générales.

Ainsi, la problématique liée à l'explication et à la compréhension fait surface. Il faut établir clairement la différence entre le but des sciences de la nature et celui des sciences humaines et sociales. Les sciences de la nature cherchent à expliquer par des relations causales les phénomènes naturels, ce qui entraîne la formulation de lois à prétention universelle.

Les sciences humaines visent à comprendre les phénomènes humains tels qu'on peut les observer dans leur milieu naturel, elles prennent en compte les significations que les sujets donnent eux-mêmes à leurs actions.

Dans ce contexte, les « grandes théories », dont celle du béhaviorisme en psychologie ou celles du fonctionnalisme et du marxisme en sociologie, se trouvent en perte de légitimité. Les points de vue déterministes, centrés sur les structures et les grands systèmes, ne permettent plus de comprendre la réalité éducative. Devant cette crise, la recherche en sciences sociales et en sciences de l'éducation se tourne vers les pratiques concrètes des acteurs, vers la construction sociale de la réalité. La dimension pratique et subjective est valorisée, l'intentionnalité des acteurs et la complexité de la réalité sociale sont prises en considération.

Du même coup, un grand nombre de chercheurs mettent en évidence les limites du paradigme positiviste. Au Québec, le moment crucial de la critique se situe au milieu des années 1980 avec la création de l'Association pour la recherche qualitative en 1984, une initiative de chercheurs en sciences de l'éducation conscients des limites de l'utilisation du paradigme des sciences de la nature en éducation (Deschamps, 1995). Plusieurs reproches faits au modèle expérimental jaillissent du colloque de fondation : une grande tendance au réductionnisme, une recherche de régularités et de généralisations à tout prix et, fondamentalement, une incapacité à apporter des réponses aux problèmes rencontrés par les praticiens du monde de l'éducation.

La façon d'aborder les recherches en éducation évolue ; les chercheurs s'inspirent d'autres modèles, tels que l'interactionnisme symbolique, l'ethnométhodologie, la phénoménologie, la sociologie interprétative, la sociologie de l'expérience, la sociologie de l'acteur, etc. Peu importe les sources auxquelles les chercheurs en éducation se réfèrent, ils conservent toujours un grand souci de rendre compte de la réalité telle qu'elle est vécue par les personnes observées, et cela sans nécessairement recourir à des instruments contraignants comme les grilles d'observation aux catégories prédéterminées, les questionnaires fermés ou les entrevues dirigées. Un nouveau paradigme émerge alors (naturaliste, constructiviste, interprétatif) et de nouvelles méthodologies se construisent en tenant compte de l'objet d'étude des sciences de l'éducation. L'objet des sciences humaines, comme celui des sciences de l'éducation, est appréciablement différent de celui des sciences de la nature, car il est perçu par un sujet qui fait intervenir son intentionnalité et ses valeurs. Cet objet est porteur de significations sociales et culturelles ; il ne se laisse pas saisir par des méthodes d'observation du monde naturel. Dès qu'on examine les phénomènes humains, on se trouve inévitablement en présence de l'action et on ne peut pas traiter l'action sans faire intervenir explicitement le sens.

Étant donné que l'objet de recherche est conçu en fonction de l'action/signification, le chercheur doit envisager le monde social par une activité d'interprétation, c'est-à-dire selon le sens qu'il attribue aux objets. Ainsi s'élaborent de nouvelles approches méthodologiques, plus « qualitatives » et interprétatives ; elles mettent en valeur la subjectivité, l'intentionnalité des acteurs et le caractère réflexif de la recherche.

Ce nouveau paradigme, plus approprié aux problèmes épistémologiques posés aux chercheurs qui désirent mieux comprendre les problèmes éducatifs, a aussi été favorisé par des facteurs sociaux. Les concepts et les méthodes qui le caractérisent semblent en réaction à la spécialisation, à la fragmentation de la vie sociale moderne et au rôle de l'expert. Dans le domaine de l'éducation, selon Bolster (1983), le recours à ce type de recherches est attribuable au fait que les perspectives des chercheurs et celles des enseignants deviennent plus compatibles. En effet, ces nouvelles approches de recherche réaffirment le postulat de l'efficacité de l'individu en lui reconnaissant un pouvoir de négociation à l'intérieur des groupes, et elles établissent la croyance dans la communauté, dans les valeurs de la personne et dans le pouvoir des individus à déterminer leur propre destinée. Ainsi, les développements de cette approche interprétative portent sur le sujet, parfois comme personne psycho-individuelle, parfois comme acteur socio-institutionnel. On voit ici comment le sujet est devenu le centre des préoccupations en sciences sociales et humaines, mais aussi en sciences de l'éducation. Il s'agit donc du glissement de la macro à la microanalyse dont fait état Gohier (1997a) dans ses réflexions sur la place du sujet dans la recherche en éducation.

Ce changement paradigmatique et la prise de conscience dans les milieux universitaires des limites de la contribution de la recherche à la solution des problèmes en éducation amènent un renouveau de la recherche en sciences de l'éducation. D'autres manières de faire la recherche et de produire un discours scientifique en éducation semblent donner une place prépondérante aux actions et aux significations des sujets; la monographie, les études descriptives et exploratoires, l'étude de cas acquièrent leurs lettres de noblesse en sciences de l'éducation, car elles permettent de tenir compte de la réalité vécue par les acteurs du monde de l'éducation. Les chercheurs peuvent ainsi produire un savoir capable de transformer la pratique éducative.

La maturité du paradigme et les préoccupations centrées sur la profession (1990-2000)

Les années 1990 ont soulevé la question de la professionnalisation de l'enseignement. Au Québec, elle trouve écho dans les politiques du ministère de l'Éducation (1992, 1994). Celui-ci stipule que la formation à l'enseignement préscolaire, primaire et secondaire doit être de type professionnel, puisque l'enseignant, en tant qu'agent autonome et responsable, doit continuellement prendre des décisions professionnelles et s'adapter aux exigences de la situation éducative, aux caractéristiques des élèves ainsi qu'à l'évolution de la société. Les recommandations contenues dans le rapport du Conseil supérieur de l'éducation (1991) à propos de la profession enseignante et celui des États généraux sur l'éducation (1995-1996) vont dans le sens de la promotion, chez les enseignants, d'une formation professionnelle. Dans la foulée, une grande quantité de mesures gouvernementales et institutionnelles sont mises en place pour renouveler la profession enseignante. L'une des idées maîtresses de cette réforme est celle de la formation professionnelle en tant que continuum de formation (initiale-continue). Ces nouvelles orientations placent la professionnalisation au centre des préoccupations du monde de l'éducation.

Au cœur de ce développement de la profession enseignante, la recherche en éducation se donne de nouvelles finalités : le perfectionnement et le développement professionnel par la réflexion sur l'action. Inspirés du modèle du praticien réflexif (Schön, 1983, 1987), les chercheurs soutiennent que la pratique et la réflexion sur la pratique peuvent fournir des occasions de développement professionnel.

Deux grands principes sont à la base de cette nouvelle manière de faire la recherche en éducation. Le premier affirme que la réalité éducative se caractérise par la complexité. On abandonne la conception d'une réalité simple et unique pour adopter celle des réalités complexes, plurielles, diverses et interactives. L'objet de l'éducation en général et la problématique de la formation et de la profession enseignante en particulier doivent être abordés dans toute leur complexité, c'est-à-dire en prenant en compte la pluralité des aspects en jeu. On envisage la recherche en formation des enseignants en relation avec les milieux d'enseignement, en étudiant l'enseignant en situation, avec l'objectif de réinvestir le savoir produit dans la pratique concrète, la transformation des pratiques et le développement professionnel.

L'observation de l'être humain et de son environnement atteste la complexité du réel. Ainsi, dans la recherche en éducation, axée sur l'enseignant et ses actions, se développent des approches théoriques et méthodologiques plus interprétatives, portant sur la personne, parfois comme sujet psycho-individuel, parfois comme acteur social. On remet en valeur le rôle de l'intentionnalité, celui des valeurs et du processus d'interprétation dans l'action humaine de même que l'irréductibilité du lien entre connaissance et action. Dans le sillon du paradigme compréhensif, on conçoit l'étude des phénomènes éducatifs comme une lecture interprétative faite par une personne qui se définit certes par sa rationalité, mais également par un point de vue social qui oriente et conditionne son action. Considérer l'enseignant sous cet angle signifie que cette personne dispose d'une certaine marge d'autonomie qui lui permet d'agir à l'intérieur des contraintes institutionnelles et contextuelles (programmes, horaires, approches pédagogiques, projet éducatif de l'école, etc.). Autrement dit, affirmer que l'enseignant est un acteur social (Giddens, 1979), c'est trancher avec les approches réductrices qui ont longtemps défini son rôle comme celui d'un exécutant passif et le considérer comme un médiateur, comme un sujet rationnel. Voilà le deuxième principe qui soutient la recherche en éducation pendant cette période : l'enseignant est un acteur social créateur de significations, un être en devenir qui change au rythme du contexte, de son univers intérieur, de ses projets et désirs.

Cette affirmation fait référence à une triple prise de position : épistémologique, théorique et méthodologique. Sur le plan épistémologique, elle puise ses fondements dans la phénoménologie (Husserl, 1985 ; Berger et Luckman, 1987 ; Schutz, 1987), dans l'interactionnisme symbolique (Mead, 1934 ; Blumer, 1969) et dans la sociologie interprétative (Weber, 1968) qui ont caractérisé la période antérieure. Ces orientations accordent une importance centrale à l'intentionnalité des acteurs ainsi qu'à la complexité et au caractère changeant et insaisissable des processus mis en œuvre dans le développement de l'action éducative, car les acteurs ne sont pas réductibles à une logique unique, à une structure déterminante, à un rôle ou à une programmation culturelle des conduites. Sur le plan théorique, la conception sous-jacente est celle d'une action sociale où interviennent les valeurs et l'intentionnalité de l'acteur concerné (Crozier et Friedberg, 1977 ; Touraine, 1984, 1992) dans une société critique (Zuñiga, 1975 ; Habermas, 1987) . Ainsi, toute action sociale est unique, complexe et mouvante ; elle ne peut pas être saisie par un chercheur externe qui produit des connaissances objectives en isolant des variables et en mesurant des résultats. Cette perspective donne une importance prioritaire au rôle actif de l'acteur, capable de réflexion (Schön, 1983), capable de connaître par l'action (St-Arnaud, 1992), conscient et responsable de ses choix (Zuñiga, 1994). Du même coup, cette posture rejette le rôle d'expert, les mythes d'objectivité et accepte d'une part que tous les acteurs soient compétents quand il s'agit d'étudier leurs pratiques (Giddens, 1987) et d'autre part que tout discours est porteur de subjectivité ; cela signifie que tous les acteurs ont la capacité de juger de ce qui convient de l'intérieur du cadre d'expérience qui est le leur (Desgagné, 2001).

Méthodologiquement, à partir de ces postulats, la recherche sur la formation et la profession des enseignants ne peut pas se contenter de décrire ni de mesurer des éléments isolés. Elle a besoin d'approches susceptibles de tenir compte de l'interaction chercheur-acteur, de la dialectique théorie-pratique, de la subjectivité de l'un et de l'autre de même que du contexte nécessaire à la compréhension de l'enseignant en tant qu'acteur social.

Ces principes exigent un lien entre la théorie et la pratique, entre la recherche et l'action. Dans ce cadre, de nouvelles approches de recherche se développent, plus compréhensives, portant sur la personne et son développement professionnel. En effet, certains modèles de recherche apparaissent qui mettent l'accent sur ce que Van der Maren (1995 et 1999) nomme l'enjeu ontogénique de la recherche en éducation, c'est-à-dire celui qui vise la transformation des pratiques professionnelles. Ainsi, certains types de recherche-action, comme ceux qui sont issus des courants pragmatico-interprétatif et critique (Savoie-Zajc, 2001), se donnent comme objectif de travailler avec les acteurs de l'éducation à l'identification, à la clarification et à la résolution des problèmes aux- quels ils font face. Ces perspectives constituent des stratégies de dévelop- pement professionnel, car la démarche de résolution de problèmes mise en place favorise chez les personnes concernées le dialogue, la réflexivité et l'autoévaluation.

Une autre approche qui s'est développée au Québec est celle de la recherche collaborative (Desgagné, 1997, 1998 ; Desgagné, Bednarz, Couture, Poirier et Lebuis, 2001 ; Bednarz, 2013), qui préconise l'engagement des enseignants dans des démarches de recherche. Ce type de recherche met l'accent sur le travail réflexif conjoint entre chercheur et praticien, avec l'objectif d'encourager les enseignants à mettre en question leur pratique, à l'analyser et à coconstruire avec le chercheur une certaine interprétation, un certain savoir à propos de cette pratique. Ce savoir sert à la fois la formation et la recherche.

Ce qu'on a nommé la quatrième génération de la recherche évaluative (Guba et Lincoln, 1989) désigne un autre groupe de chercheurs préoccupés par l'action des enseignants. La conception de l'évaluation que préconisent ces chercheurs dépasse les visées de mesure, de description, de jugement et de recommandation qui caractérisent les trois premières générations. Ce type d'évaluation adopte une attitude « répondante » aux significations et aux interprétations des acteurs en vue de favoriser le dialogue, la collaboration, la réflexivité et la négociation (Zuñiga, 1994 ; Anadón, Sauvé, Torres et Boutet, 2000 ; Anadón et Savoie-Zajc, 2004).

Ces nouvelles formes de recherche, où le chercheur devient un collaborateur des acteurs concernés, montrent que les intentions et les pratiques ont en commun de faire de la recherche « avec » plutôt que « sur » les enseignants. Malgré ce qui les distingue, ces diverses formes de recherche participatives partagent le postulat selon lequel certaines pratiques de recherche permettent un développement professionnel réel du fait qu'elles favorisent chez les intéressés la confiance en leurs capacités personnelles, la responsabilité concernant leurs choix de stratégies d'action et le sentiment que cette action peut permettre de progresser vers une transformation personnelle et professionnelle.

D'un point de vue épistémologique, ces recherches remettent en question la séquence « production des connaissances suivie de l'application » (Couture, Bednarz, Barry, 2007) et elles valorisent la synchronie entre connaissances et action. De ce fait, le rapprochement entre savoirs issus de la recherche et savoirs issus de la pratique est au cœur du modèle « de la science en train de se faire » (Sebillote, 2007), où le chercheur agit sur le réel en participant à sa transformation avec les acteurs du terrain. On peut aussi affirmer qu'on privilégie une perspective d'orientation herméneutique/interprétative qui valorise la subjectivité et cherche avant tout à saisir l'intention des acteurs de même qu'à interpréter la compréhension du «soi» par les médiations du langage, des symboles et des textes, et à en rendre compte. L'enseignant est donc considéré comme un acteur/auteur compétent, réflexif et critique, et sa pratique éducative est vue comme une pratique sociale, effectuée en contexte. Le chercheur assume une posture qui s'appuie sur une reconnaissance du savoir des acteurs praticiens engagés dans la recherche. À partir de cette perspective, qui prend racine dans la rationalité des acteurs – leur «rationalité pratique» –, on comprend les rapports théorie-pratique comme l'articulation nécessaire et inévitable entre l'agir et la connaissance, entre l'action et la réflexion. Ainsi, la recherche en éducation se donne de nouvelles préoccupations, de nouveaux axes de développement qui mettent la pratique éducative au centre des relations entre la recherche et l'intervention.

Schématiquement, on peut classer les recherches qui se sont mises en place autour de la profession enseignante en cinq grandes problématiques : 1) les cheminements antérieurs des professionnels de l'enseignement (trajectoires scolaire et sociale, attentes, représentations, modèles de la profession, etc.), 2) la formation initiale (formateurs, contenus, savoirs, etc.), 3) l'insertion professionnelle (la socialisation professionnelle, la construction de l'identité, etc.), 4) l'exercice de la profession (le cadre de travail, les pratiques enseignantes, etc.) et 5) la formation continue et le développement professionnel.

Autour de ces problématiques, les préoccupations ciblent les trajectoires personnelles et professionnelles des enseignants (Vanhulle, 2005), l'insertion professionnelle et les débuts de l'enseignement (Martineau et Presseau, 2003) en prenant en compte la subjectivité de l'enseignant et les croyances et les présuppositions qui sous-tendent son agir professionnel. Ces travaux ont aussi mis l'accent sur le savoir d'expérience (Malo, 2000), sur la nature pratique plutôt que technique du travail enseignant (Tardif et Lessard, 1999).

Par ailleurs, les études sur l'insertion professionnelle renvoient à celles qui s'intéressent à l'identité professionnelle et à sa construction (Anadón, Gohier, Chevrier, 2007 ; Gohier, Anadón, Chevrier, 2008 ; Anadón, Gohier et Chevrier, 2010). Aussi, des études de nature théorique ou empirique s'attachent aux différents acteurs de la formation et tout particulièrement aux enseignants associés (Portelance, 2009) et aux directeurs d'établissements scolaires (ACSQ, 2000; Charuest, 2001; Bouchamma, 2004; Corriveau, 2004).

Les résultats des travaux de recherche recensés nous amènent à affirmer que le travail enseignant est une activité professionnelle très complexe qui fait appel à des connaissances, à des compétences et à des aptitudes propres à faciliter l'apprentissage des élèves. Comme l'affirme Altet (2002), la pratique enseignante se compose de multiples dimensions: épistémique, pédagogique, didactique, psychologique et sociale, qui interagissent entre elles et qui invitent la recherche à les articuler pour accéder à une connaissance des pratiques dans toute leur complexité.

Pendant cette quatrième période, la recherche en éducation n'a pas cessé de s'enrichir, des champs de recherche féconds se sont développés, elle s'est dotée de ses propres approches, s'éloignant de celles des sciences de la nature et élaborant des orientations épistémologiques et méthodologiques qui la caractérisent. Ainsi, les approches diversifiées que la recherche en éducation a mises en place, elles-mêmes rattachées à des paradigmes et théories de référence plurielle (ethnométhodologie, socioconstructivisme, sociologie critique, ethnographie, phénoménologie, interactionnisme symbolique, pour ne citer que ceux-là) soulignent la richesse du champ ainsi que le souci de bien décrire et de comprendre en contexte naturel le fonctionnement des pratiques, leur organisation, les processus en jeu et le rôle des praticiens.

La brève recension des études que nous avons présentée montre l'essor de la production scientifique à mesure que les perspectives des chercheurs et celles des acteurs de l'éducation deviennent plus compatibles. En effet, les recherches qui se sont développées pendant cette période partagent l'objectif de contribuer à la compréhension des problèmes éducatifs en prenant en compte la connaissance et la reconnaissance des acteurs. Encore aujourd'hui, la recherche en éducation demeure préoccupée par les questions liées aux pratiques enseignantes et le rôle central qu'elles jouent pour garantir la réussite des élèves.

La dérive pragmatique (depuis 2000)

La recherche en éducation, soucieuse de la profession et de la pratique enseignante, a connu des progrès extraordinaires pendant la période antérieure. Malgré sa préoccupation d'intégrer les points de vue des enseignants dans la construction des savoirs pour la pratique et en dépit des différentes études qui ont contribué à mettre en lumière la complexité des pratiques enseignantes ainsi que le fait qu'elles sont tributaires des contextes et des processus d'apprentissage des élèves (Desgagné, 2005 ; Malo, 2005 ; Bednarz et Proulx, 2009 ; Bednarz, 2013), elle est aujourd'hui fortement critiquée. On dénonce, d'une part, un écart entre les résultats de la recherche et leur faible utilisation dans les milieux de pratique (Dagenais, Lysenko, Abrami, Bernard, Ramde, et Janosz, 2012 ; Morton, 2015 ; Gervais, 2017) et, d'autre part, on regrette que l'activité professionnelle ne se fonde que sur des représentations, opinions, croyances et expériences individuelles au détriment d'une base scientifique rigoureuse. En ce sens, quelques chercheurs affirment : « Alors que les Américains ont développé une longue tradition des études expérimentales, les écrits francophones, pour leur part, présentent surtout des recherches théoriques souffrant malheureusement souvent d'une insuffisance de base empirique » (Gauthier, Mellouki, Simard, Bissonnette et Richard, 2004, p. 17).

Dans ce contexte, où l'enjeu majeur de la politique éducative du Québec est la réussite éducative de tous les élèves, l'intérêt pour l'étude des pratiques éducatives est très important, car comme l'affirme la même politique, « [l]es pratiques éducatives et pédagogiques reconnues pour leur efficacité, appuyées par la recherche, [...] stimulent la motivation de l'élève, améliorent l'expérience d'apprentissage et augmentent les chances de réussite » (MEES, 2017, p. 17).

Donc, le développement des connaissances, la transformation des pratiques enseignantes et la réussite des élèves sont encore des thématiques présentes au cœur de la recherche en éducation, mais ce qui caractérise cette cinquième période est l'essor du courant des résultats probants, qui prône que les politiques et les actions doivent être guidées par des connaissances produites par une recherche empiriquement solide et éloignée des analyses qui semblent soutenues par le sens commun (Lessard, 2006).

Plusieurs objets occupent la recherche en éducation, concernant principalement les facteurs qui influencent la réussite éducative. Ainsi, quelques études se penchent sur les facteurs d'ordre personnel de l'élève, ses caractéristiques psychologiques, son développement affectif, cognitif et social (Déry, Toupin, Pauzé et Verlaan, 2005). D'autres recherches se centrent sur les facteurs d'ordre familial et les relations que la famille entretient avec le milieu éducatif (Deslandes et Bertrand, 2003 ; Deslandes et Jacques, 2004 ; Larivée, 2015). Les facteurs d'ordre social, économique et ethnoculturel qui caractérisent l'environnement dans lequel l'élève se développe sont aussi au centre des préoccupations (CSÉ, 2017a ; Larochelle-Audet, Borri-Anadon et Potvin, 2016 ; Potvin, 2014 ; Armand, 2015 ; Mc Andrew, Milo et Triki-Yamani, 2010). On étudie les facteurs d'ordre scolaire, car les compétences personnelles, profession-nelles et relationnelles du personnel scolaire ont une influence certaine sur la réussite des élèves. Ce qui importe, c'est de prendre en compte la diversité des élèves, et la recherche se tourne vers l'inclusion scolaire et la mise sur pied d'une école inclusive qui vise à développer le plein potentiel de tous, de la maternelle à l'âge adulte (Prud'homme, Duchesne, Bonvin et Vienneau, 2016 ; Borri-Anadon, 2016 ; Mc Andrew, 2015 ; Rousseau, 2015 ; Mc Andrew, Potvin et Borri-Anadon, 2013). Il est impossible de recenser dans le cadre de cette lecture historique toutes les recherches menées pendant cette cinquième période. Nous allons privilégier une réflexion sur l'arrimage recherches-pratiques profession-nelles qui préoccupe actuellement des décideurs et des chercheurs en éducation.

Du point de vue des décideurs, leur engagement dans le cadre de cette perspective se fonde sur l'argument de l'efficacité et du développe-ment d'une nouvelle forme de gouvernance (la nouvelle gestion publique ou *New Public Management*). Ils se disent soucieux d'améliorer la performance des systèmes éducatifs et ainsi de contribuer à la réussite de tous. Pour cela, ils mettent de l'avant des procédures rationnelles, évaluables et transparentes comme la décentralisation des responsabili-tés et pouvoirs de l'État, la gestion des ressources humaines et le contrôle de la qualité et de l'efficacité par l'évaluation centrée sur des résultats quantifiables (St-Germain, 2001 ; Baillargeon, 2014). Ils ambitionnent de dépasser la méfiance du grand public à l'égard des connaissances scien-tifiques. Toutefois, derrière la prétendue neutralité des techniques et des objectifs, un modèle de société managériale est proposé.

Du point de vue des chercheurs et faisant suite aux travaux de Hargreaves (1997, 1999) en Grande-Bretagne et à ceux de Slavin (2002, 2004) aux États-Unis, on insiste sur l'idée que la recherche en éducation doit fournir des preuves sur l'efficacité des pratiques professionnelles. Depuis plus de vingt ans la perspective qu'on appelle *evidence-based practice* (les pratiques fondées sur des données probantes) occupe une place importante dans le monde de la connaissance scientifique (Chagnon, 2009) et aujourd'hui gagne en popularité dans le domaine de l'éducation (éducation basée sur la preuve, ÉBP, ou en anglais *evidence-based education*, Saussez et Lessard, 2009). Les arguments favorables sont de soutenir le développement de pratiques enseignantes efficaces ainsi que la réussite du plus grand nombre d'élèves. Cette perspective propose de produire une série de normes et de règles de pratiques considérées comme exemplaires, car face au foisonnement de la recherche en éducation et au volume croissant de savoirs, il est nécessaire d'implanter des mécanismes rigoureux au service des praticiens et des élèves.

Cette approche est fondée sur une conception néopositiviste, cherchant une vérité indépendante de l'expérience des acteurs et dont le seul critère de validité est celui de la réussite pragmatique, c'est-à-dire arriver aux résultats en privilégiant l'efficacité de la pratique. Cela exige une « méthodologie rigoureuse, systématique et objective », qui doit contribuer à la construction d'une base de connaissances « de qualité, fiables et valides », pour fonder les pratiques et les politiques éducatives. Trois tâches caractérisent cette méthodologie : 1) établir la preuve de ce qui fonctionne par une méthodologie expérimentale ; 2) analyser, évaluer, synthétiser et 3) diffuser en rendant cette preuve disponible. Saussez et Lessard (2009, p. 113) affirment que « [p]our ce faire, elle s'appuie sur deux dispositifs techniques spécifiques. Le premier consiste en un système de production de la preuve. Il s'agit de l'essai contrôlé randomisé (*randomized controlled trial*). Le second consiste en un système d'analyse, d'évaluation, de synthèse et de diffusion de la preuve : la revue systématique de recherche (*systematic review of research*) ».

Cette méthodologie, très utilisée en médecine et actuellement dans les sciences sociales (Couturier et Carrier, 2003 ; Larose, Couturier, Bédard et Charrette, 2011), repose sur une rigoureuse expérimentation afin de tester les relations cause-effet et d'obtenir des résultats valides, car le choix des sujets et leur répartition dans des groupes expérimentaux et de contrôle sont aléatoires (randomisation), ce qui, selon les promoteurs, augmente la validité parce que les différences entre les groupes peuvent être attribuées au traitement expérimental. Donc, cette démarche permettrait d'établir l'efficacité d'une intervention (Oakley, 2002).

Un tel raisonnement vise à orienter la recherche en éducation dans sa capacité à fournir des données probantes afin d'établir des pratiques et des politiques fondées sur les résultats scientifiques. Ainsi, comme l'affirme Saussez (2017, n/p), « [l]a pratique et les politiques dans un champ d'action déterminé doivent être fondées sur des données probantes, actuelles et vérifiables de l'efficacité des moyens engagés par le professionnel pour faire face aux situations qui lui sont soumises ».

Le retour à l'expérimentation caractérise cette approche qui constitue en réalité une entreprise de transformation en profondeur de la recherche en éducation. On peut, en outre, affirmer que cette perspective, cette nouvelle forme d'empirisme, n'est pas seulement le résultat de l'application d'une logique ou d'une méthode, elle reprend en éducation les préoccupations structurant la société de l'audit (Power, 1997) et elle incarne des valeurs d'efficacité, de rationalisation du travail et d'objectivité, centrales dans l'idéologie néolibérale (Dumay, 2009). L'ÉBP cherche à fonder sa valeur scientifique et à influencer la gestion des systèmes éducatifs, ce qui nous permet d'affirmer que la dimension scientifique est fortement associée à une dimension politique et pragmatique. De ce fait, ce courant se présente comme une stratégie pour rendre gérable la complexité des phénomènes éducatifs, pour améliorer la qualité de la recherche en éducation et surtout sa capacité à fournir des résultats probants en valorisant le « recours à l'accumulation et la comparaison systématique des recherches empiriques sur un thème donné, afin d'identifier les bonnes pratiques » (Rey, 2006, p. 3).

S'inscrivant dans ce courant, la recherche en éducation veut trouver des solutions à la problématique de l'efficacité des systèmes éducatifs ; elle se donne comme objectif de repérer « des dispositifs et des pratiques qui favorisent l'apprentissage des élèves et augmentent leur performance dans un contexte d'enseignement » (Dumay, 2009, p. 7). La recherche s'inscrit fortement dans la poursuite d'une standardisation basée sur des évaluations, elles-mêmes standardisées (Mons, 2009). Plusieurs questions orientent les recherches qui veulent déterminer des facteurs d'efficacité. Qu'est-ce qu'une école efficace ? Quelles sont ses caractéristiques et quels sont les principes qui guident ces écoles ? Quelles sont les pratiques les plus efficaces ? Quels effets ont-elles sur les résultats des élèves ? Qu'est-ce qu'un enseignant efficace ? Le but est d'établir une relation de cause à effet (causalité linéaire) entre les caractéristiques des écoles, les comportements des enseignants et les résultats des élèves afin d'identifier l'environnement et les pratiques enseignantes efficaces, c'est-à-dire celles qui favoriseraient la réussite des élèves et qui produiraient des « performances » scolaires ou de « bons » résultats (Bissonnette, Richard, Gauthier et Bouchard, 2010). En d'autres mots, ce qui importe, c'est « d'identifier et de promouvoir les pratiques les plus efficaces, c'est-à-dire, celles qui aident les élèves à réaliser le plus efficacement possible les apprentissages souhaités » (Gauthier et Dembélé, 2004).

Ainsi, au Québec, la recherche en éducation emboîte le pas à la recherche américaine (Reynolds et Cuttance, 1992 ; Reynolds, Creemers, Stringfield, Teddlie, and Schaffer, 2002 ; Townsend, 2007), et européenne (Bressoux, 1994 ; Crahay, 2006 ; Dumay et Dupriez, 2009), en vue d'étudier de manière empirique les effets des écoles et des maîtres sur les acquisitions des élèves. Comme le dit Bressoux (1994, p. 91) : « L'idée sous-jacente est que, si l'on peut déceler des maîtres plus efficaces que d'autres, ou bien des écoles plus efficaces que d'autres, ainsi que les facteurs qui y sont associés, alors l'école n'est pas que le simple révélateur des inégalités sociales de réussite scolaire, mais elle a un poids spécifique, et il est dès lors possible d'améliorer les acquisitions d'un grand nombre d'élèves, en particulier ceux issus des classes sociales défavorisées. »

En 2004, Gauthier et ses collègues de l'Université Laval (Gauthier *et al.*, 2004), inspirés par la recherche nord-américaine (Slavin, 2002), ont effectué une revue des études portant sur les relations entre pratiques pédagogiques et réussite scolaire des élèves de milieux défavorisés. Deux années plus tard, la même équipe (Bissonnette, Richard et Gauthier, 2006) publie un livre qui s'inscrit dans cette thématique de l'enseignement efficace et qui vise à cerner les caractéristiques des pratiques efficaces. Les auteurs font une recherche longitudinale à large échelle pour établir une relation significative entre les études qui se préoccupent de l'enseignement efficace et celles qui se penchent sur les écoles efficaces et les pratiques d'enseignement privilégiées. Ils critiquent la réforme éducative de l'école québécoise, car les résultats de leur étude montrent que les écoles efficaces s'éloigneraient de propositions pédagogiques issues du constructivisme et de la pédagogie de la découverte qui, selon les auteurs, « n'ont aucun fondement empirique solide ou, pis encore, sont carrément réfutées sur le plan scientifique » (Bissonnette *et al.*, 2006, quatrième de couverture).

Dans la même ligne de recherche, cette équipe a mené une méga-analyse par l'étude de 362 recherches effectuées de 1963 à 2006 et à laquelle 30 000 élèves ont participé. L'objectif était de recenser les interventions pédagogiques les plus efficaces pour favoriser l'apprentissage des élèves ayant un trouble d'apprentissage ou à risque d'échec dans les matières de base telles que la lecture, l'écriture et les mathématiques. Les résultats montrent que l'enseignement explicite, centré sur les capacités particulières de la compréhension et dirigé par l'enseignant, est plus efficace sur les performances des élèves que les méthodes dites socioconstructivistes donnant davantage de place à la coopération entre les apprenants (Bissonnette *et al.*, 2010). L'enseignement explicite renvoie à la formalisation d'une stratégie d'enseignement structurée en étapes séquencées et fortement intégrées. Selon cette approche, l'enseignant, de manière intentionnelle, cherche à soutenir l'apprentissage des élèves par une série d'actions au cours de trois grands moments : 1) la préparation de la leçon, 2) l'interaction avec les élèves au cours de l'enseignement, 3) la consolidation de l'apprentissage (Gauthier, Bissonnette et Richard, 2013).

La même logique de la recherche d'efficacité et de l'intérêt pour les résultats « scientifiquement fondés » sous-tend de nouvelles avenues de recherche qui se sont ouvertes en éducation, tout particulièrement celles qui se sont développées grâce à l'avancement des sciences cognitives. Le souci est de savoir comment tirer profit des neurosciences pour bonifier les pratiques scolaires et améliorer les apprentissages scolaires. Il s'agit donc de comprendre en quoi le fonctionnement du cerveau contraint les apprentissages. Cette avenue de recherche appelée neurosciences de l'éducation s'est développée à l'UQAM, et l'institution reconnaît qu'elle « est en voie de se tailler une place de choix » (*Journal L'UQAM*, 2009, p. 11). L'objectif est de faire connaître le cerveau et les processus cognitifs qui lui sont attachés. Au cours des dernières années, les projets de recherche sur les mécanismes cérébraux liés à l'apprentissage et à l'enseignement se sont multipliés (Masson, 2007 ; Cyr, Brault-Foisy et Masson, 2010 ; Brault-Foisy et Masson, 2010-2011). Par exemple, des études en neurodidactique des sciences (Masson, 2007), de la lecture (Brault-Foisy, Lafortune et Masson, 2012) s'intéressent aux réactions du cerveau selon différents types d'enseignements.

La technique de l'imagerie cérébrale (IRM, imagerie par résonance magnétique nucléaire fonctionnelle) est la méthodologie qu'on utilise pour étudier l'interrelation entre le fonctionnement du cerveau et l'apprentissage de certains concepts scientifiques. On se propose de montrer que les changements conceptuels ont des effets variables sur le cerveau, selon les disciplines (Masson, Potvin, Riopel, Brault-Foisy et Lafortune, 2012). En effet, Lafortune, Véronneau et Masson (2012, p. 12) affirment que « les processus d'apprentissage sont spécifiques de chaque discipline, et qu'il existerait donc des interventions pédagogiques plus efficaces pour chacune d'entre elles ». Selon les auteurs, les résultats de ces recherches exigent de proposer des cours aux enseignants en exercice et en formation et aussi aux chercheurs. Un exemple est le cours d'Intro-duction à la neuroéducation (DDD4000) offert par le Département de didactique de l'UQAM. Il faut aussi souligner la publication d'un livre de méthodologie qui se propose d'orienter le chercheur dans l'utilisation méthodologique de l'imagerie mentale, de l'électroencéphalographie et des tests neuropsychologiques pour la collecte et l'analyse des données (Masson et Borst, 2017).

C'est donc par la connaissance du cerveau et de l'activité cérébrale que les interventions pédagogiques seront plus efficaces. En effet, la neuroéducation prétend ramener l'élève à un dénominateur commun sur lequel il est possible d'intervenir directement par une approche unique en laissant de côté son propre vécu ainsi que sa diversité.

Cette recherche de l'efficacité, de « ce qui marche » a des implica-tions d'ordre épistémologique et méthodologique. D'un point de vue épistémologique, on ne reconnaît pas l'incompatibilité des para-digmes épistémologiques positiviste et interprétatif concurrents qui sous-tendent respectivement les méthodes quantitatives et qualita-tives, en ignorant les grands débats épistémologiques et leur incom-patibilité ontologique (Niglas, 2004). Selon Howes (1988, p. 10) « le positivisme et le paradigme interprétatif sous-tendent les méthodolo-gies quantitatives et qualitatives ; or les deux paradigmes sont incom-patibles et en conséquence les deux méthodologies sont aussi incompatibles » (traduction libre de l'anglais). D'un point de vue théorique, on se focalise sur le problème sans s'affilier à un courant de pensée, les considérations théoriques sont abandonnées ; ce qui importe, c'est que « la chose fonctionne ». Selon ses promoteurs, il faut dépasser le débat épistémologique de l'« incompatibilité des paradigmes » (Bryman, 2006) qui fait état d'une querelle autour des méthodes employées dans la recherche en éducation. Il faut prendre le virage du « pragmatisme », la recherche en éducation doit utiliser toutes les stratégies afin de dépasser la dichotomie méthodologique. Une sorte d'éclectisme méthodologique caractérise donc la recherche,

les méthodologies expérimentales quantitatives, les approches qualitatives et les méthodes mixtes. Toutefois, cette utilisation de méthodes
ou de techniques de travail complémentaires ne veut pas dire que le
chercheur épouse des postures épistémologiques opposées ; il s'inscrit
« par sa façon de poser son problème de recherche et sa question de
recherche, dans une épistémologie particulière » (Savoie-Zajc et
Karsenti, dans cet ouvrage).

Du point de vue méthodologique, deux cadres semblent dominer
actuellement la recherche en éducation ou, en tout cas, celle qu'on
appelle *Scientific Research in Education* (SRE) : l'expérimentalisme
néoclassique et l'expérimentalisme à méthodes mixtes (Howe, 2004).
Cet expérimentalisme élève les méthodes quantitatives-expérimentales
au sommet d'une hiérarchie méthodologique et contraint les
méthodes qualitatives à un rôle auxiliaire dans la poursuite de l'objectif technocratique d'accumuler des connaissances sur « ce qui fonctionne ». Par là, on fait fi des développements fondamentaux qui ont
caractérisé la philosophie des sciences sociales au cours des quarante
dernières années et l'évolution de méthodologies de recherche en
sciences humaines et sociales, concernant la valeur et la rigueur des
méthodes qualitatives ainsi que leur statut par rapport aux méthodes
quantitatives.

En l'occurrence, la façon de voir la recherche en éducation change,
on prône une hiérarchie de la recherche qui permettrait de juger de la
valeur des types de recherche en éducation. La taxonomie élaborée par
Ellis et Fouts (1993, 2001) fournit cette classification hiérarchique en
trois niveaux : les études de niveau 1 renvoient aux enquêtes et études
de cas qui décrivent un phénomène en utilisant des données qualitatives
ou quantitatives ; elles peuvent permettre la formulation d'hypothèses
et même d'une théorie, laquelle ne peut toutefois en aucun cas être à la
base d'une pratique pédagogique, car pour cela, il faut qu'elle passe par
des protocoles expérimentaux.

Ce sont ces protocoles qui caractérisent les recherches de niveau 2.
Ces études expérimentales permettraient de vérifier ou d'infirmer les
hypothèses émises au premier niveau, auprès des groupes expérimentaux et de contrôle. Les études de niveau 3 sont celles qui évaluent les
résultats de la mise en œuvre des théories par des recherches à grande
échelle, ce qui les rend plus fiables sur le plan scientifique.

De telles approches de recherche sont diamétralement opposées aux recherches en éducation d'orientation interprétative qui ont indiscutablement consolidé leur dimension épistémologique, leur légitimité scientifique ainsi que leurs perspectives méthodologiques au cours des trente dernières années. Les critiques affirment que leurs objets de recherche sont insignifiants et les résultats trop locaux, impossibles à généraliser. De plus, on ne voit pas les répercussions qu'ils peuvent avoir sur le système éducatif; ils manquent de pertinence face aux défis posés par une société qui a besoin d'efficacité.

Toutefois, l'utilisation des données probantes et des pratiques efficaces « issues » de la recherche ne fait pas consensus dans la communauté des sciences de l'éducation. De nombreux chercheurs critiquent cette prévalence de la recherche d'efficacité et ils en décèlent les faiblesses et les zones d'ombre (Demers, 2016). Ils soulignent l'association effectuée entre l'idée d'une « pratique efficace » et celle d'une « bonne pratique » et ses « bons effets » sur l'apprentissage des élèves, en mettant l'accent sur le fait qu'on néglige ou qu'on ignore les grands acquis de la recherche en éducation, des procédures et des méthodes qui se sont consolidées et qui sont largement acceptées dans la communauté scientifique (Dumay et Dupriez, 2009).

En effet, comment déterminer les effets des pratiques sur les apprentissages? Comment mesurer des données qui sont interdépendantes (école, enseignant, élève, contexte, etc.)? Comment donc prendre en compte les caractéristiques particulières des élèves, enseignants et contextes? Comment prendre en compte le climat de la classe, les rythmes d'apprentissage, les attentes des enseignants, le niveau socioculturel, etc., autant de facteurs qui caractérisent la complexité du phénomène?

On dénonce aussi des erreurs méthodologiques dans le choix des indicateurs et dans le modèle statistique de comparaison des résultats des différents contextes (Felouzis, 2005; Maroy, 2009; Gorard, 2010; Clanet, 2012; Demers, 2016).

De plus, le champ de l'éducation est marqué par ses différents contextes (culturel, social, économique, institutionnel, etc.) et par de multiples contingences (comme les caractéristiques des élèves et celles des enseignants); il ne peut ainsi pas se conformer à une vision réductrice des métiers de l'éducation et se faire imposer une approche de recherche unique et unificatrice.

Les jalons historiques

1. Émergence d'une recherche sur l'éducation (1960-1970):
   - Mise sur pied de la Commission royale d'enquête sur l'enseignement (1961);
   - Création du ministère de l'Éducation du Québec (1964);
   - Élaboration des grandes politiques scolaires;
   - Orientation de la recherche vers un but axiologique;
   - Création des départements et des facultés d'éducation en vue de:
     – renforcer l'enseignement disciplinaire,
     – faire profiter la formation des maîtres de l'interfécondation de l'enseignement et de la recherche,
     – rehausser le niveau et le prestige de la profession enseignante;
   - Dominance des autres sciences sociales et humaines.

2. Emprise du paradigme positiviste expérimental (1970-1983):
   - Création du programme FCAC d'aide aux chercheurs;
   - Valorisation de la recherche universitaire;
   - Uniformité épistémologique (positiviste-empiriste);
   - Éloignement de la pratique enseignante;
   - Fragmentation dans l'étude du phénomène éducatif;
   - Bilan négatif de la recherche en éducation (rapport Angers):
     – l'éducation n'est pas un domaine structuré du savoir,
     – elle n'a pas de fondements conceptuels et méthodologiques propres,
     – les recherches sont monodisciplinaires,
     – elles sont coupées des milieux de pratique.

3. Émergence et stabilisation d'un nouveau paradigme (1984-1990):
   - Mise en évidence des limites du paradigme positiviste;
   - Émergence d'un nouveau paradigme (expérience humaine, diversité, complexité, intersubjectivité);
   - Passage de la macro à la microanalyse;
   - Préoccupation de produire un savoir pertinent pour la pratique;
   - Nouvelles manières de faire la recherche.

4. Maturité du paradigme et préoccupations centrées sur la profession (1990-2000):
   - Problématique de la professionnalisation de l'enseignant et de l'enseignement;

- Finalités de la recherche : perfectionnement et développement professionnel ;
- Réflexion sur l'action ;
- Prise en compte de la complexité de l'action sociale et éducative ;
- Mise en valeur de la dialectique théorie-pratique ;
- Mise au point d'approches plus compréhensives (recherche-action, recherche collaborative, recherche évaluative) ;
- Recherches s'intéressant à la formation initiale et continue ;
- Recherches s'intéressant aux pratiques professionnelles des enseignants.

5. Dérive pragmatique (depuis 2000) :
   - Problématique de la réussite éducative et de l'efficacité des systèmes éducatifs ;
   - Recherche orientée vers la recension des facteurs d'efficacité (écoles, enseignants, pratiques professionnelles…) ;
   - Essor de la perspective de l'éducation basée sur la preuve (ÉBP) ;
   - Nécessité de fournir des données probantes pour fonder les pratiques et les politiques éducatives ;
   - Éclectisme méthodologique, débats épistémologiques ignorés, modèles théoriques négligés ;
   - Hiérarchisation de la recherche ;
   - Critique des recherches issues du courant interprétatif.

□

Conclusion

Retracer ce parcours historico-épistémologique de la recherche en éducation au Québec a constitué un défi important compte tenu des dimensions épistémologiques qu'une telle reconstruction, éminemment subjective, comporte, surtout sachant que les connaissances utilisées sont fragmentaires.

La distance est nécessaire pour cerner l'horizon en direction duquel la recherche en éducation s'oriente. Il est impossible d'anticiper son avenir. Cependant, on peut constater à la lecture de ces différentes périodes que la recherche en éducation est à un stade de grands bouleversements. Elle devra encore légitimer sa scientificité, laquelle a été considérablement questionnée pendant la cinquième période. Elle devra démontrer encore la pertinence de produire des connaissances avec les acteurs impliqués dans l'éducation, en valorisant leurs points de vue. Elle devra s'opposer au regard normatif et extérieur des phénomènes éducatifs en proposant une connaissance de l'intérieur.

Elle devra poursuivre ses efforts pour développer la pensée et l'actualisation de la fonction critique que la recherche et les chercheurs doivent assumer dans la société. Pour terminer, nous faisons nôtres ces propos émis par De Lagasnerie (2017, p. 14) : « À partir du moment où nous décidons d'écrire et de publier, nous ne pouvons pas ne pas faire du souci politique le point de départ d'une interrogation sur le sens de ce que nous faisons, sur les modalités que nous adoptons – et même sur les raisons pour lesquelles il faudrait faire ce que nous faisons. »

Activités d'appropriation

1. Pourquoi dit-on que la période 1960-1970 se caractérise par une recherche sur l'éducation ?

2. Rendez compte des principaux éléments de la période 1970-1983 et montrez la suprématie du paradigme positiviste et expérimental dans la recherche en éducation.

3. Pendant la troisième période allant de 1984 au début des années 1990, les sciences sociales et humaines sont fortement mises en cause. Sous l'influence de quelles « visions » épistémologiques les chercheurs en éducation ont-ils mis en place un nouveau paradigme de recherche ?

4. Pendant les années 1990, la recherche en éducation centre ses préoccupations sur la profession enseignante et sur le développement professionnel. Décrivez les deux grands principes qui sont à la base de ces nouvelles orientations de la recherche en éducation.

5. Tout acteur social peut réfléchir en cours d'action sur son action ou « sa pratique ». Que serait une pratique réflexive pour l'enseignant en formation ? Comment cette pratique réflexive peut-elle contribuer à la recherche en éducation ?

6. Comment justifie-t-on l'essor de la perspective de l'ÉBP ? Quels sont les arguments pour et contre cette manière de faire de la recherche ?

7. Une hiérarchisation de la recherche a été proposée. Quels sont les différents niveaux de cette classification ? Comment se justifient-ils ?

8. Quels effets cette classification peut-elle avoir sur la recherche en éducation ?

Concepts importants

La définition de ces mots clés se trouve dans le glossaire.
- Acte professionnel
- Approche disciplinaire
- Approche interdisciplinaire
- Éducation basée sur la preuve
- Épistémologie
- Modèle
- Paradigme
- Paradigme compréhensif, interprétatif
- Paradigme positiviste-empiriste
- Pratique fondée sur des données probantes
- Profession
- Professionnalisation

Lectures complémentaires

Chalmers, A. F. (1987). *Qu'est-ce que la science ? Récents développements en philosophie des sciences*, Paris, La Découverte.
  Cet ouvrage passionnant montre en quoi, depuis quelques décennies, il est difficile d'ignorer le sujet dans la construction des connaissances scientifiques.

Fourez, G. (1996). *La construction des sciences. Les logiques des inventions scientifiques* (3ᵉ éd.), Bruxelles, De Boeck.

Introduction à une épistémologie constructiviste et à une réflexion sur la construction sociale des savoirs scientifiques. Ce livre permet de dépasser les concepts des épistémologies empiristes et positivistes pour voir comment les pratiques scientifiques s'insèrent dans l'histoire de l'humanité.

Larose, F., Y. Couturier, J. Bédard et S. Charette (2011). « Entre discipline et profession : la question des bonnes pratiques guidées par les résultats probants de la recherche (*evidence-based practice*) en formation à l'enseignement », *Les Sciences de l'éducation – Pour l'Ère nouvelle,* vol. 44, nᵒ 2, p. 31-48.

Cet article discute des enjeux multiples que le recours aux données probantes soulève relativement à la légitimité de la recherche en éducation et dans la formation à l'enseignement.

Lessard, C., M. Perron et P. Bélanger (dir.) (1991). *La profession enseignante au Québec – Enjeux et défis des années 1990,* Québec, Institut québécois de recherche sur la culture.

Cet ouvrage collectif aborde de différents points de vue le travail enseignant et les mouvements de professionnalisation.

Mucchielli, A. (dir.) (2009). *Dictionnaire des méthodes qualitatives en sciences humaines et sociales* (3ᵉ édition), Paris, Armand Colin.

Cet ouvrage collectif aborde les différents concepts utilisés en recherche qualitative/interprétative.

Saussez, F. et Lessard, C. (2009), « Entre orthodoxie et pluralisme : les enjeux de l'éducation basée sur la preuve », *Revue française de pédagogie – Recherches en éducation,* nᵒ 168, p. 11-136.

Les auteurs caractérisent l'approche de l'éducation basée sur la preuve et explicitent ses origines et son processus d'institutionnalisation. Ils discutent aussi certains enjeux de cette approche en ce qui concerne la recherche en éducation.

Chapitre 2

L'éthique de la recherche

Simon Hobeila

Le souci pour le bien-être et le respect des participants à la recherche scientifique a fait naître un champ de réflexion et de réglementation que l'on appelle éthique de la recherche. Ce chapitre en relate d'abord l'émergence historique, des débuts de la recherche expérimentale jusqu'à la mise en place des comités d'éthique de la recherche dans les universités, puis introduit le lecteur aux principes éthiques fondamentaux devant guider la recherche avec des participants humains. Au passage sont présentées les notions de consentement libre et éclairé, de minimisation des risques et de respect de la vie privée, ainsi que certaines de leurs applications pratiques. On trouvera également un exposé des limites et des écueils de l'éthique de la recherche telle qu'elle est actuellement conçue et institutionnalisée. Enfin, nous proposons trois exemples susceptibles de faire réfléchir le lecteur aux enjeux de l'éthique sur le terrain.

□

La recherche, en tant que vaste entreprise de développement des connaissances, réside au cœur de l'amélioration de nos vies et constitue un moteur de premier plan dans l'enrichissement de notre compréhension du monde. Par elle, nous tentons de comprendre l'inexpliqué, de saisir ce qui nous échappe et de qualifier l'insondable. Avec elle, nous structurons notre quête du savoir et systématisons notre exploration des phénomènes sur lesquels nous nous interrogeons. En elle, nous trouvons la liberté de mettre en question le consensus et de défier la norme. Or, ce long parcours sinueux généralement pavé de bonnes intentions n'est pas sans risque et sans écueils. En tant que composante essentielle de l'activité humaine, la recherche est justement… humaine : capable du meilleur et du pire. Car si l'on attribue d'ordinaire à la science en général et à la recherche en particulier des motifs nobles tels que l'avancement des connaissances, la poursuite du bien de l'humanité, voire une certaine conception du progrès, l'histoire récente montre qu'au nom de ces mêmes motifs, la recherche a aussi erré, trompé et blessé les personnes mêmes qui se prêtaient à son jeu : ses dits sujets de recherche, les participants humains à la recherche scientifique.

De fait, les risques associés à l'exercice scientifique ont longtemps été considérés comme un mal nécessaire vers l'atteinte d'un plus grand bien. Dans cette optique, en recherche avec des êtres humains, les participants à la recherche scientifique se sont souvent vus porter le fardeau de ces inconvénients, sans toujours pouvoir en toucher les avantages ou sans même pouvoir espérer être traités comme une fin et non simplement comme un moyen, pour paraphraser la célèbre formule kantienne. « On ne fait pas d'omelette sans casser des œufs ! », aurait-on pu dire à propos de la recherche scientifique. Pour poursuivre l'analogie culinaire, les chercheurs se souciaient toutefois peu ou prou de savoir à qui appartenaient ces œufs et encore moins d'assurer une distribution juste de l'omelette. Dans leur entreprise d'acquisition des connaissances, ils étaient davantage préoccupés par la validité scientifique des résultats obtenus que soucieux du sort réservé aux personnes se prêtant à leurs expérimentations et enquêtes.

Or la prémisse selon laquelle l'avancement des connaissances et le progrès scientifique sont des biens supérieurs ayant préséance sur toutes autres considérations d'ordre social, légal ou moral n'est tout simplement plus acceptée aujourd'hui. Aux prétentions de contribution au bien collectif de la recherche s'ajoutent aujourd'hui des impératifs de justice et de respect des droits individuels ; aux retombées escomptées pour « le bien de l'humanité » s'oppose désormais le caractère raisonnable du risque que le participant à la recherche peut courir à cette fin. C'est donc au nom du respect de la dignité humaine et en vertu de la responsabilité des chercheurs envers les participants qu'un ensemble de principes, de normes et de règles de conduite ont été définis pour guider et encadrer la recherche avec des êtres humains. Quels sont les droits des participants ? Quelles précautions doivent être prises avant d'entreprendre une recherche auprès d'êtres humains ? Qu'est-ce qu'un niveau de risque acceptable ? Qu'est-ce qu'une répartition juste des risques et des bénéfices associés à la recherche ? C'est cet ensemble de considérations visant la protection des participants à la recherche scientifique qu'il est aujourd'hui convenu d'appeler *éthique de la recherche* et dont il est question dans ce chapitre.

L'émergence de l'éthique de la recherche

Ce que nous appelons l'éthique de la recherche est, en contexte nord-américain, compris comme un champ de réflexion et d'action visant la protection des êtres humains prenant part à la recherche scientifique. Champ de réflexion, l'éthique de la recherche s'interroge sur les relations entre les chercheurs et les participants à la recherche et sur la conciliation des impératifs méthodologiques et scientifiques avec la dignité humaine. Champ d'action, elle s'impose comme système de régulation et d'encadrement de l'activité de recherche en définissant des standards déontologiques et en soumettant à l'évaluation d'un comité d'éthique de la recherche (CER) toute recherche conduite auprès d'êtres humains. La réflexion qui sous-tend l'éthique de la recherche et le système éthico-administratif qui la caractérise aujourd'hui ne sont cependant pas nés du jour au lendemain. Plutôt, ils résultent d'une longue trame historique dont il importe ici de rappeler les principaux jalons afin de mieux comprendre comment s'est imposé le souci du bien-être des participants dans la recherche scientifique.

D'emblée, s'il y a eu besoin d'encadrer la recherche scientifique, c'est qu'il y a eu abus. De fait, le développement de l'éthique de la recherche est une longue suite de réponses et de réactions à des recherches dites abusives et inappropriées pour les participants et jugées comme telles aujourd'hui et en leur temps. C'est pour que ne se répètent plus ces abus que diverses tentatives d'encadrement ont successivement été entreprises par des législateurs, des gouvernements, des associations professionnelles et des chercheurs eux-mêmes. Notons que bien que cette réflexion ait d'abord émergé dans le cadre de la recherche biomédicale, les principes de base de l'éthique de la recherche s'appliquent aujourd'hui à l'ensemble des recherches avec des êtres humains, toutes disciplines confondues. La présente section rapporte les principaux événements qui ont éveillé la société aux enjeux éthiques de la recherche et mené à la mise en place des normes que nous connaissons aujourd'hui. Nous ferons d'abord un survol général, après quoi nous nous pencherons sur le cas du Canada en particulier et des sciences sociales et humaines.

Vers la reconnaissance des droits des personnes

Le recours à grande échelle à des sujets humains à des fins de recherche est intimement lié à l'introduction de la méthode scientifique et expérimentale en médecine au XIXe siècle. Les médecins chercheurs adoptèrent les préceptes de cette nouvelle approche prometteuse et le besoin d'expérimenter avec des humains se fit grandissant, particulièrement dans des domaines comme la bactériologie, l'immunologie et la physiologie et dans l'élaboration de nouvelles procédures chirurgicales. Dans une transposition fréquente à la clinique des rapports de classes et de la hiérarchie sociale de l'époque, il était pratique courante d'expérimenter sur les esclaves et les prisonniers ainsi que sur les patients quémandant des soins dans les écoles de médecine, sans les informer des procédures menées et sans se soucier d'obtenir leur accord. À cet égard, l'*ethos* du chercheur – sa façon d'être, mais aussi d'agir, de voir et de penser le monde – ne semblait guère différent de celui du reste de la société. On recense ainsi chez des chercheurs réputés des cas, pour ne nommer que ceux-là, d'infections délibérées à la syphilis de patientes prostituées (Loff, 2006); d'interventions chirurgicales pratiquées jusqu'à 30 fois sur une même esclave et de tentatives de guérir la fièvre typhoïde en ébouillantant les patients, esclaves eux aussi, sans que la littérature de l'époque ne manifeste outre mesure des préoccupations pour la souffrance causée par ces expérimentations (McNeil, 2001) ou pour l'exploitation systématique des sans-droits et laissés-pour-compte de la société[1].

On relève cependant deux exceptions notables à cet état de fait dans le monde occidental de l'avant Seconde Guerre mondiale. En 1900, en Prusse, le ministre des Affaires religieuses, éducatives et médicales demande aux hôpitaux que toute recherche médicale soit conduite auprès d'adultes aptes et consentants seulement. Effort louable, ces directives n'avaient toutefois pas force de loi et n'ont vraisemblablement pas été suivies. L'autre exception tristement ironique est le cas de l'Allemagne. Dès 1931, des *Richtlinien* (lignes directrices) du ministère de l'Intérieur[2] énoncent les conditions devant présider à la conduite d'expériences sur l'humain, dont l'obligation de procéder d'abord sur l'animal avant d'expérimenter chez l'homme, de minimiser les risques que peut

---

1. Il est toutefois un exercice complexe de juger aujourd'hui d'actes commis en d'autres temps, comme le témoigne la controverse continue autour du Dr J. Marion Sims, «père de la gynécologie américaine», qui mit au point la technique chirurgicale de réparation des fistules vésico-vaginales en opérant à répétition les esclaves Anarcha, Betsy et Lucy, dont l'héritage controversé ne fait pas l'unanimité entre historiens, éthiciens et dans l'opinion publique (Spettel *et al.*, 2011).

2. *Circulaire du ministère de l'Intérieur du Reich allemand, relative aux Directives concernant les nouveaux traitements médicaux et l'expérimentation scientifique sur l'être humain.*

présenter la recherche, de recueillir un consentement éclairé des participants et de s'interdire toute recherche pouvant occasionner le moindre tort aux enfants (Sass, 1983). Bien qu'en vigueur sous le Troisième Reich, les *Richtlinien* ne furent pas respectées non plus, comme en témoignent les nombreuses expérimentations en médecine et en psychologie conduites en masse et dans des conditions réputées cruelles auprès des détenus des camps de concentration nazis. Jugeant pour crimes de guerre et crimes contre l'humanité 20 médecins et 3 officiels nazis ayant participé à ces expérimentations, c'est un tribunal militaire américain[3], en marge du procès de Nuremberg, qui en révéla l'atrocité à la face du monde : expérimentations soumettant délibérément les prisonniers à l'hypothermie, au gaz moutarde, à la malaria, les forçant à s'abreuver exclusivement d'eau de mer ou les enfermant dans des chambres à basse pression pour simuler l'effet de la haute altitude sur l'être humain, etc. Le taux de décès ou de séquelles était très élevé et les survivants étaient souvent exécutés peu après pour autopsie. Dans leur jugement, les juges dressèrent une liste de 10 principes reconnus comme devant réguler l'expérimentation médicale chez l'humain, s'en servant comme base légale pour juger du caractère criminel ou non des expériences auxquelles les accusés avaient pris part. L'histoire élèvera ces principes en préceptes et cette liste en un code : le code de Nuremberg (Amiel et Vialla, 2009).

Le code de Nuremberg jette alors les bases de l'éthique de la recherche telle que nous la connaissons aujourd'hui : l'obligation du consentement libre et éclairé du participant ; l'évitement de toute souffrance ou de tout dommage physique ou mental non nécessaire ; l'exigence de scientificité et de rigueur pour éviter les recherches sans nécessité ou conduites au hasard ; l'exigence de qualification du chercheur, etc. Cependant, le code reste sans écho ou effet réel dans les pays alliés et aux États-Unis, instigateurs du procès et auteurs du code. Dans les mots de l'historien américain David Rothman (1987), cité par Hubert Doucet (2001, p. 2) :

> Les chercheurs et les médecins américains ont apparemment trouvé que Nuremberg n'avait rien à voir avec leurs activités. On croyait, mais à tort comme il est apparu par la suite, que les expériences cruelles, hors normes, avaient été conduites, non par des scientifiques et des médecins, mais par de sadiques fonctionnaires nazis, et que, par conséquent, les véritables chercheurs n'avaient rien à apprendre de cette expérience.

---

3. *United States of America v. Karl Brandt, et al.,* communément appelé le « Procès des docteurs ».

Fier d'une science forte à qui l'on devait la victoire et une amélioration considérable de la qualité de vie, le peuple américain soutenait l'image d'une science fondamentalement bonne. Le gouvernement américain était encore moins enclin à encadrer celle-ci d'une façon ou d'une autre, se refusant à toucher à la sacro-sainte liberté du chercheur. Pourtant, l'aura de la science s'effrite alors que les transformations radicales de la société opérées en son nom commencent à soulever des questions et que divers mouvements sociaux remettent de plus en plus en question l'autorité médicale, scientifique, religieuse et politique[4]. En 1966, un article du Dr Henry K. Beecher, professeur à l'Université Harvard, crée une onde de choc dans la communauté scientifique et au gouvernement, son principal bailleur de fonds. Il y rapporte 22 expérimentations pour lesquelles on dénote un risque important pour les participants, l'absence généralisée de consentement et de bénéfice pour ces derniers. Parmi les exemples rapportés, notons une étude consistant à injecter des cellules cancéreuses chez des patients hospitalisés pour observer leur réaction immunologique et une autre consistant à infecter à l'hépatite des enfants handicapés intellectuellement afin de déterminer la période d'infectiosité de la maladie. Plus troublant encore, il ne s'agirait là que d'un échantillon tiré d'un plus large corpus de près de 200 recherches similaires conduites aux États-Unis, révisées par des pairs, publiées dans des journaux scientifiques reconnus, financées et approuvées par divers organes du gouvernement américain, dont les National Institutes of Health (NIH). Si les chercheurs américains ne se sentaient pas concernés par Nuremberg, Beecher prouva que c'était à tort[5].

Soumis à la pression politique et à de nouvelles directives émanant du *Surgeon General*, les NIH réagirent et mirent sur pied des comités locaux composés de scientifiques et de profanes chargés de se pencher sur les aspects éthiques des projets de recherche se déroulant dans leurs institutions respectives, comités que l'on appellera plus tard les *Institutional Review Boards* (IRB). L'ancêtre de l'actuel comité d'éthique de la recherche (CER) était né. Toutefois, les protestations contre ce qui

---

4. Signalons l'utilisation du nucléaire, la publication du livre *Silent Spring* (Carson, 1962) dénonçant les méfaits du DDT, la tragédie de la thalidomide, l'amélioration des techniques de ventilation et de réanimation menant à l'établissement des critères de la «mort cérébrale» à Harvard en 1968, etc.

5. Au Royaume-Uni, Maurice Henry Pappworth fait un travail similaire à Beecher en publiant en 1967 un ouvrage intitulé *Human Guinea Pigs: Experimentation on Man*.

était perçu comme une ingérence dans le champ de compétence des chercheurs furent vives et la mise en place de moyens plus contraignants d'évaluation et de suivi de leurs activités et de leur utilisation des fonds publics fut fortement contestée (Doucet, 2001).

Ce sont cependant les révélations entourant l'étude de Tuskegee[6] (1932-1972) qui choqueront le plus l'opinion publique et inciteront le gouvernement à se pencher sérieusement sur la protection de participants à la recherche scientifique. Conduite par la Santé publique américaine, cette recherche visait à étudier la progression de la syphilis non traitée chez 600 hommes de la communauté noire et pauvre de Tuskegee, en Alabama. Bien que la pénicilline fût reconnue comme traitement de choix pour la syphilis dès 1947, les participants ne furent pas traités et restèrent jusqu'à la toute fin ignorants des vrais motifs de l'étude. Malgré les protestations soulevées à l'interne par un jeune épidémiologiste, Peter Buxtun, dans les années 1960, le projet se poursuivit avec l'aval de la Santé publique et des associations médicales nationales jusqu'en 1972, année où Buxtun alerta la presse, soulevant l'indignation populaire et provoquant la fin de l'étude. Alors que Beecher avait prouvé que le mauvais traitement des participants était davantage une pratique courante qu'une aberration épisodique, Tuskegee fit prendre conscience que ces comportements étaient si profondément ancrés que même un organe gouvernemental dont le mandat était d'assurer la santé de la population pouvait en être le maître d'œuvre. Surtout, la composante structurellement raciste de l'étude ne pouvait que choquer.

Marquant l'absence de conscientisation de la communauté scientifique à l'égard du traitement réservé aux participants humains, le scandale de Tuskegee fut largement responsable de la mise sur pied, en 1974, de la *National Commission for the Protection of Human Subjects of Biomedical and Behavioral Research*. Ainsi mandatée par le gouvernement, cette commission multidisciplinaire produisit divers avis, notamment à propos de la recherche sur les fœtus (1975), les prisonniers (1976), les enfants (1977) et les handicapés mentaux (1978). Chargée « de déterminer les principes éthiques fondamentaux qui doivent sous-tendre la conduite de la recherche biomédicale et béhavioriste » avec des êtres humains et d'élaborer des directives permettant d'en assurer l'application en pratique, la Commission publie en 1979 un dernier rapport, le

---

6. *The Tuskegee Study of Untreated Syphilis in the Negro Male.*

Belmont Report. Plus que toutes les précédentes tentatives de codifier l'éthique de la recherche[7], ce rapport aura une influence déterminante en établissant trois principes généraux devant guider la recherche avec des êtres humains : le respect de la personne, la bienfaisance et la justice.

Les codes précédents, principalement constitués de règles, ne fournissaient aucune indication pour les cas complexes, ni de pistes de réflexion pour guider la résolution de problèmes éthiques particuliers. Le *Belmont Report*, plutôt que de s'en tenir à une prescription de la sorte, énonce ces trois principes « issus de notre tradition culturelle » et à partir desquels les règles précises à suivre dans une recherche ou une autre peuvent être « formulées, critiquées et interprétées » (1979). Le rapport prend soin de définir ces trois principes et de détailler comment ils se traduisent en recherche (tableau 2.1). Le respect de ces principes est devenu en quelque sorte le jalon à l'aune duquel évaluer le caractère éthique d'une recherche. De plus, l'approche par principes mise de l'avant par le *Belmont Report* s'est avérée un outil de réflexion et d'analyse facilement appropriable par les chercheurs et les comités d'éthique de la recherche. Elle a en ce sens largement contribué à l'essor ultérieur de l'éthique de la recherche.

De la réflexion à la réglementation

Les trois dernières décennies furent marquées par le passage d'une réflexion sur les aspects éthiques de la recherche à l'application d'une réglementation de plus en plus fine définissant un ensemble de normes en la matière.

Aux États-Unis, le contenu du *Belmont Report* fut rapidement intégré à la réglementation américaine concernant la protection des participants humains qui, depuis 1991, s'applique à la presque totalité des agences et ministères américains finançant la recherche. Cette réglementation vint préciser les conditions d'exercice des IRB et l'étendue des recherches devant être soumises à l'évaluation éthique. Parallèlement à ces développements, de nombreuses révélations d'inconduite en recherche (biais induits par des conflits d'intérêts financiers, falsification ou fabrication de données, non-respect de la propriété intellectuelle,

---

7. Par exemple, la Déclaration d'Helsinki en 1964 et 1975 de l'Association médicale mondiale ou le code de conduite de l'American Psychological Association de 1973.

Tableau 2.1   Les principes du *Belmont Report* et leurs applications en recherche

PRINCIPES	APPLICATIONS
Respect de la personne Les personnes doivent être traitées comme des agents autonomes. Les personnes ayant une autonomie diminuée ont droit à une protection accrue.	**Consentement** Les participants doivent être informés adéquatement des tenants et aboutissants de la recherche. L'information doit être comprise des participants. Le consentement doit être volontaire.
Bienfaisance Ne pas faire de tort. Maximiser les avantages potentiels et minimiser les torts possibles.	**Évaluation des risques et des avantages** Tenir compte de la nature du risque et des avantages (physique, psychologique, juridique, économique, social) et de leur étendue (individuelle, familiale, communautaire, sociétale). Procéder à l'évaluation systématique du risque en vérifiant la scientificité de l'étude proposée et en réduisant le risque à son minimum indispensable et justifiable.
Justice Répartition juste des risques et des bénéfices associés à la recherche.	**Sélection des participants** Procédure de recrutement juste et raisonnée. Les avantages de la recherche devraient profiter aux populations à l'étude/éviter l'exploitation des populations vulnérables.

utilisation frauduleuse des fonds publics) ont également poussé le gouvernement américain à mettre en place des politiques encadrant l'intégrité scientifique en recherche. À partir des années 1990 aux États-Unis, l'éthique de la recherche pour la protection des participants humains et l'intégrité en recherche font donc toutes deux l'objet d'une plus stricte réglementation.

Le Canada connaît un développement similaire de ses politiques en la matière. Sur un front, le Conseil des arts du Canada publiait en 1977 un rapport intitulé *Déontologie* portant sur la recherche en sciences humaines, alors que sur un autre, le Conseil de recherches médicales du Canada (CRM) faisait de même en 1978 et publiait en 1987 des lignes directrices consacrant le rôle du CER et l'obligation de l'évaluation éthique dans les facultés de médecine (Bergeron et Laudy, 2001). Tout comme au sud de la frontière, c'est cependant par une série de scandales faisant un grand bruit médiatique que l'on constata le caractère inadéquat de ces efforts et des politiques régissant la recherche en général.

Le premier de ces cas succinctement rapportés ici est l'affaire Valery Fabrikant. Professeur de génie à l'Université Concordia, il tua quatre collègues lors d'une fusillade le 24 août 1992, se disant victime d'injustice entre leurs mains. La tuerie mit en lumière plusieurs irrégularités dans la gestion de la recherche, et des enquêtes furent commandées pour éclaircir diverses allégations d'inconduite scientifique incluant collusion et complaisance dans l'utilisation des fonds de recherche et dans les procédures d'embauche et de promotion, ainsi que la signature frauduleuse d'articles scientifiques comme monnaie d'échange entre chercheurs. Attribuant ces pratiques à une culture de recherche de plus en plus orientée sur la productivité et la compétition pour obtenir des subventions, un rapport conclut que Concordia et les universités canadiennes devront désormais, « plus qu'elles ne le préféreraient [...], se soumettre à des procédures d'imputabilité pour éviter que les abus inhérents à cette culture ne se répètent » (Arthurs, 1994, p. 9, traduction libre). Ses auteurs n'entrevoyaient pas la possibilité à moyen terme de voir la communauté de recherche amender cette culture. C'est dans ce contexte qu'est née, en 1994, la Politique inter-conseils sur l'intégrité dans la recherche et les travaux d'érudition, promulguée conjointement par les trois grands organismes subventionnaires fédéraux[8]. Imposant aux universités canadiennes l'obligation d'adopter une politique institutionnelle sur l'intégrité en recherche, ce texte somme les institutions à promouvoir l'intégrité et à procéder à l'examen des allégations d'inconduite en recherche.

Le deuxième cas est l'affaire Poisson. En 1990, des enquêteurs de l'*Office of Research Integrity* américain découvrent que le Dr Roger Poisson, de l'hôpital Saint-Luc à Montréal, a falsifié des données de recherche concernant l'éligibilité de certaines patientes à une large étude clinique sur le cancer du sein. S'il s'est avéré par la suite que ces falsifications de données n'ont pas entaché la validité des résultats de l'étude, ni mis en danger les femmes y ayant participé, le comportement du chercheur et des institutions de recherche fragilise le lien de confiance du public avec l'*establishment* scientifique. En effet, même si la direction

---

8. Les Instituts de recherche en santé du Canada (IRSC) (anciennement le CRM), le Conseil de recherches en sciences naturelles et en génie (CRSNG) et le Conseil de recherches en sciences humaines (CRSH).

de l'hôpital et l'Université de Montréal prirent des mesures correctives à l'endroit du Dr Poisson dès 1991, les patientes ne furent jamais informées de sa faute. De fait, l'information ne fut rendue publique qu'en 1994, quand les médias publièrent l'affaire, provoquant l'angoisse chez les patientes inquiètes de ne pas avoir reçu le bon traitement ou d'avoir été trompées, relançant de plus belle le débat sur l'imputabilité des chercheurs et l'encadrement des activités de recherche. Comme l'indiquait à ce sujet la Presse canadienne, citant un chercheur interviewé à l'époque: « Il est temps que la composition des comités d'éthique, l'encadrement de la collecte des données et le contrôle de la qualité de l'évolution de la recherche ne soient plus laissés "à l'imagination spontanée des différents milieux" et que soient appliquées les recommandations des organismes responsables » (PC, 1995, p. D6).

L'affaire mena à la publication du rapport Deschamps, qui s'appliqua à revoir les mécanismes d'évaluation des activités de recherche « pour rassurer le public en général et les personnes susceptibles de prêter leur concours à un projet de recherche en particulier quant à la qualité et à l'intégrité des activités de recherche » (1995, p. 16). Il en découla, en 1998, le Plan d'action ministériel en éthique de la recherche et en intégrité scientifique (PAM) du ministère de la Santé et des Services sociaux du Québec (MSSS). Ce plan prévoit la déclaration obligatoire des activités de recherche des chercheurs sous son autorité et la triple évaluation scientifique, éthique et financière de celles-ci. De plus, il définit les conditions d'exercice des comités d'éthique de la recherche désignés par le MSSS et instaure une procédure de suivi annuel auprès d'eux. Enfin, le PAM entraîne une modification du Code civil du Québec pour assurer la protection des mineurs et des majeurs inaptes se prêtant à des expérimentations.

La même année, les trois grands conseils de recherche fédéraux – principaux subventionnaires de la recherche universitaire – publient des lignes directrices conjointes s'imposant comme le cadre normatif faisant autorité au Canada, l'Énoncé de politique des trois Conseils: *Éthique de la recherche avec des êtres humains* (EPTC).

Les trois conseils exigent sa mise en application dès 1999. Puis, en 2002, un protocole d'entente signé entre les conseils et les universités consacre l'étendue de son application à toute recherche avec participants humains conduite par des chercheurs, professeurs, étudiants ou employés des institutions signataires. C'est notamment en vertu de cet accord que les recherches avcc participants humains sont aujourd'hui obligatoirement soumises à l'évaluation d'un comité d'éthique de la recherche.

Toutes ces mesures, censément motivées par le souci des participants, procèdent de la reconnaissance du caractère résolument collectif de la recherche. L'imputabilité morale et juridique désormais imposée aux institutions de recherche est alors comprise comme une contrepartie naturelle des privilèges qui leur sont accordés (sous forme de fonds publics, notamment). D'aucuns diraient que cette hétérorégulation de la communauté de recherche témoigne aussi de son incapacité à s'auto-réguler. Quoi qu'il en soit, l'actuelle éthique de la recherche est l'abou-tissement d'un long parcours, allant du combat pour la reconnaissance des droits des personnes à l'imputabilité des universités devant la société, et on ne saurait l'interpréter sans l'éclairage de l'histoire qui l'a forgée. Bien que les événements qui en provoquèrent le développement puissent aujourd'hui sembler inconcevables aux yeux du jeune chercheur, il s'agit là d'une leçon de l'histoire à ne pas oublier et d'une preuve que l'*ethos* de la recherche est changeant et éminemment perfectible.

L'éthique et les sciences sociales et humaines

L'enjeu de la protection des participants est également pertinent en sciences sociales et humaines. Au Canada, c'est d'ailleurs dans ce domaine qu'on s'interroge au premier chef sur les enjeux éthiques de la recherche :

> La recherche que les hommes de l'art mènent dans diverses disciplines et selon des méthodologies propres a une dimension morale. Expérimentation psychologique, enquêtes sociologiques, tests scolaires et recherche anthropologique ont, de l'avis de tous, des implications éthiques. Dans d'autres sciences humaines cependant, on est moins porté à voir ce lien, bien que la collecte des données oblige le chercheur à se mettre en rapport, direct ou indirect, avec la population concernée. Or, une telle intervention n'est jamais neutre. Dans cette catégorie de chercheurs, on inclura l'économiste, le linguiste, le démographe, le politologue et le crimino-logue, et même l'historien, le biographe et l'archéologue. Ce n'est donc pas la discipline qui détermine la présence ou l'absence d'implications éthiques, mais la méthodologie employée (Conseil des arts du Canada, 1977, p. 6).

Le participant humain occupe une place primordiale dans la recherche en sciences sociales et humaines. Tantôt le canevas sur lequel on for-mule et teste des hypothèses, tantôt un agent privilégié détenant une donnée, voire un savoir autrement inconnu ou incompris, il est une importante source d'information pour le chercheur. Que ce soit par l'observation en milieu naturel, le questionnaire anonyme, l'entrevue, le groupe de discussion, le récit de vie, les tests psychométriques ou la compilation statistique de données, la mise en relation même du chercheur et du participant – une relation de personne à personne – suggère d'emblée un lien éthique. Dans cette relation, le chercheur est habité d'intentions, d'appréhensions et de visées qui lui sont propres : mieux comprendre un phénomène, répondre à sa question de recherche, confirmer une hypothèse, peut-être même aider les populations étudiées ou – qui sait ? – finir sa thèse ou publier un article génial. Mais quelle place le participant humain occupe-t-il dans cette relation ? N'est-il qu'une « chose » nécessaire à l'atteinte des objectifs de la recherche ? Est-il un partenaire dans le développement des connaissances ? Est-il reconnu et traité en tant que personne à part entière ?

Dans plusieurs disciplines, la question des relations chercheur-sujet s'est très tôt avérée le lieu d'enjeux éthiques fondamentaux. En anthropologie, par exemple, l'appropriation des biens culturels des populations étudiées fut longtemps pratique courante et objet de discorde entre ces dernières et les chercheurs. En ethnologie, avec les travaux de Malinowski dans les îles Trobriand et les débuts de l'observation participante, la réflexion sur la relation enquêteur-enquêté est devenue indissociable du processus de recherche. Comment s'intégrer à la population étudiée sans perdre le recul nécessaire à l'analyse des phénomènes observés ? Comment rendre compte de son propre rôle dans l'analyse des phénomènes observés ? Dans ce contexte immersif, la question de la posture épistémologique du chercheur, de son lien avec l'objet de recherche et de la conception du réel qui guide ses travaux se pose avec encore plus d'acuité. Des questions éthiques aussi se posent : comment intervenir sans bouleverser l'ordre social établi et causer préjudice à certaines personnes ? Jusqu'où un chercheur peut-il aller pour s'intégrer ou gagner la confiance du groupe observé ? À ce sujet, il est plus qu'instructif de lire William Foote Whyte raconter comment, dans son étude des quartiers pauvres à prédominance italienne du Boston des années 1930, il a pris part à une fraude électorale sans trouver le courage de s'en désister (Whyte, 1994). Le travail des ethnographes de gangs de rue, souvent témoins de crimes, est aussi éloquent à ce sujet.

Dans cette relation chercheur-participant, on met aussi en question la légitimité des moyens auxquels on peut avoir recours pour atteindre les objectifs de la recherche. Un cas célèbre, tiré de la sociologie, est la recherche de Laud Humphreys sur les activités homosexuelles dans les toilettes publiques dans les années 1960 (Bonnet et Robert, 2009). Agissant sous couvert et ayant gagné la confiance de certains participants, il devient guetteur et prend part activement à la surveillance des toilettes où se rencontrent les hommes. Poursuivant plus loin sa recherche, il les prend en filature pour connaître leur adresse domiciliaire. Puis, se faisant passer pour un enquêteur de la santé publique, il s'y présente prétextant une autre recherche pour poursuivre sa collecte de données et prendre connaissance de leur profil sociodémographique. Il constate ainsi que la moitié des sujets sont mariés, une donnée particulièrement intéressante. Il montre notamment que ces hommes ne s'adonnent à ces activités qu'entre adultes consentants et initiés, réfutant l'idée répandue à l'époque qu'ils pouvaient représenter un risque pour les adolescents (Humphreys, 1975). Quoi qu'il en soit, les méthodes de Humphreys n'ont pas fait l'unanimité au sein de sa discipline et encore moins dans la population. L'ampleur du dispositif mis en place pour colliger ces informations hautement personnelles à l'insu des participants fait montre d'un niveau d'artifice rarement atteint en recherche.

Ainsi, tout comme ce fut le cas pour les sciences biomédicales, la primauté accordée coûte que coûte à l'avancement des connaissances et au bien collectif au détriment des droits individuels est également mise en cause en sciences sociales. La question de la réification des sujets de recherche est centrale dans ce questionnement. En effet, « les sciences sociales et humaines ne s'intéressent pas aux sujets humains en tant que tels » (Harrison, 2004, p. 52), mais plutôt à leur potentiel de représentativité d'un groupe ou à leur utilité relative pour la confirmation ou l'infirmation d'une hypothèse. De fait, une certaine utilisation des personnes en tant que moyens tournés vers une fin (et non comme fin en soi) est une caractéristique quasi inévitable de plusieurs recherches. Or, cette chosification est difficilement conciliable avec la notion de dignité de la personne, particulièrement quand la recherche n'est d'aucun bénéfice pour les participants ou est conduite à l'insu des sujets de recherche. Des recherches aux limites de l'éthique, comme l'expérience de Stanley Milgram sur l'obéissance à l'autorité ou le Stanford Prison Experiment[9] de Philip Zimbardo portant sur les effets psychologiques de l'emprisonnement, sont éloquentes à cet effet.

---

9. http://www.prisonexp.org/

La reconnaissance du sujet *en tant que personne*, entité de droits et digne de respect, s'impose alors comme idée maîtresse. Au nom de la dignité humaine, le sujet a le droit au respect de son autonomie, d'être informé des tenants et aboutissants de la recherche et de ne pas être soumis à des risques qu'il jugerait déraisonnables. Il doit se prêter de plein gré à l'exercice scientifique qu'on lui propose et pouvoir s'en retirer librement. En dépit de toutes ses considérations sur les bienfaits escomptés ou les risques courus, le chercheur ne peut tout simplement pas se substituer au jugement de l'autre qu'il sollicite.

C'est donc cette mise en relation entre le chercheur et l'autre – soit-il considéré comme sujet, participant ou partenaire dans la recherche – qui justifie qu'il y ait réflexion éthique : aussi minime soit le risque que peut présenter une étude, toute personne mérite d'être traitée comme telle. Ainsi, il y a toujours lieu de réfléchir au participant pour mieux déterminer son intervention, choisir sa méthodologie et ses outils, évaluer le risque et prendre les mesures nécessaires pour garantir la scientificité et l'*éthicité* du projet. Ces deux ensembles de considérations, trop souvent conçus comme distincts, gagnent à être pensés de concert plutôt que séquentiellement. En effet, les implications éthiques d'un projet ne sont pas le résultat fortuit de choix méthodologiques : elles sont un choix à part entière dont est responsable le chercheur.

Principes et pratiques

L'Énoncé de politique des trois Conseils : Éthique de la recherche avec des êtres humains (EPTC) est le principal texte normatif en matière d'éthique de la recherche dans le milieu universitaire canadien. S'appliquant à l'ensemble de la communauté universitaire, c'est notamment par lui qu'est instituée l'obligation de soumettre à l'évaluation d'un comité d'éthique de la recherche (CER) les projets de recherche avec des participants humains.

Politique régissant l'éthique de la recherche et se voulant aussi un guide réflexif regorgeant d'explications et d'exemples, l'Énoncé[10] est un ouvrage posé, résultat de longues et nombreuses consultations dans le milieu universitaire, que devrait lire tout chercheur ou étudiant. La

---

10. Les références à l'EPTC sont ici tirées de la révision de 2014 de sa deuxième édition, aussi appelée EPTC 2 (2014). Au moment de mettre sous presse, une nouvelle révision du document était en préparation. La dernière version officielle de l'EPTC est disponible en ligne au www.ger.ethique.gc.ca.

présente section n'en reprend que les grandes lignes ; le lecteur pourra se référer au texte original pour y trouver nuances et exceptions. Par l'entremise de chacun des trois principes directeurs de l'EPTC – le respect des personnes, la préoccupation pour le bien-être et la justice –, sont ici présentées les principales normes éthiques à appliquer en recherche : le consentement libre et éclairé ; l'équilibre entre les risques et les avantages potentiels ; le respect de la vie privée et de la confidentialité ; et la répartition juste et équitable des avantages et des fardeaux de la recherche.

Le respect des personnes

Le premier principe directeur de l'EPTC est le respect des personnes, qu'il définit ainsi : « Respecter les personnes, c'est reconnaître la valeur intrinsèque de tous les êtres humains ; c'est aussi reconnaître que chacun a ainsi droit au respect et à tous les égards qui lui sont dus. [...] Le respect des personnes comprend le double devoir moral de respecter l'autonomie et de protéger les personnes dont l'autonomie est en développement, entravée ou diminuée » (EPTC 2, 2014, p. 6-7).

Par autonomie, on entend ici la « capacité de délibérer au sujet d'une décision et d'agir en conséquence ». Le respect de l'autonomie en recherche consiste donc à reconnaître et à cultiver la capacité du participant à décider pleinement et librement pour lui-même. Dans la pratique, ce principe se traduit concrètement par la notion de consentement libre, éclairé et continu.

Libre, le consentement doit être donné volontairement, et la décision de participer à la recherche doit représenter un vrai choix dénué de toute influence indue ou de coercition. À cet effet, il faut apporter une attention particulière au contexte de sollicitation et de recrutement. La population à l'étude est-elle captive ? Y a-t-il un rapport de pouvoir entre le chercheur et le participant pressenti ? La personne qui déciderait de ne pas participer s'expose-t-elle à des conséquences potentiellement négatives ? Toutes ces éventualités peuvent menacer le caractère libre de la participation. Si, par exemple, un directeur d'école voulait, pour sa recherche de doctorat, interviewer les enseignants de son établissement pour évaluer leur niveau de dévouement à un nouveau programme d'intervention qui lui tient à cœur, il est peu probable que les enseignants se sentiraient tout à fait libres de participer ou non (Hemmings, 2006). Certains redouteraient la réaction du directeur en cas de refus, alors que d'autres s'inquiéteraient des conséquences que pourrait avoir le fait de lui révéler ce qu'ils pensent vraiment du programme à l'étude.

Dans le même ordre d'idées, les compensations monétaires et autres mesures visant à faciliter le recrutement ne doivent pas représenter un incitatif indu à participer à la recherche. Ainsi, une compensation serait jugée démesurée si elle risquait d'altérer le bon jugement des personnes sollicitées quant à leur décision de participer ou non à une recherche, ou si elle restreignait l'exercice du libre choix d'une population vulnérable dans un projet comportant des risques non négligeables pour elle. Le recours à ces incitatifs doit donc toujours être justifié et pensé méthodologiquement et éthiquement, de même que doit être démontré le caractère raisonnable des incitatifs proposés. Une somme d'argent symbolique, un livre, une participation au tirage d'un prix ou même une compensation monétaire basée sur un taux horaire peuvent tous représenter un incitatif raisonnable, selon la recherche, son contexte et ce qu'elle demande du participant en matière de contraintes et de temps.

La liberté de participation comprend également la liberté d'y mettre fin. Le participant peut donc se retirer de la recherche à tout moment, de façon verbale, sans avoir à se justifier et sans avoir à subir de représailles. De plus, le participant peut demander à ce que les données déjà recueillies auprès de lui soient également retirées ou détruites, si cela est possible (les données anonymisées, agrégées ou déjà publiées ne pouvant évidemment pas être retirées).

D'autre part, le consentement doit aussi être éclairé. Pour ce faire, « les chercheurs doivent divulguer aux participants éventuels ou aux tiers autorisés tous les renseignements pertinents leur permettant de prendre une décision éclairée relativement à leur participation au projet de recherche » (EPTC 2, 2014, art. 3.2). Ces renseignements sont divers et peuvent varier selon les cas, mais on y trouve généralement : l'identité du chercheur ; sa source de financement ; le titre de la recherche et une explication vulgarisée de ses buts ; ce qu'elle implique pour les participants (entrevues, observations, tests, etc.) et la durée de leur participation ; une explication sur les avantages et les risques potentiels de la recherche ; la nature de la compensation ou du remboursement des frais engagés dans la recherche (transport, stationnement, etc.) ; les mesures de protection de la confidentialité des données ; les moyens de diffusion des résultats de la recherche ; un rappel concernant le droit de retrait et la participation volontaire ; le nom et les coordonnées d'une personne-ressource compétente et indépendante pour des questions éthiques ou des plaintes (conseiller en éthique ou ombudsman, par exemple); le nom et les coordonnées du chercheur, etc. À ces informations peuvent s'ajouter d'autres détails ou demandes pertinentes: permission de révéler l'identité du participant (par exemple, lorsque l'interviewé est un expert reconnu); permission d'utiliser des extraits audio ou vidéo du participant à des fins de recherche ou de formation (par exemple, lors de conférences scientifiques ou en classe); permission d'utiliser les données recueillies dans une recherche ultérieure de même nature, etc.

Il importe aussi de s'assurer que ces informations sont comprises des participants, notamment par l'utilisation d'un niveau de langage approprié (le jargon universitaire est à éviter!) et le recours à des moyens facilitant la compréhension, notamment, au besoin, des interprètes ou des outils de communication adaptés à la particularité des participants pressentis. On doit également leur allouer un temps raisonnable de réflexion pour leur permettre de poser les questions nécessaires et de reconsidérer leur participation librement. Ce délai est évidemment modulé en «fonction de l'importance et de la probabilité des préjudices, de la complexité de l'information transmise ainsi que du contexte dans lequel l'information est communiquée au participant» (EPTC 2, 2014, art. 3.2, Application).

Ces renseignements sont généralement fournis par écrit dans ce que l'on appelle un formulaire de consentement. Ce dernier, en plus de contenir tous ces renseignements, permet d'attester le consentement du participant par sa signature. Si le consentement écrit est d'ailleurs la norme en contexte québécois, l'EPTC et le Code civil prévoient toutefois que le consentement «peut être donné autrement que par écrit si, de l'avis d'un comité d'éthique de la recherche, les circonstances le justifient» (Code civil du Québec, art. 24). Ainsi, pour des raisons contextuelles, méthodologiques ou culturelles diverses, il est parfois inapproprié ou impossible d'avoir recours au consentement écrit et signé. Pour un simple questionnaire se voulant anonyme, il serait de mise de fournir les renseignements pertinents au participant sans toutefois lui demander de retourner un formulaire de consentement signé révélant son identité. Autres contraintes, certaines populations peuvent, par exemple, manifester de la méfiance à l'égard de la signature d'un document d'apparence juridique et valoriser davantage la parole donnée ou la poignée de main. Inutile aussi de souligner l'inefficacité de l'écrit auprès de participants analphabètes. Dans ces conditions, le recours au consentement verbal ou à une forme d'entente se pliant aux exigences locales peut être permis, ce qui ne dispense pas pour autant le chercheur d'informer adéquatement le participant et d'obtenir un consentement libre, éclairé et continu. Même en cas de consentement verbal, il est souvent bien avisé de laisser aux participants un document d'information comprenant tous les détails de la recherche et les coordonnées du chercheur. Et peu importe la modalité utilisée, le chercheur doit être en mesure de documenter l'obtention du consentement.

Il est à noter que le consentement est un processus continu et non un moment précis de la recherche. Il est du devoir du chercheur de tenir les participants informés des conditions changeantes de la recherche pouvant avoir une influence sur leur volonté de continuer à participer, et ce, tout au long de la recherche et même après (EPTC 2014, art. 3.3).

Quant aux personnes inaptes à « à exercer leur autonomie en raison de leur jeune âge, d'un handicap cognitif ou d'autres problèmes de santé mentale, ou d'une maladie », l'EPTC rappelle que leur participation à des projets de recherche peut parfois s'avérer « précieuse, juste, voire nécessaire ». Dans ces cas, des mesures supplémentaires s'imposent pour protéger leurs intérêts, respecter leurs volontés, et si elles ne sont pas connues, favoriser leur bien-être. L'article 21 du Code civil du Québec comporte à cet effet des dispositions particulières pour le consentement des *mineurs* et des *majeurs inaptes* :

> Le consentement à une recherche susceptible de porter atteinte à l'intégrité du mineur est donné, pour ce dernier, par le titulaire de l'autorité parentale ou le tuteur. Le mineur de 14 ans et plus peut néanmoins consentir seul si, de l'avis du comité d'éthique de la recherche compétent, la recherche ne comporte qu'un risque minimal et que les circonstances le justifient.
>
> Le consentement à une recherche susceptible de porter atteinte à l'intégrité du majeur inapte est donné, pour ce dernier, par le mandataire, le tuteur ou le curateur. Cependant, lorsque le majeur n'est pas ainsi représenté et que la recherche ne comporte qu'un risque minimal, le consentement peut être donné par la personne habilitée à consentir aux soins requis par l'état de santé du majeur.

Retenons toutefois que même quand le consentement est donné par un parent ou un tiers autorisé, l'assentiment du participant doit être obtenu lorsque possible et son refus manifeste de participer doit être respecté.

La préoccupation pour le bien-être

L'EPTC se donne pour deuxième principe directeur la préoccupation pour le bien-être, une variante du principe de bienfaisance, également énoncé dans le *Belmont Report* :

> Le bien-être d'une personne renvoie à la qualité dont elle jouit dans tous les aspects de sa vie. Il est fonction de la répercussion qu'ont sur les personnes des facteurs tels que la santé physique, mentale et spirituelle aussi bien que leurs conditions matérielle, économique et sociale. [...] La préoccupation pour le bien-être signifie que les chercheurs et les CER s'efforceront de protéger le bien-être des participants et, dans certains cas, de le promouvoir au regard des risques prévisibles qui peuvent être associés à la recherche (EPTC 2, 2014, p. 8).

La minimisation des risques et des inconvénients

En pratique, ce souci de protection du bien-être se traduit notamment par le devoir d'éviter, de prévenir ou de réduire les préjudices pouvant être subis par les participants. Le chercheur, en se mettant à la place du participant, doit s'efforcer de réduire au minimum les inconvénients et les risques que peut occasionner la recherche. Il s'agit alors de prêter attention tant aux détails d'apparence anodine qu'aux enjeux fondamentaux du projet de recherche et d'y apporter des mesures de gestion des risques pouvant être très simples (comme limiter les déplacements des participants) ou plus complexes (comme leur fournir une assistance psychologique).

Pour leur part, les CER procèdent à l'évaluation du risque de chaque projet, c'est-à-dire à une estimation de la gravité des préjudices potentiels d'un projet donné et de la probabilité qu'ils surviennent[11]. L'évaluation du risque est une composante importante de la planification d'un projet de recherche. Elle permet de cerner et d'éliminer les risques inutiles, de prévenir les situations problématiques et de prévoir des mesures palliatives en cas de problème. Sa visée essentiellement prédictive et sa nature interprétative en font cependant un exercice incertain et complexe : il s'agit non seulement de tenter d'entrevoir les risques potentiels, mais de le faire en présumant du point de vue du participant. Les chercheurs et les CER s'en remettent alors à une analyse fine des faits, à la comparaison avec des expériences passées et des pratiques réputées efficaces pour parer à certains types de risques (physique, psychologique, économique,

---

11. Le risque est souvent représenté par l'équation $R = P \times C$ où R représente le risque, C l'ampleur des conséquences (indésirables) et P la probabilité qu'elles surviennent.

social et politique) tout en reconnaissant que l'imprévu est une partie inhérente de l'activité de recherche (et de toute activité humaine).

Cependant, pour déterminer plus facilement le niveau d'attention éthique que doit recevoir un projet, les CER recourent aussi à la notion de risque minimal, qui désigne en quelque sorte le seuil en deçà duquel le risque est jugé bénin. L'EPTC dit d'une recherche qu'elle est « à risque minimal » quand « la probabilité et l'ampleur des préjudices éventuels découlant de la participation à la recherche ne sont pas plus grandes que celles des préjudices inhérents aux aspects de la vie quotidienne du participant qui sont associés au projet de recherche » (EPTC 2, 2014, p. 23). Simplement dit, la participation à un tel projet ne comporterait pas de risques plus élevés que les risques inhérents à la vie quotidienne du participant. Cette définition fait donc, dans une certaine limite, dépendre le degré de risque acceptable de l'expérience de vie du participant. Il ne s'ensuit pas pour autant qu'un participant qui vit dangereusement puisse être soumis à des risques élevés en recherche : ce n'est pas parce qu'un soldat risque sa vie sur le champ de bataille qu'il est permis de lui faire subir une expérimentation pouvant causer la mort ! Cependant, il est vrai qu'un risque peut s'avérer démesuré pour un groupe et être tout à fait acceptable pour un autre. Ainsi, une recherche qui demande aux participants de se déplacer pour participer à un groupe de discussion sur leurs habitudes alimentaires ne présente, en somme, que très peu de risques. Mais si l'étude se déroulait en hiver, avec ses trottoirs glacés et ses déplacements réduits, et auprès de personnes du troisième âge plus enclines aux chutes, le risque et les contraintes imposées aux participants par cette recherche toute bénigne seraient-ils les mêmes ? Ainsi, une expérience sur l'endurance physique ne présente pas le même niveau de risque pour des cardiaques que pour des marathoniens, tout comme une enquête sur les habitudes sexuelles des adultes de 35-40 ans ne connaît pas le même niveau de risque que cette même enquête conduite auprès de jeunes de 12-15 ans. L'idée est donc de prendre en compte intelligemment le contexte des participants pour déterminer le caractère acceptable du risque et proposer des moyens adéquats de le gérer.

L'équilibre entre les bénéfices potentiels et les risques de la recherche est aussi une notion importante à prendre en considération dans l'évaluation du caractère éthique d'une recherche. De fait, les avantages potentiels ou les retombées positives de la recherche peuvent être directement ou indirectement bénéfiques pour les participants ou pour la catégorie de citoyens qu'ils représentent (par exemple, une meilleure compréhension des difficultés d'apprentissage des jeunes dyslexiques qui mènent à des recommandations didactiques). Cependant, l'avantage potentiel le plus couramment attendu est la contribution à l'avancement des connaissances, l'ajout d'une pierre à l'édifice du savoir. Pour assurer le bien-être du participant, il importe donc de considérer le risque auquel il est exposé à l'aune des avantages potentiels offerts par la recherche. En d'autres termes, il s'agit d'éviter que des recherches de peu de valeur scientifique causent inutilement des torts. À l'inverse, une recherche très prometteuse ne peut pas non plus aller à l'encontre du respect des personnes et de leur bien-être.

Le respect de la vie privée et la confidentialité

Un élément clé de la préoccupation pour le bien-être est le respect de la vie privée des participants. Reconnu comme valeur fondamentale par la Constitution canadienne, le respect de la vie privée est également encadré par le Code civil du Québec et d'autres dispositions, telles que les lois sur la protection des renseignements personnels. Les informations relevant de la vie privée concernent, par exemple, le corps, la santé, les pensées et les opinions, ainsi que d'autres renseignements personnels non publics. Les informations recueillies et analysées en recherche relèvent souvent de la vie privée et doivent donc être protégées adéquatement. En pratique, les considérations pour le respect de la vie privée sont présentes à toutes les étapes de la recherche : de la collecte de données à l'analyse ; de la publication des résultats à la conservation des données.

La collecte des données sur le terrain est d'emblée le lieu d'enjeux en matière de vie privée. Comment sont approchés les participants ? Quels moyens de communication sont utilisés ? Quels outils de recherche sont utilisés ? Les entretiens ont-ils lieu dans des endroits favorisant la confidentialité de la participation ? La participation est-elle anonyme ou, au contraire, connaît-on l'identité des participants ? Quelles sont les attentes raisonnables des participants en matière de vie privée ? Sont-ils observés dans un lieu public ou privé ? La collecte est-elle menée au su ou à l'insu des participants ?

Toutefois, toutes les données de recherche ne sont pas recueillies par le chercheur directement auprès des participants. C'est notamment le cas des banques de données constituées à des fins administratives, des dossiers scolaires ou médicaux, ou de données issues d'autres projets de recherche. Selon les cas, divers niveaux de protection seront mis en place : re-contact et re-consentement des participants, permission légale du gestionnaire des données, anonymisation des données afin d'empêcher l'identification des personnes, mesures de protection physique des renseignements personnels, etc. À noter que, règle générale, « les préoccupations éthiques à l'égard de la vie privée s'atténuent en fonction de la difficulté, sinon de l'impossibilité, d'associer l'information à une personne donnée » (EPTC 2, 2014, p. 63).

La confidentialité des renseignements personnels exige aussi de s'entendre avec le participant sur le niveau de protection attendue. Accepte-t-il que son identité soit révélée ? Certaines informations sensibles doivent-elles ne pas lui être attribuées ? Dans le cas où les participants ne doivent pas être identifiés ou désirent l'anonymat[12], la façon dont sont divulgués les données et les résultats de recherche est primordiale. Le chercheur doit être sensible aux possibilités d'identification des individus par recoupement de données (l'âge, l'origine ethnique, le genre, la fonction et le milieu suffisent souvent à identifier un individu dans un échantillon de recherche) ou par déduction. Les cas où un résultat précis concerne 0 % ou 100 % de la population étudiée doivent aussi être traités avec tact, puisqu'ils désignent *de facto* l'ensemble de l'échantillon : le simple fait de savoir qu'une personne a participé à cette étude permettrait de lui associer ce résultat.

Ce devoir de traiter confidentiellement les données doit également se traduire par la mise en place de procédures pratiques et de mesures de sécurité ajustées au niveau de sensibilité des renseignements en possession. Une bonne pratique de base consiste, par exemple, à identifier le matériel recueilli (questionnaires, enregistrements audio, etc.) par un code et à garder à part, et dans un endroit sécuritaire, une liste de correspondance entre les codes et les noms des participants. De cette façon, si les données étaient perdues ou volées, une tierce personne ne pourrait identifier les participants. S'il s'agit de données plus sensibles, on pensera alors à les chiffrer (les *crypter*) et à les stocker sur des supports sécurisés,

---

12. Une méprise courante est de croire que l'anonymat est un principe éthique ou une obligation dans tout projet de recherche. L'anonymat est plutôt un moyen, un outil, permettant de respecter les attentes des participants en matière de vie privée, le cas échéant.

voire sur des ordinateurs non connectés à accès local et restreint seulement (comme c'est la pratique dans les grands instituts et centres de statistiques, par exemple). Quoi qu'il en soit, un niveau de protection minimal doit être assuré pour toute recherche et être ajusté en fonction des risques qu'entraînerait une violation de la confidentialité.

Il est à noter que certaines dispositions légales peuvent aussi contraindre le chercheur à divulguer certaines informations recueillies en recherche. C'est notamment le cas du signalement obligatoire des cas de maltraitance d'enfants et des signalements aux autorités concernées en vue de prévenir un acte de violence, dont un suicide.

Enfin, le chercheur peut aussi subir de grandes pressions pour révéler à des tiers des renseignements recueillis en recherche sous promesse de confidentialité et devoir en conséquence s'en faire le gardien, parfois à fort prix. Les dernières années ont effectivement vu plusieurs chercheurs faire l'objet de demandes d'accès à ces renseignements confidentiels par divers acteurs, dont les services de police, une compagnie privée, et même l'État[13].

La justice

Le troisième et dernier principe directeur de l'EPTC est la justice, plus précisément une conception inspirée de la justice distributive, axée sur des normes de répartition équitable des avantages et des fardeaux de la recherche. La visée explicite de ce principe est que chaque personne soit traitée avec les mêmes considérations et « qu'aucun segment de la population ne subisse une part excessive des inconvénients causés par la

---

13. Voir le cas de Russell Ogden, étudiant en criminologie à la Simon Fraser University en 1994, qui avait promis « la confidentialité absolue » aux participants de son étude sur le suicide assisté. Il fut menacé d'outrage au tribunal pour ne pas avoir voulu révéler des informations sur la mort d'un de ces « suicidés » (Palys, 2011). Le Service de police de la Ville de Montréal a tenté d'avoir accès à un entretien de recherche mené avec Luka Rocco Magnotta dans un projet de recherche de Christine Bruckert et Colette Parent (Parent c. R., 2014). La Procureure générale du Québec a tenté d'obtenir en cour les données brutes d'une étude portant sur des personnes transgenres de Greta Bauer (CLCOG c. Québec, 2016). Un juge a ordonné (avant de se rétracter) à Marie-Ève Maillé de communiquer aux avocats de l'entreprise Éoliennes de l'Érable ses données de recherche confidentielles recueillies dans le cadre de son doctorat (Rivard c. Éoliennes de l'Érable, 2017). Si dans ces cas la confidentialité des données a finalement été préservée, ce n'est que grâce aux efforts déployés par les chercheurs, qui, à l'exception notable de Greta Bauer de la Western University, n'ont initialement pas reçu de soutien de leurs universités respectives. L'EPTC tente de refermer cette brèche en rappelant aux universités leur obligation de soutenir leurs chercheurs dans ces cas et de leur fournir une aide juridique indépendante.

recherche ni ne soit privé des avantages découlant des connaissances issues de la recherche » (EPTC 2, 2014, p. 9). Historiquement, comme nous l'avons vu plus tôt, des populations défavorisées se sont effectivement vues porter le poids de la recherche et de ses inconvénients sans pour autant en récolter les bénéfices.

En contexte nord-américain, les populations noires et autochtones ont particulièrement été victimes de cette instrumentalisation. À l'inverse, la surprotection en recherche de populations jugées « vulnérables » a également eu des effets délétères. Aux États-Unis de 1977 à 1993, par exemple, les femmes en âge de procréer ne pouvaient pas participer à la majorité des essais cliniques. Sous prétexte de protéger les femmes (et leurs potentiels fœtus), la réglementation a contribué à ce que bon nombre de médicaments soient mis en marché sans que leurs effets sur les femmes aient été extensivement étudiés. Il existe donc un impératif de protection des populations dites vulnérables contre les abus de la recherche, mais il est également impératif de les faire profiter de la recherche qui les concerne.

En pratique, l'application du principe de justice s'incarne dans le processus de sélection des participants. S'il est certes difficile de s'assurer à l'échelle d'un pays que toutes les populations qui mériteraient l'attention de la communauté de recherche l'obtiennent, les chercheurs et les CER peuvent néanmoins s'assurer qu'à l'échelon local, les projets de recherche ne serviront pas d'instruments d'exploitation ou de discrimination. Il faut donc penser les critères d'inclusion et d'exclusion à la recherche en fonction de ce principe de justice et de leur à-propos méthodologique. Ainsi, les participants doivent être sélectionnés en fonction de critères d'inclusion qui répondent aux objectifs de la recherche et non simplement à des raisons pratiques d'accessibilité et de coût, ce que l'on appellerait alors un échantillon de convenance (comme quand un professeur a recours aux étudiants de sa propre classe pour constituer un échantillon rapidement et sans trop d'opposition).

Les critères d'exclusion doivent, de la même façon, être fonction des objectifs de recherche. L'exclusion sur des bases autres que méthodologiques ou scientifiques doit être justifiée, particulièrement quand les avantages potentiels de la recherche pourraient également s'appliquer aux personnes exclues. Si des raisons pragmatiques de faisabilité et de coûts peuvent parfois justifier l'exclusion de certaines catégories de participants, il ne faut pas non plus que ces raisons soient systématiquement invoquées et aboutissent à l'exclusion *de facto* et répétée de ces catégories de participants.

Embrassant les principes de respect des personnes et de préoccupation pour le bien-être, le principe de justice s'est notamment imposé en éthique de la recherche pour répondre aux enjeux populationnels. Sa visée, des plus nobles, est aussi la plus difficile à atteindre : alors que le respect des individus en recherche est effectivement encadré par la loi et supporté par les mécanismes de l'éthique de la recherche, le respect des populations, lui, demeure un problème plus abstrait, souvent hors de la portée de l'action individuelle ou locale. Ainsi, on peut en partie s'assurer que la recherche n'abusera pas systématiquement d'une population, mais comment peut-on faire en sorte que soit réellement conduite la recherche qui lui profite ? De plus, ces enjeux de justice sont en constante mouvance. Alors que les populations autrefois jugées vulnérables sont aujourd'hui mieux protégées, de nouvelles vulnérabilités émergent ; alors que des balises nationales se mettent en place dans les pays industrialisés, la recherche se déplace dans les pays économiquement défavorisés. Le principe de justice est donc, en ce sens, une invitation à réfléchir aux macro-enjeux de l'éthique en recherche et de la recherche en général.

Écueils et enjeux

L'éthique de la recherche, telle qu'elle est institutionnalisée et mise en œuvre aujourd'hui, présente aussi plusieurs limites. Celles-ci sont, d'une part, inhérentes à l'idée qu'un système éthico-administratif puisse effectivement encadrer l'activité de recherche. La mise en place d'un mécanisme de contrôle contribue-t-elle vraiment à de meilleures pratiques de recherche et à un plus grand respect des participants ? Le mandat confié aux comités d'éthique de la recherche est-il même réaliste ?

D'autre part, les enjeux éthiques en recherche sont nombreux et ne concernent pas que la protection des participants. Le financement de la recherche et les grandes orientations données au développement de la science, ses conséquences sur la société et l'environnement sont autant d'enjeux fondamentaux dont on semble, par trop, faire l'économie de la réflexion. L'éthique de la recherche nous aveugle-t-elle par rapport à ces enjeux en offrant un faux sentiment de sécurité ? Accapare-t-elle trop l'espace « éthique » au détriment d'une réflexion sur ces enjeux ?

Quelques limites d'un système imparfait

Alors qu'on reconnaît le besoin de protéger les participants et que les principes fondamentaux de l'éthique de la recherche font consensus, l'efficacité des moyens mis en place pour ce faire est contestée. Le système actuel repose largement sur la notion d'imputabilité : il définit les rôles et responsabilités de chacun – ce qui lui permet en retour de décerner la faute – et offre aux institutions une meilleure capacité de suivi des activités de recherche. De fait, la recherche fait aujourd'hui l'objet d'un suivi administratif plus rigoureux qu'auparavant, auquel participe l'éthique de la recherche. Si cet encadrement resserré est certainement nécessaire et bénéfique à plusieurs égards (que l'on pense à l'importance d'une bonne gestion des fonds publics ou aux mesures sanctionnant l'inconduite en recherche), on ignore cependant ses conséquences véritables sur la protection des participants à la recherche scientifique.

Un premier élément en cause est la possibilité même d'encadrer efficacement l'activité de recherche par l'hétéronomie des politiques imposées, c'est-à-dire par le truchement de règles extérieures. Après tout, et malgré la procédure d'évaluation éthique, c'est le chercheur qui est le premier responsable de la conduite de sa recherche. Sur le terrain, dans la contingence du réel, les enjeux éthiques ne se révèlent pas à lui sous les auspices du CER, ni même sous les formes épurées et abstraites des concepts avec lesquels ce dernier compose. Le chercheur est seul devant la complexité des situations et s'en remet naturellement à son propre jugement. N'est-ce pas plutôt le développement de cette autonomie que l'on devrait encourager ?

Un deuxième élément, directement lié au premier, est la nature asynchrone de l'évaluation éthique. En effet, l'examen des aspects éthiques d'un projet de recherche se fait toujours avant la phase de recrutement des participants, avant le début de la collecte de données. Bien que le CER se base sur une documentation étoffée et que l'on estime que ses recommandations contribuent à la protection des participants, la nature évolutive et adaptative (sans être erratique) de la recherche réserve nécessairement une part d'inconnu que ni le chercheur ni le CER ne peuvent prévoir ou prévenir. Malgré la mise en place d'un suivi régulier et l'obligation faite au chercheur de déclarer tout changement notable à son plan de recherche, le CER vit souvent en décalage par rapport au déroulement de la recherche en cours.

Pour certains auteurs, il s'agit là d'une tentative de «contrôle illusoire» qui, pis encore, participe à une certaine désappropriation et déresponsabilisation du chercheur:

> En ce qui concerne la recherche et ses pratiques, qu'on souhaite réguler par le recours à l'éthique, l'écart entre ce qui est prévu et planifié, d'une part, et ce qui se produit ensuite en réalité, d'autre part, est inévitable. C'est pourquoi tout le lourd appareil de l'éthique de la recherche [...] est à l'avance voué à un double échec: échec du contrôle souhaité sur la recherche, échec de la responsabilisation – elle aussi souhaitée, dit-on – du chercheur (Bourgeault, 2010, p. 30).

Si le constat est sévère, il est néanmoins vrai que l'institutionnalisation de l'éthique de la recherche peut aujourd'hui prendre l'aspect, aux yeux du chercheur, d'une simple étape administrative de plus parmi tant d'autres. Cette évolution, évidemment, se fait au risque de confiner et de limiter la réflexion éthique à la satisfaction des exigences du CER et d'aveugler les acteurs quant aux considérations éthiques émergeant en cours de recherche. Il serait en effet malencontreux que le chercheur se sente affranchi de ces considérations une fois l'approbation éthique obtenue[14].

Malheureusement, la formation à l'éthique de la recherche n'est pas aussi répandue qu'il ne le serait nécessaire. Pour bien des étudiants, par exemple, ce n'est encore qu'au moment de procéder à la collecte de données que la question de l'éthique surgit. Bien que l'éducation de la communauté à l'éthique de la recherche soit l'un des mandats des CER, le manque de ressources (et parfois de compétences) les empêche de pouvoir s'en acquitter convenablement. C'est pourquoi il est souhaitable que les CER rendent le processus d'évaluation éthique le plus formateur possible pour les étudiants et les chercheurs. On peut alors espérer que la préparation d'un dossier pour l'évaluation éthique et les échanges avec le comité les incitent à la réflexion sur ces enjeux.

Enfin, il n'est pas superflu, en parlant des limites de l'éthique de la recherche, de rappeler que l'ensemble du dispositif aujourd'hui mis en place prend pour fondement la protection des participants à la recherche scientifique. Force est de constater cependant que la logique d'imputabilité et son corollaire, la capacité de faire rapport, prennent aujourd'hui

---

14. Il est toutefois ironique de constater qu'une mesure de contrôle en éthique pourrait en quelque sorte désapproprier les chercheurs de leurs responsabilités à cet égard, quand c'est justement leur bas niveau d'appropriation de ces questions qui aurait justifié la mise en place du cadre normatif actuel.

plus de place que le participant – une place qui mériterait d'être repensée (Michel Bergeron, communication personnelle, 30 juin 2010).

Des enjeux éludés

Une autre critique que l'on pourrait adresser à l'éthique de la recherche est celle d'éluder « des questions fondamentales ayant trait aux finalités et au sens des recherches », à leurs dimensions collectives et économiques, « questions qui pourraient mener à la remise en question de certains travaux de recherche » (Ganache, 2007, p. 55). Devant cet *a priori* favorable à la recherche scientifique, d'aucuns disent qu'elle se fait parfois « éthique de façade », servant plus à légitimer la recherche qu'à l'apprécier de façon critique.

Avec leur approche d'évaluation à la pièce, les CER ne se penchent en effet que sur la protection des participants à un projet donné, avec une insistance particulière sur l'évaluation du risque et le consentement libre et éclairé. Les dimensions collectives de la recherche, sa pertinence et ses effets à moyen terme sur les populations étudiées ou sur la collectivité entière sont alors complètement escamotées. Un projet de recherche en génétique populationnelle, par exemple, qui vise à dresser la carte génétique d'une population donnée, obtiendra toutes les approbations éthiques requises si sont observés les critères habituels de respect des droits des participants. Il ne s'agira pas là pour autant d'un quelconque cautionnement ni même d'un début d'appréciation des enjeux éthiques collectifs de cette recherche, même si cet ersatz peut être perçu comme tel dans la population. De la même façon, tous les projets en sciences de l'éducation des universités d'une ville donnée peuvent bien avoir obtenu l'approbation de leurs CER respectifs, cela ne veut pas dire pour autant que ces projets répondent aux problématiques précises du milieu scolaire de ladite ville. Le système actuel ne considère pas la pertinence sociale de la recherche ou ses conséquences collectives, bien qu'elles soient des enjeux éminemment éthiques. Alors qu'il n'est nullement question ici d'étendre le mandat du CER en ce sens, la multiplication des forums où se discutent ces enjeux serait sans aucun doute souhaitable.

D'autre part, la définition étroite de l'éthique de la recherche peut aussi tromper quant à l'ampleur des enjeux éthiques mis en cause. Car si les participants humains sont souvent la composante la plus vulnérable des rouages de la vaste entreprise qu'est la recherche, les questions qu'elle soulève sont loin de se limiter à leur bien-être immédiat. À titre illustratif, les forces politiques, économiques et idéologiques en présence – et leur ascendant sur la gouvernance universitaire et l'orientation de la recherche – sont autant de sources de préoccupations éthiques pour l'étudiant, le chercheur et le public. L'adoption du langage économique – celui de l'économie du savoir promu par l'OCDE[15], largement adopté par la classe politique et repris par les universités – soulève des questions fondamentales sur les rôles et finalités de l'université et de la recherche : le savoir, valeur marchande ou valeur démocratique ? Les effets de cette restructuration du lien entre l'Université, la recherche universitaire et l'État sur les pratiques de recherche sont non négligeables : conditions d'octroi de subventions plus strictes et structurantes, mise en compétition et évaluation de la performance des chercheurs et des universités, importance croissante des indicateurs bibliométriques, etc. (Lesemann, 2003). Le chercheur en sort soumis à une pression croissante qui n'est pas sans effets potentiellement délétères. La pression à la productivité, la loi du *publish or perish*, l'orientation de la recherche vers les thèmes dominants et subventionnés participent toutes à la *vulnérabilisation* du chercheur et, par ricochet, des participants humains et des collectivités desservies, et constituent autant d'enjeux éthiques contemporains qu'il est pressant d'aborder (Paré, 2007 ; Bourgeault, 2010).

Si l'éthique de la recherche comme champ d'action institutionnalisé ne se soucie guère que de la protection des droits individuels, elle doit cependant demeurer, comme champ de réflexion, alerte aux enjeux collectifs tels que ceux soulevés ici.

□

---

15. Organisation de coopération et de développement économiques, *L'économie fondée sur le savoir*, Paris, OCDE, 1996, 47 p.

Conclusion

L'éthique de la recherche, née d'un souci de prendre en compte le participant, s'est peu à peu transformée au fil des ans pour prendre la forme qu'on lui connaît aujourd'hui. Bien qu'elle soit souvent perçue comme une contrainte pour les chercheurs, l'histoire a malheureusement montré qu'il s'agissait peut-être là d'un mal nécessaire. Quoi qu'il en soit, il est à présent nécessaire que la réflexion sur l'éthique de la recherche continue de se développer tout en s'adaptant aux nouvelles formes d'acquisition de connaissances que propose la recherche. À cet effet, les antagonismes réels et supposés qui opposent chercheurs et CER doivent être surmontés pour qu'ils puissent, ensemble, s'appliquer au mandat partagé qui consiste à protéger les participants à la recherche scientifique.

Activités d'appropriation

La présente section, dont vous êtes le héros, offre trois exemples de recherches présentant divers niveaux de risque et divers enjeux éthiques. Si vous étiez le chercheur, comment vous y prendriez-vous ?

1. Il s'agit d'une recherche en éducation où il est nécessaire de filmer l'interaction enseignant-élèves en classe et de faire faire aux élèves un court exercice d'écriture s'inscrivant bien dans le cadre pédagogique normal du cours et que vous récupérerez par la suite. Un formulaire de consentement décrivant la recherche, la captation vidéo et l'exercice a été acheminé aux parents. Un parent refuse que son enfant soit filmé, un autre refuse qu'il participe à la recherche et un troisième élève a égaré le formulaire de consentement. Que faites-vous dans le cas de ces trois élèves ? Doivent-ils sortir de la classe ? Il est peu probable que vous trouviez un surveillant pour eux. De toute façon, serait-il acceptable de les exclure de la sorte devant leurs camarades ? Il faut trouver une solution !

2. La question de la santé mentale vous tient à cœur et vous insistez, dans le cadre de votre projet de maîtrise, pour travailler sur le problème du suicide chez les jeunes de 14 à 17 ans. Vous voulez alors dresser un questionnaire comportant plusieurs questions ouvertes pour recueillir des détails sur les sentiments, voire les idéations suicidaires des répondants. Afin de respecter leur confidentialité, vous comptez aussi procéder par un questionnaire anonyme, distribué en

ligne. Votre directrice de recherche vous pose alors quelques questions qui vous embêtent : « Vous sentez-vous qualifié pour travailler sur ces questions sensibles ? Faut-il considérer la possibilité que la recherche puisse déclencher des épisodes de détresse chez les participants ou que les participants révèlent leur intention suicidaire ? Si c'était le cas, comment compteriez-vous intervenir ? Et, dites-moi, il s'agit d'une recherche avec des participants mineurs, vous faut-il le consentement des parents ? » Vous voilà bien embêté… Que faire ? L'abandon de ce sujet n'est pas une option pour vous !

3. Il arrive parfois qu'on ne puisse pas révéler aux participants la vraie nature de la recherche pour éviter qu'ils ne modifient leur comportement et que la validité des résultats s'en trouve ainsi biaisée. C'est ce qu'on appelle le recours méthodologique à la tromperie, à la duperie ou au subterfuge. Après avoir lu les pages de ce chapitre, il vous semble cependant que le recours à cette méthode est incompatible avec le respect de la personne et la norme du consentement libre et éclairé. Pourtant, cette méthode peut parfois s'avérer essentielle. Il doit bien y avoir quelques balises pour vous aider à déterminer ce qui est acceptable ou non. Vous pensez que l'*Énoncé de politique des trois Conseils*, disponible en ligne et facilement consultable, pourrait vous éclairer à ce sujet. Vous n'auriez peut-être pas tort.

Concepts importants

La définition de ces mots clés se trouve dans le glossaire.
- Approbation éthique
- Comité d'éthique de la recherche
- Participant de recherche
- Risque minimal

Lectures complémentaires

Conseil de recherches en sciences humaines du Canada, Conseil de recherches en sciences naturelles et en génie du Canada, Instituts de recherche en santé du Canada, *Énoncé de politique des trois Conseils : Éthique de la recherche avec des êtres humains*, décembre 2014. <www.ger. ethique.gc.ca>

Le simple fait qu'il s'agisse là du cadre régissant l'éthique de la recherche au Canada devrait suffire à en faire une lecture obligatoire pour tous les étudiants et les chercheurs. Cela dit, les explications et les pistes de réflexion fournies dans cet ouvrage constituent en soi de bien meilleures raisons de le lire ou de s'y référer au besoin.

Bergeron, M. (2010). « La place des sujets de recherche en éthique de la recherche », *Ethica*, vol. 17, n° 1, p. 69-87.

L'auteur, lui-même responsable d'un comité d'éthique de la recherche, s'interroge sur la place réelle qu'occupent les participants dans les développements de l'éthique de la recherche. Conduisant une recherche doctorale s'intéressant de près au sort des participants à la recherche, l'auteur propose une réflexion éthique inspirée de son expérience de terrain.

Centre de lutte contre l'oppression des genres (Centre for Gender Advocacy) c. Québec (Procureure générale), 2016 QCCS 5161

Hemmings, A. (2006). « Great Ethical Divides : Bridging the Gap Between Institutional Review Boards and Researchers », *Educational Researcher*, vol. 35, n° 4, p. 12-18.

Chercheuse férue d'ethnographie en milieu scolaire, l'auteure relate son expérience des comités d'éthique de la recherche tant à titre de membre que de chercheuse s'y rapportant. Considérant les deux côtés de la médaille, relatant les difficultés des CER à gérer des méthodes de recherches novatrices et la difficulté des chercheurs à comprendre le mandat des CER, l'auteure y va de quelques trucs et réflexions pour faciliter le rapport et la collaboration entre CER et chercheurs.

Jean, M. S., et P. Trudel (2010). *La malréglementation. Une éthique de la recherche est-elle possible et à quelles conditions ?*, Montréal, PUM, 174 p.

Cet ouvrage regroupe des textes de chercheurs de disciplines diverses posant un regard critique sur l'éthique de la recherche en tant que système de réglementation. Le ton tantôt exacerbé tantôt posé ne laisse personne indifférent. Malgré la prémisse de base et les critiques cent fois ressassées qui rendent las le professionnel d'expérience, l'ouvrage demeure généralement pertinent. Le texte de Guy Rocher est une lecture à proposer à tout apprenti chercheur. La critique de Guy Bourgeault sur le contrôle illusoire des CER sur la recherche est sévère, mais constructive.

Palys, T. (2011). « The Russel Ogden Case », repéré à http://www.sfu.ca/~palys/OgdenPge.htm

Parent, c. R., 2014 QCCS 132.

Rivard c. Éoliennes de l'Érable, 2017 QCCS 2259.

Chapitre 3

La problématique

Priscilla Boyer et Stéphane Martineau

La problématique est une partie capitale d'un texte en sciences de l'éducation. C'est là que l'auteur pose le problème de sa recherche et en justifie la pertinence. Texte au caractère éminemment argumentatif, la problématique nécessite non seulement une bonne connaissance des écrits sur le sujet investigué, mais elle commande aussi une réflexion sur l'usage de la langue. Ce chapitre explicite donc son importance dans une production intellectuelle. Plus précisément, il présente la problématique en tant que genre textuel. À partir d'une posture herméneutique de la compréhension, il définit le lien étroit qu'entretiennent la pensée et le langage et invite le lecteur à réfléchir aux caractéristiques communicationnelles de la problématique. Il expose également certains procédés langagiers régulièrement utilisés dans l'écriture. Conçu en premier lieu pour les apprentis chercheurs, ce chapitre fournit des outils afin d'aider ces derniers dans l'élaboration d'une problématique bien argumentée.

□

Ce chapitre porte sur la problématique en tant que partie névralgique d'un essai, d'un mémoire, d'une thèse ou de tout autre texte scientifique en éducation. La problématique y est présentée comme un genre textuel aux exigences spécifiques. Nous débutons par une réflexion sur ce qu'est comprendre au sens où l'entend l'herméneutique. Nous précisons alors que la compréhension est un processus conditionné par une tradition historique et modulé par le langage. De la sorte, nous mettons en évidence que la compréhension est essentiellement partage d'un monde commun avec autrui dans le langage. En cohérence avec notre conception de la compréhension, nous présentons ensuite une brève section qui fait état de l'interaction entre la pensée et le langage. Le chapitre se poursuit en précisant ce qu'est explicitement une problématique et ce que peut signifier poser un problème de recherche. Enfin, les dernières parties du chapitre abordent la notion de genre textuel et ses caractéristiques communicationnelles et textuelles. En somme, nous invitons le lecteur à réfléchir sur la place centrale qu'occupe le travail sur la langue dans la rédaction d'une problématique.

Comprendre, c'est se mettre en questionnement

La réalisation d'une problématique de recherche est l'une des bêtes noires des apprentis chercheurs, voire des chercheurs chevronnés. Cette partie d'une recherche est pourtant essentielle, car c'est là que le chercheur argumente la pertinence de son questionnement à partir d'une revue des écrits, notamment scientifiques, sur le sujet choisi (Olivier, Bédard, Ferron, 2005). En sciences humaines et sociales, une problématique consiste essentiellement en la sélection et en l'ordonnancement des éléments qui composeront les bases du questionnement sur lesquelles s'appuie la recherche. Rédiger une problématique, c'est faire état de son questionnement, qui repose sur une excellente connaissance des recherches antérieures, et proposer un plan d'action pour comprendre un phénomène. Il s'avère alors important de préciser ici ce que comprendre peut vouloir dire pour les sciences humaines et sociales, dont font partie les sciences de l'éducation.

Comme nous le rappelle l'herméneutique (Grondin, 2011), la compréhension d'un phénomène est fonction de notre situation présente où s'expriment nos intérêts. Toute compréhension comporte une précompréhension ou, si l'on veut, une structure d'anticipation. Cette structure d'anticipation est, quant à elle, préfigurée par la tradition dans laquelle vit l'interprète et qui modèle ses préjugés. Comprendre, c'est dépasser notre compréhension préalable pour proposer une interprétation plus profonde d'un phénomène ; c'est ce que certains appellent le cercle herméneutique.

Au départ, nous comprenons toujours le monde de manière spontanée, avant toute forme de réflexion. Le philosophe Gadamer (1996) soutient par exemple que nos préjugés – plus que nos jugements – constituent notre réalité. Ainsi, personne ne serait sans préjugés. Par conséquent, nos interrogations sur le monde, ce que Gadamer nomme l'horizon herméneutique, seraient alimentées par nos préjugés (compris ici non pas négativement, mais simplement en tant que préjugements). Ces derniers, parce qu'ils nous fournissent des questions, rendent accessible ce qui est à comprendre. La compréhension départage les préjugés féconds de ceux qui ne le sont pas. Dit autrement, lorsque nous tentons de comprendre un phénomène, certaines questions ou préoccupations nous apparaissent évidentes, alors que d'autres nous sont inaccessibles.

Comme nous venons de le laisser entendre, l'herméneutique souligne que, quoi que nous fassions, nous agissons sur la base d'une certaine tradition. La tradition n'est pas une chose que nous pouvons mettre de côté à volonté. En vertu du principe du «travail de l'histoire», nous appartenons d'abord à une tradition historique, et c'est à partir d'elle que nous abordons les choses. Par conséquent, nos interprétations ne sont pas neutres, mais toujours conditionnées (en partie à tout le moins) par la tradition dans laquelle nous vivons et qui forme la substance de nos préjugés. La tradition est à la fois ce qui limite notre compréhension et ce qui la rend possible. Celle-ci est la condition de notre compréhension du monde dans le sens où nous ne comprenons quelque chose qu'à partir d'une précompréhension, laquelle renvoie à notre inscription dans une histoire. Cette histoire n'est pas neutre, elle a un effet dans le temps qui se fait sentir et qui modèle notre manière de percevoir. Notre histoire détermine toujours d'avance – et ce dans une large mesure – ce qui sera pour nous objet de recherche et de questionnement (Vultur, 2017). L'histoire et la tradition dans lesquelles nous nous inscrivons ne sont toutefois pas des carcans qui nous empêchent nécessairement de progresser. Elles doivent être envisagées comme les tremplins à partir desquels nous dialoguons avec le monde.

Pour Gadamer (1996) et Ricœur (1986), ce dialogue joue un rôle de premier plan dans toute recherche de compréhension et de construction des savoirs, recherche qui ne peut jamais se reposer sur la possession définitive d'une vérité, et qui, pour cette raison même, implique une ouverture à l'altérité, que cette altérité s'incarne dans un texte, une œuvre d'art ou une personne en chair et en os. En fait, pour eux, la compréhension du monde est essentiellement dialogique : dialogue entre moi et l'autre, entre l'interprète et un texte, entre le présent et le passé. La compréhension et le langage présentent ainsi la structure dialogique de la question et de la réponse. L'herméneutique nous apprend également qu'à proprement parler, nous ne construisons pas de sens. Plutôt, nous le coconstituons en dialogue avec la chose visée (dans le cadre d'une recherche scientifique, l'objet de notre investigation). Dans cette conception, l'interprétation est conçue comme un parcours dans un texte ou une sorte de performance sémiotique.

La conception herméneutique de l'interprétation accorde notamment de l'importance à quatre facteurs plus ou moins ignorés par les conceptions syntaxiques ou logicosémantiques de l'interprétation: 1) un sujet qui interprète et qui est toujours situé socialement, culturellement, historiquement; 2) une pratique sociale de l'interprétation qui est toujours historiquement ancrée; 3) une temporalité de l'interprétant et de l'interprété; 4) donc, une interprétation qui est toujours située. Le fait d'être un acteur situé signifie: je suis né à une époque donnée et cela délimite mes «pensables» et mes «possibles». En fait, la situation est autre chose qu'une simple borne objective imposée à une conscience absolue. La situation est plutôt condition de l'action ou, encore, condition de la compréhension. Dans cette optique, il ne saurait exister quelque chose comme une conscience absolue. Il y a plutôt une appropriation créatrice du sens. Et cette appropriation créatrice du sens constitue la conscience même, laquelle ne saurait être en surplomb du monde, mais est toujours imbriquée en lui.

Enfin, il est important de souligner que si la compréhension est toujours conditionnée par une tradition historique, celle-ci vient à nous dans un véhicule bien particulier: la langue. Celle-ci n'est donc pas un outil neutre, extérieur à l'interprète, mais le vecteur par lequel passent les traditions interprétatives. La langue parle en nous autant que nous la parlons. En son sein se trouve le patrimoine de connaissances avec lequel nous pensons le monde.

L'interaction entre la pensée et le langage

Le défi que représente la rédaction d'une problématique est majeur, en particulier pour l'apprenti chercheur, car il ne suffit pas d'avoir lu sur son sujet pour être en mesure d'écrire une problématique. Écrire est l'un des actes les plus complexes qui soient, notamment parce qu'il mobilise un ensemble de savoirs langagiers et disciplinaires, mais également parce qu'il participe à la transformation de ces savoirs. Écrire, ce n'est pas transférer ses idées sur le papier: c'est transformer sa pensée.

Le langage n'est pas qu'un simple outil servant à nommer le monde: c'est le creuset de la pensée humaine, le milieu même où la pensée se tient. Pour expliquer l'interrelation entre la pensée et le langage, Vygotsky (1934/1997) opposait deux formes de pensée: la pensée intériorisée et la pensée extériorisée. La première est fragmentaire; elle échappe parfois à la pleine conscience. Faite de mots, mais aussi d'émotions, d'images, elle peut être contradictoire, imprécise, déstructurée. Elle ne vise pas la communication et n'est pas soumise à une obligation de cohérence. Dans l'écriture et la parole, la pensée s'extériorise : elle se soumet aux dictats du langage. Au centre d'une situation de communication, même avec soi-même, elle se plie aux exigences du médium pour véhiculer le sens et assume ainsi différentes fonctions (Jakobson, 1960). Dans ce processus, elle s'organise et se réorganise, favorisant la création de liens nouveaux et l'émergence d'idées neuves. La pensée, ainsi extériorisée, oblige le scripteur à se poser de nouvelles questions qui le forcent à trouver une réponse, en lui ou dans ses rapports avec l'Autre.

En somme, écrire, c'est aussi apprendre à penser et, à l'aube d'un projet de recherche, il est facile de comprendre à quel point cet acte complexe est déterminant. Rédiger une recherche, c'est lui donner une forme et une direction. La problématique joue à cet égard un rôle clé, puisqu'il s'agit, généralement, du premier produit écrit de la réflexion du chercheur. Cependant, ce dernier doit se garder de croire que la première version sera la bonne : il y aura certainement de nombreuses réécritures tout au long du processus de recherche. En effet, la problématique prend forme dans un va-et-vient entre la réflexion et les réécritures successives, nourrie par des lectures, des échanges, et même l'analyse des données. C'est pourquoi il est si difficile et un peu artificiel d'indiquer une démarche pour construire une problématique : chaque processus au cœur d'une recherche est singulier ; chaque chercheur, unique.

Le défi demeure toutefois entier pour l'apprenti chercheur. Il doit non seulement élaborer une problématique qui légitimera à la fois son projet de recherche et ses compétences de chercheur, mais il doit en même temps apprendre à écrire une problématique. Pour le soutenir dans cette étape cruciale, il peut être utile de rappeler la conception herméneutique de l'interprétation et de considérer la problématique comme le produit d'une culture, un genre textuel possédant ses caractéristiques propres que l'on peut expliciter. Cette posture peut, croyons-nous, faciliter l'acculturation aux discours universitaires et favoriser le développement d'une expertise rédactionnelle dans ce contexte. Mais avant d'aborder la question du genre textuel, nous définirons d'abord la problématique de façon générale, du problème de recherche à ses pertinences sociale et scientifique.

Une définition générale

Selon Bouchard (2011), le texte de problématique est un apport relativement récent à la recherche scientifique, en réponse à un besoin issu des sciences humaines, notamment, de contextualiser un projet de recherche et d'en justifier la pertinence sur le plan social et scientifique. De façon simplifiée, une problématique présente une situation que l'on décrit à l'égard d'un sujet. De cette description émerge un problème de recherche qui, généralement, est posé sous forme de questions ou sous forme d'hypothèses de recherche (un énoncé qui cherche à prédire les résultats de la recherche). Texte argumentatif à visée épistémique, la problématique a pour principal objectif de légitimer le projet du chercheur, mais aussi ses compétences.

Or, ce qui pose problème aux uns ne pose pas forcément problème aux autres. En décrivant une situation problématique, le chercheur établit les limites du problème et propose une problématisation que le lecteur peut contester (Charaudeau, 2007). Ce faisant, il veut donner de la légitimité à son projet : il doit faire la démonstration que ce problème est sans réponse à l'heure actuelle, qu'il s'ancre dans des préoccupations sociales contemporaines et qu'il présente un potentiel (réaliste) de recherche. En principe, une problématique bien construite qui mène à un problème de recherche recevable facilite l'adhésion du lecteur au projet et à ses éventuelles conclusions. *A contrario*, une problématique peu convaincante nuit à l'établissement de l'accord nécessaire du lecteur, ce qui peut pousser ce dernier à remettre en cause le projet dans son entièreté.

La problématique ainsi décrite est le résultat d'une construction, l'aboutissement d'un processus de compréhension du monde par le chercheur. Ce processus peut être long, il perdure parfois jusqu'à la toute fin du projet, ce qui explique que la problématique soit réécrite plusieurs fois. Le texte produit n'est souvent que la pointe de l'iceberg : il ne rend que partiellement compte de la profondeur et de la complexité de la réflexion du chercheur. Cette réflexion qui mène à l'écriture et à la réécriture d'une problématique n'est pas un processus d'élagage, du général (le contexte) au spécifique (le problème), comme peut le laisser croire la structure d'une problématique écrite. Au contraire, c'est un processus constant d'enrichissement et d'élargissement. La situation problème gagne en complexité au fur et à mesure que le chercheur passe d'une précompréhension à une compréhension élargie. Cette compréhension plus étendue peut l'amener à modifier le contenu de la problématique et, parfois, le problème lui-même.

De l'intérêt au problème de recherche

En éducation, contrairement à d'autres champs disciplinaires, le point de départ d'une recherche peut être une intuition, une thématique ou un sujet qui nous passionne, une suggestion d'un professeur ou un constat qui émerge de notre pratique professionnelle. Elle peut également découler de nos recherches antérieures ou de notre connaissance d'un champ. Le chercheur, qu'il soit novice ou expérimenté, a tout intérêt à cibler un sujet qui l'intéresse : il va lui consacrer quelques mois, voire quelques années de sa vie. Lorsqu'un sujet est choisi, une stratégie intéressante consiste à tenter de formuler une première question générale, qui témoigne de la précompréhension du chercheur. Celle-ci peut lui permettre d'orienter ses lectures, en ciblant rapidement des concepts clés, et de donner une direction à son projet. Les deux exemples suivants illustrent comment, à partir d'un intérêt ou d'une préoccupation, il est possible de formuler cette première question (parmi d'autres) et les incidences que cette formulation peut avoir sur l'amorce de la recension d'écrits.

EXEMPLE

Intérêt : En tant qu'enseignant de mathématiques, je suis préoccupé par l'apprentissage parfois difficile des fractions chez les élèves du primaire.

Question générale : Comment favoriser l'apprentissage des fractions chez les élèves du primaire ?

Concept et orientation : Le projet s'amorce sur le concept de *fraction* et prend une orientation didactique (comment ?), qui mènera certainement le lecteur à lire sur diverses stratégies didactiques.

EXEMPLE

Intérêt : J'aimerais soutenir l'engagement de mes élèves envers la lecture, en particulier mes élèves qui lisent peu.

Question générale : Quels sont les facteurs motivationnels qui stimulent l'engagement des élèves dans une activité comme la lecture ?

Concept et orientation : Le projet s'amorce sur le concept d'*engagement* et de *motivation* et prend une orientation psychopédagogique, en s'intéressant prioritairement aux causes motivationnelles du phénomène de l'engagement.

Les lectures que nous faisons alimentent notre questionnement, élargissent notre horizon culturel et, partant, nourrissent notre jugement. En quoi la culture d'une discipline permet-elle de développer notre jugement ? Elle le permet parce qu'elle donne à voir. La culture est en effet un outil pour voir, une matrice pour comprendre. Elle alimente le jugement en ceci qu'elle permet de lier, de distinguer, de classer. Elle fait apparaître des objets de pensée là où il n'y avait que de l'indifférencié. L'un des dangers qui guettent l'apprenti chercheur, c'est de tenir pour acquis que son questionnement initial est juste et suffisant. Il se peut que son intuition soit bonne, mais les lectures lui permettront de se faire une représentation plus riche et plus complexe de son problème de recherche. Les exemples suivants illustrent comment, à partir d'une recension des écrits suscitée par une question générale, le chercheur en arrive à définir un problème de recherche.

EXEMPLE

Question générale : Comment favoriser l'apprentissage des fractions chez les élèves du primaire ?

Démarche : Après de nombreuses lectures sur les fractions et sur les stratégies didactiques expérimentées par d'autres chercheurs, la question générale du chercheur devient plus précise, notamment concernant les notions spécifiques liées aux fractions qu'il souhaite étudier, la population visée et la stratégie didactique privilégiée, tout en donnant quelques pistes vers le type de recherche choisi.

Problème de recherche : Quel est l'effet d'une stratégie didactique combinant démarche inductive et enseignement explicite sur l'apprentissage du numérateur et du dénominateur chez des élèves de 4e année du primaire ?

EXEMPLE

Question générale : Quels sont les facteurs motivationnels qui stimulent l'engagement des élèves dans une activité comme la lecture ?

Démarche : Au fil des lectures, la réflexion du chercheur quitte le champ de la psychologie motivationnelle pour entrer dans celui de la sociologie et de la didactique, par le concept de *rapport à*, qui lui semble intimement lié à celui de l'*engagement*. Il lui semble que, parce que ses élèves sont plus âgés, leurs expériences antérieures ont déterminé leur comportement actuel. Il aimerait se pencher sur cette question, qui a été peu explorée par d'autres chercheurs. Le problème de recherche qui en découle précise donc les concepts retenus, la population choisie et donne quelques indications sur le type de recherche à privilégier.

Problème de recherche : Quel est le rapport à la lecture d'élèves du 2e cycle du secondaire peu engagés ou désengagés dans cette tâche ?

En l'occurrence, ces problèmes sont plus précis que le questionnement initial. Mais ils témoignent, un peu paradoxalement, d'une connaissance plus riche et plus approfondie du champ d'études chez le chercheur.

Défendre la pertinence de la recherche

En sciences de l'éducation, on définit généralement deux types de pertinence pour une recherche: la scientifique et la sociale. Cette dernière renvoie à l'utilité de la recherche (prise au sens large) pour la compréhension et la résolution des problèmes éducatifs de toute nature. La recherche ne saurait en effet être totalement déconnectée de la société, donc des défis et enjeux que celle-ci rencontre. Dans sa problématique, le chercheur est donc amené à préciser en quoi le problème posé présente quelque pertinence pour l'éducation. Par exemple, si son projet a comme objet le décrochage scolaire, il devra argumenter en quoi ce phénomène est un problème social ou encore, s'il se penche sur la question du soutien à l'insertion professionnelle des enseignants, il devra préciser pourquoi cette question mérite qu'on s'y intéresse socialement. Le prochain exemple illustre un certain nombre d'arguments que peut contenir une problématique pour défendre la pertinence sociale du projet.

EXEMPLE

Problème de recherche : Quel est l'effet d'une stratégie didactique combinant démarche inductive et enseignement explicite sur l'apprentissage du numérateur et du dénominateur chez des élèves de 4e année du primaire ?

Pertinence sociale : L'argumentaire développé par le chercheur met en lumière l'importance d'assurer des connaissances de base en mathématiques chez les élèves. Plus spécifiquement, il montre en quoi les fractions sont utilisées quotidiennement dans la vie de tous les jours. Il montre aussi que les notions de numérateur et dénominateur seront importantes dans la compréhension d'autres notions mathématiques dès l'entrée au secondaire, d'où la pertinence de s'y intéresser dès le primaire. Il clôt cet argumentaire en expliquant comment ce projet permettra de soutenir l'apprentissage de ces notions chez les élèves en bonifiant l'offre didactique des praticiens.

De la même manière, la problématique se doit de préciser quelle est la pertinence scientifique du projet. Il s'agit alors de démontrer que notre recherche répond à un besoin de connaissances. Pour ce faire, le chercheur doit présenter ce que les recherches nous apprennent sur le sujet tout en mettant en évidence les insuffisances en matière de connaissances scientifiques. Ces insuffisances peuvent être de plusieurs ordres. Par exemple, un phénomène peut ne pas avoir été étudié du tout, il peut l'avoir été sous un seul angle (le chercheur proposera alors un nouvel angle d'analyse), les recherches se sont peut-être concentrées sur une population en particulier, négligeant de la sorte une population sur laquelle le projet se centrera précisément, etc. Bref, à l'instar de la question sociale, la pertinence scientifique doit faire la preuve de l'importance de la recherche, comme en témoigne ce deuxième exemple.

EXEMPLE

Problème de recherche : Quel est le rapport à la lecture d'élèves du 2e cycle du secondaire peu engagés ou désengagés dans cette tâche ?

Pertinence scientifique : Au terme de son argumentaire, le chercheur rappelle au lecteur la pertinence du lien entre l'engagement et le rapport à la lecture, mais il souligne du même souffle que l'idée de *rapport à la lecture*, à la frontière entre la sociologie et la didactique, n'est pas encore clairement conceptualisée. La présente recherche permettra de contribuer à cette conceptualisation. De plus, la population ciblée n'a pas fait l'objet d'une réflexion scientifique approfondie sur cette question, ce qui constitue, sans contredit, une deuxième contribution de ce projet aux sciences de l'éducation.

Les moyens langagiers utilisés pour rendre compte de ces pertinences sont variés, la lecture de chapitres de problématique en science de l'éducation en témoigne. Dans certains cas, elles sont démontrées implicitement dans l'argumentaire menant au problème ; dans d'autres cas, elles font l'objet d'une section particulière, avant ou après l'énoncé du problème. Ici, les usages fluctuent et il est sage de s'informer sur ceux ayant cours dans son champ d'études.

Un genre textuel

Écrire une problématique de recherche en éducation, c'est exprimer son questionnement personnel en s'inscrivant dans une culture donnée – culture dont les codes sont toutefois en partie implicites. C'est particulièrement vrai des savoirs de l'écrit scientifique, qui sont bien peu verbalisés (De Schepper, 2010), sans compter qu'on attend du débutant qu'il les découvre par lui-même. On l'aura compris, écrire se révèle être un acte de parole complexe parce que l'écriture s'inscrit toujours dans des situations de communication variées, lesquelles sont, pour une large part, déterminées par la culture du milieu de production et de réception. C'est en lisant d'autres mémoires de maîtrise, thèses de doctorat ou articles scientifiques que l'apprenti chercheur peut parvenir à se construire une représentation des caractéristiques de ces écrits, à condition qu'il sache ce qu'il cherche à observer. C'est précisément ce à quoi peut servir la notion de genre textuel, qui constitue à notre sens une avenue intéressante pour clarifier les caractéristiques d'une problématique et favoriser son appropriation.

La notion de genre textuel est très ancienne : dès l'Antiquité, des penseurs comme Aristote ont ressenti le besoin de catégoriser les textes qu'ils donnaient à entendre. Si sa *Poétique* traitait de la production de discours artistiques, sa *Rhétorique* proposait plutôt une classification de discours « utiles », en fonction de certains critères dont l'intention de l'auteur, le destinataire et le contexte de production. Pour Canvat (1999), il s'agit là d'une première théorie occidentale des genres, qui fut suivie de nombreuses autres. La raison en est bien simple : la catégorisation des textes s'est avérée fertile sur le plan didactique. Elle présente l'avantage d'offrir une vision simplifiée d'un ensemble de textes, une sorte de texte-modèle à partir duquel il est possible de généraliser des caractéristiques et de comparer des textes authentiques.

La définition de genre textuel que nous retiendrons, qui s'inscrit dans la logique de l'interprétation située de l'herméneutique, est celle de Chartrand, Emery-Bruneau et Sénéchal (2015) : le genre est « un ensemble de productions langagières orales ou écrites qui, dans une culture donnée, possèdent des caractéristiques communes d'ordres communicationnel, textuel, sémantique, grammatical, graphique ou visuel ou d'oralité, souple, mais relativement stable dans le temps » (p. 3). Ainsi défini, le genre textuel est le produit d'une culture, ancré dans un contexte historique, culturel et social. Certains genres sont bien établis ; ils ont un important corpus de textes et ils ont donné lieu à d'abondantes productions scientifiques ou didactiques. On n'a qu'à penser à des genres littéraires comme le conte ou la nouvelle. D'autres présentent des contours flous et changeants, en raison d'un plus faible corpus de textes, d'une production scientifique ou didactique peu substantielle, mais aussi d'une situation culturelle, historique et sociale mal définie. C'est en partie le cas des écrits universitaires, notamment des écrits de nature scientifique comme les essais, les mémoires et les thèses.

Certes, il existe de nombreux écrits méthodologiques concernant la démarche de recherche et les types de recherche. Mais il est beaucoup plus rare d'y voir intégrée une réflexion sur la compétence rédactionnelle des chercheurs et sur les caractéristiques langagières particulières aux discours universitaires (Tassin et Spanghero-Gaillard, 2015). La difficulté vient notamment de leur appartenance à des champs épistémologiques aussi variés que l'est le savoir lui-même, ce qui rend toute tentative de description bien périlleuse. Par exemple, un mémoire de maîtrise en mathématiques n'aura pas les mêmes caractéristiques qu'en sciences de l'éducation, bien qu'ils puissent partager certains points communs. Mais c'est aussi vrai des écrits scientifiques de sciences humaines, où des différences peuvent s'observer selon la culture de la discipline et selon la posture épistémologique du chercheur. Plus difficiles à observer, ces différences peuvent susciter des maladresses dans l'écrit de l'apprenti chercheur, dont il aura peu conscience au début de sa formation. L'utilisation parfois maladroite des termes *question, hypothèse* et *objectif de recherche* en sont une bonne illustration.

Malgré tout, l'entreprise de réflexion autour des caractéristiques d'une problématique peut s'avérer très aidante. En adoptant un point de vue didactique sur la question de la rédaction d'une problématique et en exploitant la notion de genre textuel, il est possible de réfléchir aux composantes du texte, en particulier à ses caractéristiques communicationnelles et textuelles, afin de donner des outils au chercheur-scripteur pour qu'il soit en mesure de mettre les ressources de la langue au service de son intention.

Les caractéristiques communicationnelles

Toute problématique en éducation, qu'elle soit écrite pour un mémoire ou un article scientifique, possède des caractéristiques communicationnelles. Ces dernières sont déterminantes, au point où elles constituaient le cadre dans lequel Aristote avait fondé son analyse du discours dans sa *Rhétorique*. Pour ce dernier, l'art de la rhétorique ne se résume pas à présenter les meilleurs arguments possible pour défendre une thèse : les arguments doivent être choisis, hiérarchisés et interprétés en fonction du contexte de production du discours et du destinataire, dans une forme de logique « juridique » qui s'oppose à une logique formelle (Perelman, 1970). Cette vision pragmatique des discours, que partagent Perelman et Olbrechts-Tyteca (voir à cet effet leur ouvrage de 1958, *Traité de l'argumentation, la nouvelle rhétorique*), exige d'analyser la situation de communication afin de construire un argumentaire le plus efficace possible. Ici, pas de vérité certaine, mais du plausible et du vraisemblable. La problématique d'une recherche n'échappe pas à ce principe et le chercheur a tout intérêt à y réfléchir dès les premiers instants de la rédaction. Deux pistes se dégagent, à notre sens, pour soutenir cette réflexion : clarifier son intention de communication et se faire une idée plus précise des caractéristiques de son lectorat.

La problématique ne vise pas tant à convaincre ou à persuader un lecteur, ni nécessairement à le contraindre à l'action, mais cherche plutôt à établir la pertinence sociale et scientifique d'une problématique et les compétences du chercheur pour mener à bien son projet. Cette visée est essentielle, car elle induit un mode de discours dominant : l'argumentation. Certes, il n'est pas exclu que des séquences descriptives, explicatives, et même parfois narratives, soient intégrées à la problématique. Cependant, le chercheur doit garder à l'esprit que dans sa problématique, il amorce la défense de sa thèse : il cherche à gagner l'adhésion de son lecteur à la problématisation d'une situation à la base de son projet de recherche. Si cette adhésion n'est pas acquise, c'est l'entièreté du projet qui est fragilisée aux yeux du lecteur.

Pour que l'argumentaire soit efficace, il faut tenir compte des caractéristiques du destinataire. Contrairement à d'autres types de discours argumentatifs où le rapport entre l'énonciateur et le destinataire est asymétrique, l'écrit scientifique repose sur un rapport de symétrie relative, selon le modèle de Danblon (2005). Le destinataire ne doit pas seulement être considéré comme un sujet passif à convaincre ou à persuader, mais comme un *alter ego* (Amossy et Koren, 2009). Il est actif : il peut critiquer ou remettre en question le discours, et ce, même si la communication est nécessairement différée, puisqu'écrite. C'est donc par le seul recours à des moyens langagiers que l'argumentateur peut atteindre son but.

Par conséquent, il peut s'avérer très profitable au chercheur de se faire une bonne représentation de son lecteur et de ses caractéristiques psychosociales : les lectorats en sciences de l'éducation sont variés et n'ont pas nécessairement les mêmes horizons d'attente. Le texte sera lu différemment par un praticien ou un chercheur, par un expert du domaine ou un lecteur profane. Ces destinataires hypothétiques peuvent générer des tensions lors de la rédaction, car les arguments à même de convaincre les uns peuvent s'avérer caducs pour les autres, sans compter que le contexte évaluatif de la plupart des écrits scientifiques porte en lui des enjeux à même d'influencer la stratégie argumentative. Ce contexte convoque parfois des lecteurs plus résistants, qui n'adoptent pas une attitude collaboratrice et ne partagent pas nécessairement les prémisses, les intérêts, les valeurs et les convictions de l'auteur. Il faudra tout de même les amener à adhérer au projet en dépit de leur résistance initiale.

Prenons l'exemple de la problématique d'un projet qui aurait comme problème de recherche l'établissement d'un lien entre le sentiment d'efficacité personnelle d'enseignants en gestion de classe et l'insertion professionnelle. Ce projet, à la frontière entre deux, sinon trois champs de recherche, peut avoir autant de destinataires différents : des lecteurs experts de leur domaine, mais pas nécessairement experts des autres. Selon que l'on choisit de s'adresser à l'un plutôt qu'à l'autre, les arguments et leur ordonnancement seront différents. Ainsi, la rédaction d'une problématique pour un article dans une revue spécialisée en gestion de classe mettra l'accent sur... la gestion de classe : la pertinence du projet sera défendue à la lumière des enjeux présents dans ce champ. Le scripteur pourra même choisir d'abandonner certains arguments, qui relèvent davantage de l'insertion professionnelle ou du sentiment d'efficacité personnelle et qui n'auraient d'efficacité argumentative que pour un destinataire spécialiste de ces disciplines. De plus, compte tenu de l'expertise attendue du lecteur « gestion de classe », le scripteur pourra se reposer sur un accord tacite avec lui : certains termes spécialisés ne demanderont pas d'être définis, certains concepts ne nécessiteront pas d'être exemplifiés, un auteur éminent se passera de présentation.

Si le scripteur choisit plutôt de tenir compte de trois destinataires, sa stratégie argumentative sera différente : elle peut même en être affaiblie pour l'un des lectorats, dans le sens où son efficacité visera l'adhésion du plus grand nombre et sera moins ciblée. Le scripteur ne pourra pas se reposer sur des accords tacites avec le lecteur. Il devra défendre plus solidement son choix d'experts, mieux contextualiser ses sources, et surtout, il devra définir, exemplifier et illustrer, car il ne peut tenir pour acquis que le lecteur connaît bien la matrice disciplinaire. C'est souvent le cas des problématiques que l'on trouve dans les mémoires de maîtrise et les thèses de doctorat. C'est d'ailleurs tout l'intérêt de présenter son projet en cours de rédaction à des collègues ou à des amis qui n'ont pas d'expertise dans le domaine. Là où ils relèvent un bris de compréhension, il y a probablement un passage qui mériterait d'être mieux explicité.

Les caractéristiques textuelles

La problématique, parce qu'elle a comme finalité première de susciter l'adhésion du lecteur aux prémisses essentielles d'un projet de recherche, est donc un texte dont le mode de discours dominant est argumentatif. La présentation des faits seuls ne suffit pas pour obtenir cette adhésion :

la force d'une thèse passe d'abord et avant tout par la force de l'argumentaire. Cet argumentaire, que l'on peut décliner en caractéristiques textuelles (structure du texte, arguments, procédés langagiers, système énonciatif, etc.), mobilise les ressources de la langue que l'apprenti chercheur a tout intérêt à apprendre à utiliser afin de construire sa stratégie argumentative. Afin de l'outiller dans l'élaboration d'une stratégie argumentative efficace, nous verrons quelques-unes des caractéristiques textuelles qui composent cette stratégie, que nous déclinerons en deux volets sur le modèle didactique de Chartand (1993), un volet discursif (structure du texte, validité des arguments, procédés langagiers) et un volet énonciatif (les manifestations des différents points de vue dans le texte). Nous espérons que, par ces pistes, le chercheur soit en mesure d'élaborer une stratégie argumentative efficace qui permettrait au lecteur de juger recevable la problématique d'un projet de recherche.

Le volet discursif : la structure du texte

Une stratégie est «un ensemble d'opérations visant l'atteinte d'un objectif» (Messier, 2014). Elle a une intentionnalité, elle est médiée par des moyens, ici langagiers, orientés vers une finalité. Les stratégies argumentatives sont aussi diverses qu'il y a de projets et d'expériences singulières de chercheur. Pour atteindre son objectif, le chercheur doit choisir les arguments susceptibles de convaincre son lecteur et il doit les organiser de façon à ce qu'ils aient le plus de force possible. Cela suppose de bien réfléchir au chemin intellectuel par lequel il souhaite faire passer son lecteur. Au terme de la problématique, le lecteur ne découvre pas avec surprise le problème de recherche : l'échafaudage des arguments l'a mené directement vers lui. De cette façon, chaque élément de la question de recherche a été justifié par l'argumentaire.

Dans l'exemple qui suit, l'argumentaire en trois parties vise d'abord à faire comprendre au lecteur pourquoi il est nécessaire de s'intéresser à l'apprentissage des fractions. Puis il montre que cet apprentissage, dont il décrit la place dans les programmes officiels, n'est pas facile à faire, notamment en ce qui concerne le numérateur et le dénominateur. Il souligne que les enseignants sont démunis face aux difficultés des élèves. La troisième partie s'ouvre sur la description de recherches antérieures sur le sujet et sur l'exposé de leurs limites. Il propose enfin de poursuivre cette réflexion en associant deux méthodes en apparence opposées, les démarches inductives et l'enseignement explicite, et d'en évaluer les effets sur l'apprentissage des élèves. Ainsi, tous les éléments de la question de recherche ont été abordés dans l'argumentaire et justifiés : les stratégies didactiques, les notions afférentes au concept de fraction, la population ciblée.

EXEMPLE

Les grandes lignes de l'argumentaire

1. L'importance des mathématiques dans la vie quotidienne et pour la réussite scolaire.

   a) Le cas particulier du concept de fraction, son utilité au quotidien, mais aussi pour les autres apprentissages scolaires, en mathématiques et en sciences.

2. La place du concept de fraction dans le programme de formation de l'école québécoise.

   a) Le concept de fraction.

   b) Les difficultés rapportées par les enseignants ou recensées dans les évaluations portant sur cet apprentissage, en particulier concernant le numérateur et le dénominateur (4e année du primaire).

3. Les recherches antérieures concernant l'enseignement de la fraction, leur apport, mais aussi leurs limites.

   a) Les avantages des démarches inductives et leurs limites.

   b) Les avantages de l'enseignement explicite et ses limites.

   c) L'intérêt hypothétique d'unir ces deux démarches.

Problème de recherche : Quel est l'effet d'une stratégie didactique combinant démarche inductive et enseignement explicite sur l'apprentissage du numérateur et du dénominateur chez des élèves de 4e année du primaire ?

Cette logique, que l'on présente souvent en utilisant l'analogie de l'entonnoir, en est surtout une d'énonciation. Elle se rapproche de la rhétorique d'Aristote, en ce sens que l'argumentation n'est pas perçue comme une activité cognitive de raisonnement, détachée et centrée sur la notion de *logos* (de preuves irréfutables), mais bien comme une activité visant à persuader un destinataire par le recours à une stratégie argumentative conçue pour lui. Ainsi, l'énoncé cesse d'être une assertion et acquiert une force argumentative par le contexte d'énonciation.

Bien qu'il ne soit pas faux de dire que le plan d'une problématique se compare à un entonnoir, où l'on amorce le texte avec un contexte général, qui devient de plus en plus spécifique jusqu'à l'énoncé du problème de recherche, il serait réducteur de n'envisager que ce modèle. Comme en témoigne Toulmin en 1958 dans son ouvrage *Les usages de l'argumentation*, cette dernière revêt un caractère multiforme. L'ordonnancement des arguments a peu à voir avec leur caractère spécifique ou non, et il est plus pertinent de parler de fil directeur plutôt que d'entonnoir. En effet, la logique qui préside à l'enchaînement des arguments est celle du scripteur : la force argumentative d'une problématique se construit par les liens qu'il établit explicitement entre les arguments.

Dans l'exemple précédent, nous pouvons difficilement justifier que les arguments sont d'abord généraux avant d'être spécialisés. Certes, la problématique s'amorce sur l'importance des mathématiques, puis des fractions, et nous pouvons considérer qu'il s'agit là de propos généraux. Mais la suite de l'argumentaire n'obéit pas à ce principe : la troisième partie n'est pas plus spécifique que la deuxième, et rien n'empêche que, au sein des différentes parties, certains arguments avancés soient très précis, par exemple les usages de la fraction dans la vie courante. Ce qui prévaut ici, ce sont les liens établis par le chercheur entre les différents éléments de sa problématique. Il n'aurait pas été logique ou efficace de commencer son texte en décrivant les recherches sur l'apprentissage des fractions, avant même d'établir, avec le lecteur, cet accord préalable sur l'importance de ce concept et d'en proposer une définition sommaire. Les arguments acquièrent de la valeur lorsqu'ils sont mis en relation les uns avec les autres.

C'est pourquoi le chercheur a tout intérêt à soigner chaque transition entre les grandes articulations de son texte : ce sont des moments clés de lecture qui donnent à voir ces liens. Ce sont aussi des passages difficiles à rédiger chez l'apprenti chercheur, qui doit apprendre à utiliser les ressources de la langue pour établir ces liens, tout en gérant une posture énonciative à la fois distante et engagée. Certains redoublent d'astuce pour éviter de faire référence explicitement au texte (*Dans cette section...*) ou au chercheur (*nous avons vu que*), mais nous conseillons à l'apprenti chercheur de privilégier la clarté du propos aux effets de style[1].

Le volet discursif : la validité d'un argument

La valeur d'un argument ne dépend pas seulement de son poids relatif dans l'énonciation. Toulmin (1958) donne à ce sujet quelques indications précieuses pour comprendre les mécanismes de l'argumentation, insistant notamment sur l'importance des *warrants*, des garanties de validité

---

1. Ce conseil vaut pour tous les chapitres d'un mémoire de maîtrise ou d'une thèse de doctorat. Les phrases trop longues et alambiquées, la surabondance de structures complexes nécessitant de nombreuses virgules sont à éviter. Un écrit scientifique n'est pas une œuvre littéraire : la clarté du message doit être la priorité.

des données[2], ces garanties échappant à l'évaluation rationnelle. C'est une dimension dont le chercheur en éducation doit prendre conscience, car le système de représentations qu'il mobilise dans l'énonciation repose sur des préjugés qu'il partage avec une communauté (par exemple, l'importance de soutenir les élèves en difficulté, la véracité de certains faits historiques, la qualité des sources citées, l'expertise d'un auteur, etc.). Ces représentations partagées peuvent s'avérer très utiles pour convaincre le lecteur, mais c'est également un couteau à double tranchant qui peut venir affaiblir la stratégie argumentative, en particulier lorsque le chercheur n'a pas conscience de sa propre subjectivité.

Par exemple, un chercheur pourrait choisir de fonder son argumentaire sur la prémisse que l'apprentissage de l'orthographe est difficile et s'échelonne sur plusieurs années. Cette prémisse, qu'il n'explicite ni ne défend, est assez largement partagée par la communauté de didacticiens du français, ce qui pourrait justifier son choix. Ce faisant, il prend un risque : un lecteur critique ou extérieur à la communauté pourrait choisir de ne pas *croire* cette prémisse, pierre d'assise du projet. Comment s'assurer l'adhésion de ce lecteur ? En lui offrant certaines garanties, des preuves de la véracité ou de la vraisemblance de ce que le chercheur avance. Différentes options s'offrent à lui : il peut analyser les taux de réussite des élèves de 5e secondaire au volet orthographe de l'épreuve unique d'écriture ; il peut rapporter les propos d'experts reconnus dans le domaine ; il peut prendre appui sur les documents officiels, comme la progression des apprentissages, etc. Ces garanties peuvent lui permettre de nuancer ses propos, en cernant par exemple certains volets précis de l'orthographe qui sont problématiques, ce que Toulmin explicite par le terme *rebuttal* (restriction). Le chercheur doit cependant avoir conscience que, à son tour, la validité de ces garanties repose sur l'accord tacite du lecteur.

Les procédés langagiers

Dans le cadre de ce chapitre, nous n'avons pas l'intention d'établir une typologie exhaustive des procédés langagiers utiles dans l'argumentation : les théories de l'argumentation sont trop nombreuses et multiplient les ancrages disciplinaires (Elghazi, 2015). L'étiquetage des

---

2. Pour de plus amples informations concernant les critères de validité de la documentation retenue, le lecteur intéressé pourra se référer au chapitre suivant.

procédés langagiers et leur hiérarchisation sont somme toute peu utiles ici : c'est plutôt leur modalité de mise en œuvre dans une problématique qui nous intéresse.

Un procédé langagier est l'utilisation de différents phénomènes langagiers mis en œuvre dans un acte de langage (Chartrand et Elghazi, 2014). Ces procédés permettent de réfuter, d'expliquer, d'illustrer, etc. Dans une problématique, le scripteur adopte généralement un procédé dominant, mais peut avoir recours à toute une gamme de procédés utilisés à plus petite échelle pour convaincre son lecteur. L'explication argumentative est l'un de ceux-ci. Il s'agit d'expliquer un phénomène de manière à agir sur les opinions du destinataire en utilisant des énoncés causaux, justificatifs ou consécutifs, que l'on présente comme vrais et objectifs. Par ce procédé, le chercheur peut décrire les conséquences engendrées par un phénomène, une action, un événement ou, au contraire, peut s'intéresser à leurs causes. Par exemple, pour faire comprendre à son lecteur l'importance de repenser l'accompagnement affectif des élèves en difficulté, le chercheur peut décrire les conséquences engendrées par un déficit sur le plan affectif. Il peut ensuite expliciter les causes d'un tel déficit pour persuader son lecteur que les pratiques éducatives concernant l'accompagnement affectif des élèves doivent être revues.

Utilisé dans une problématique, un tel procédé recourt à une abondance de faits. Ce peut être des affirmations, des conclusions de recherche, des données statistiques, des actions, des événements que l'on présente comme véridiques. Pour acquérir une certaine valeur et soutenir l'argumentaire, ces faits doivent être contextualisés ; ils doivent être accompagnés de garanties par rapport à leur caractère vraisemblable et ils doivent être nuancés (Toulmin, 1958). Dans les écrits scientifiques, la valeur de ce procédé argumentatif repose sur la pertinence des sources, sur leur actualité, sur l'expertise de l'auteur et sur l'interprétation qu'en fait le chercheur. Parfois, des jugements de valeur, des préjugés ou certaines assertions sont présentés comme des faits, sans être fondés. Ces maladresses ne nuisent pas au propos, mais peuvent affaiblir la thèse.

Certes, une problématique est construite à partir de nombreux faits qui reposent sur des données scientifiques, mais, et c'est là la grande différence avec le cadre théorique, elle peut également reposer sur des données issues d'autres domaines. Par exemple, il n'est pas rare de trouver dans une problématique une contextualisation historique visant à faire comprendre l'origine du phénomène à l'étude ou l'évolution des perceptions à son égard, de même que la description de documents officiels ou un compte rendu d'une couverture médiatique. La source des documents peut être très variée. L'objectif est de permettre au lecteur de se familiariser avec la situation problème, d'en reconnaître les enjeux et de voir émerger le problème de recherche au terme de sa lecture par l'interprétation des faits convoqués par le chercheur.

Pour en savoir davantage sur la stratégie discursive d'un écrit scientifique et sur le potentiel argumentatif des procédés langagiers, nous invitons le lecteur à poursuivre sa réflexion au chapitre suivant, qui traite de l'argumentation dans la construction d'un cadre théorique, ou à consulter les ouvrages de la bibliographie commentée de l'actuel chapitre.

La stratégie énonciative

On l'aura compris, la problématique est un texte argumentatif d'un genre bien particulier, qui n'est pas celui de l'éditorial ou de la lettre ouverte, comme en témoigne d'ailleurs son système énonciatif. En effet, la gestion par l'auteur de différentes marques énonciatives, c'est-à-dire des moyens langagiers servant à gérer les points de vue des acteurs du texte, y compris le sens, est différente des autres textes argumentatifs. Alors qu'habituellement, l'auteur d'un texte à visée argumentative donne son point de vue et interpelle directement le lecteur, nous ne retrouvons généralement pas ces codes au sein d'une problématique. Au contraire, l'auteur a plutôt tendance à s'effacer, adoptant une posture distanciée lors de la stratégie argumentative afin de préserver une apparence d'objectivité. Il intervient plus souvent directement au terme du chapitre, lorsque vient le temps de nommer le problème de recherche et de clarifier ses décisions.

C'est ainsi que, à tort ou à raison, bon nombre de problématiques sont rédigées de façon à gommer le point de vue du chercheur par le recours à une variété de stratégies. L'une des manifestations les plus évidentes concerne la façon dont il parle de lui-même, en employant généralement la première personne du pluriel (nous), et l'espace en apparence restreint qu'il s'accorde à l'intérieur du texte. On peut également observer l'usage de phrases impersonnelles et le recours au temps verbal du conditionnel pour établir cette distance par rapport au propos. Cela donne parfois d'étranges tournures dans la rédaction, en particulier lorsque l'expérience personnelle du chercheur fait partie de la stratégie argumentative ou lorsque le chercheur est un acteur du projet. Dans ces circonstances, une posture énonciative plus claire, avec un *je* bien affirmé, pourrait faciliter la lecture de la problématique sans nuire à sa crédibilité, mais le jeune chercheur doit être prudent : les traditions ont la peau dure, et le *je* a longtemps été proscrit de l'écriture scientifique.

☐

Conclusion

La problématique est la première partie de la recherche que le lecteur parcourra. C'est à partir de celle-ci qu'il se fera une première idée du projet. Comme pour une entrevue d'emploi, la première impression se doit d'être bonne. Une problématique fera bonne impression si elle est claire, bien argumentée, bien structurée, bref si au terme de sa lecture, le lecteur se dit, «on ne pouvait pas ne pas se questionner non seulement sur ce sujet, mais aussi de cette façon». Une problématique bien construite annonce généralement déjà certains des éléments qui constitueront la discussion des résultats. Elle est non seulement utile pour amorcer la réflexion du lecteur, mais c'est aussi une clé de lecture pour l'ensemble du projet.

Ainsi, la problématique doit faire l'objet d'une attention particulière et ne pas être prise à la légère. Tant en ce qui concerne le fond – pour l'essentiel la connaissance du sujet – qu'en ce qui a trait à la forme, la problématique doit faire la démonstration que le chercheur sait où il s'en va. Section d'une recherche ayant un fort caractère argumentatif, elle nécessite une réflexion sur les procédés langagiers et la stratégie énonciative. C'est en travaillant ceux-ci que le chercheur donne plus de force à son texte.

Activités d'appropriation

1. Choisissez un texte de problématique d'une dizaine de pages.
   - Quel est le problème de recherche? Est-il clair? En cohérence avec le texte?

2. Faites le résumé des arguments qui défendent la pertinence sociale du projet. Faites de même pour la pertinence scientifique du projet.
   - L'auteur a-t-il réussi à vous faire adhérer à son projet? Êtes-vous convaincu de la pertinence du projet et des capacités du chercheur à le mener à terme?

3. Décrivez certaines caractéristiques communicationnelles de la problématique.
   - Qui est l'auteur du texte et quelles sont ses caractéristiques? Quelle est son intention? À qui s'adresse-t-il? Dans quel contexte a été produit le texte?

4. Décrivez la stratégie discursive de l'auteur.
   - Quelles sont les grandes lignes de l'argumentaire de l'auteur ? Est-ce qu'il a bien défendu la validité de ses arguments ? Quels sont les procédés langagiers dominants ? Qu'ont-ils apporté à la stratégie argumentative ?

5. Décrivez la stratégie énonciative de l'auteur.
   - Est-ce que l'auteur s'adresse directement au lecteur ? Adopte-t-il une narration au *nous* ou au *je* ? Quels moyens langagiers utilise-t-il pour donner son point de vue ? Comment gère-t-il le point de vue des autres chercheurs dont il rapporte les propos ?

Concepts importants

La définition de ces mots clés se trouve dans le glossaire.
- Caractéristiques communicationnelles
- Caractéristiques textuelles
- Compréhension
- Formulation d'un problème de recherche
- Genre textuel
- Herméneutique
- Langage
- Objectifs de recherche
- Problématique
- Procédé langagier
- Question de recherche
- Système énonciatif

Lectures complémentaires

Fabre, M. (2017). *Qu'est-ce que problématiser ?*, Paris, Vrin, collection « Chemins philosophiques ».

Petit ouvrage (125 pages seulement) qui répond aux questions suivantes : Pourquoi problématiser ? Qu'est-ce qu'un problème ? Quels sont les critères d'une bonne problématique ? Plus théorique que pratique, l'exposé offre une réflexion succincte, mais soutenue sur les fondements épistémologiques et philosophiques de la problématisation.

Frécon, G. (2012). *Formuler une problématique*, Paris, Dunod, 2ᵉ édition. L'auteur explique comment cerner la problématique d'un sujet et formuler un problème de manière limpide. Par le recours à plusieurs exemples, il jette un éclairage utile sur la construction d'une problématique et fournit des pistes intéressantes pour développer une méthode de travail.

Olivier, L. et J.-F. Payette (2011). *Argumenter son mémoire ou sa thèse*, Montréal, Presses de l'Université du Québec. Ce livre s'adresse en premier lieu aux étudiants des cycles supérieurs. Il explique de manière claire comment construire une structure argumentative dans le cadre d'une production scientifique. Les auteurs présentent aussi plusieurs procédés rhétoriques pouvant soutenir l'argumentation.

Chapitre 4

Le cadre théorique

Christiane Gohier

Le cadre théorique qui suit l'énoncé de la question ou des objectifs de recherche exposés dans la problématique est constitué des théories et des concepts qui servent de matrice théorique pour les diverses étapes de la recherche. On élabore cette matrice à partir des analyses conceptuelles et rhétoriques du corpus théorique. Ces analyses conduisent à une nouvelle mise en réseau ou cartographie des concepts, voire à leur redéfinition, laquelle cartographie constituera la matrice théorique. L'analyse fait preuve de rigueur, d'esprit critique et de force argumentative ; elle énonce la position théorique de l'auteur. Certaines démarches facilitent la constitution et la conception du cadre théorique : la recherche documentaire et la constitution du corpus, l'analyse des assises théoriques du discours, l'analyse conceptuelle et rhétorique ainsi que la mise en œuvre de la dimension interprétative.

□

L'élaboration du cadre théorique suit la formulation de la question ou des objectifs qui sont exposés dans la problématique du projet de recherche ; cette question et ces objectifs peuvent être revus et précisés à la fin du cadre théorique, à la lumière de l'analyse du corpus qui y est faite. L'élaboration du cadre théorique est une étape nécessaire du processus de recherche. Dans le cas d'une recherche empirique, ce cadre oriente les décisions concernant la nature des données à recueillir ainsi que l'analyse et l'interprétation que l'on peut en faire. La nature et l'ampleur du cadre théorique peuvent cependant varier selon le type de recherche et l'approche méthodologique choisie. Ainsi, dans une recherche de nature vérificative ou confirmatoire d'une hypothèse, le cadre théorique est plus circonscrit et « fermé », au point de départ, que dans le cas d'une recherche exploratoire, qui vise à examiner un terrain en vue de formuler éventuellement des hypothèses. Dans une telle recherche, le cadre théorique existe en amont de la recherche ; il peut être revu à la lumière des données mêmes du terrain, *a fortiori* s'il s'agit d'une recherche qui utilise une approche de type « théorie ancrée »[1]. Dans une recherche spéculative ou théorique, il va sans dire, par ailleurs, que le cadre théorique doit être très développé puisqu'il constitue l'objet même de la recherche, à savoir une analyse et une critique des théories existantes en vue d'en formuler une autre ou, à tout le moins, certains de ses éléments.

Pour clarifier ces énoncés, nous rappelons, de façon schématique, la typologie la plus classique[2] des recherches en éducation ; nous reprenons dans les grandes lignes celle qu'a élaborée Van der Maren (2014, p. 41), à laquelle nous amalgamons des éléments de typologie exposés dans un document produit pour le programme de doctorat en éducation de l'Université du Québec (1993).

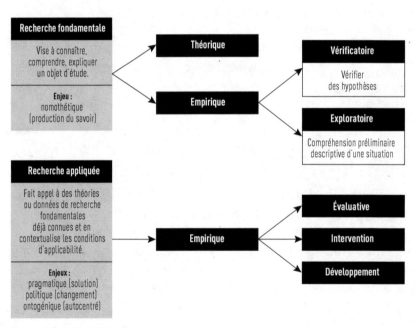

Figure 4.1   Typologie de recherches en éducation

---

1. Dans la théorie ancrée ou *grounded theory*, les résultats de la recherche commandent une articulation théorique qui peut être revue au fur et à mesure de la mise au jour des données. Voir Strauss et Corbin (1994).

2. Il existe plusieurs typologies de recherches en éducation, selon le système de classement utilisé par les différents auteurs. Nous avons choisi de reproduire ici les éléments les plus classiques ou les plus récurrents de ces typologies.

Quel que soit le type de recherche effectué, nous croyons, à l'instar de Miles et Huberman (2003), qu'il est nécessaire d'élaborer un cadre théorique préalablement à la saisie des données, ce cadre existant de toute façon de manière implicite chez le chercheur. Ces auteurs préconisent l'analyse des théorisations et des recherches empiriques antérieures afin de favoriser l'élaboration d'un cadre conceptuel qui sert de matrice à la recherche, même dans le cas des recherches inductives (partant des données de terrain) car, soutiennent-ils,

> [p]our élaborer une théorie, on s'appuie sur un petit nombre d'éléments conceptuels généraux qui subsument une multitude de situations particulières. Des termes tels que « climat social », « tension », ou « conflit de rôles » sont des exemples typiques d'étiquettes que l'on colle sur des boîtes contenant de nombreux événements et comportements discrets. Lorsqu'on assigne une étiquette à une boîte, on peut ignorer la façon dont tous les éléments contenus dans la boîte s'accordent entre eux, ou la façon dont cette boîte est reliée à une autre. Mais tout chercheur, même le plus inductif, sait bien avec quelles boîtes il va commencer et ce qui devrait en principe s'y trouver. Les boîtes proviennent de la théorie et de l'expérience et, souvent, des objectifs généraux de l'étude envisagée (p. 140-141).

De quoi le cadre théorique doit-il être constitué ? Il y a bien peu d'écrits à ce sujet ; les auteurs mentionnent quelquefois son existence sans en définir le contenu, sinon en faisant référence, comme Miles et Huberman, à l'analyse conceptuelle, d'une part, et à la connaissance des théories ou de la documentation théorique ainsi que des recherches préexistant dans le champ étudié, d'autre part. Ainsi, dans un document produit pour le programme de maîtrise en éducation à l'Université du Québec à Montréal, on lit que

> le cadre théorique comprend généralement au moins trois types d'informations : 1) les théories et modèles qui inspirent la recherche ou la justifient et que vous articulez les uns aux autres ; 2) les recherches semblables qui ont été effectuées par différents chercheurs ; 3) les concepts en jeu dans votre propre recherche (Dansereau, Gaudreau, Goyette, Séguin et Thibert, 1997, p. 17).

De quelle manière ces éléments s'articulent-ils les uns aux autres ? Comment doit-on les exposer et les analyser ? C'est ce dont il est question ici. Mais avant de discuter des éléments qui composent le cadre théorique, il faut en aborder les caractéristiques du point de vue du chercheur, en tant que producteur d'un tel texte ou, en d'autres termes, examiner les critères qui assurent la rigueur et la qualité de l'analyse.

Les caractéristiques et les critères de rigueur et de qualité

Par «cadre» théorique, on entend la «matrice théorique» qui donne des assises à la recherche. Il s'agit de balises théoriques issues de l'examen des théories et des recherches existantes, recadrées par le chercheur à l'aide, notamment, de l'analyse conceptuelle, et qui cernent l'objet de l'étude. Pour être valable, cet examen doit nécessairement se faire dans un esprit critique qui se manifeste par un discours argumentatif; c'est un des éléments qui assurent la qualité du cadre théorique: nous y reviendrons.

La solidité du cadre théorique

Le cadre théorique pourrait aller jusqu'à la formulation d'une théorie en tant «qu'ensemble systématique d'énoncés portant sur un objet déterminé», comme la définit Gauthier (2005, p. 19), et, ajouterons-nous, répondant à certains critères de validité qui diffèrent selon les objets de recherche et l'horizon dans lequel ils se déploient, selon que ce cadre relève des sciences de la nature ou des sciences humaines, par exemple. Comme l'affirment par ailleurs Gingras et Côté (2016) à propos de la recherche sociale,

> la théorie est avant tout un moyen de donner un sens à nos connaissances. On peut la définir comme un ensemble de propositions logiquement reliées, encadrant un plus ou moins grand nombre de faits observés et formant un réseau de généralisations dont on peut dériver des explications pour un certain nombre de phénomènes sociaux (p. 105).

Mais, bien sûr, la formulation d'une théorie demeure un cas d'exception. Normalement, une matrice théorique fournit des éléments théoriques par ailleurs organisés de façon systématique et cohérente. Dans le cas d'une recherche de type fondamental, ces éléments doivent être novateurs par la formulation d'énoncés de nature à faire avancer les connaissances (cette recherche pouvant être théorique ou empirique). Dans le cas d'une recherche appliquée, ce caractère novateur n'est pas présent, la matrice théorique faisant état d'éléments théoriques existants qui servent de modèle à une application dans un contexte déterminé. Le type de recherche, comme on le voit, détermine l'ampleur et la nature du cadre théorique. Pour s'assurer de la qualité, de la rigueur ou de la «validité» du cadre théorique, on peut s'inspirer de critères que nous avons élaborés pour la recherche théorique et que nous posons ici à titre de modèle, sous réserve de l'adapter aux types de recherche qui viennent d'être mentionnés. À ce sujet, voici rapporté *in extenso* un passage de « La recherche théorique en sciences humaines : réflexions sur la validité d'énoncés théoriques en éducation » (Gohier, 1998, p. 279-280).

La fécondité heuristique d'une démarche ou d'un énoncé se traduit par sa capacité de « faire apparaître du sens », de « proposer du connaissable neuf », d'engendrer d'autres énoncés. L'orthodoxie méthodologique ne doit en effet pas imposer ses diktats à la pensée. Elle doit, au contraire, la servir. La pensée novatrice est faite d'errances, voire d'erreurs ; si elle emprunte des chemins déjà tout tracés, elle ne peut que réitérer. Elle n'invente pas.

L'énoncé novateur pour devenir énoncé théorique doit toutefois, comme on l'a vu, répondre à certains critères. Si la pensée novatrice peut utiliser plusieurs voies (à la limite l'association libre pourrait en être une), elle ne revêt en effet un caractère théorique que si les conditions suivantes sont respectées.

- Les énoncés théoriques doivent d'abord être pertinents par rapport au domaine, ici l'éducation.

- Ils doivent avoir une valeur heuristique ou démontrer une fécondité sur le plan heuristique en ouvrant sur des pistes, des hypothèses, en « donnant à connaître ».

- Ils doivent également répondre aux exigences de cohérence ou de non-contradiction, de limitation (circonscription du domaine d'objets), de complétude (exhaustivité par rapport au domaine d'objets), et d'irréductibilité (simplicité ou caractère fondamental). Il va sans dire que ces critères tracent les contours idéaux d'une « théorie » au sens plein du terme et doivent être relativisés en fonction du niveau et de l'ampleur de la recherche.

- Ils doivent faire preuve de crédibilité :
  - par l'utilisation de sources théoriques autorisées ;
  - par la mise en place d'une méthode dialectique mettant en œuvre argumentation et sens critique (clés de voûte de la recherche théorique) ;
  - cette argumentation doit être rhétoriquement efficace, logiquement solide et dialectiquement transparente ;
  - toute la trame du discours doit être soutenue par le doute méthodique et reposer (explicitement ou implicitement) sur la mise à l'épreuve ou la réfutation des thèses avancées, ou encore susciter chez le lecteur cette mise à l'épreuve ;
  - cette méthode dialectique exige également du chercheur théoricien qu'il expose ses présupposés épistémologiques et théoriques ;
  - par exemple, son point de vue sur la science, sa grille de lecture ou d'analyse (herméneutique, psychanalytique, sociocritique, etc.) ;
  - la méthode qu'il utilise pour mettre au jour les éléments discursifs qu'il retient dans un corpus théorique donné (par exemple, l'analyse conceptuelle ou l'analyse de contenu ; il va sans dire, comme le souligne Van der Maren, que les corpus retenus peuvent faire état de données factuelles) ;

– enfin, ses valeurs ou encore l'horizon idéologique dans lequel il se meut, ainsi que la portée éthique de ses énoncés, à condition que le coefficient idéologique de la thèse ne soit pas trop élevé, c'est-à-dire à condition que l'idéologie ne tienne pas lieu et place des autres processus de démonstration.

- Les énoncés ne sont pas nécessairement tous construits sur la base d'un raisonnement logicodéductif, mais peuvent, pour une certaine part, être de type métaphorique ou analogique si ces modes de raisonnements s'avèrent heuristiquement féconds.

Si toutes ces précautions « méthodologiques » sont nécessaires, elles ne devraient par ailleurs en aucun cas étouffer la pensée créatrice ou l'énoncé de sens, mais au contraire méthodiquement l'accompagner et la soutenir.

Ajoutons à cette énumération que les propositions énoncées sous forme d'hypothèses doivent être formulées de manière à être vérifiables ou falsifiables, c'est-à-dire être suffisamment descriptives et spécifiques pour permettre la confrontation éventuelle avec des données ou des situations factuelles. Nous nous penchons sur quelques éléments cruciaux de cette critériologie, dont l'énoncé de la position théorique et la qualité du discours critique et argumentatif.

L'énoncé de la position théorique du chercheur ou de l'auteur

Le choix et la lecture des textes et des théories ne sont jamais totalement « neutres », bien qu'il faille rendre compte des écrits le plus objectivement possible. Partant, tous les présupposés théoriques du chercheur doivent être rendus explicites. En effet, si la lecture qu'il fait du réel, de la science et, par-delà, des théories se fait à partir d'un point de vue théorique ou d'un angle d'analyse qui constitue une grille de lecture des différents discours analysés, cela devrait être explicite.

Par exemple, l'auteur/lecteur adopte-t-il en amont, pour lire les textes, un point de vue psychanalytique, supposant entre autres une part d'inconscient dans l'agentivité humaine ; ou un point de vue sociocritique, visant à dénoncer la domination d'une classe sociale ou d'une forme d'économie aliénant une partie de la population ; ou encore une lecture féministe mettant l'accent sur les inégalités de genre ? Le cas échéant, cette posture doit être explicitement énoncée. Ces observations ont par ailleurs déjà trait à la dimension argumentative qui sera abordée plus loin.

Le discours critique

Une des attitudes essentielles dans l'analyse d'un corpus théorique, c'est-à-dire de l'ensemble des documents choisis en vue de la formulation d'une matrice conceptuelle et théorique, est la mise en œuvre du sens critique, qui doit par ailleurs prévaloir dans toutes les étapes du processus de recherche. Dans son ouvrage sur la formation de la pensée critique, Boisvert (1999) reprend à Ennis, l'un des maîtres à penser du *critical thinking*, dix éléments qui caractérisent le penseur critique.

1) L'évaluation de la crédibilité des sources.

2) La reconnaissance des conclusions, des raisons et des présupposés.

3) L'appréciation de la qualité d'un argument, y compris l'acceptabilité de ses raisons, de ses présupposés et des faits sur lesquels il s'appuie.

4) L'élaboration de son propre point de vue sur une question et sa justification.

5) La formulation de questions et de clarifications pertinentes.

6) La conception d'expériences et l'évaluation de plans d'expérience.

7) La définition des termes en fonction du contexte.

8) L'expression d'une ouverture d'esprit.

9) La propension à fournir un effort constant pour être bien informé.

10) La formulation de conclusions lorsque la situation le justifie tout en faisant preuve de prudence (Boisvert, 1999, p. 15-16).

Toutes ces attitudes qui doivent être mises en œuvre par l'auteur assurent la profondeur de l'analyse et de l'élaboration de la matrice théorique. Sans elles, cette matrice risque de n'être qu'un ramassis et un collage hétéroclite d'informations. Deux des éléments énumérés, plus particulièrement ceux des points 3 et 4, sont capitaux dans la mise en œuvre d'une analyse critique : il s'agit de l'argumentation qui soutient la justification de la thèse défendue.

Le discours argumentatif

Le discours de l'auteur doit constamment être justifié ; c'est une condition *sine qua non* de sa crédibilité. Cette justification repose sur l'argumentation qui vient étayer les propos tenus et la thèse défendue.

L'argumentation, comme le soutient Oléron (2001), est « une démarche par laquelle une personne ou un groupe entreprend d'amener un auditoire à adopter une position par le recours à des présentations ou assertions – arguments qui visent à en montrer la validité ou le bien-fondé » (p. 4). Mais il ne suffit pas d'étaler des arguments – peu importe lesquels – « agglomérés », ce qui constituerait un exercice sophistique, à la limite vide de sens. La teneur des arguments, leur profondeur et leur poids par rapport au propos sont importants, de même que les types d'arguments invoqués. Plus encore, la cohérence et la logique de la trame discursive et argumentative sont aussi importantes que la somme des arguments invoqués. Les théories et le champ conceptuel des sciences sociales et humaines forment un univers polysémique, souvent mal défini, dans lequel il faut effectuer des choix. Comme le rappelle Oléron, le raisonnement et l'argumentation aident à opérer et à soutenir ces choix; ils répondent au souci de tenir un raisonnement rigoureux malgré ce flou conceptuel. Bien entendu, il ne s'agit pas de preuves et de démonstrations, lesquelles appartiennent à l'univers logicomathématique des sciences formelles, mais de raisons, vraisemblables, invoquées à l'appui d'une thèse et ouvertes à la réfutation.

Depuis que, au milieu du XXᵉ siècle, Perelman et Olbrechts-Tyteca (2008) ont redonné ses lettres de noblesse à la rhétorique, les traités sur l'argumentation abondent. On peut certes se référer à l'ouvrage de Perelman, mais également à d'autres qui ont repris de manière simplifiée les principaux éléments du traité perelmanien, dont ceux de Reboul (2011) ou de Bellenger (1992). Ces ouvrages s'attachent principalement à l'exposé des types d'arguments, mais aussi, dans le cas de Bellenger, à la présentation des types ou des modes de raisonnement. Ainsi parle-t-il de l'induction (procédé par généralisation et illustration), de la déduction, du raisonnement causal et du raisonnement dialectique (complémentarité éventuelle plutôt qu'opposition de deux thèses). Dans un autre ouvrage (Bellenger, 2009), il définira la voie logique, à savoir la déduction et toutes les variétés de logique souple, le raisonnement causal et la contradiction. Relativement à l'argumentation qui emprunte la voie explicative, Bellenger (1992) distingue cinq modèles d'argumentation : la définition, la comparaison, l'établissement d'analogies, la description et le recours aux faits. Sa typologie des arguments fait, entre autres, référence aux arguments quasi logiques, comme des arguments construits sur le modèle du raisonnement mathématique. L'argument par transitivité, par exemple, consiste à établir une relation d'égalité, d'inclusion ou autre en liant un premier terme à un troisième par l'intermédiaire d'un autre : « Les amis de mes amis sont mes amis. »

Il est impossible d'établir de façon exhaustive la typologie des arguments : elle varie selon les auteurs. S'inspirant de Perelman, Reboul (2011) distingue quatre types d'arguments : les arguments quasi logiques, comme on vient de le voir avec Bellenger ; ceux qui se fondent sur la structure du réel, dont l'argument pragmatique (apprécier un acte ou un événement en fonction de ses conséquences) ; les arguments qui fondent la structure du réel, tels que l'analogie et la métaphore (les yeux sont le miroir de l'âme) ; les arguments qui dissocient les notions, le « distinguo » (distinction entre l'apparence et la réalité, par exemple, où le terme *réalité* est privilégié au détriment du terme *apparence*).

Par sa forme, tout type d'argument, sans être fondé ou pertinent, pourrait être utilisé comme structure argumentative. On peut prendre pour exemple une analogie entre deux éléments qu'un auteur choisit d'associer, par le truchement de la métaphore, sans qu'elle soit pertinente. C'est une analyse critique de la métaphore qui devra être justifiée par l'auteur à l'aide d'autres arguments, et non seulement affirmée, qui permettra d'en établir la pertinence. Par exemple, l'énoncé « l'enseignant est un tuteur » est une métaphore qui doit être justifiée par d'autres arguments pouvant faire appel à des faits (liés à l'acte d'enseignement), à une définition (de l'acte d'enseignement et de celui d'apprentissage), à une description des deux processus précédents, etc. Cette métaphore demande toutefois à être examinée, même si elle semble aller de soi dans le cadre d'une conception de l'éducation influencée par le courant humaniste dans les années 1970, puis par le socioconstructivisme dans les années 2000. Elle doit être examinée surtout si elle semble aller de soi, comme le rappelle Reboul (1984) à propos des slogans. Nous reviendrons sur ce point. Pour l'instant, prenons plutôt l'exemple de la métaphore « l'enfant est une larve ». Comme dans notre contexte culturel actuel cette métaphore est plus choquante, il est certain qu'on demanderait à l'auteur d'étayer son propos.

Ces exemples illustrent le fait que les arguments, même vides de sens, peuvent être utilisés à des fins strictement manipulatrices. Certains arguments sont par ailleurs reconnus comme fallacieux ou contraignants, tel l'argument d'autorité qui incite à adhérer à une thèse strictement parce qu'une personne connue, avec une certaine réputation, l'a endossée, ou son contraire, l'argument du sens commun, qui vise l'assentiment à une thèse sous prétexte que le plus grand nombre y adhère. L'aspect rhétorique de l'argumentation ne doit pas l'emporter sur la structure argumentative globale ni sur le poids, la qualité et la valeur des arguments invoqués. C'est ce que Wenzel (1992) soutient lorsqu'il définit un bon argument comme devant être efficace (plan rhétorique), solide, selon les règles d'inférence utilisées dans sa mise en forme (aspect logique) et, plus globalement, l'argumentation comme devant mettre en place une procédure ou une méthode visant l'examen critique de points de vue ou de positions différentes (aspect dialectique).

Sur la mise en œuvre d'une structure argumentative, les travaux d'Angenot (1989, 1994, 1996, 1998), qui s'inscrivent dans la tradition perelmanienne, proposent également un cadre d'analyse intéressant. Ce chercheur a élaboré un modèle d'analyse de la structure argumentative du discours qui sert également de modèle à la production discursive. Angenot (1989) définit le discours pédagogique argumentatif comme « un ensemble de propos, traitant d'éducation, spécialement ordonnés (stratégies) à l'établissement d'une position et de son bien-fondé (modèles de rigueur), dans la perspective d'assurer sa recevabilité, d'accroître l'étendue de sa reconnaissance, d'ouvrir et d'engager à l'action dans une direction privilégiée » (p. 42). Angenot propose un modèle d'analyse et de production discursive qui s'articule autour de quatre pôles énonciatifs, soit les propositions qui concernent l'élaboration et la saisie du réel, c'est-à-dire les ordres et les états de la réalité qu'il est pertinent de prendre en considération (R), celles qui servent à clarifier les valeurs et les convictions à promouvoir (C), celles qui portent sur les actions à entreprendre (A), enfin celles qui font référence aux fondements du discours, c'est-à-dire aux savoirs et aux expériences fondateurs servant à légitimer les propos exprimés dans les trois autres types de propositions (F). Angenot utilise par ailleurs la technique de la dissociation des notions formulée par Perelman comme méthode d'analyse conceptuelle. Nous reviendrons sur cette méthode dans la section qui y est consacrée.

Sur la production d'un discours argumentatif, Toussaint et Ducasse (1996) ont rédigé un excellent manuel « d'initiation à l'argumentation rationnelle écrite » dans lequel ils exposent cinq modèles d'argumentation : confirmation par les faits, condition réalisable, pragmatique, norme générale et but valorisé. Ils décrivent et définissent également toutes les étapes de l'énoncé d'une position justifiée, y incluant la réfutation d'arguments adverses. L'ouvrage est particulièrement intéressant en ce qu'il ne fait pas qu'énoncer des principes, mais aussi en ce qu'il propose des modèles de production discursive. On trouvera par ailleurs de bons exemples de discours critiques et argumentatifs en éducation dans l'ouvrage de Tardif et Gauthier (1999), principalement dans la synthèse qu'ils en font dans le chapitre intitulé « Les arguments et les points de vue "pour" et "contre" la création d'un ordre professionnel des enseignantes et des enseignants au Québec ».

En un mot, le chercheur en tant que producteur de texte et concepteur d'un cadre théorique doit appliquer à son propre discours les critères de rigueur qu'il exige des théories ou des études qu'il analyse. Mais comment peut-il procéder à la constitution et à la conception de son cadre ou de sa matrice théorique ?

La constitution du cadre théorique
L'inséparabilité du cadre théorique et de l'analyse conceptuelle

La documentation scientifique fait ressortir trois éléments constitutifs du cadre théorique ; ce sont les théories et modèles qui inspirent la recherche, les recherches semblables déjà effectuées et les concepts pivots qui servent de matrice à la recherche. Avant d'analyser chacun de ces éléments, il faut se poser la question de leur articulation. Disons d'entrée de jeu que dans le contexte du cadre théorique, nous traitons les recherches effectuées dans le domaine sur le même pied que les théories ou les modèles, car c'est à ce titre qu'elles y sont intégrées. En effet, ces recherches pourraient être invoquées, dans le cadre de la problématique, pour dresser un état de la question et mettre au jour un aspect lacunaire par rapport au champ de la recherche ; elles permettraient alors de circonscrire un objet d'étude que des questions ou des objectifs de recherche viendraient préciser. Ces mêmes recherches pourraient également servir de points de référence pour établir le devis méthodologique choisi (approche méthodologique, méthode, instruments de saisie et d'analyse des données). Cependant, si elles sont évoquées dans le cadre théorique, c'est parce qu'elles mettent en œuvre des éléments théoriques et conceptuels, virtuellement novateurs, susceptibles de servir d'appui théorique. Aussi, par commodité, pour les besoins de notre analyse, nous ne les distinguons pas des théories ou modèles évoqués.

La question se pose alors de savoir comment articuler théories et concepts ou analyse théorique et analyse conceptuelle. Au contraire de ce que certains auteurs laissent entendre, nous ne croyons pas que les deux analyses puissent être distinctes. Nous avons vu précédemment avec Gauthier (2005) et Gingras et Côté (2016) que la théorie se constituait d'un ensemble de propositions encadrant des faits observés[3] et formant un réseau de généralisations dont on peut dériver des explications sur des faits sociaux. Or, on ne peut pas analyser des théories d'une part et des concepts d'autre part, pour la bonne raison que la théorie elle-même est constituée par un noyau de concepts qu'elle réseaute et qu'elle doit définir de façon précise ; c'est ce que rappellent Gingras et Côté (2016).

> Pour éviter les malentendus, toute théorie doit donc définir avec précision ses concepts. Cette définition peut s'effectuer sur le plan plutôt abstrait des concepts généraux (p. ex., les traits culturels fondamentaux d'une nation) ou, si l'on s'engage dans l'opérationnalisation, sur le plan plutôt empirique des concepts particuliers (p. ex., les réponses d'un échantillon représentatif de la population adulte québécoise à une série de sondages portant sur les opinions politiques) (p. 108).

Notons que la notion de concept est elle-même relativement floue et souvent associée à celle de notion. Dans la définition du concept, on trouve toutefois l'idée de systématicité ou de « représentation mentale et générale des traits stables et communs à une classe d'objets » (Legendre, 2005, p. 266).

On peut convenir qu'un concept est la représentation langagière d'un objet, lui-même concret ou abstrait (dans le cas des concepts analytiques, par exemple, comme la démocratie). Aussi Gingras et Côté parlent-ils de concepts opératoires, particuliers et généraux.

L'analyse théorique et l'analyse conceptuelle sont donc intrinsèquement liées. Il s'agit de mettre au jour le réseau conceptuel d'une théorie en tenant compte de l'ensemble des énoncés de la théorie et de l'articulation entre les concepts. Le concept d'apprentissage, par exemple, ne peut avoir la même signification dans une théorie de type humaniste, béhavioriste ou socioconstructiviste. Dans le premier cas, il s'appuie sur une conception du développement autonome de la personne, dans une théorie soutenue par la croyance en la croissance positive des individus.

---

3. L'observation des faits est variable selon le type de théorie et de méthodologie et le champ disciplinaire. En éducation, la théorie humaniste rogérienne, par exemple, repose sur l'expérience clinique de Rogers.

Dans le paradigme béhavioriste, au contraire, il implique le conditionnement du comportement, dans le cadre d'une vision déterministe d'un homme modelé par son environnement. Enfin, le socioconstructivisme met en avant une conception de l'apprentissage socialement construit avec les pairs et l'enseignant. Si, en l'occurrence, on se contente d'extraire, sans les contextualiser, des éléments définitoires des concepts en jeu, dans cet exemple, celui d'apprentissage, on risque de fausser le sens qui lui est donné dans l'économie générale de la théorie. Dans les trois cas, par exemple, on peut soutenir que l'apprentissage a pour objectif l'autonomie. Mais dans des acceptions combien différentes, puisque pour les béhavioristes, il s'agit d'une autonomie fonctionnelle, une fois le comportement acquis et pouvant être répété sans le soutien du conditionnement, alors que pour les humanistes, il s'agit d'une autonomie qui vise à libérer la personne de ces mêmes comportements, à dépasser les cadres dans lesquels elle a évolué pour exercer sa liberté de choix. Pour les socioconstructivistes, l'autonomie est inséparable de l'appropriation contextualisée de la culture et cette appropriation se fait en interaction avec l'autre. Hors contexte, certains concepts peuvent d'ailleurs être paradoxaux; ainsi, Skinner, pourtant béhavioriste pur et dur, se qualifiait lui-même d'humaniste! Il faut dès lors analyser le sens que ce concept peut prendre chez lui.

Il faudra donc toujours lier analyse théorique et conceptuelle même si certains moments ou certaines étapes de cette analyse peuvent être distincts. Si l'on peut parler des éléments constitutifs du cadre théorique ou de sa constitution, on doit également parler de sa conception. D'une part, c'est à l'auteur de choisir les théories qu'il analyse et la ou les méthodes d'analyse qu'il choisit à cette fin; d'autre part, il lui revient de concevoir ou de conceptualiser sa propre matrice théorique avec les éléments théoriques retenus, voire redéfinis, et réseautés; cette démarche lui permet de constituer le cadre théorique qui servira de référent théorique à la recherche. Rappelons ici qu'il faut éviter de juxtaposer des théories ou des éléments théoriques qui sont virtuellement contradictoires pour qui connaît le contexte dont ils sont issus. La seule façon d'éviter cet écueil consiste à faire une analyse approfondie et soutenue par un discours critique et argumentatif. Une telle analyse requiert certaines précautions.

L'analyse du discours en éducation

La recherche documentaire et la constitution du corpus – Même si cela relève de l'évidence, il faut mentionner que le chercheur doit bien circonscrire le corpus théorique retenu aux fins de l'analyse en fonction de son objet de recherche. À partir de thèmes déterminés, il doit effectuer une recherche documentaire en se servant de tous les outils mis à sa disposition : ouvrages généraux de référence, index de périodiques, banques de données, etc. Selon la terminologie de Van der Maren (2004), le corpus retenu peut être unique (les écrits d'un auteur sur un sujet), intertextuel (un seul ou plusieurs auteurs sur un thème s'adressant à des lecteurs différents, en tenant compte du contexte d'énonciation), ou encore contrasté, c'est-à-dire exposant des points de vue différents à propos d'une notion, pour connaître l'éventail des significations. La documentation retenue doit répondre à certains critères de « validité » bien définis par Van der Maren (*ibid.*, p. 136-139) et dont voici un résumé. Il s'agit de l'accès aux sources, de l'exhaustivité, de l'actualité et de l'authenticité.

L'accès aux sources – Il est bien sûr préférable de citer les auteurs à partir de leurs propres travaux, plutôt que de se servir de sources secondes, c'est-à-dire de citations reprises à d'autres. Dans ce cas, et si l'on ne peut faire autrement, il faut minimalement le mentionner et essayer de vérifier la validité de l'information.

L'exhaustivité – Il s'agit de sélectionner les extraits pertinents des textes cités par rapport à l'objet d'étude, mais de ne pas exclure les passages qui comportent des difficultés ou des paradoxes. Les extraits doivent également être complets, sans que soient gommés certains passages qui orientent la lecture qu'on peut en faire. En outre, il faut tenir compte du contexte des énoncés.

L'actualité – Il faut recueillir les extraits récents du corpus sur l'objet examiné et non s'en tenir à la documentation plus ancienne. Cette exigence est particulièrement vraie dans le cas de certains sujets à propos desquels la recherche a beaucoup évolué, les travaux sur les différences d'apprentissage entre garçons et filles, par exemple.

L'authenticité – Pour les écrits se rapportant au passé, il faut établir l'authenticité des textes (de première ou de seconde source) et la date de leur publication s'il y a réédition, de sorte qu'on puisse bien saisir le contexte intellectuel et discursif dans lequel ils ont été produits.

Une fois le corpus délimité, il s'agit d'en faire l'analyse en faisant ressortir, dans un premier temps, les assises théoriques des discours analysés.

L'analyse des assises théoriques du discours

Avant de procéder à une analyse conceptuelle et rhétorique des textes retenus, il faut en faire une lecture plus globale qui permet de situer l'univers théorique auquel ils appartiennent. Il s'agit de mettre au jour le paradigme auquel les textes se rattachent sur un le plan théorique. La notion de paradigme, théorisée par Kuhn (2008), fait référence au concept de matrice disciplinaire, consensuelle pour une communauté scientifique à une époque donnée ; elle recouvre les éléments de généralisations symboliques, d'adhésion à des valeurs et à des méthodes, et apporte des exemples de solutions concrètes à des problèmes. Le paradigme chapeaute donc un champ scientifique à une époque donnée. Il sert en fait de paramètre à la constitution des théories, que des modèles servent à concrétiser ou à rendre plus opérationnelles. On peut trouver dans nos écrits précédents (1989, 1990), pour la théorie piagétienne et les modèles pédagogiques qu'elle a générés, une illustration de cet arbre épistémologique ; nous y avons relevé une filiation que nous qualifions paradigmatique avec la biologie développementaliste.

En sciences humaines, le terme *paradigme* peut par ailleurs renvoyer à des courants théoriques dont les paramètres servent à délimiter des écoles de pensée qui, elles-mêmes, chapeautent plusieurs théories. Ainsi, en éducation, on parle des écoles humaniste, béhavioriste, cognitiviste et socioconstructiviste, entre autres, ces appellations recouvrant des théories diverses qui ne partagent que très largement certaines idées. L'école cognitiviste, par exemple, regroupe aussi bien les tenants de la métacognition que les néopiagétiens ou les apôtres de l'intelligence artificielle, qui ont en commun de mettre l'accent sur l'aspect cognitif de l'apprentissage. Ce premier repérage permet toutefois de comprendre le cadre dans lequel s'enchâsse la théorie.

Selon le découpage qu'on fait du champ théorique et les critères qui le sous-tendent, on peut établir plusieurs typologies de discours dont les éléments se recoupent plus ou moins et qui évoluent au fil du temps. À ce sujet, Reboul (1984) distingue cinq types de discours pédagogiques, nommément les discours contestataire (marxiste ou libertaire), novateur (néorousseauiste), fonctionnel ou moderniste (scientifique, béhavioriste), humaniste (au sens classique qui renvoie aux humanités, à la culture de l'esprit) et officiel (syncrétique). Bien qu'il ne soit pas explicite sur cette question, sa typologie semble reposer sur une classification qui fait appel aux fondements (conception de l'homme, valeurs et finalités préconisées) des théories examinées. Pour sa part, Bertrand (1993), en se basant sur l'interaction entre trois pôles, soit le sujet, la société et les contenus à enseigner, recense sept types de théories éducatives, à savoir spiritualistes, personnalistes, psychocognitives, technologiques, sociocognitives, sociales et académiques.

D'autres typologies, dont celle de Joyce, Weil et Calhoun (2009), ont servi de référence pour cerner les courants théoriques. Ces auteurs présentent une série de modèles pédagogiques construits à partir de théories éducatives. Ils proposent de regrouper les modèles d'enseignement sous quatre grandes familles centrées sur le traitement de l'information, la dimension sociale de l'interaction et la personne, ou encore rattachées au béhaviorisme. Raby et Viola (2009), pour leur part, classeront les modèles d'enseignement et les théories de l'apprentissage selon qu'ils appartiennent au socioconstructivisme, au cognitivisme, à l'humanisme ou au béhaviorisme. Cette liste n'est bien sûr pas exhaustive ni définitive ; elle continue de varier en fonction des innovations théoriques aussi bien que de l'angle de découpage du discours théorique qui est utilisé. Les ouvrages cités ne servent qu'à illustrer le fait que la connaissance du champ théorique de l'éducation est un préalable à la compréhension des discours qui lui sont particuliers. Le cadre théorique dans lequel s'inscrit le texte d'un auteur n'est par ailleurs pas toujours explicite. Certains auteurs exposent leurs présupposés et fondements théoriques, d'autres non. C'est alors que l'analyse conceptuelle peut venir compléter l'analyse plus globale de l'horizon théorique du texte.

Pour terminer cette section, il y a lieu de souligner l'importance d'analyser le texte sur le plan de sa qualité, c'est-à-dire de vérifier s'il met en œuvre les critères de rigueur ou de solidité qui ont été exposés précédemment (voir la section sur l'inséparabilité du cadre théorique et de l'analyse conceptuelle) en relation avec le cadre théorique. Reboul (1984) dénonce à cet égard l'utilisation trop fréquente, dans le discours éducatif, de « slogans pédagogiques », c'est-à-dire de formules préfabriquées qui visent à persuader, sans étayer le propos. Non pas que le slogan soit forcément mensonger, comme il le rappelle, mais il se présente comme un « prêt-à-penser », empêchant toute remise en question. Qu'on pense aux formules « apprendre à apprendre », « l'éducation au service de tous » ou encore « la réussite pour tous ». Ces formules, qu'on a tendance à accepter d'emblée, ne suffisent pas à elles seules ; elles doivent être fondées. Or, seule une analyse du texte sous l'angle du respect des critères de rigueur, dont la dimension argumentative, permet de s'assurer de la qualité du discours.

L'analyse des assises théoriques du discours par l'examen du cadre paradigmatique et théorique ainsi que de la qualité du discours sous l'angle de sa rigueur ou de sa solidité théorique a par ailleurs pour complément l'analyse conceptuelle et rhétorique des textes.

L'analyse conceptuelle et rhétorique

L'analyse des concepts pivots d'un texte aussi bien que celle de la trame argumentative qui les soutient sont deux moments clés de l'analyse du corpus retenu. Avec les éléments retenus et mis en réseaux, elles permettent par ailleurs de former le cadre théorique du chercheur. Différentes méthodes, dont les suivantes, peuvent servir à cette fin ; elles ne sont pas exhaustives, mais permettent d'illustrer la variété des approches existantes.

L'analyse sémantique, instrumentale, épisodique et historique (Van der Maren) – Selon Van der Maren (2014), l'analyse conceptuelle « consiste à dégager le sens précis d'un concept et ses possibilités d'application, c'est-à-dire son intention, ou le sens strict, commun à toutes les utilisations, et son extension, ou ce qu'il peut dire de plus que son sens strict lorsqu'il est utilisé dans différentes situations » (p. 218). Cette analyse s'effectue selon quatre points de vue : sémantique, instrumental, épisodique et historique, cette dernière perspective étant utilisée dans certains cas seulement.

L'analyse sémantique consiste à comparer les significations d'un concept dans un ou plusieurs textes du domaine étudié, afin d'en dégager les différentes variations et d'établir les relations de ce concept avec les autres qui lui sont reliés. Il s'agit d'une analyse comparative à partir d'un concept pivot ou d'une signification de base (Van der Maren, 2014). Par exemple, prenons les notions de profession, de professionnalisation et de professionnalisme. Elles renvoient à une distinction entre métier et profession (sociologie des professions) ; on peut établir des liens entre ces deux concepts et ceux d'arts libéraux et d'arts mécaniques, travail intellectuel et travail manuel ; mettre au jour les définitions données par les théories sociologiques et les différents sens que ces concepts prennent ; cerner la notion de profession (caractéristiques et attributs qui permettent de définir le concept) ; celle de professionnalisme (valeurs, attitudes, comportements et intérêts privilégiés par le groupe occupationnel auquel on appartient), qui a un caractère prescriptif et normatif ; celle de professionnalisation (processus dynamique) et ses éléments constitutifs : structurel, contextuel, relatif à l'activité, idéologique, éducationnel et comportemental.

La perspective instrumentale porte sur les traces matérielles de l'objet des énoncés ou le système inscripteur, c'est-à-dire les procédures utilisées pour obtenir des données se rapportant aux concepts (techniques, instruments, représentations graphiques…). En comparant les définitions proposées et ces inscriptions, on peut repérer de légères variations de sens que ne laisse pas percevoir l'analyse des seules définitions.

La perspective épisodique s'intéresse aux contextes concrets de l'usage d'un concept, à son inscription dans la réalité. Par exemple, l'émergence de la notion de partenariat en Amérique du Nord s'inscrit dans divers domaines, ceux de l'économie, du politique et de la gestion ainsi que dans ceux de l'éducation, de la santé et du social. Quelles raisons expliquent l'usage actuel de la notion de partenariat en éducation : une politique de réforme éducative créant le besoin d'associations au sein du système éducatif entre celui-ci et des instances externes ; le passage dans la société d'une dépendance à l'industrie à une dépendance à l'information (prise de conscience d'une dépendance interinstitutionnelle) ; des raisons pratiques pour des activités de collaboration entre des institutions se débattant avec des problèmes communs (échec scolaire, insertion sociale des jeunes…) ?

Quant à la perspective historique, elle consiste à faire ressortir l'évolution de la signification d'un concept à travers les époques et à l'expliquer par des éléments contextuels, socioculturels, politiques, théoriques, etc. Pensons par exemple au concept d'enseignement, qui, de transmission des connaissances à un élève par un maître détenant l'autorité au xxviie siècle, s'est transformé graduellement, notamment au xviiie siècle, par les écrits de Rousseau actualisés entre autres par le courant humaniste rogérien dans les années 1970, en mettant l'accent sur le concept d'apprentissage centré sur l'apprenant, l'enseignant devenant un accompagnateur dans le processus d'apprentissage et de développement de l'enfant (Gauthier, 2005 a et b). Martineau et Gohier (2015) donnent quelques exemples des transformations des visions de l'apprentissage et des finalités éducatives chez les Grecs anciens ainsi que chez Rousseau, Locke et Dewey.

Van der Maren souligne par ailleurs l'importance d'examiner les relations entre les différents concepts d'un texte qui viennent éclairer leurs significations respectives. Il suggère de représenter ce réseau conceptuel sous la forme d'une carte conceptuelle (Van der Maren, 2014). L'analyse conceptuelle rejoint en ce sens l'analyse globale de l'horizon théorique du discours. La compréhension d'un concept isolé est forcément parcellaire. Van der Maren rappelle par ailleurs que si l'analyse conceptuelle est utilisée dans l'analyse des écrits scientifiques, celle-ci ne saurait être complète sans une analyse critique qui a pour but d'évaluer « les écrits afin de mettre en évidence leurs lacunes, leurs contradictions, leurs paradoxes, leurs conditions, leurs présupposés, leurs implications et leurs conséquences » (*ibid.*, p. 220).

Si Van der Maren préconise l'utilisation de l'analyse conceptuelle et critique pour les écrits scientifiques, il considère qu'on devrait utiliser l'analyse de contenu pour les textes qu'il désigne comme « informatifs » : procès-verbaux d'assemblées et de comités, transcriptions d'entrevues, récits comptes rendus de pratique, histoires récits de vie, correspondances, romans, narrations, documentaires, etc. Nous ne sommes pas tout à fait d'accord avec cette distinction, puisqu'une analyse des concepts clés avec certains éléments définitoires, bien qu'ils soient moins systématisés que dans les écrits scientifiques, pourrait aussi être faite pour ce type de documents. Cependant, l'analyse de contenu, qui n'est pas à proprement parler une analyse conceptuelle, est une méthode intéressante pour la mise au jour des informations présentes dans un texte, dans leur contexte particulier; elle peut servir, par exemple, à vérifier l'occurrence d'un terme ou d'un concept dans un texte.

L'analyse de contenu (Van der Maren, Bardin, Mucchielli, L'Écuyer) – Van der Maren décrit cinq phases dans l'analyse de contenu. Celle-ci doit se faire à partir d'une grille d'analyse pertinente par rapport au domaine choisi; cette grille détermine les catégories à partir desquelles se fera la recherche de l'information. Une grille de valeurs déjà construite pour-rait par exemple servir à l'analyse d'un texte du ministère de l'Éducation portant sur ce thème. Il faut ensuite déterminer les unités d'analyse (paragraphe, phrase, mot), décider d'un système et d'un lexique de codes, puis classer les différents segments retenus sous une rubrique, un thème ou une question préalablement posée ; il faut ensuite faire la synthèse ou la réduction des données par condensation ou par abstrac-tion, en construire une représentation graphique, puis proposer une interprétation du matériel ainsi retenu.

Van der Maren synthétise par là la procédure établie par Bardin (2013), L'Écuyer (1987) et Mucchielli (2006). Bardin souligne le fait que l'analyse de contenu a été conçue au début du xxᵉ siècle comme instru-ment d'analyse des communications pour du matériel journalistique, d'où l'objectif premier de mise au jour de l'information. Cette procédure s'est cependant développée et étendue à d'autres champs du discours. Pour sa part, L'Écuyer indique qu'une analyse de contenu peut tout aussi bien s'attacher au contenu manifeste et être de type quantitatif que s'attacher au contenu latent et symbolique avec une approche plus qualitative. Quant à la catégorisation (grille d'analyse de Van der Maren), il peut s'agir d'un modèle fermé, c'est-à-dire prédéterminé, ou au contraire ouvert, c'est-à-dire émergeant d'une première analyse du texte, ou encore d'un modèle mixte. Par ailleurs, dans son ouvrage sur l'analyse de contenu des documents et des communications, Mucchielli (2006) consacre un chapitre à l'analyse sémantique et conceptuelle et décrit une technique qui consiste à « colliger les traits distinctifs essen-tiels qui, progressivement, cernent le concept, et qui, ajoutés les uns aux autres, le définissent sans aucune ambiguïté » (p. 116). En fait, on trouve ici une partie de l'analyse sémantique de Van der Maren ainsi que l'analyse générique telle que la préconise Soltis, que nous exposons un peu plus loin.

Sans explorer davantage ce mode d'analyse, retenons qu'il est utile à la mise au jour située des données d'un texte ; ce matériel peut servir de base à une analyse sémantique et conceptuelle. Cette analyse séman-tique et conceptuelle faite aux fins de la production de la matrice théo-rique du chercheur peut par ailleurs bénéficier des méthodes préconisées par Scriven et Soltis.

Les exemples et les contre-exemples (Scriven) – Scriven (1988) propose une méthode de clarification et d'analyse conceptuelle qui conduit à définir un concept, sans nécessairement recourir à l'angle opérationnel qui se rapporte à la mesure, ce qui, selon cet auteur, tend à réduire la portée des définitions. Pour ce faire, il suggère d'utiliser la méthode des exemples et des contre-exemples (contrastes), c'est-à-dire des exemples qui illustrent ce qu'est un concept et ce qu'il n'est pas, tout en précisant les critères employés pour cerner la définition. Il préconise également le recours à la métaphore et à l'analogie qui, même si elles sont bien plus floues, se révèlent très évocatrices et ont un grand potentiel heuristique.

À l'appui de son propos, Scriven cite trois textes, dont un extrait d'un ouvrage de Gardner, *Les formes de l'intelligence* (1997), dans lequel celui-ci définit le concept d'intelligence (qui deviendra pluriel) ou plutôt les conditions qu'il juge nécessaires à la définition de l'intelligence, ou de compétences intellectuelles humaines, nommément « la capacité à résoudre des problèmes rencontrés, éventuellement en créant un produit efficace, mais aussi à découvrir ou à créer de nouveaux produits afin d'acquérir de nouvelles connaissances » (*ibid.*, p. 68). À l'aune de ces conditions, il donne ensuite des exemples de ce que ne peut être une intelligence, par exemple la capacité à reconnaître des visages, ou les aptitudes requises dans la gestion des relations humaines. Après avoir établi les conditions nécessaires à l'existence de l'intelligence, il détermine les critères qui lui ont permis de les délimiter, par exemple, sur le plan neurologique, l'isolement possible de la zone touchée en cas de lésion cérébrale. Après avoir posé les critères qui permettent de reconnaître l'existence d'une intelligence, il indique ce que les intelligences ne sont pas, par exemple, qu'elles ne sont pas équivalentes aux systèmes sensoriels. Il expose ensuite, en les définissant, les sept formes d'intelligence qu'il a relevées : linguistique, logicomathématique, musicale, spatiale, kinesthésique, intrapersonnelle et interpersonnelle, auxquelles il ajoutera plus tard une huitième forme, l'intelligence naturaliste (Gardner, 2004).

Ces exemples nous aident à comprendre la procédure utilisée pour cerner un concept et pouvoir en donner une définition. Scriven fait référence aux travaux de Soltis, dont il s'inspire pour étayer sa propre position.

La méthode analytique (générique, de différenciation, des conditions) (Soltis)
– Soltis (1985) distingue, en référence au but poursuivi, trois types
d'analyse conceptuelle : l'analyse générique, de différenciation et des
conditions.

L'analyse générique vise à mettre au jour les caractéristiques ou
propriétés conceptuelles nécessaires et suffisantes pour définir une
chose « x ». On doit répondre à la question : Quelles sont les caractéristiques qui font de quelque chose un « x » ? Est-ce que l'éducation est une
discipline (intellectuelle), par exemple, ou encore est-elle une profession ? Dans les deux cas, on doit tenter d'isoler les caractéristiques d'une
discipline et d'une profession. Pour ce faire, Soltis suggère d'utiliser la
méthode des exemples et des contre-exemples. À titre d'illustration, il
expose une analyse du concept de discipline (chapitre 2), pour laquelle
il dit avoir utilisé, au point de départ, « l'histoire, les mathématiques et
la physique comme des exemples standards, et l'économie familiale et
le ski aquatique comme des contre-exemples » (p. 30). Il s'agit alors de
voir si les caractéristiques d'une discipline que met au jour, d'un point
de vue théorique et abstrait, l'examen de la nature de ces cas exemplaires
sont pertinentes et permettent de départager les différents types de
savoirs choisis comme exemples et contre-exemples. Cet exercice a
conduit Soltis à constater que l'économie familiale possède certaines des
caractéristiques des disciplines considérées comme intellectuelles. Il faut
alors revoir ces caractéristiques jusqu'à ce qu'elles soient essentielles,
suffisantes et assez discriminatoires pour servir d'étalon à l'établissement d'une définition.

L'analyse de différenciation sert à distinguer les différents sens ou les
différentes significations de quelque chose et à faire une espèce de
« topographie » d'un domaine conceptuel. La question à laquelle on doit
répondre est alors la suivante : Quels sont les différents usages de « x »
ou quels sont les différents types de « x » ? Il y a lieu de distinguer les
différents types par des « marques distinctives » qui permettent de les
catégoriser. Soltis suggère de repérer d'abord les usages les plus fréquents
d'un concept, celui d'enseignement, par exemple, puis de tenter de
regrouper intuitivement ces différentes définitions sous certaines catégories ; il faut ensuite chercher les marques ou les caractéristiques distinctives qui sous-tendent la catégorisation. Finalement, il faut tester
cette catégorisation par l'utilisation d'exemples et de contre-exemples

qui en font voir la pertinence, d'une part, et l'exhaustivité, d'autre part. Évidemment, selon l'étendue et l'importance du concept, ces opérations peuvent se révéler plutôt longues et relativement complexes. On doit se limiter toutefois à repérer les usages dominants ou récurrents d'un concept. Ainsi, dans le cas de l'enseignement, il suffit d'examiner les conceptions qui ont une certaine importance dans le discours éducatif : l'enseignement comme formation, tutorat, relation d'aide, etc.

L'analyse des conditions a pour but de mettre au jour les conditions contextuelles dans lesquelles « x » est présent ou peut être défini comme tel. On essaie alors de trouver un exemple qui illustre des conditions qui paraissent nécessaires à la présence de « x ». En changeant le contexte, on essaie de trouver un exemple où la condition est maintenue, mais où « x » n'est pas présent. On essaie alors de modifier la condition jusqu'à ce qu'on puisse déterminer qu'elle est nécessaire à la présence de « x ». Ainsi, l'analyse des conditions vise à « produire un ensemble de conditions nécessaires et suffisantes concernant l'utilisation d'un concept dans toutes ses occurrences » (Soltis, 1985, p. 65). Soltis illustre son propos en essayant de déterminer les conditions nécessaires et suffisantes d'une « explication satisfaisante ». Pour qu'une explication soit psychologiquement satisfaisante, elle doit être pertinente (*relevant*), adaptée au niveau de compréhension de la personne, compatible avec certaines croyances de la personne, etc. (*ibid.*, p. 59-65).

En somme, quel que soit le type de l'analyse effectuée, la méthode de Soltis valorise l'utilisation des exemples et des contre-exemples, soit des cas particuliers, lorsqu'on veut induire les éléments essentiels ou caractéristiques d'un concept.

On trouve par ailleurs chez Perelman et Angenot un autre type d'analyse conceptuelle qui amalgame analyse des concepts et analyse rhétorique.

L'analyse conceptuelle et rhétorique (Perelman, Angenot) – Dans la section sur le discours argumentatif, nous avons vu qu'Angenot (1989, 1996) propose un modèle d'analyse et de production discursive qui s'articule autour de quatre pôles énonciatifs : les propositions qui concernent le réel (R), celles qui clarifient les valeurs et les convictions (C), celles qui prescrivent les actions à entreprendre (A), et enfin celles qui font référence aux expériences et aux savoirs fondateurs (F). On peut donc analyser ou décortiquer un discours en classant les énoncés sous ces quatre rubriques.

Lorsqu'il s'agit de mettre au jour les concepts centraux d'un texte, Angenot utilise la méthode de dissociation des notions telle que l'ont formulée Perelman et Olbrechts-Tyteca (2008). À partir de l'analyse d'écrits philosophiques, ces chercheurs ont décelé l'existence, sur le plan conceptuel, de grands couples qui forment des termes opposés ; par exemple, dans le couple apparence/réalité, le second ou terme II, ici la réalité, sert de critère ou de norme par rapport au terme I, qui est alors disqualifié, ce qui détermine ainsi, « lors de la dissociation du terme I, une règle qui permet d'en hiérarchiser les multiples aspects, en qualifiant d'illusoires, d'erronés, d'apparents, dans le sens disqualifiant de ce mot, ceux qui ne sont pas conformes à cette règle que fournit le réel. Par rapport au terme I, le terme II sera, à la fois, normatif et explicatif » (p. 557).

Les auteurs mentionnent d'autres couples qui se présentent fréquemment dans la pensée occidentale, dont les couples moyen/fin, accident/essence, relatif/absolu. La pensée philosophique de Platon dans *Phèdre* peut, par exemple, s'exprimer par les couples : apparence/réalité, opinion/science, connaissance sensible/connaissance rationnelle, le second terme tenant toujours lieu de norme ou de valeur préconisée qui disqualifie le premier terme. Ainsi, peut-on analyser les concepts d'un texte en cherchant les termes qualifiés et disqualifiés par l'auteur sous forme de couples d'opposés, quitte à renverser cette opposition, dans l'élaboration de ce qui deviendra son propre cadre théorique ; il suffit que ce renversement soit étayé ou bien argumenté. On peut repérer ces couples à l'aide, entre autres, des adjectifs, articles et substantifs qui qualifient de façon positive le terme II (« authentique, vérité », par exemple) et de façon négative le terme I (« quasi, pseudo », par exemple) (voir Perelman et Olbrechts-Tyteca, 2008, p. 581 et suivantes).

D'autres exemples d'utilisation de la méthode de dissociation des notions figurent dans Angenot (1998, p. 13-25) et dans Van der Maren (2014, p. 226-231). On peut également citer le court extrait suivant d'un article de Bock-Côté sur la pédagogie et l'estime de soi (2010, cité dans Martineau et Gohier, 2015, p. 264) qui peut être analysé par la technique de la dissociation des notions.

Pour la réforme, les connaissances sont accessoires, superflues. Elles relèveraient du bourrage de crâne. L'enfant ne doit rien connaître ; il doit plutôt développer des « compétences ». Surtout, il doit partir de son environnement immédiat pour apprendre plutôt que de se conformer à des œuvres exigeantes. Adieu Balzac, bonjour Twilight *!*

Disqualifié (terme I)	connaissances superflues	compétences	environnement immédiat	*Twilight*
Qualifié (terme II)	connaissances	connaissances	œuvres exigeantes	Balzac

Ainsi, l'analyse conceptuelle rejoint ici l'analyse rhétorique ou la trame argumentative qui sert à fonder le discours, en qualifiant ou en disqualifiant certains concepts.

Outre la recherche documentaire et la constitution du corpus, l'analyse des assises théoriques des textes et l'analyse conceptuelle et rhétorique, l'analyse du discours en éducation requiert l'exercice de la fonction interprétative. Cette fonction doit être particulièrement présente lors de l'analyse de l'horizon théorique du discours, mais aussi au moment de l'analyse conceptuelle, car le lecteur d'un texte en est toujours, jusqu'à un certain degré, l'interprète.

L'interprétation

C'est justement ce que soutient Ricœur (1998, p. 13-39) lorsqu'il propose une théorie de l'interprétation dans laquelle compréhension et explication sont en relation dialectique. Se réclamant d'une double tradition, phénoménologique et herméneutique, Ricœur avance que l'appréhension de l'objet par le sujet est toujours médiatisée par le langage et, partant, qu'il n'y a pas de transparence absolue du sujet ou « d'intropathie immédiate », c'est-à-dire de compréhension immédiate (au sens de non médiatisée) d'un texte, là où il y aurait fusion avec l'intention de l'auteur. Il récuse tout autant l'idée d'un subjectivisme absolu qui érigerait le lecteur en une sorte de despote du texte qui serait soumis à l'arbitraire absolu de son interprétation. Selon Ricœur, l'interprétation se situe à la jonction de la rencontre du lecteur et du texte lui-même, étant entendu que le texte peut être décrypté par une double démarche, celle de la compréhension et celle de l'explication qui lui est greffée.

Pour Ricœur (1998), la compréhension relève de l'intelligence narrative, d'une « compréhension de premier degré qui porte sur le discours comme acte indivisible et capable d'innovation » (p. 26). Quant à l'explication, elle consiste en un système d'analyse de structures, de lois et de codes (l'analyse structurale d'un texte, par exemple), mais elle s'édifie sur la base de la compréhension et lui est seconde par rapport à cette dernière. « J'entends par compréhension la capacité de reprendre en soi-même le travail de structuration du texte et par explication l'opération de second degré greffée sur cette compréhension et consistant dans la mise au jour des codes sous-jacents à ce travail de structuration que le lecteur accompagne » (*ibid.*, p. 37). Ricœur donne en fait une extension au concept d'explication, lequel est toutefois utilisé ici dans un sens moins « fort » qu'il ne l'est dans une perspective positiviste plus classique relevant des sciences de la nature et supposant la mise en œuvre d'hypothèses et de lois. Il fait en réalité référence à l'utilisation de techniques d'analyse qui permettent de distinguer la structure du texte et ses codes, tout en maintenant que l'appréhension du sens de celui-ci passe d'abord par un travail de compréhension qui s'attache à la lecture du texte comme un tout.

Par ailleurs, Ricœur accorde un rôle important à l'esprit critique et à la capacité de distanciation, qui doivent toujours être présents dans toutes les opérations liées à l'interprétation. Cette position rejoint celle que nous avons défendue ici quant à une analyse globale et conceptuelle des textes dans une perspective qui prend en compte l'horizon théorique du texte et qui est faite dans un esprit critique et argumentatif. Quant à la dimension interprétative, elle est forcément présente dans toute lecture d'un texte ; c'est par le dialogue avec les autres lecteurs, passés et présents, dans l'intersubjectivité, que l'interprétation peut prendre place. Ainsi, comme le soulignent Martineau, Simard et Gauthier (2001) citant Warnke à propos de l'herméneutique gadamérienne, « [c]omme le rapporte Warnke, la compréhension herméneutique aboutit plutôt à une "fusion des horizons" entre le point de vue initial du texte et la position de l'interprète, sur un consensus qui permet de voir de nouvelles dimensions de l'objet et qui enrichit la tradition interprétative » (*ibid.*, p. 10).

□

Conclusion

La production d'un cadre théorique suppose plusieurs opérations qui ont été décrites : recherche documentaire et constitution du corpus, analyse des assises théoriques des textes, analyse conceptuelle et rhétorique, mise en œuvre d'une dimension interprétative. Quelques méthodes ont été suggérées. Elles ne sont cependant ni prescriptives ni restrictives. On peut utiliser d'autres méthodes dans l'analyse conceptuelle, entre autres, ou encore une méthodologie mixte. Ce qu'il est important de retenir, c'est que l'analyse du corpus théorique doit être faite avec rigueur, dans un esprit critique et avec un discours argumentatif. Cette analyse doit être à la fois globale, en ce qu'elle permet de faire ressortir l'esprit, le sens et l'horizon théorique d'un texte, et particulière, en ce qu'elle s'attache à la structure conceptuelle et rhétorique du texte.

Mais l'analyse théorique du corpus n'est pas en elle-même suffisante. En effet, le chercheur est également un producteur de texte, un auteur, qui doit développer sa propre matrice théorique en formulant des énoncés ayant une valeur heuristique. Pour ce faire, il doit faire preuve de rigueur méthodologique, de transparence, en énonçant sa position théorique, mais également de créativité et d'imagination dans l'énoncé de ce qui deviendra son propre texte, qu'il devra bien sûr justifier. C'est à cette seule condition qu'il peut effectuer le passage effectif du rôle de répétiteur à celui d'auteur.

Activités d'appropriation

Selon vous, pour cerner un concept, vaut-il mieux faire une analyse des définitions existantes ou utiliser la méthode des exemples et des contre-exemples afin d'induire une définition ? Justifiez votre réponse.

En pensant à votre objet de recherche, quelle méthode d'analyse conceptuelle vous semble la plus appropriée ? Pourquoi ? Y a-t-il une autre méthode qui vous apparaîtrait plus pertinente ?

Parmi les concepts les plus souvent utilisés, définissez celui qui vous semble aller de soi : apprentissage, enseignement, ou tout autre concept dont, spontanément, vous croyez maîtriser la définition, dont par exemple le concept même de *concept*, ou encore celui d'enfant ou d'élève. Les concepts les plus difficiles à définir sont les concepts les plus généraux, qui nous paraissent familiers.

Essayez de mettre au jour vos présupposés théoriques : cernez le ou les courants théoriques, en éducation, auxquels vous adhérez, en fonction de votre conception du développement de la personne, de l'apprentissage et de l'enseignement et des valeurs qui la sous-tendent.

Concepts importants

La définition de ces mots clés se trouve dans le glossaire.

- Analogie
- Analyse conceptuelle
- Argumentation
- Concept
- Épistémologie
- Falsifiabilité
- Heuristique ou fécondité heuristique
- Métaphore
- Paradigme
- Rhétorique
- Théorie

Lectures complémentaires

Sur la constitution du corpus analysé, voir Van der Maren (2004), p. 135 à 139.

Pour une introduction à la rhétorique et à l'argumentation, voir Reboul (2011), plus particulièrement les chapitres V et VIII. Le livre de Toussaint et Ducasse (1996) offre également une bonne introduction à la question dans un langage particulièrement accessible. Mentionnons également l'ouvrage de Cornellier (2009), qui expose une version simplifiée de la typologie des arguments et des formes d'argumentation et celui d'Olivier et Paquette (2010) qui porte sur l'argumentation du mémoire et de la thèse et met l'accent sur le syllogisme (déduction logique d'une proposition à partir de prémisses ou premières propositions) et ses critères de validité. On peut également trouver des exemples de formes et d'erreurs de raisonnement et de types d'arguments sur le site http://users.skynet.be/fralica/refer/theorie/annex/argument/dargum.htm [accès le 14 décembre 2017].

Sur l'analyse conceptuelle, voir Van der Maren (2014), p. 218-224, et Van der Maren (2004), p. 139-145.

Pour une illustration de la méthode de Scriven, voir Gardner (1997), p. 66-77, ainsi que Gardner (2004), p. 37-38.

Voir Soltis (1985), chapitre 7 et tableaux au début et à la fin du livre ; voir également, p. 22 à 30, l'analyse qu'il fait du concept de discipline, pour l'analyse générique ; p. 40 à 45 sur le concept de connaissance, pour l'analyse de différenciation, et p. 59 à 65 sur le concept d'explication satisfaisante, pour l'analyse des conditions.

Sur la dissociation des notions, voir Perelman et Olbrechts-Tyteca (2008), le chapitre IV.

Sur l'analyse des pôles énonciatifs (modèle CRAF), voir Angenot (1989, 1996).

Sur la critériologie se rapportant à la recherche théorique, voir Gohier (1998).

Pour une synthèse des théories sur la pensée critique, voir Boisvert (1999), chapitre I.

Pour une analyse de la notion de « slogan », voir Reboul (1984), chapitre III.

Sur l'interprétation, voir Ricœur (1998), particulièrement p. 13-39 (ce texte peut cependant être un peu plus difficile pour ceux qui n'ont pas de formation en philosophie).

Chapitre 5

La méthodologie

Lorraine Savoie-Zajc et Thierry Karsenti

Le présent chapitre initie à la notion de méthodologie, ensemble cohérent et organisé de façons de mener une recherche. Des distinctions sont effectuées entre « méthodologie » et « méthodes » ; une synthèse des principales caractéristiques de trois des épistémologies présentes en recherche est ensuite présentée selon les perspectives positiviste, interprétative et critique. Une attention particulière est finalement consacrée à l'approche mixte ouvrant la voie à une perspective pragmatique de la recherche.

□

Une recherche s'organise habituellement autour de quatre grandes questions : Pourquoi faire une recherche ? Que faire dans une recherche ? Comment faire une recherche ? Quels sont les résultats d'une recherche ?

Les deux premières questions, Pourquoi faire une recherche ? et Que faire dans une recherche ?, décrivent l'étape de problématisation de la recherche. Dans le troisième chapitre sur la problématique, Boyer et Martineau décrivent l'ensemble des préoccupations et des questions qui soutiennent la mise en œuvre d'une recherche. Au cours de sa démarche de planification, le chercheur rend également compte des connaissances actuelles sur une question donnée. Un pareil travail, qui met en lumière l'état de la situation, suppose que le chercheur fasse une recension des écrits sur le sujet et qu'il élabore le cadre théorique de la recherche (voir le chapitre de Gohier). Ces deux premières questions supposent également la clarification, par le chercheur, de ses approches épistémologiques (voir le chapitre d'Anadón).

Comment faire une recherche ? La troisième question appelle des réponses pratiques concernant la méthodologie de recherche à mettre en œuvre et les stratégies opérationnelles à employer pour faire la recherche : Quelles personnes rencontrer ? Combien en rencontrer (échantillon)? Comment recueillir les données afin de répondre à la question de recherche et atteindre les objectifs fixés: par entrevue, par sondage, par observation, par analyse de documents déjà produits? Le chercheur devra aussi se préoccuper de mettre au point des outils de collecte de données, notamment la constitution de schémas d'entrevue, la fabrication de questionnaires, la préparation à l'observation, qu'elle soit participante ou non, et la tenue d'un journal de bord. Il faut finalement planifier l'analyse des données qui seront recueillies. Là encore, plusieurs choix s'offrent: l'analyse inductive, l'analyse de contenu, l'analyse de discours, l'analyse thématique et des tests statistiques. Il conviendra également de prévoir les stratégies d'intégration des diverses formes d'analyse dans le cas des recherches qui suivent une approche dite mixte, par exemple. Pareil ordre de questions est d'intérêt méthodologique.

La quatrième question, Quels sont les résultats d'une recherche?, constitue l'aboutissement de la recherche. Les résultats, provenant des analyses effectuées, doivent être discutés au regard de la question de recherche posée et des hypothèses/objectifs formulés. Ils doivent aussi être rattachés à la recension des écrits, qui sert non seulement à formuler le problème, mais aussi à soutenir la définition des concepts mis à contribution.

La figure 5.1 propose une schématisation du processus général de la recherche. Il est dit général, car les étapes qui y sont mentionnées sont celles que les chercheurs suivent, quelle que soit la méthodologie choisie. On remarquera le caractère dynamique et interactif des différentes étapes. Une recherche ne se planifie pas et ne s'effectue pas de façon linéaire. Des retours sur les phases précédentes permettent d'ajuster les étapes ultérieures de la recherche, le cas échéant. Ainsi, les quatre questions initiales, reprises dans le tableau en ces termes: Pourquoi faire une recherche? Quoi faire dans une recherche? Comment faire une recherche? Quels sont les résultats?, constituent les points de repère que le chercheur doit garder présents à l'esprit.

Ce bref rappel du parcours que suit le chercheur pour planifier sa recherche met en évidence quatre dimensions interreliées qui vont orienter l'ensemble des décisions prises à propos de la recherche: la dimension épistémologique, la dimension théorique, la dimension méthodologique et les méthodes. Les dimensions épistémologique et théorique ont été traitées respectivement dans les chapitres d'Anadón et

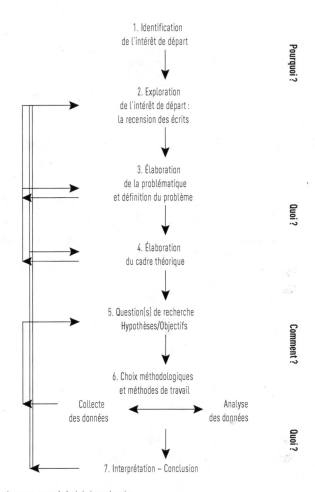

Figure 5.1   Le processus général de la recherche

de Gohier. Nous nous attachons ici à la dimension méthodologique et à la distinction entre méthodologie et méthodes.

Méthodologie et méthodes : définitions

Le mot *méthodologie* signifie « science de la méthode » ou « science du comment faire ». Lessard-Hébert, Goyette et Boutin (1990) citant Herman (1983) soulignent que la méthodologie de la recherche « est un ensemble d'idées directrices qui orientent l'investigation scientifique » (p. 17). Cet ensemble est constitué de quatre pôles :

- épistémologique (les paradigmes);
- théorique (le contexte théorique de la recherche);
- morphologique (la mise en forme de l'objet scientifique);
- technique (les techniques de travail).

Pour Crotty (1998), la méthodologie est la « stratégie, le plan d'action, le processus sous-jacent aux choix et à l'application de techniques de travail spécifiques nommées méthodes. Elle fait le lien entre le choix des méthodes et les résultats attendus » (p. 3). Par exemple, pour cet auteur, l'ethnographie représente une méthodologie, car c'est un ensemble cohérent et organisé de façons de faire, alors que les méthodes de l'ethnographie sont, entre autres, l'observation participante, l'entrevue, les choix des techniques d'analyse. Crotty fait ainsi une distinction utile entre « méthodologie » et « méthode », le premier concept englobant le second.

Potter (1996), quant à lui, voit la méthodologie comme « l'ensemble des perspectives sur la recherche; elles dégagent une vision de la nature de la recherche et comment celle-ci devrait être conduite » (p. 50). Ces perspectives lieraient les postulats de la recherche et les méthodes de travail utilisées.

Ces trois définitions de la méthodologie présentent certains traits communs. D'abord, on y voit la méthodologie comme un ensemble de points de vue et de perspectives sur la recherche. Dans la planification de la méthodologie, un chercheur lie ces points de vue et ces perspectives et élabore des méthodes de travail pertinentes. Cet ensemble doit former un tout cohérent et ordonné, où les décisions méthodologiques découlent des postures épistémologiques et théoriques.

Cette façon de décrire la méthodologie montre bien aussi que les méthodes de travail (techniques de collecte de données, techniques d'analyse) mises en œuvre pendant la recherche ne constituent pas en elles-mêmes la méthodologie, mais bien l'opérationnalisation des choix méthodologiques. Par exemple, un chercheur qui aimerait connaître l'influence des jeux vidéo sur la réussite scolaire (objectif de recherche) pourrait décider d'opter pour une recherche quantitative (choix méthodologique). Il pourrait alors décider de soumettre un questionnaire à tous les élèves d'une école primaire pour faire un sondage sur leur utilisation de jeux vidéo (opérationnalisation de la méthodologie : première méthode de collecte de données). Il pourrait également, après avoir obtenu le consentement de l'école et des parents, obtenir les résultats scolaires de ces mêmes élèves (deuxième élément de collecte de données). Enfin, le chercheur serait en mesure de comparer les deux types de données à l'aide d'analyses statistiques (méthode d'analyse de données) pour déterminer s'il y a vraiment un lien entre ces deux variables. Dans cet exemple, on voit un choix méthodologique (une recherche quantitative) qui influera sur le choix des techniques de collecte de données et d'analyse (méthode ou technique de travail).

Un autre enseignant, soucieux de mieux comprendre la perception des enseignantes de maternelle quant aux habiletés sociales des élèves ayant fréquenté la garderie (objectif de recherche), pourrait opter pour une recherche qualitative (choix méthodologique). Il pourrait alors, par exemple, interviewer les enseignantes de maternelle et même effectuer des observations de classe (méthodes de collecte de données). À l'instar du premier exemple, celui-ci montre bien comment un choix méthodologique influera tôt ou tard sur le choix d'une méthode de collecte de données.

Cette distinction entre méthodologie et méthode est utile, car elle souligne l'importance de considérer la recherche en cours d'élaboration comme l'expression d'un ensemble de choix raisonnés. Autrement dit, faire une recherche dépasse largement le fait de décider d'effectuer, par exemple, dix entrevues auprès d'enseignants en histoire qui vont intégrer certains jeux vidéo dans leur enseignement. Effectuer une recherche, c'est situer le problème de la recherche, le cadre théorique et la méthodologie dans un ensemble, un système logique et cohérent. Une fois la méthodologie définie, le chercheur choisit des méthodes de collecte de données.

Méthodologie de la recherche et dimension épistémologique

Le tableau 5.1 brosse une vue d'ensemble des notions d'épistémologie abordées au premier chapitre. Quatre dimensions permettent de qualifier une épistémologie : la vision de la réalité, la nature du savoir produit, la finalité de la recherche et la place du chercheur dans sa recherche. Trois courants épistémologiques sont ensuite associés à la recherche en éducation. Un chercheur, dans sa démarche de recherche, se rapproche alors de l'un ou l'autre des courants. Il est vu comme possédant une vision de la réalité en question : la réalité est soit externe (la connaissance s'appréhende de façon objective), soit construite (la connaissance est teintée par les multiples interactions et la pluralité des points de vue), soit reflétant des rapports de force entre les individus (les jeux d'influence et de pouvoir constituent des filtres structurant la connaissance). Le chercheur établit aussi un rapport avec le savoir qu'il cherche à produire : un savoir peut être vu comme généralisable, transférable ou émancipateur. La recherche entreprise vise également une finalité, qu'il s'agisse de vérification, de compréhension ou de transformation. Finalement, le chercheur se positionne par rapport à sa recherche. Il se voit, dans un premier cas, neutre et objectif dans la démarche, dans un deuxième cas, subjectif et visant plutôt à objectiver les données de sa recherche, ou encore comme un acteur, partie prenante de la transformation recherchée. Ces diverses positions sont communes à diverses méthodologies. En effet, le paradigme positiviste sera surtout associé à la recherche quantitative, le paradigme interprétatif, à la recherche qualitative/interprétative et le paradigme critique, à des formes de recherches militantes qui visent un changement, comme la recherche-action.

Les méthodes de travail qu'adoptent les chercheurs s'inscriront, de façon cohérente, dans la logique prévue par chacune des méthodologies et refléteront l'épistémologie dominante d'une recherche donnée. Les chapitres ultérieurs illustreront, chacun à sa manière, la logique particulière des diverses méthodologies.

Au risque de paraître contradictoire, il importe toutefois de signaler que ces méthodologies sont de plus en plus souvent abordées non pas sous l'angle de leurs différences, mais sous celui des complémentarités qu'elles peuvent apporter à la recherche. Pourtois, Desmet et Lahaye (2006) dénoncent ainsi les oppositions qu'ils jugent réductionnistes entre qualitatif et quantitatif et ils prônent un regard pluraliste dans la production de la connaissance, au sein d'une démarche cohérente et rigoureuse. Une vision que nous qualifierons de pragmatique s'instaure de plus en plus. Le chercheur recourt à diverses méthodes de travail, empruntées à l'une ou l'autre des méthodologies, afin d'effectuer la recherche la plus utile et la plus instructive possible.

Tableau 5.1   Les épistémologies et leurs retombées méthodologiques

ÉPISTÉMOLOGIE	
Vision de la réalité	**Positiviste** – La réalité existe indépendamment du chercheur ; elle peut être divisée en variables que le chercheur va étudier.
	Interprétative – La réalité est construite par les acteurs d'une situation ; elle est globale, car c'est la dynamique du phénomène étudié que le chercheur veut comprendre.
	Critique – L'être humain a conçu une compréhension de la réalité déjà préorganisée par un ensemble de structures et de cadres qu'il importe de nommer et de dénoncer. Celles-ci impliquent des rapports de domination et de pouvoir entre les personnes : structures par le genre (*gender*), par l'ethnie, par les rôles sociaux ou culturels, politiques.
Nature du savoir	**Positiviste** – On cherche à produire des généralisations, puisque la vérité peut être révélée. Le rôle du chercheur est de la découvrir peu à peu.
	Interprétative – Le savoir produit se rattache intimement aux contextes à l'intérieur desquels il a été produit. Le savoir est vu comme transférable à d'autres contextes que celui de la recherche.
	Critique – Le savoir produit permet de mettre au jour les structures auxquelles l'individu recourt pour comprendre sa réalité. Le savoir est aussi vu comme instrument d'émancipation.
Finalité de la recherche	**Positiviste** – Prédire l'occurrence d'un phénomène par l'étude des causes qui entraînent des effets dans certaines conditions.
	Interprétative – Comprendre la dynamique du phénomène étudié grâce à l'accès privilégié du chercheur à l'expérience de l'autre.
	Critique – Prendre une position critique sur les savoirs utilisés. Permettre à l'utilisateur d'un tel savoir de se distancier des structures dominantes. Participer à la transformation d'une dynamique.
Place du chercheur dans la recherche	**Positiviste** – Chercheur objectif et neutre, qui ne laisse pas ses valeurs influer sur ses décisions et ses façons de considérer sa recherche.
	Interprétative – Chercheur subjectif qui prétend ne pas pouvoir se dégager de ses valeurs, qui révèle ses approches concernant sa recherche et qui cherche à objectiver ses données.
	Critique – Chercheur-acteur, partie prenante des transformations.
Méthodologie	**Positiviste** – Recherche quantitative.
	Interprétative – Recherche qualitative/interprétative.
	Critique – Certaines formes de recherche-action.

Complémentarité ou opposition des méthodologies de recherche qualitative et quantitative

Au cours des dernières décennies, plusieurs chercheurs se sont entendus pour dire qu'il existe au moins deux grandes approches en recherche – différentes et souvent opposées. On attribue la plupart du temps à une recherche l'étiquette de « recherche quantitative » ou de « recherche qualitative » (Krathwohl, 1998). La recherche quantitative permettrait de commencer une étude avec des hypothèses et de chercher à les valider, tandis que la recherche qualitative permettrait, entre autres, de recueillir des données décrivant des situations d'intérêt (liées à la question de recherche ou au problème de recherche) et de laisser les explications « émerger » de ces descriptions.

Il semble toutefois trop simpliste de considérer ces deux grandes approches comme contraires et incompatibles dans la réalisation d'une recherche en éducation. Un tel constat obligerait le chercheur à se situer dans cette dichotomie afin de choisir une approche. Il serait alors limité dans ses choix méthodologiques. Cette façon de faire, qui a pourtant caractérisé la recherche en éducation dans les dernières années, tend à changer. Il semble qu'un type de méthodologie de recherche soit de plus en plus présent en éducation : une approche mixte où des données qualitatives sont jumelées à des données quantitatives afin d'enrichir les perspectives (voir Karsenti et Ngamo, 2007 ; Karsenti, Savoie-Zajc et Larose, 2001 ; Pourtois, Desmet et Lahaye, 2006 ; Tashakkori et Teddie, 1998) et, éventuellement, les résultats de la recherche. En outre, comme le souligne Van der Maren (1993, p. 11), « deux grandes stratégies sont utilisées dans la recherche empiriste : la stratégie statistique (descriptive et inférentielle), d'une part et la stratégie monographique, d'autre part. Pour diverses raisons, elles sont souvent opposées alors qu'elles pourraient être complémentaires ». Une recherche qualitative n'élimine pas *de facto* l'utilisation de données « quantitatives » (par exemple, des tests) ; les « chiffres » ne viennent qu'enrichir et soutenir les résultats de l'étude. Moss (1996) signale que ces deux approches, lorsqu'elles sont jumelées, permettent tout simplement « d'avoir une vision plus complète et plus nuancée d'un phénomène qu'on cherche à comprendre » (p. 22).

Cette complémentarité doit toutefois être vue dans la perspective des choix des méthodes et des techniques de travail. Il est clair que les postures épistémologiques sont, elles, différentes et opposées. Un chercheur ne peut prétendre adopter une position tant neutre et objective que subjective et immergée dans sa recherche. Dans le premier cas, il tentera de se distancier des personnes qui participent à la recherche par un recours à des instruments de collecte de données qui favoriseront cette distanciation. Dans le second cas, il voudra établir des liens étroits avec les participants afin de mieux comprendre une dynamique. Un chercheur s'inscrit donc, par sa façon de poser son problème de recherche et sa question de recherche, dans une épistémologie particulière. Pour ce qui est du choix des techniques de travail, il voudra toutefois peut-être élargir son éventail de moyens afin de produire des explications du phénomène étudié qui soient les plus riches possible. Sa recherche n'épousera donc pas une épistémologie positiviste et interprétative. C'est plutôt une vision pragmatique qui se développe, c'est-à-dire centrée sur une perspective intégratrice.

Optimisation de l'envergure explicative d'une recherche : une approche mixte

Krathwohl (1998) souligne l'importance de combiner différentes méthodes afin de mieux « attaquer un problème de recherche » (p. 618). Il insiste également sur l'importance de la créativité du chercheur dans la combinaison de divers éléments méthodologiques, de façon cohérente et organisée, afin de mieux répondre à une question de recherche. Il écrit même que « la limite du chercheur est sa propre imagination et la nécessité de présenter des résultats de recherche d'une façon convaincante » (p. 27). En fait, en choisissant une méthode plutôt qu'une autre, on perd certains avantages au profit des autres. À cette fin, Brewer et Hunter (1989) indiquent que chaque méthode comporte des faiblesses, mais heureusement, celles-ci varient d'une méthode à l'autre. Ils ajoutent qu'une « variété d'imperfections de méthodes de recherche peut permettre au chercheur d'associer leurs forces respectives, mais aussi de compenser leurs faiblesses et limites particulières » (p. 16-17).

Plusieurs auteurs mettent en évidence les bénéfices des approches mixtes ou multiples, parmi lesquels Mark et Shotland (1987), Caracelli et Greene (1993) ainsi que Behrens et Smith (1996). Reichardt et Gollob (1987) préconisent même l'utilisation de méthodes aux « faiblesses opposées », pour que la synthèse des résultats soit des plus révélatrices. Par exemple, les données provenant d'un questionnaire distribué à un grand nombre d'élèves pourraient révéler d'étranges résultats qu'il serait difficile d'expliquer sans, au minimum, interviewer les élèves afin de mieux comprendre leurs réponses. Le grand nombre d'élèves ayant rempli le questionnaire constituerait alors une qualité importante de l'étude, et les entrevues effectuées viendraient appuyer les résultats obtenus; elles rendraient «vivants» les chiffres et les statistiques rapportés. Ainsi que l'explique Savoie-Zajc (dans le chapitre «La recherche qualitative/interprétative»), un autre élément important de toute recherche est la triangulation ou la façon de considérer un résultat de recherche selon diverses perspectives. Le recours à une approche mixte peut ainsi s'avérer un élément de triangulation fort intéressant. Enfin, il semble important de souligner, une fois de plus, que la méthodologie devrait toujours être utilisée en fonction du problème de recherche. Dans certains cas, seule une approche mixte pourrait répondre à la question de recherche; c'est alors sans hésitation que le chercheur devrait tenter de concevoir une méthodologie cohérente qui puise dans diverses méthodes, si opposées soient-elles, pourvu qu'elles fassent partie d'une stratégie méthodologique cohérente qui permette de résoudre le problème de recherche.

Les types de recherches présentées dans le livre

Dans le présent ouvrage, nous décrivons des formes de recherches fréquemment rencontrées en éducation. C'est uniquement par souci de concision que nous avons omis d'autres approches telles que la recherche collaborative, la recherche-développement ou la recherche historique.

- Au chapitre 6, «La recherche quantitative», Boudreault et Cadieux abordent les caractéristiques d'une recherche expérimentale. Les principaux concepts qui sous-tendent la recherche quantitative sont expliqués en termes simples afin de permettre au nouveau chercheur d'apprivoiser progressivement les modalités d'organisation et de réalisation d'une recherche rigoureuse. Plusieurs exemples ainsi que des illustrations facilitent la compréhension des différentes étapes. Des références à des travaux spécialisés guideront le nouveau chercheur vers des auteurs qui ont développé davantage l'un ou l'autre aspect méthodologique.
- Au chapitre 7, «La recherche qualitative/interprétative», Savoie-Zajc décrit ce qu'il est convenu de nommer la recherche qualitative/ interprétative. Les notions d'échantillonnage intentionnel, de collecte de données par l'entrevue, par l'observation et par le

recours aux productions écrites sont aussi expliquées. Savoie-Zajc conclut son chapitre par une description des critères de rigueur de la recherche qualitative/interprétative en éducation.

- Au chapitre 8, « La recherche ethnographique », Goyer et Borri-Anadon font une incursion du côté de l'ethnographie. Ils en cernent les dimensions principales, la réflexivité du chercheur, la présence prolongée sur le terrain, et ils relient celles-ci aux courants théoriques fondateurs de l'ethnographie. Ils illustrent ensuite l'intérêt pour l'éducation de s'engager dans un tel type de recherche grâce aux exemples tirés de la littérature et de l'expérience personnelle des auteurs.

- Au chapitre 9, « La recherche-action », Guay et Prud'homme définissent cette forme de recherche en faisant ressortir sa pertinence pour amener des changements réels dans la pratique des éducateurs. Les auteurs soulignent ensuite sa nature cyclique et tridimensionnelle (recherche, action et formation), qui s'apparente à un processus rigoureux de résolution de problèmes et qui permet de réduire les écarts entre les observations faites dans une situation particulière et le jugement que l'intervenant porte sur les données d'après la triangulation.

- Au chapitre 10, « La recherche évaluative », Depover, Karsenti et Komis ont le souci de camper clairement les notions d'évaluation et de recherche évaluative. Qu'est-ce qui les distingue et en quoi partagent-elles des champs d'intérêt communs ? La recherche évaluative est ensuite discutée à la lumière de deux finalités possibles : 1) les connaissances produites guident l'amélioration d'un programme ou d'un dispositif et 2) les connaissances produites éclairent la prise de décision quant à la poursuite ou au retrait d'un programme existant.

- Au chapitre 11, « L'étude de cas », Karsenti et Demers traitent de l'étude de cas, méthode de recherche particulière qui permet d'étudier un phénomène en contexte naturel, de façon inductive (exploratoire) ou déductive (confirmative), selon les objectifs de la recherche. Cette méthodologie de recherche est de plus en plus présente en éducation ; il s'agit d'une approche mixte où des données qualitatives sont jumelées à des données quantitatives afin d'accroître l'envergure explicative de la recherche.

Conclusion

Ce chapitre avait pour objectif de clarifier la notion de méthodologie en tant qu'ensemble cohérent et organisé de façons de mener une recherche. Pareille exploration de la notion de méthodologie de recherche est forcément réductrice. Elle possède néanmoins l'utilité d'exposer les concepts mis en œuvre ainsi que leur organisation logique et parfois hiérarchique. Les clarifications ici apportées visent à enrichir la compréhension des procédures mises à contribution dans toute recherche et à favoriser une communication optimale à leur sujet. Nous avons d'abord établi des distinctions entre les termes *méthodologie* et *méthode*. Ensuite, nous avons brossé une synthèse des principales caractéristiques des trois épistémologies dominantes en recherche, selon les perspectives positiviste, interprétative et critique. Retenons également que ce chapitre a apporté une attention spéciale à l'approche mixte, ouvrant ainsi la voie à une perspective plus pragmatique de la recherche.

Activités d'appropriation

1. Trouvez deux articles de recherche publiés. Chacun des articles devra illustrer une méthodologie de recherche différente.

2. Dressez la liste des étapes de recherche relevables dans chacun de ces articles. Justifiez les éléments de votre liste à l'aide d'exemples concrets tirés des articles de recherche.

3. Représentez dans un schéma la méthodologie utilisée par chacun des auteurs.

4. Comparez la présentation des résultats pour chacun des articles. Quelles sont les différences majeures que vous observez? Expliquez votre position.

5. À l'aide d'une question de recherche que vous aurez formulée, montrez comment diverses méthodes peuvent correspondre à une même méthodologie de recherche.

6. Proposez une question de recherche pour laquelle il serait préférable de faire appel à des stratégies de recherche mixtes, c'est-à-dire appartenant au répertoire des moyens de la recherche quantitative ou de la recherche qualitative/interprétative. Justifiez votre réponse.

Concepts importants

La définition de ces mots clés se trouve dans le glossaire.

- Approche mixte
- Méthode
- Méthode déductive
- Méthode inductive
- Méthode scientifique
- Méthodologie
- Méthodologie mixte
- Pragmatisme
- Voie holistique
- Voie réductionniste

Lectures complémentaires

Fortin, M. F., J. Côté et F. Filion (2006). *Fondements et étapes du processus de recherche*, Montréal, Chenelière Éducation.

Guide pratique produit pour des étudiants du domaine des sciences infirmières dans lequel les auteurs conduisent le lecteur pas à pas au fil des différentes étapes de la recherche. L'ouvrage offre beaucoup d'exemples de même que des exercices de révision à la fin de chacun des chapitres.

Gauthier, B. et I. Bourgeois (dir.) (2016). *Recherche en sciences sociales : de la problématique à la collecte des données* (6ᵉ édition), Québec, Presses de l'Université du Québec.

Collectif d'auteurs qui aborde plusieurs aspects liés à la planification et à la mise en œuvre de la recherche. L'ouvrage offre un riche éventail de thèmes et permet au lecteur d'approfondir certains aspects liés, notamment, aux méthodes de collecte de données.

Pourtois, J.-P. et H. Desmet (1988). *Épistémologie et instrumentation en sciences humaines*, Bruxelles, Pierre Mardaga.

Cet ouvrage articule une bonne réflexion épistémologique au sujet de la recherche et il illustre, par des exemples tirés de divers travaux, le recours à des méthodes de collecte de données originales, dont la production de textes et de dessins. Le texte touche aux dimensions de la cohérence et de la logique interne à la recherche, des choix initiaux à la production des résultats.

Van der Maren, J.-M. (2003). *La recherche appliquée pour l'enseignement : des modèles pour l'enseignement* (2ᵉ édition), Bruxelles, De Boeck.

Très bon ouvrage dans lequel Van der Maren désigne, entre autres, quatre enjeux de la recherche en éducation auxquels il associe des types de recherche qu'il décrit. Il nomme ces enjeux : nomothétique, pragmatique, politique et ontogénique.

Chapitre 6

La recherche quantitative

Paul Boudreault et Alain Cadieux

Ce chapitre vise à faire découvrir à l'étudiant-chercheur une démarche de recherche quantitative en éducation et à l'aider à l'appliquer. Les principaux concepts qui sous-tendent la recherche quantitative sont expliqués en termes simples afin que le chercheur débutant puisse s'approprier progressivement les modalités d'organisation et de réalisation d'une recherche rigoureuse. Plusieurs exemples ainsi que des illustrations facilitent la compréhension des différentes étapes. Des références à des travaux spécialisés guideront le nouveau chercheur vers des auteurs qui ont approfondi davantage l'un ou l'autre des aspects méthodologiques.

□

Qu'ils soient étudiants ou jeunes diplômés, les nouveaux chercheurs hésitent parfois à aborder une question de recherche sous l'angle quantitatif. Leurs inquiétudes sont souvent causées par la présence de statistiques, à la complexité de la terminologie ou à la relative rigidité qu'imposent certaines règles précises à toute recherche quantitative sérieuse. Selon Legendre (2005), la recherche quantitative est celle « qui préconise l'utilisation d'instruments de mesure pour préciser les observations ainsi que l'utilisation de méthodes statistiques pour objectiver l'analyse et l'interprétation des résultats » (p. 1155).

La recherche scientifique, dite expérimentale, a obtenu ses lettres de noblesse à partir de recherches d'envergure menées particulièrement en sciences pures et en sciences de la nature ; elle repose sur la démonstration de liens significatifs de cause à effet entre différentes variables (Haig, 2014). Il suffit de se rappeler les recherches de Claude Bernard en médecine expérimentale et celles de Binet ou de Wechsler portant sur l'intelligence. Certains pensent qu'il est nécessaire d'avoir une grande expertise des diverses formules statistiques de traitement de l'information. D'autres se demandent si, en sciences sociales, il est possible de chercher des façons de mesurer et d'interpréter des renseignements numériques sans risquer de perdre une partie appréciable de l'information.

Pourtant, aussi bien en éducation qu'en psychologie, il existe déjà plusieurs pratiques courantes qui s'inspirent de la recherche quantitative. Entre autres, l'évaluation des apprentissages scolaires, qui permet à l'enseignant de suivre l'évolution des élèves et d'adapter les stratégies d'enseignement en conséquence. De même, l'analyse des mesures de l'estime de soi d'un groupe de personnes peut aider le psychologue ou le psychoéducateur à planifier ses activités. Dans de telles situations, les analyses statistiques ne sont pas une fin en soi, mais une étape visant à donner un sens aux informations recueillies.

Ce chapitre s'inscrit justement dans cette visée pratique, celle de fournir aux étudiants et aux jeunes chercheurs les notions de base en recherche quantitative et en les illustrant d'exemples applicables dans leurs milieux habituels de travail, soit les écoles, les services de garde, les centres de réadaptation et les familles. À cette fin, nous considérerons d'abord les perspectives théoriques de la recherche quantitative et leurs modalités d'application en sciences sociales, principalement en éducation. Dans l'esprit d'une formation pratique à la recherche, seront examinées surtout des pistes pouvant permettre au chercheur de grouper ses idées de recherche en fonction des grandes balises méthodologiques : les caractéristiques d'un véritable projet de recherche recourant à une approche quantitative, les buts poursuivis par ce type de recherche et les règles strictes qu'il importe de respecter.

Les perspectives théoriques de la démarche de recherche

La majorité des auteurs s'entendent pour dire qu'une démarche scientifique ou un cycle de recherche comporte habituellement trois volets subdivisés en plusieurs étapes qui prennent racine aussi bien dans le questionnement personnel du chercheur que dans les résultats de recherches antérieures. Fortin (2006) met l'accent sur la nécessité de clarifier ce qui existe dans la littérature, de manière à bien camper les volets novateurs de la recherche à entreprendre. La figure 6.1 présente ces étapes.

Quelle que soit la méthodologie retenue, une recherche vise d'abord à faire évoluer les connaissances. Dans le cas d'une recherche quantitative, les nouvelles connaissances s'expliquent par des données collectées à l'aide d'instruments de mesure et présentées principalement sous

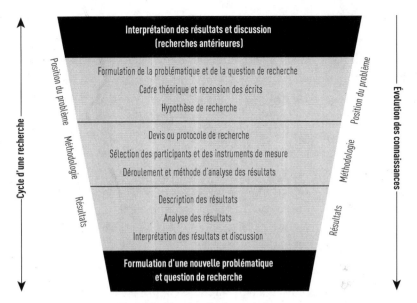

Figure 6.1　Les étapes d'une démarche scientifique de recherche quantitative

forme de nombres; la description et les analyses statistiques de ces données fournissent de nouvelles informations et permettent de décrire, d'expliquer ou de prédire une situation ou un phénomène. De plus, une caractéristique fondamentale de la recherche quantitative est que l'on peut, dans une certaine mesure, généraliser les résultats à d'autres situations. Cette généralisation prend appui sur l'objectivité, la falsifiabilité et le déterminisme (Burrell et Morgan, 2005).

Entre autres, les chercheurs en sciences de l'éducation se préoccupent davantage de problèmes concrets qui ont des répercussions dans la société, souvent leur société immédiate, comme leur classe, leurs élèves, les habiletés sociales ou cognitives d'enfants ou d'adultes, ou encore l'intégration communautaire d'un groupe de personnes qui a attiré leur attention. Toute bonne recherche quantitative doit être décrite de manière à en permettre la reconstitution de toutes les parties. Cette possibilité de répéter une expérience, jumelée au doute du chercheur, contribue à faire progresser les connaissances. En effet, ce doute nourrit la remise en question des faits constatés ou des conclusions obtenues, en vertu de l'objectivité à laquelle doit tendre toute démarche de recherche quantitative (Tuckman et Harper, 2012).

La position du problème

Voici, dans l'ordre, quelques notions de base liées à la problématique, à la question de recherche, au cadre théorique, puis à la formulation des hypothèses.

La problématique et la question de recherche initiale

La problématique constitue la formulation du problème principal qui justifie la démarche de recherche. L'énoncé de cette problématique présente le problème à l'origine du questionnement du chercheur. La question de recherche qui en découle interprète en quelques mots le but de la recherche, c'est-à-dire ce que la recherche devrait contribuer à clarifier. Voici deux exemples pour illustrer le sens de cette terminologie.

- Exemple de problème de recherche : Le personnel de l'école XYZ constate que les élèves qui arrivent en 1re année ne semblent pas suffisamment prêts à entreprendre l'apprentissage de la lecture, ce qui entraîne un taux d'échec élevé à la fin de l'année.
- Exemple de question de recherche : Peut-on mieux préparer les élèves à entreprendre l'apprentissage de la lecture en 1re année ?

Il serait possible de formuler d'autres questions de recherche à partir d'une même problématique, selon la perspective envisagée par le chercheur ou selon ses propres préoccupations. Par exemple, les élèves de telle école sont-ils moins bien préparés à entreprendre l'apprentissage de la lecture en 1re année ? Ou encore, quels sont les facteurs ou les variables liés au rendement scolaire en 1re année ? Dans une optique plus écosystémique, le chercheur pourrait se demander si des facteurs environnementaux pourraient expliquer le fait que les élèves de 1re année de l'école XYZ réussissent moins bien leurs apprentissages en lecture en 1re année. Ou encore, les stratégies pédagogiques des enseignantes de 1re année favorisent-elles l'apprentissage de la lecture ? Bien d'autres énoncés seraient aussi possibles. Le choix de la question de recherche détermine la suite des opérations ainsi que les étapes à planifier, dont celle de la formulation des hypothèses de recherche.

Préalablement à toute problématique de recherche, il faut effectuer une recension des écrits. Cette revue de la littérature scientifique permet de relever ce qui a été dit sur le sujet et qui semble poser problème. Elle permet d'éviter de reprendre une recherche qui a déjà été faite et de s'assurer que la nouvelle recherche fera progresser la connaissance scientifique actuelle en explorant des aspects ou des volets qui n'ont pas encore été traités, du moins, pas de cette manière.

Krathwohl (1998) fait observer qu'un problème, pour qu'on puisse le considérer comme un bon problème de recherche, doit d'abord susciter un grand intérêt chez le chercheur lui-même et être traitable, c'est-à-dire étudiable de façon réaliste. Il est de notoriété publique qu'un chercheur doit prendre soin de son projet de recherche comme une mère d'un bébé. Pour ce faire, il faut que ce soit un projet bien choisi, qui éveille chez lui une passion, et non pas un projet qu'un professeur ou un ami lui aura fortement conseillé. Il importe aussi de considérer sérieusement les limites prévisibles de la recherche afin de pouvoir l'achever dans un délai raisonnable. Certaines contraintes de temps, de distances à parcourir, de disponibilités de sujets, de ressources financières, de compétences personnelles entraînent parfois un questionnement qui influe sur l'orientation à donner au projet. De façon plus précise, une approche quantitative de recherche permet de répondre à un problème de recherche relatif à un phénomène quantifiable, c'est-à-dire qu'il est possible d'en mesurer certains aspects avec des nombres (Tuckman et Harper, 2012). S'applique bien à la recherche quantitative tout problème qui implique une observation systématique et la prise de mesures. Outre les recherches qui visent à décrire ou à expliquer un phénomène ou une situation, il est possible de trouver des recherches quantitatives dont l'objet est non seulement de comprendre, mais aussi de prédire ce qui pourrait arriver. Par exemple, dans un centre de formation professionnelle, un directeur qui se préoccupe du taux élevé d'abandons et d'échecs avant la fin du programme d'études décide de faire passer des tests d'habiletés et de personnalité pour déceler une possible relation de cet état de choses avec le rendement des élèves aux examens. Cette recherche descriptive se révèle très utile lorsque les analyses statistiques font ressortir le profil type des personnes qui à la fois réussissent bien leurs études et persévèrent jusqu'au diplôme.

Une telle recherche permet, d'une part, de décrire le profil type des personnes selon leur performance dans ce programme d'études et, d'autre part, d'expliquer le fait que certaines réussissent bien alors que d'autres ont de la difficulté. Cet exemple illustre une autre caractéristique de la recherche quantitative : elle peut aider à prédire ce qui pourrait se passer dans le futur. En effet, en connaissant le profil type des candidats susceptibles de réussir un programme donné, le directeur peut choisir de faire passer les tests d'habiletés et de personnalité avant l'admission au programme afin de dépister les candidats qui offrent la meilleure probabilité de réussite de leur programme d'études. De même, en connaissant le lien entre les variables au terme d'une recherche descriptive, il devient possible de mettre en place un plan de formation axé sur les habiletés personnelles attendues, ce qui pourrait faire l'objet d'une recherche quasi expérimentale (Tuckman et Harper, 2012).

D'autres problèmes de recherche se prêtent aussi très bien à la recherche quantitative. Il suffit de quantifier les informations recueillies. Par exemple, il peut s'agir de recherches portant sur la fréquence de comportements inacceptables dans une classe, sur la durée des réunions, sur le nombre d'interventions des participants, sur le nombre de répétitions nécessaires pour que des enfants réussissent un apprentissage, sur les effets positifs d'une intervention thérapeutique sur la santé mentale d'un groupe de personnes et sur l'évolution des revenus des enseignants au cours des quarante dernières années ; en résumé, sur toutes les relations entre deux ou plusieurs variables qu'il est possible d'observer et de mesurer. Des comparaisons de mesures de performance, de rendement ou d'appréciations étalées sur une échelle de mesure, des études de sélection ou de classement, des suivis d'interventions professionnelles font souvent l'objet de recherches quantitatives.

Le cadre théorique et l'opérationnalisation des concepts

En recherche quantitative, pour donner un sens aux résultats d'analyses statistiques, il faut d'abord situer le contexte de la recherche. Trudel et Antonius (1991) résument bien la nécessité de cette étape : « Cette recherche doit [...] s'insérer dans un cadre théorique, c'est-à-dire dans une vision globale des hypothèses, de leur justification, de leur sens et de leurs implications » (p. 13). Legendre (2005) précise que « le cadre théorique est centré sur la résolution d'un problème bien délimité et qu'il est constitué de trois strates successives : le réseau notionnel, le réseau théorique et les hypothèses » (p. 184). Ce réseau de concepts propres à la recherche devrait aussi se résumer dans un schéma qui fait bien ressortir leur articulation, aux fins de la vérification de l'hypothèse principale ou de l'ensemble des hypothèses. Par exemple, dans une recherche sur le développement des habiletés sociales de l'enfant dans son milieu tant familial que scolaire, le modèle théorique de Bronfenbrenner, qui place l'enfant au centre d'un système à plusieurs paliers, pourrait servir de point de référence pour bien asseoir les hypothèses. De même, pour que les interprétations des résultats de la recherche ne restent pas vagues en raison du manque de clarté des hypothèses de départ, chacun des concepts mis à contribution dans les hypothèses doit être compris des lecteurs. Il est donc essentiel de préciser les termes clés d'une hypothèse de façon à la rendre observable et mesurable dans le cadre d'une observation systématique, et à la rendre compréhensible dans le contexte de la recherche. Cette clarification des concepts devient d'autant plus nécessaire que certains termes peuvent avoir des significations différentes selon les milieux ou selon les professionnels qui les utilisent. Ainsi, le concept « apprendre à lire », énoncé dans l'hypothèse donnée en exemple plus haut, pourrait être perçu différemment par des enseignantes de 1re année qui travaillent dans des milieux sociodémographiques ou socioculturels distincts.

Il y a donc lieu de bien définir chacun des concepts en essayant de trouver les indicateurs permettant d'observer et de mesurer leur application sur le terrain. Étant donné que la recherche amorcée se veut quantitative, il faut d'abord chercher à isoler des indicateurs mesurables qui deviendront des variables. Ce pourrait être le nombre de mots lus correctement pendant un laps de temps déterminé, le résultat obtenu à un examen de lecture du ministère de l'Éducation, l'appréciation de l'enseignante sur une échelle de compétence en lecture répartie en trois, cinq ou sept points, etc. Pour y arriver, il importe que les hypothèses soient claires dans l'esprit du chercheur.

La formulation de l'hypothèse de recherche et des questions exploratoires

Une hypothèse de recherche est une réponse provisoire à une question de recherche. Elle se rattache à une théorie particulière et en précise le sens ou la cohérence, entre autres choses. Ainsi, une hypothèse doit être synthétique, claire et dénuée de toute forme d'ambiguïté, en plus d'être opérationnelle, soit observable et mesurable.

Voici quelques exemples de formulations d'hypothèses de recherche :

- La fréquence des comportements d'attention à la tâche en classe est plus élevée chez les filles que chez les garçons.
- L'utilisation de la méthode d'enseignement ZZZ appliquée quotidiennement pendant six mois augmente les habiletés en lecture.
- Il y a une relation négative entre le nombre d'élèves par classe et le rendement scolaire.
- La fréquence des élèves qui n'obtiennent pas de diplôme scolaire avant 16 ans est plus élevée chez les élèves ayant redoublé au moins une année scolaire complète que ceux n'ayant jamais redoublé.

La formulation d'une hypothèse émane du cadre théorique ou des recherches empiriques antérieures. Il arrive parfois que l'étude de phénomènes nouveaux ne soit pas documentée sur les plans théoriques ou empiriques. Voilà pourquoi, en de pareilles circonstances, le chercheur formulera alors des questions exploratoires, car il ne peut anticiper une réponse basée sur les théories ou les recherches. En recherche quantitative, il est impérieux que le chercheur demeure le plus objectif possible, et il ne serait pas approprié de formuler une hypothèse uniquement sur la base d'intuitions. Par ailleurs, il demeure évident que l'intuition guide le chercheur dans sa quête de connaissances tout au long du processus de recherche. Ce que ce dernier ressent dépend, bien entendu, de ce qu'il a lu dans la documentation scientifique et de ce qu'il a perçu dans le milieu concerné par cette recherche. Ainsi, les termes utilisés dans la formulation sont précis et s'inspirent des choix théoriques et empiriques. Ils reflètent également l'avancement des connaissances se rapportant au sujet de recherche.

La méthodologie

Le choix d'une méthodologie particulière découle en grande partie, sinon en totalité, de la façon dont le problème de recherche a été posé. La méthodologie concerne l'ensemble des stratégies mises en avant pour vérifier l'hypothèse ou les questions exploratoires. Elle comprend *grosso modo* quatre grandes parties, à savoir : 1) le devis ou le protocole de recherche ; 2) les participants ou les sujets ; 3) les variables et les instruments de mesure ; 4) le déroulement et la méthode d'analyse des résultats.

Le devis ou protocole de recherche

Le devis, appelé aussi le protocole de recherche, constitue le cadre et l'ossature du plan de travail que le chercheur va mettre en place pour vérifier ses questions ou hypothèses, au même titre qu'un architecte élabore un plan pour construire un édifice (Robert, 1988). En recherche quantitative, on utilise divers types de devis pour vérifier de nombreuses questions et il ne serait pas réaliste dans ce chapitre de tous les aborder. Ainsi, deux grands types de recherche quantitative feront l'objet d'une attention particulière, à savoir : la recherche expérimentale et la recherche descriptive.

D'une part, il convient de signaler que de façon générale, dans la recherche expérimentale, le chercheur vise à vérifier des relations de causalité en manipulant de manière intentionnelle et rigoureuse une variable indépendante afin d'en mesurer les effets sur une variable dépendante. Le chercheur a tout pouvoir sur la variable indépendante, en ce sens que c'est lui qui détermine, à divers degrés, le qui, le quoi, le quand, le où et le comment. D'autre part, la recherche descriptive comprend un ensemble de situations où le chercheur vise, entre autres, à étudier divers types de relations entre deux variables ou plus, mais sans modifier d'une manière intentionnelle l'une ou l'autre des variables. Il s'agit pour le chercheur de dresser le portrait le plus juste et le plus fidèle d'une situation quelconque afin d'en étudier les diverses relations. Les sections suivantes présentent quelques devis propres à chacun de ces deux types de recherche.

La recherche expérimentale

Dans la présente section, il importe d'examiner d'abord les principaux fondements de la recherche expérimentale avec groupe et à cas unique. Quelques exemples applicables en sciences sociales viendront soutenir les concepts.

La recherche expérimentale avec groupe – La figure 6.2 schématise la séquence d'une recherche expérimentale avec groupes, à savoir : un devis quasi expérimental en deux temps avec un groupe témoin. Les deux temps représentent le prétest et le post-test. Le prétest désigne la prise de mesures initiale d'une recherche, c'est-à-dire celle qui a lieu avant que ne débute l'expérimentation et qui constitue le niveau de base. Ainsi, le prétest se trouve à l'opposé du post-test, qui représente la mesure finale, prise à la suite de l'expérimentation proprement dite.

Figure 6.2   Le devis quasi expérimental en deux temps avec un groupe témoin

Dans cette figure, la ligne pointillée sépare deux groupes répartis de façon non aléatoire : celui du haut représente le groupe expérimental, pour lequel une mesure de la variable dépendante a été effectuée avant (O_1) et après (O_2) l'intervention (X), tandis que celui du bas représente le groupe témoin, pour lequel une mesure de la même variable dépendante a été effectuée aux mêmes moments que pour le groupe expérimental, (O_3), puis (O_4), MAIS sans avoir effectué d'intervention. Dans cet exemple classique, si O_1 et O_3 sont égaux, c'est que le niveau de base de la variable dépendante est le même pour les deux groupes. À la suite de l'intervention (X), si O_2 s'avère significativement plus grand que O_1 et que O_2 est également significativement plus grand que O_4, il s'avère possible d'affirmer hors de tout doute que l'intervention (X) est la cause des changements observés de la variable dépendante.

Voici un exemple auquel ce genre de devis de recherche peut s'appliquer. Un chercheur souhaite vérifier l'effet d'une intervention précoce en lecture sur la compréhension en lecture. Mais comment être certain, hors de tout doute, que c'est bien l'intervention particulière en lecture qui est l'unique responsable des changements observés sur le plan de la compréhension en lecture ?

L'intervention en lecture constitue la variable indépendante, car ce sont les chercheurs qui déterminent, à divers degrés, le qui, le quoi, le quand, le où et le comment des modalités de l'enseignement de la lecture. Il importe de préciser le sens de l'expression « à divers degrés ». En effet, bien que le chercheur ait un grand pouvoir de décision dans sa recherche, il n'en possède jamais un contrôle absolu, et cela pour diverses raisons, dont les restrictions liées aux aspects éthiques et aux conditions de réalisation de l'étude sur le terrain.

Le « qui » correspond à la population à étudier. Il va de soi que, dans l'exemple cité, il s'agit davantage de jeunes élèves et qu'il n'est pas pertinent de généraliser à toute la population les effets d'une intervention précoce en lecture. Ainsi, le chercheur détermine les caractéristiques de la population visée par sa recherche, par exemple, les élèves de maternelle issus d'un certain milieu. D'autre part, il importe de prendre en compte le nombre de participants ou de sujets, c'est-à-dire la représentativité échantillon/population. Si la recherche porte sur un échantillon de la population, il faut s'assurer que le nombre de sujets est suffisamment élevé de sorte qu'à la fin de l'expérience il en subsiste assez pour mener les analyses statistiques nécessaires. Enfin, une fois que les sujets ont été désignés, il faut déterminer lesquels seront soumis à l'intervention et lesquels feront partie du groupe témoin. Bref, il s'agit de répartir les sujets entre les divers groupes retenus. Par exemple, dans un devis expérimental, un échantillon est tiré aléatoirement de la population et l'affectation au groupe expérimental ou au groupe témoin se fait au hasard. Toutefois, il est pratiquement impossible de le faire en éducation, et cela pour des considérations d'ordre éthique ou pratique.

C'est pour cette raison que le devis quasi expérimental comporte les mêmes caractéristiques que le devis expérimental, à la seule exception que les sujets ne sont pas sélectionnés ou affectés au hasard dans les groupes expérimental ou témoin. Dans l'exemple de la figure 6.2, la ligne pointillée indique que les sujets n'ont pas été répartis au hasard entre les groupes, ce qui est souvent le cas en éducation. Il en résulte qu'il n'est pas possible d'affirmer que les sujets sont équivalents entre les groupes. Tel est le cas notamment lorsque les élèves participants de 1re année de l'école A sont affectés au groupe expérimental et les élèves participants de 1re année de l'école B sont affectés au groupe témoin. La justification de la non-équivalence entre les deux groupes dépend de plusieurs facteurs qui ne sont pas nécessairement portés à la connaissance du chercheur et qui échappent à son emprise. Par exemple, si l'une des écoles conduit un projet éducatif particulier sur la lecture, les élèves de celle-ci ne peuvent pas être considérés comme équivalents aux élèves de l'autre école.

Le « quoi » correspond aux variables en jeu : la variable indépendante (intervention précoce en lecture) et la variable dépendante (compréhension en lecture). Premièrement, dans l'exemple, la variable indépendante comprend tout ce qu'il faut mettre en place pour effectuer l'intervention en lecture et s'assurer que tous les sujets du groupe expérimental sont soumis aux mêmes conditions. Le principe de base consiste à viser à ce que toute variable indépendante soit décrite de manière à assurer la duplication de l'expérience par un autre chercheur dans des circonstances différentes. La rigueur de cette description est exigée par le fait qu'il ne faut rien laisser sans réponse. Par exemple, l'intervention sera effectuée par qui, quand, où, comment, pendant combien de temps, etc. De plus, si le chercheur doit former des assistants ou des professionnels, il faut que cette formation soit encadrée, évaluée, vérifiée ou supervisée, toujours de manière que tous les sujets soient soumis aux mêmes conditions expérimentales. Deuxièmement, la variable dépendante représente la compréhension en lecture. Dans ce cas aussi, le chercheur doit déterminer comment sera prise la mesure de cette variable, quand, où, etc.

Le « où » et le « quand » évoquent le milieu d'intervention, la situation à observer, la durée de l'intervention et les moments de la mesure de la variable dépendante. Le contexte prend ici une grande importance, car le lieu peut influencer les résultats tout comme le moment ou la durée de l'intervention. Par exemple, si l'évaluation de la compréhension de la lecture se fait à la résidence de l'élève lorsque ses parents sont présents, il y a lieu de se demander s'il répondra de la même manière que s'il était à l'école dans un petit local fermé. Le contexte sera-t-il le même avant et après l'intervention, et cela pour tous les sujets ? L'intervention a-t-elle une durée suffisante ? L'intervention ou l'évaluation a-t-elle lieu en fin d'étape ? Le contexte peut ainsi induire toutes sortes de variations dans les résultats que le chercheur doit prévoir et vérifier.

Le « pourquoi » touche ce qui est recherché comme information sur le phénomène. Dans cet exemple, il est normal que les chercheurs souhaitent maximiser les chances d'obtenir des résultats positifs en matière de compréhension en lecture. À cette fin, tout ce qui est mis en œuvre a une raison d'être fondée sur des modèles théoriques et des résultats de recherches empiriques. Le chercheur doit expliquer par les conclusions qu'il souhaite vérifier la raison pour laquelle il fait varier tel ou tel facteur.

Finalement, le «comment» désigne ce qu'il faut mettre en place, dans quel ordre, à quelle fréquence, et ainsi de suite, pour effectuer la recherche. Comment faut-il procéder pour vérifier les hypothèses? Autrement dit, quels choix méthodologiques faire pour assurer le bon déroulement de la recherche en vue de la vérification des hypothèses : utiliser des tests ou des questionnaires, mener des entretiens individuels ou de groupe, faire de l'observation systématique, etc.?

La figure 6.2 est un exemple classique de devis quasi expérimental. D'autres types de devis existent, comme les devis expérimentaux ou préexpérimentaux, pour lesquels on peut considérer la valeur des conclusions comme excellente dans le premier cas et médiocre dans l'autre (Campbell et Stanley, 1966). En effet, lorsqu'un chercheur est dans l'obligation d'opter pour un devis préexpérimental, parce qu'il ne peut pas avoir de groupe témoin ou de mesures prétest/post-test, par exemple, il est préférable de se rabattre sur les devis de recherche à cas unique, décrits dans la section qui suit.

La recherche expérimentale à cas unique – Les chercheurs qui souhaitent vérifier des questions ou des hypothèses sur la relation causale entre deux ou plusieurs variables ne disposent pas toujours de groupes pour ce faire, notamment lorsque les sujets possèdent des caractéristiques très particulières et que leur nombre est limité. Les devis ou protocoles de recherche à cas unique ont été préconisés dans la recherche clinique entre autres par Fortin (2006), Kazdin (1982) et Ladouceur et Bégin (1980). L'intérêt pour ces devis vient du fait que «la démonstration de l'efficacité d'une intervention ne se fonde généralement pas sur une comparaison avec un groupe contrôle, mais plutôt sur la comparaison des comportements du sujet avec ses comportements antérieurs ou ses comportements subséquents» (Ladouceur et Bégin, 1980, p. 89). Deux exemples sont fournis ci-après, à savoir le protocole basé sur le retrait ou l'inversion du traitement et le protocole à niveaux de base multiples.

Essentiellement, le protocole basé sur le retrait ou l'inversion du traitement consiste à vérifier si le recours répété à une intervention faite sur la variable indépendante (VI) après la mesure d'un niveau de base de la variable dépendante (VD) est immédiatement suivi d'un changement appréciable de la VD. La représentation graphique est l'outil par excellence pour visualiser les changements observés. La figure 6.3 montre un exemple de ce protocole, appelé aussi protocole ABAB. Cette

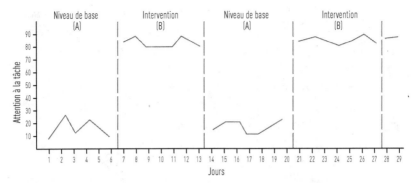

Figure 6.3   Le protocole de recherche à cas unique de type ABAB

figure illustre le niveau de base de la VD, soit l'attention d'un sujet à la tâche en nombre de minutes au cours des six premiers jours. Au 7ᵉ jour, on opère une intervention (VI) et il s'ensuit une augmentation des comportements d'attention à la tâche pendant la durée de l'intervention. Entre les 14ᵉ et 20ᵉ jours, l'intervention est interrompue et une nouvelle mesure du niveau de base de la VD est prise; puis l'intervention est réitérée, ce qui révèle une seconde fois un changement de l'attention à la tâche. Cet exemple permet d'expliquer la relation causale entre l'intervention (VI) et l'augmentation de l'attention à la tâche (VD) par le fait qu'à chaque mise en œuvre de la variable indépendante, on observe une hausse des occurrences de la variable dépendante.

Un autre exemple de protocole de recherche à cas unique est le protocole à niveaux de base multiples. Dans le protocole précédent, c'était la variation du comportement d'un sujet qui faisait l'objet d'une observation particulière à chaque exécution de l'intervention. Or, dans beaucoup de situations en sciences humaines, il n'est pas approprié ni même souhaitable d'interrompre une intervention pour la reprendre plus tard. Dans le protocole à niveaux de base multiples représenté à la figure 6.4, la variable dépendante est observée pour trois sujets et la variable indépendante est appliquée chez un sujet à la fois. Lorsqu'on observe un changement de la variable dépendante chez chacun des sujets, il est possible d'en arriver à la conclusion que l'intervention (VI) est bien la cause des changements observés (VD). Il s'agit là d'un exemple de représentation graphique d'un protocole de recherche à niveaux de base multiples basé sur les sujets. Dans cet exemple, on relève d'abord le niveau de base des trois sujets en matière de comportements de bavardage. Il en ressort nettement que ces comportements sont élevés pour les trois sujets de l'expérimentation. Au bout de quelques jours, une intervention (VI) est menée auprès du Sujet 1, ce qui permet de constater une diminution des comportements de bavardage (VD). Parallèlement, la mesure du niveau de base avec les deux autres sujets est maintenue, alors que le Sujet 2 bénéficie à son tour d'une intervention ; puis on fait de même avec le Sujet 3. Dans cet exemple, la relation causale entre l'intervention (VI) et la diminution des comportements de bavardage (VD) s'établit par le fait qu'à chaque application de l'intervention (VI), on observe une diminution appréciable des comportements de bavardage (VD).

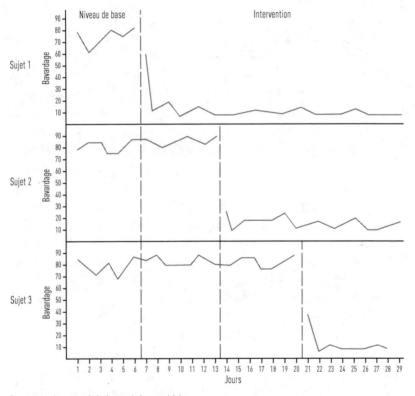

Figure 6.4   Le protocole à niveaux de base multiples

La recherche descriptive

Dans les devis de recherche descriptive, le chercheur tente «de fournir une image précise du phénomène ou d'une situation particulière» (Robert, 1988). Les auteurs en recherche quantitative proposent plusieurs devis de recherches descriptives, mais ce chapitre s'attachera seulement à la méthode corrélationnelle et à la méthode des études *ex post facto*.

La méthode corrélationnelle vise à étudier et à vérifier les relations qui existent entre deux variables ou plus. Cette méthode ne prétend pas, comme la recherche expérimentale, établir de relation de cause à effet, mais vise plutôt à montrer en quoi deux variables sont liées et dans quelle mesure. La corrélation, utilisée pour exprimer le degré de relation entre deux variables, se traduit par une valeur se situant entre «–1» et «+1». Plus la valeur se rapproche de zéro, plus la corrélation est faible, voire nulle. La figure 6.5 présente des nuages de points correspondant à des intersections entre les valeurs de deux variables. Dans cette figure, en A, le nuage de points exprime une corrélation positive entre la motivation et le rendement scolaire, c'est-à-dire que plus la motivation est élevée, plus le rendement scolaire est fort également. La même figure, en B, exprime une corrélation négative entre le stress et le rendement scolaire, c'est-à-dire que plus le niveau de stress est élevé, plus le rendement scolaire est faible. Enfin, la figure 6.5, en C, exprime une corrélation nulle entre le niveau socioéconomique et le rendement scolaire, c'est-à-dire que peu importe le niveau socioéconomique, le rendement scolaire peut être fort, moyen ou faible.

La méthode des études *ex post facto* est utile lorsque le chercheur ne peut pas intervenir directement sur l'une des variables, comme c'est le cas en recherche expérimentale, et ce, pour diverses raisons comme le temps ou les considérations éthiques. Par exemple, lorsqu'un chercheur étudie l'effet de l'échec scolaire ou du redoublement sur le concept de soi, il serait impossible, pour des raisons éthiques évidentes, de prendre un groupe de sujets et de lui faire subir des échecs scolaires ou de le faire redoubler. Le chercheur doit donc étudier ces variables après le fait afin de vérifier ses questions ou hypothèses. Il en est de même lorsque le chercheur souhaite étudier certaines variables démographiques comme l'âge, le sexe, l'expérience et ainsi de suite, car il ne peut les produire (c'est-à-dire qu'il ne peut pas intervenir directement sur elles, le chercheur devant les utiliser après le fait).

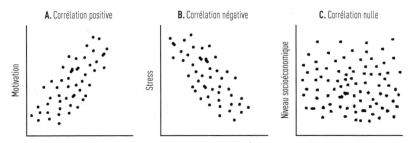

Figure 6.5   Nuages de points d'intersection entre diverses variables et le rendement scolaire

La validité interne et externe

Selon Krathwohl (1998), la validité d'une recherche expérimentale est dite interne ou intrinsèque lorsque « la synergie d'ensemble de l'étude met en évidence l'existence d'une relation suffisamment significative entre les variables pour supporter un lien inférentiel de cause à effet » (p. 138). Il sera davantage question de validité externe ou extrinsèque lorsque les résultats de la recherche expérimentale seront transposables dans un autre milieu, à d'autres populations ou à d'autres contextes. Les chercheurs se préoccupent habituellement de cet aspect, car souvent, l'un des buts de la recherche est de généraliser les résultats. « Les spécialistes de la recherche appliquée doivent vraiment s'assurer de la validité externe de leurs résultats, s'ils ont l'intention d'en généraliser l'application à d'autres populations ou à d'autres situations » (Martella *et al.*, 1999, p. 47).

Dans un exemple précédent illustré à la figure 6.2, un chercheur qui vérifie l'effet d'une intervention précoce en lecture sur la compréhension en lecture souhaite pouvoir affirmer au terme de sa recherche que c'est l'intervention précoce mise en place qui a modifié la compréhension en lecture, et pas autre chose. À cette fin, le groupe témoin et les mesures avant-après contribuent à la qualité des conclusions. En effet, si le post-test indique des valeurs semblables entre le groupe expérimental et le groupe témoin, il se peut qu'un événement extérieur à l'intervention ait été responsable des changements observés.

Le célèbre ouvrage de Campbell et Stanley (1966) présente huit sources de validité interne et quatre sources de validité externe dans la recherche expérimentale. Entre autres, ces sources, liées aux caractéristiques des sujets ou des instruments de mesure, visent à indiquer au chercheur les biais à contrôler pour conclure à une relation causale entre une variable indépendante et une variable dépendante. Par exemple, la maturation ou l'expérience des sujets en dehors de l'intervention agit-elle sur la variable dépendante ? Les instruments de mesure sont-ils fidèles et valides ? De même, la familiarisation avec l'instrument de mesure lors du prétest influe-t-elle sur les résultats au post-test ? Ce ne sont là que quelques exemples de biais que le chercheur doit contrôler avec rigueur pour valider les conclusions de sa recherche.

Toutes ces considérations laissent sans doute entendre que la méthode de la recherche quantitative est très structurée et qu'il suffit de suivre toutes les étapes proposées pour en assurer facilement la réalisation. Une telle recherche ne consiste pas seulement à remplir des cases, puisqu'il faut, à chacune des étapes critiques, prendre des décisions importantes exigeant un bon jugement et une perspicacité certaine. Ces décisions, qui relèvent du chercheur, auront pour effet de déterminer l'envergure de la recherche et, par voie de conséquence, d'en fixer les limites. Certaines recherches ne sont d'ailleurs jamais menées à terme, du fait qu'elles ont été entachées de mauvaises décisions en cours de réalisation, par exemple, au stade de l'élaboration de la question de recherche, au moment de choisir les variables à retenir dans les hypothèses ou encore à l'étape du choix de la méthodologie elle-même, surtout lorsqu'il faut déterminer la population à étudier ou fixer le devis expérimental.

La méthodologie employée dépend grandement du type de recherche que le chercheur se propose de mener. Il demeure tout de même des constantes qui caractérisent les recherches quantitatives, et quelques-unes d'entre elles méritent d'être signalées : une démarche de prise de mesures, souvent en des temps différents pour faciliter les comparaisons ; la référence à un groupe contrôle en plus du groupe expérimental ; la stratégie de l'échantillonnage pour sélectionner les sujets.

La sélection des participants et les instruments de mesure

En recherche quantitative, il importe de cibler à l'avance la population à étudier et de délimiter un échantillon représentatif à soumettre à l'expérimentation. De telles décisions méthodologiques en entraînent d'autres tout aussi importantes concernant le choix des instruments de collecte et de traitement des données.

L'échantillonnage

La technique de l'échantillonnage fait partie des pratiques courantes de plusieurs entreprises. La procédure est la suivante : au hasard, certains produits sont retirés d'une chaîne de production pour une étude de qualité, ou encore des personnes sont interceptées dans la rue ou jointes par téléphone pour répondre à un sondage. Malheureusement, les conditions qui dictent ces hasards ne répondent pas toujours à une grande rigueur méthodologique. En recherche expérimentale, cependant, l'échantillonnage doit suivre rigoureusement certaines règles. Son principal objectif est de faciliter la recherche en restreignant le nombre de sujets soumis à l'expérimentation, tout en maintenant une bonne représentativité de toute la population concernée. Pour ce faire, le chercheur doit d'abord prendre soin de bien cerner la population générale visée par sa recherche et à laquelle il souhaiterait que les conclusions soient étendues. Cette tâche n'est pas simple, car il doit prendre des décisions importantes dès le début de sa recherche tout en pensant à leur incidence au moment de l'interprétation des données.

Par exemple, si la recherche vise à connaître les livres préférés des lecteurs francophones âgés de dix ans, l'échantillon ne pourrait pas se limiter à une seule commission scolaire, car il y a des francophones dans plusieurs pays et sur plusieurs continents. Si l'échantillon retenu ne comprend que des Québécois d'une seule région, toute l'interprétation des données devrait faire référence à cette population restreinte, ce qui diminue de beaucoup la portée de la recherche. Comme l'expliquent Grenon et Viau (1996a), le chercheur peut choisir de plusieurs façons les unités statistiques d'un échantillon. « Celles-ci se divisent en deux grandes catégories : les méthodes d'échantillonnage aléatoire ou probabiliste et les méthodes d'échantillonnage non aléatoire ou non probabiliste. Dans le cas d'une méthode d'échantillonnage aléatoire, il est possible d'employer des modèles probabilistes qui permettront, à partir d'un échantillon, d'inférer sur une population » (p. 92). Pour en savoir davantage sur ces méthodes, le lecteur est invité à consulter la rubrique qui porte sur les lectures complémentaires, à la fin du chapitre. Pour un nouveau chercheur, il importe surtout de connaître l'utilité de la technique de l'échantillonnage en recherche quantitative. Les sondages constituent le meilleur exemple pour saisir les multiples applications possibles de ces méthodes en sciences humaines.

Le sondage et la recherche d'information

En Amérique comme en Europe, les sondages sont monnaie courante, surtout en temps de campagne électorale. La plupart des entreprises utilisent l'une ou l'autre forme de sondage pour savoir si une clientèle potentielle s'intéresse à leurs produits. Avant d'entreprendre des projets d'envergure, tous les ordres de gouvernement – municipal, provincial et fédéral – s'appuient sur les sondages pour connaître l'opinion des citoyens. Trop souvent, le terme a une connotation péjorative parce qu'on l'associe à une banale enquête. Il est vrai qu'un sondage est avant tout une enquête pour obtenir des informations sur un sujet précis. Le sondage n'est pas toujours bien perçu pour deux raisons : ses limites ne transparaissent pas clairement lorsque les résultats sont dévoilés et, parfois, les sondeurs ne font pas preuve de beaucoup de rigueur méthodologique, particulièrement en ce qui a trait à la représentativité de l'échantillon.

Ainsi, il est rarement fait mention de la mortalité expérimentale au moment de la divulgation des résultats. Les sondeurs expriment habituellement sous forme de pourcentages les opinions des répondants, mais ils n'indiquent pas combien de personnes ont refusé de participer au sondage. Peut-être ces gens se sont-ils abstenus parce qu'ils étaient conscients que leur opinion n'allait pas dans le sens de la majorité ou qu'ils craignaient d'être identifiés. Parfois, des méthodologies biaisées ont aussi été relevées dans la littérature, ce qui justifie des mises en garde.

Pour que la recherche soit crédible, le sondage doit être mené conformément aux règles de l'art. Comme le précisent Trudel et Antonius (1991), « le sondage est un instrument de recherche, de mesure, de structuration et de présentation de l'information, fondé sur l'observation de réponses à un ensemble de questions posées à un échantillon d'une population » (p. 249).

Plusieurs auteurs proposent une démarche pour mener un sondage qui satisfait aux exigences de rigueur attendues d'une recherche sérieuse. Dans chacun des cas, on insiste sur l'importance de valider les instruments de collecte des données ainsi que la démarche. Comme dans tous les types de recherche, la validité des informations repose sur le professionnalisme des chercheurs qui ont bien planifié chacune des étapes et respecté un cadre méthodologique rigoureux. Concrètement, dans un sondage, la valeur scientifique des modalités de cueillette des données doit être à l'abri de toute critique. Les instruments habituellement utilisés, l'entretien individuel ou de groupe ainsi que le questionnaire doivent donc être préparés avec soin pour donner aux résultats de la recherche toute la portée souhaitée.

Le questionnaire et l'entretien

Ces stratégies de collecte de données ne sont pas propres à la recherche quantitative. Ce qui les caractérise, en recherche quantitative, c'est davantage leur format, qui trahit en quelque sorte le désir des chercheurs de recueillir des informations mesurables et quantifiables. Dans des entretiens, qu'ils soient individuels ou de groupe, on dispose toujours d'un questionnaire en arrière-plan, appelé guide d'entretien structuré ou semi-structuré, car le chercheur s'intéresse à des choses précises qu'il pourra convertir en données numériques de fréquence ou de durée, par exemple.

Plusieurs auteurs se sont intéressés au questionnaire ; le chercheur peut facilement trouver un modèle qui lui convient. Entre autres, Colin, Lavoie, Delisle, Montreuil et Payette (1995) fournissent des conseils utiles pour élaborer un questionnaire. Ils insistent particulièrement sur deux aspects : la nécessité de penser dès le début au traitement statistique qui s'ensuivra et aux moyens à mettre en œuvre pour le remplir. Ainsi, la présentation même du questionnaire est importante : « Les consignes à suivre doivent être indiquées clairement et il importe de réduire au minimum le travail du répondant, notamment en lui faisant cocher sa réponse » (Colin *et al.*, p. 29). Tels qu'ils sont conçus, les logiciels de base de données comme FileMaker Pro et Access facilitent grandement ces tâches, notamment grâce aux listes de réponses avec barres de défilement qui réduisent considérablement le travail d'écriture. D'autres auteurs, dont Krathwohl (1998) et Martella *et al.* (1999), apportent de nombreux détails à l'appui de leurs propositions de questionnaire type, qu'il s'agisse d'un questionnaire fermé ou d'un canevas d'entretien. Les éléments suivants font l'objet d'un consensus parmi les chercheurs cités et plus largement dans la communauté universitaire tant francophone qu'anglophone :

- Utiliser un langage compréhensible par tout répondant potentiel ; éviter surtout le jargon spécialisé qui pourrait décourager les non-initiés ;
- S'assurer que la question est parfaitement claire afin de minimiser le risque de réponses farfelues ;

- Veiller à limiter le plus possible le nombre et la longueur des questions;
- Éviter d'orienter la réponse dans la formulation de la question; il est préférable d'employer une forme impersonnelle qui ne risquera pas d'influer sur les émotions du répondant;
- Soumettre des choix de réponses qu'il suffit de cocher et dont l'ordre et le sens varient afin de ne pas guider les répondants vers une option. De plus, conserver une case ouverte dans l'éventualité où aucune des suggestions ne conviendrait.

Somme toute, il revient au chercheur de profiter de ces conseils pour construire un questionnaire qui satisfait ses besoins en favorisant l'expression la plus complète possible des répondants. C'est souvent en essayant de se placer dans la peau du répondant que le chercheur trouve les meilleures formulations. Par la suite, il lui reste à soumettre son questionnaire à un échantillon restreint de personnes, ce qui lui permet de le peaufiner avant de le proposer à une population cible.

La fidélité et la validité des instruments de mesure

En recherche quantitative, les termes *fidélité* et *validité* demeurent incontournables. Toutefois, selon les types de recherche, leur signification peut différer. Ils renvoient avant tout à la rigueur méthodologique requise pour mener une recherche quantitative.

Ces notions se rattachent principalement aux caractéristiques des instruments de mesure et aux modalités de leur utilisation. Des formules statistiques permettent d'estimer la fidélité d'un instrument ou d'en vérifier la validité. Ainsi, la fidélité d'un instrument, qu'il s'agisse d'un test ou d'un questionnaire, dénote sa capacité de toujours mesurer la même chose, c'est-à-dire de fournir des résultats similaires dans des circonstances semblables, quel que soit l'évaluateur. Par exemple, on dira d'un test d'intelligence qu'il a une très bonne fidélité, autrement dit une grande uniformité dans les résultats, quel que soit le psychologue ou le conseiller d'orientation qui soumet le test, dans la mesure où les consignes d'administration sont bien respectées. Dans cette perspective, la fidélité traduit la précision d'un instrument de mesure.

La notion de validité est plus difficile à cerner, car elle se rapporte à plus d'un schème de référence. Si la principale caractéristique de la fidélité est associée au fait de toujours mesurer précisément la même chose, celle de la validité est associée au fait de bien mesurer ce qu'on veut mesurer. Selon l'APA (1985 : voir Laveault et Grégoire, 2002), il existe trois grands types de validité : la validité relative au contenu, la validité en référence à un critère externe et la validité en référence à un concept ou modèle théorique. La validité de contenu fait habituellement appel au jugement d'experts à propos de la qualité des éléments d'un instrument. La validité en référence à un critère externe comprend des procédures de validation qui nécessitent un examen des liens entre un instrument de mesure et une ou plusieurs variables afin d'en apprécier les qualités prédictives ou concomitantes. Enfin, la validité en référence à un modèle théorique repose sur une interprétation des scores liés à un modèle théorique particulier. Des informations additionnelles sur le concept de fidélité et de validité des instruments de mesure sont fournies dans l'ouvrage de Laveault et Grégoire (2002).

Le déroulement et la méthode d'analyse des résultats

Essentiellement, cette tâche consiste à décrire les étapes de réalisation de la recherche de manière à en permettre la duplication. Le chercheur prend soin d'indiquer toutes les démarches qu'il entreprend pour s'assurer d'avoir bien sélectionné les participants et d'avoir rigoureusement déterminé les variables de sa recherche, notamment le choix et la validation des instruments de mesure. Dans un projet ou une demande de subvention, le chercheur fournit de l'information concernant les types d'analyses statistiques, le logiciel et les niveaux de signification retenus, afin de confirmer ou non ses hypothèses. Bref, dans une recherche quantitative, rien n'est laissé au hasard.

Les résultats

L'étape des résultats est peut-être la plus gratifiante pour le chercheur. Après des semaines ou des mois de planification et de collecte de données sur le terrain, il est intéressant de procéder à la description des résultats par rapport aux objectifs poursuivis. Avec le soutien logistique de chiffriers électroniques, il est facile de présenter ces résultats sous la forme de tableaux et de graphiques qui sauront illustrer éloquemment le propos. Quelques exemples d'applications en sciences sociales seront présentés plus loin, dans l'optique principale d'en démystifier la complexité. Finalement, quelques modalités d'analyses de ces résultats sous forme de statistiques fermeront la boucle de la présente section.

La description des résultats

Ces dernières années, l'évolution rapide des moyens technologiques a contribué grandement à faciliter la réalisation de cette étape de la démarche de recherche. En effet, l'ordinateur personnel, équipé de quelques logiciels souvent faciles à utiliser, permet au chercheur d'organiser lui-même ses données. Lorsque les entrées sont faites, ce qui correspond à la saisie des données, diverses fonctionnalités informatiques facilitent, à partir de modèles prédéfinis, la représentation des informations chiffrées par des tableaux et des graphiques. Il reste au chercheur à choisir, entre autres, parmi les différents types d'histogrammes, de courbes de distribution, de secteurs ou de nuages de points, le graphique qui illustre le mieux les caractéristiques qu'il désire faire valoir (Chen, 2012).

En ce qui a trait au problème de recherche et aux hypothèses qui en découlent, le but premier de la recherche quantitative est de démontrer élégamment l'existence d'une relation entre des variables à l'aide de données quantifiées. Pour bien appuyer sa démonstration, le chercheur a la possibilité de construire des tableaux qui résument les informations recueillies en mettant en évidence les différences entre les résultats; puis, à la suite de l'analyse statistique des données, de faire ressortir les relations entre les variables par une synthèse des résultats sous forme de tableaux ou de figures.

Les tableaux de présentation

Un avantage important des recherches quantitatives réside dans la grande facilité avec laquelle il est possible d'organiser les informations représentées par des nombres. En fait, pour chacune des variables isolées au moment de la formulation des hypothèses, plusieurs données ont été réunies; regroupées dans un tableau, elles révèlent déjà des différences entre elles ou, tout au moins, des tendances.

Dans le précédent exemple des candidats à divers programmes de formation professionnelle, il faudrait plusieurs tableaux pour connaître le rendement scolaire de l'ensemble des candidats à chacun des programmes. À titre d'illustration, voici trois exemples de tableaux qui résument bien les informations en fonction des variables observées: le premier montre le nombre de candidats par programme pour les deux dernières années; le deuxième présente le classement des candidats pour l'année 2017; le troisième permet de comparer les candidats des années 2017 et 2018 selon leur classement aux tests d'aptitudes.

Le tableau 6.1 est une représentation simple de données. Ce sont des données brutes qui n'ont subi encore aucun traitement. Déjà, avant même de procéder à l'analyse des résultats, le chercheur perçoit d'un premier coup d'œil des pistes à explorer, dont :

- une différence importante du nombre de candidats selon les programmes ;
- une variation, pour plusieurs programmes, du nombre de candidats d'une année à l'autre, même si le nombre total de candidats pour l'ensemble de la commission scolaire demeure le même ;
- la popularité variable des programmes d'une année à l'autre, qui se reflète dans les fréquences des candidatures. Il serait possible de poursuivre par une analyse plus détaillée des différences et des similitudes entre les programmes ainsi que d'un programme à l'autre.

D'autres données figurant dans le tableau 6.1 et se rapportant au même projet mettent bien en évidence les avantages d'une consignation des données dans un tableau synthèse.

Tableau 6.1 Représentation du nombre de candidats selon les programmes pour les années 2017 et 2018

PROGRAMME	ANNÉE	
	2017	2018
Secrétariat	43	22
Comptabilité	27	36
Soins dentaires	18	31
Coiffure	26	17
Mécanique	51	44
Infographie	35	50
TOTAL DES CANDIDATS	**200**	**200**

Le tableau 6.2 fournit plusieurs précisions intéressantes pour l'étape de l'analyse des données. Il fait ressortir, entre autres, le fait que :

- dans l'ensemble des programmes, on compte plus de candidats excellents et très bons que faibles et très faibles ;
- pour certains programmes, comme en mécanique et en secrétariat, les candidats ne semblent pas être répartis également dans chacune des catégories ;
- certains programmes, dont l'infographie, attirent des candidats qui ont des aptitudes supérieures.

Ces observations sommaires visent uniquement à indiquer qu'un tableau peut fournir beaucoup d'informations qui facilitent l'analyse des données. Bien entendu, lors de la véritable étape d'analyse des données, le chercheur doit reprendre une à une les variables afin de faire ressortir les diverses relations et de les interpréter.

En présumant que cette recherche longitudinale porte sur des cohortes d'élèves différentes chaque année, il devient facile de montrer les particularités des candidats de chaque cohorte en réunissant les données dans un même tableau.

Tableau 6.2   Représentation du nombre de candidats selon les programmes et leur classement aux tests d'aptitudes pour 2017

PROGRAMMES	N	EXCELLENT	TRÈS BON	BON	FAIBLE	TRÈS FAIBLE
Secrétariat	43	2	6	18	11	6
Comptabilité	27	5	3	14	4	1
Soins dentaires	18	4	3	9	2	0
Coiffure	26	3	7	10	4	2
Mécanique	51	1	17	13	12	8
Infographie	35	10	10	13	1	1
Total	200	25	46	77	34	18
Pourcentage (%)		12,5	23	38,5	17	9

La comparaison des cohortes de candidats de deux années offre de nouvelles données à analyser. Dans l'ensemble, le tableau 6.3 montre à la fois des ressemblances et des différences entre les deux groupes de candidats. Même à l'intérieur d'un même programme, les nombres fluctuent selon les années et incitent à un certain questionnement, aussi bien pour le chercheur que pour les gestionnaires responsables. Par exemple, si le directeur de cette école de formation professionnelle voulait poursuivre cette recherche, il lui faudrait prendre en considération plusieurs autres relations afin de vérifier, à plus long terme, si le rendement scolaire des candidats correspond bien aux aptitudes initialement manifestées lors des examens d'admission. Il pourrait s'agir d'une étude corrélationnelle consistant à analyser toutes les variables. En fait, le traitement statistique viserait à vérifier l'existence d'une relation probante entre, d'une part, le rendement à chacune des épreuves des tests d'aptitudes passés au moment de l'admission et, d'autre part, le rendement aux examens scolaires dans différentes matières. Il ne fait pas de doute que, pour le directeur, il en découlerait des retombées pratiques relatives à la gestion des dossiers des futurs candidats, dans une perspective prédictive.

Les illustrations par diagramme

Grâce aux chiffriers électroniques comme Excel, il est aujourd'hui facile de traduire un tableau de données quantifiées en un diagramme qui résume bien les données que le chercheur a relevées et qu'il veut mettre en évidence. Selon l'objectif poursuivi, le choix du modèle de diagramme deviendra un histogramme, un cercle avec des secteurs, un nuage de points ou des courbes. Voici quelques exemples de diagrammes se rapportant aux données présentées dans les tableaux qui précèdent.

Présentée sous la forme d'un histogramme, la figure 6.6 fait bien ressortir les écarts entre les nombres de candidats pour chaque programme et chaque année. Les colonnes qui s'élèvent parlent souvent plus au lecteur que les chiffres ou les phrases explicatives. Différentes solutions s'offrent au chercheur, notamment la possibilité de choisir des échelles pour indiquer les résultats sur chacun des axes, de choisir les formes et les textures des colonnes, la grosseur des polices de caractère, l'apparence générale bi ou tridimensionnelle, les effets de couleurs ou de textures, etc.

Tableau 6.3   Représentation du nombre de candidats selon les programmes et leur classement aux tests d'aptitudes pour 2017 et 2018

PROGRAMMES	ANNÉE		EXCELLENT		TRÈS BON		BON		FAIBLE		TRÈS FAIBLE	
	2017	2018										
Secrétariat	43	22	2	2	6	2	18	11	11	1	6	6
Comptabilité	27	36	5	7	3	9	14	10	4	9	1	1
Soins dentaires	18	31	4	3	3	3	9	16	2	6	0	3
Coiffure	26	17	3	3	7	4	10	8	4	1	2	1
Mécanique	51	44	1	2	17	10	13	19	12	9	8	4
Infographie	35	50	10	3	10	12	13	16	1	14	1	5
Candidats	200	200	25	20	46	40	77	80	34	40	18	20
Pourcentages			**12,5**	**10**	**23**	**20**	**38,5**	**40**	**17**	**20**	**9**	**10**

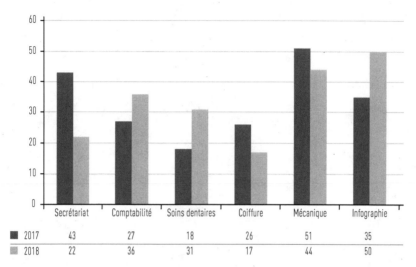

Figure 6.6   Représentation graphique du nombre de candidats dans les programmes de formation professionnelle en 2017 et 2018.

Les chiffriers électroniques fournissent divers modèles de représentation; il revient au chercheur de retenir la forme qui représente avec le plus d'éloquence les éléments qu'il souhaite mettre en évidence dans son analyse.

Parfois, l'utilisation de la couleur ou de certains graphismes, comme des flèches, apporte un complément intéressant pour faire ressortir un aspect qui mérite d'être considéré avec une attention spéciale.

Les courbes de distribution de la figure 6.7 illustrent bien les fréquences des résultats obtenus aux examens par les cohortes de 2017 et 2018, dont les résultats globaux apparaissent dans le tableau 6.3. En fait, les différences sont minces entre les deux groupes de candidats. D'un seul coup d'œil, on note que la cohorte de 2008 était légèrement plus forte, puisque la ligne continue traduit une plus grande fréquence de candidats «excellents» et «très bons» et une fréquence moindre de candidats «faibles» et «très faibles». Il convient de souligner que cette représentation équilibrée selon la courbe de distribution en cloche de Gauss correspond ici aux résultats des années 2017 et 2018; ces chiffres sont peut-être un idéal à atteindre, mais ne se présentent pas toujours d'une manière aussi équilibrée. Dans les années suivantes, la représentation pourrait ressembler davantage à des dents de scie qu'à une cloche.

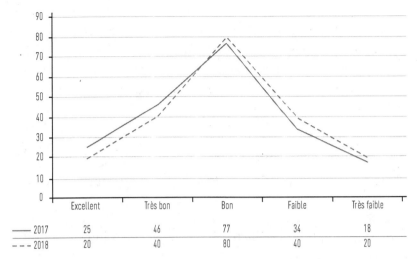

	Excellent	Très bon	Bon	Faible	Très faible
—— 2017	25	46	77	34	18
- - - 2018	20	40	80	40	20

Figure 6.7 Représentation graphique montrant le nombre de candidats dans les programmes de formation professionnelle en 2017 et 2018

L'analyse des résultats

Dans la rédaction du chapitre sur les résultats d'une recherche, l'étape de l'analyse consiste d'abord à expliquer les opérations statistiques destinées à vérifier les hypothèses ou les questions exploratoires de recherche. En méthodologie quantitative, toutes les hypothèses de recherche doivent être formulées de deux manières: H_1, qui représente l'hypothèse de recherche ou l'hypothèse alternative, et H_0, qui représente l'hypothèse nulle. Cette dernière est une transcription de l'hypothèse de recherche formulée de manière à ne poser aucune relation de cause à effet entre deux variables. Cette formulation est importante, car la statistique ne confirme pas des hypothèses de recherche (H1): elle permet seulement de rejeter ou non l'hypothèse nulle (H_0). Lorsque l'hypothèse nulle est rejetée, l'analyse des résultats n'infirme pas l'hypothèse de recherche. Il est possible de dire aussi que l'hypothèse de recherche résiste à l'épreuve expérimentale. Au contraire, si l'analyse des résultats fait en sorte que l'hypothèse nulle ne peut pas être rejetée, alors l'hypothèse de recherche est infirmée. En résumé:

Si H_0 est rejetée, H_1 n'est pas infirmée[1].

Si H_0 n'est pas rejetée, H_1 est infirmée.

---

1. Certains auteurs disent que l'hypothèse de recherche est confirmée, bien que ce soit une erreur sur le plan logique.

Ce caractère propre à la recherche quantitative fait en sorte que la statistique présume généralement que toutes les hypothèses de recherche sont jugées nulles jusqu'à preuve du contraire ou jusqu'à ce que les résultats soient suffisamment élevés pour rejeter l'hypothèse nulle hors de tout doute. Le degré au-delà duquel les résultats seront considérés comme suffisamment élevés est appelé le seuil de signification. En éducation et dans les sciences sociales en général, un niveau de 5 % ou de 1 % est jugé acceptable. Cela signifie qu'en rejetant l'hypothèse nulle, la marge d'erreur possible est de 5 % (ou moins); autrement dit, il y a 1 possibilité sur 20 que l'hypothèse nulle soit vraie si l'on répète l'expérience.

Divers tests statistiques permettent de vérifier différentes hypothèses, comme les tests d'association (p. ex., khi carré, corrélation) ou de différence entre des moyennes (p. ex., test de Student, ANOVA). Aujourd'hui, des logiciels comme Excel et SPSS simplifient grandement l'analyse des statistiques. Toutefois, ces derniers ont pour inconvénient de laisser croire au chercheur qu'il n'a qu'à saisir les différentes valeurs de chacune des variables pour obtenir des résultats probants, alors qu'il doit surtout être en mesure de les interpréter correctement par la suite. Il en est ainsi, entre autres, de l'utilisation de statistiques paramétriques ou non paramétriques relativement à la distribution normale des données, soit la courbe en forme de cloche. En effet, lorsqu'une recherche porte sur un petit nombre de sujets, il est peu probable d'obtenir une distribution normale de l'échantillon. Dans ce cas, on doit privilégier les statistiques non paramétriques, par exemple, la corrélation de Spearman, le test de Wilcoxon, le test U de Mann-Whitney ou le test de Kruskal-Wallis. La question du nombre minimal de sujets requis pour effectuer des opérations statistiques paramétriques ne fait pas consensus, car elle dépend largement, entre autres, du type des analyses effectuées (Kraemer et Themann, 1987).

L'exemple de la figure 6.5, qui montre un ensemble de points représentant les relations entre deux variables, indique bien qu'aucune corrélation n'est parfaite, que la distribution n'est pas tout à fait linéaire; cependant, elle l'est davantage dans les figures A et B que dans la figure C. En effet, dans cette dernière, il n'est pas possible d'avancer que les deux variables sont liées; un coefficient de corrélation indiquerait une valeur proche de zéro. Par ailleurs, les figures A et B représentent des corrélations fortes dont l'ampleur serait d'environ 0,80 pour la A et de −0,80 pour la B. Ainsi, il est possible d'estimer qu'en C, l'hypothèse nulle ne serait pas rejetée ; donc l'hypothèse de recherche serait infirmée. Par contre, dans les figures A et B, il est fort probable que l'hypothèse nulle sur le lien relationnel entre les variables soit rejetée. En effet, il apparaît assez clairement que la relation linéaire entre les variables n'est pas nulle. Dans ce cas, le rejet de l'hypothèse nulle entraîne l'acceptation de l'hypothèse de recherche (bref, H1 n'est pas infirmée).

L'interprétation des résultats et la discussion

Avant tout, l'interprétation des résultats consiste à appliquer une règle de décision concernant le fait d'infirmer ou non une ou des hypothèses de recherche. Par la suite, cette interprétation permet au chercheur d'expliquer les résultats en établissant des liens avec son cadre théorique et en les comparant avec ceux fournis par les recherches antérieures. Entre autres, le chercheur interprète la direction et l'ampleur des résultats et peut émettre de nouvelles questions ou hypothèses. Dans une recherche quantitative, même si la plupart des contrôles sont effectués avant la collecte des données, le chercheur peut évoquer les facteurs explicatifs des résultats obtenus.

Par ailleurs, la discussion consiste à faire ressortir des liens entre l'interprétation des résultats et l'énoncé du problème ou la problématique. C'est ici que le chercheur décrit ce que les résultats de sa recherche apportent à la résolution de son problème initial. La contribution à l'avancement des connaissances est importante à souligner, qu'il s'agisse de résultats qui vont ou ne vont pas dans le sens des hypothèses de recherche.

Somme toute, il faut dire qu'il n'est pas toujours possible d'extrapoler ou d'extraire tous les résultats d'une recherche. D'une part, les conclusions ne sautent pas toujours aux yeux à la seule vue d'un tableau ou d'un graphique ; d'autre part, il faut parfois recourir à des formules statistiques d'un haut niveau de complexité, requérant un spécialiste du domaine, pour arriver à faire parler les données. Il arrive aussi que les chercheurs soient tentés d'étendre la portée de leurs résultats en essayant de les transposer dans un autre contexte ou un autre milieu. En sciences sociales, il semble pratiquement impossible d'affirmer que toutes les variables se présentent de la même façon d'un milieu à un autre, car les acteurs, qu'ils soient sujets, intervenants, observateurs ou autres, évoluent et changent chaque jour. Un même contexte de recherche ne peut réapparaître : il y aura toujours des conditions particulières qui obligeront à nuancer l'interprétation. Il est donc préférable de limiter l'influence de la recherche à son contexte réel et de se contenter de dégager les liens qui émergent des analyses, en précisant la portée des conclusions en fonction des limites de la recherche. Par exemple, lorsqu'il n'y a pas de groupe témoin, comme dans une recherche préexpérimentale, ou lorsque les groupes ne sont pas équivalents et que les sujets de l'expérimentation ne sont pas déterminés au hasard, comme dans une recherche quasi expérimentale, il n'est pas possible de généraliser les résultats de la recherche au-delà de la population directement représentée. Il faut alors envisager d'autres stratégies pour surmonter ces limites.

□

Conclusion

Ce chapitre visait à familiariser le lecteur avec la démarche de recherche quantitative en éducation. Nous avons abordé les principaux concepts de la recherche quantitative à l'aide d'exemples facilitant la compréhension des différentes étapes, tout en fournissant des références à des travaux plus spécialisés pour le chercheur qui souhaite approfondir davantage l'un ou l'autre des aspects méthodologiques. Nous avons montré que plusieurs outils technologiques simplifiaient le traitement des données et permettaient de générer rapidement des tableaux et des graphiques éloquents.

La recherche quantitative offre une voie privilégiée pour le chercheur soucieux d'objectivité et de généralisation des résultats d'une recherche. Cet objectif est rendu possible grâce, entre autres, à la reproductibilité et à la rigueur de la démarche. C'est d'ailleurs dans cet esprit que les connaissances se raffinent et font de la recherche un instrument de choix pour résoudre des problèmes variés en sciences humaines.

Activités d'appropriation

1. Donnez trois exemples de problèmes de recherche tirés d'un contexte scolaire qui se traiteraient bien au moyen d'une méthodologie quantitative.

2. En reprenant l'un des trois exemples de la question précédente, indiquez quelle population ou quel échantillon pourrait constituer le groupe expérimental et lequel pourrait constituer le groupe contrôle.

3. Dans ce même exemple, mentionnez les différentes variables qui pourraient faire l'objet d'une mesure et précisez les hypothèses de recherche qu'il serait possible de formuler.

4. Quelle généralisation des résultats de cette même recherche le chercheur pourrait-il faire et comment ces résultats contribueraient-ils à faire évoluer la connaissance?

5. À l'aide d'un diagramme, représentez les résultats escomptés dans cette recherche.

6. Décrivez les étapes de réalisation d'un sondage visant à connaître les perceptions des élèves, des enseignants et des parents relativement au nombre maximal d'élèves par classe.

7. Trouvez un article scientifique qui traite d'une recherche quantitative ; résumez-en les principaux résultats en faisant ressortir l'utilité des nouvelles connaissances ainsi obtenues.

8. Imaginez un projet de recherche quantitative qui vous permettrait de répondre à une préoccupation personnelle et tracez-en les grandes lignes. Si les idées vous manquent, les termes suivants devraient vous orienter sur des pistes à exploiter : distances à parcourir ; résultats scolaires ; calories ; nombre d'heures ; fréquence d'un événement ; statistiques sportives ; etc.

Concepts importants

La définition de ces mots clés se trouve dans le glossaire.

- Corrélation
- Diagramme
- Échantillon
- Fidélité
- Groupe contrôle ou groupe témoin
- Groupe expérimental
- Hypothèse
- Post-test
- Prétest
- Sujets de recherche
- Validité
- Variable dépendante
- Variable indépendante

Lectures complémentaires

Le chercheur qui désire en savoir davantage sur l'un ou l'autre des volets abordés peut consulter les références qui suivent et, au besoin, chercher le complément d'information souhaité. Les mots clés sont placés par ordre alphabétique pour faciliter le repérage.

Analyses statistiques (notions)

- Les méthodes quantitatives et la statistique (Trudel et Antonius, 1991 ; Petscher, Schatschneider et Compton, 2013, p. 21)
- L'inférence statistique et l'estimation (Grenon et Viau, 1996b, p. 122 ; Krathwohl, 1998, p. 455)

- Les tests d'hypothèses (Grenon et Viau, 1996b, p. 162)
- La méta-analyse (Krathwohl, 1998, p. 553)
- La saisie et le traitement des données (Kinnear et Gray, 2005, p. 51)
- Les statistiques descriptives (Dancy et Reidy, 2007, p. 54)

Buts et objectifs de la recherche quantitative

- Pourquoi quantifier (Trudel et Antonius, 1991, p. 5)
- La recherche descriptive et la recherche évaluative (Krathwohl, 1998, p. 25)
- Les différentes méthodologies de recherche (Martella *et al.*, 1999, p. 16)
- La relation causale (Martella *et al.*, 1999, p. 174)
- La démarche scientifique (Simard, 1996, p. 5)
- La détermination des objectifs (Colin *et al.*, 1995, p. 11)
- Les caractéristiques des trois stratégies comparatives (Gauthier, 2003, p. 143)
- Le design expérimental, quasi expérimental et préexpérimental (Martella *et al.*, 1999, p. 130)
- Les devis de recherche (Fortin, 2006, p. 170)

Collecte des données

- L'observation directe (Gauthier, 2003, p. 229)
- L'observation et l'évaluation (Krathwohl, 1998, p. 421)
- La confection d'un questionnaire (Colin *et al.*, 1995, p. 29)
- Les questionnaires distribués (Trudel et Antonius, 1991, p. 282)
- Le prétest et le post-test (Martella *et al.*, 1999, p. 133)

Corrélations (notions)

- Les corrélations entre deux variables (Colin *et al.*, 1995, p. 220)
- Les coefficients d'association et de corrélation (Trudel et Antonius, 1991, p. 402)
- La méthode corrélationnelle (Martella *et al.*, 1999, p. 201)
- Les analyses de relations et corrélations (Dancy et Reidy, 2007, p. 189)

Échantillonnage (notions)

- Les types d'échantillonnage (Colin *et al.*, 1995, p. 51 ; Fortin, 2006, p. 248)

- L'échantillon ou la population (Trudel et Antonius, 1991, p. 209)
- Le passage de l'échantillon à la population (Colin *et al.*, 1995, p. 323)
- Les techniques d'échantillonnage (Gauthier, 2003, p. 179 ; Grenon et Viau, 1996b, p. 92)
- L'échantillonnage et l'estimation (Simard, 1996, p. 171)
- Le biais dans les échantillons (Trudel et Antonius, 1991, p. 221)
- La population, l'unité statistique et l'échantillon (Grenon et Viau, 1996a, p. 10)
- Le groupe expérimental et le groupe contrôle (Martella *et al.*, 1999, p. 44)

Fidélité et validité (notions)

- La validité interne et la validité externe (Krathwohl, 1998, p. 136)
- Des précisions sur les notions de fidélité et de validité (Martella *et al.*, 1999, p. 65)
- La fidélité des instruments de mesure (Fortin, 2006, p. 282)

Hypothèses de recherche

- La prévisibilité du réel par les hypothèses (Gauthier, 2003, p. 121)
- La formulation des hypothèses (Trudel et Antonius, 1991, p. 14 et 329 ; Martella *et al.*, 1999, p. 99)
- Les tests d'hypothèses et leur signification (Dancy et Reidy, 2003, p. 145)

Mesures (notions)

- La notion d'échelle de mesure (Trudel et Antonius, 1991, p. 37)
- Les échelles de mesure (Grenon et Viau, 1996a, p. 31 ; Martella *et al.*, 1999, p. 94)
- Les échelles de mesure Likert, Guttman, Thurstone (Gauthier, 2003, p. 365)

Problème de recherche

- La spécification de la problématique (Gauthier, 2003, p. 49)
- La définition d'un problème de recherche (Krathwohl, 1998, p. 81)
- La formulation du problème de recherche (Fortin, 2006, p. 112)

Sondage (stratégies)

- La portée et la limite (Gauthier, 2003, p. 320)

- La nature et la conception d'un sondage (Trudel et Antonius, 1991, p. 249)
- Le sondage et les questionnaires (Krathwohl, 1998, p. 351)

Tableaux et figures

- Des idées de présentation des données (Colin *et al.*, 1995, p. 78 et 175 ; Simard, 1996, p. 23-67)
- L'organisation des données (Trudel et Antonius, 1991, p. 62)
- La lecture de tableaux et graphiques (Grenon et Viau, 1996a, p. 165)
- La distribution normale (Colin *et al.*, 1995, p. 289 ; Grenon et Viau, 1996b, p. 66)
- Le modèle normal et la loi normale (Simard, 1996, p. 149)
- L'histogramme et le polygone de fréquences (Trudel et Antonius, 1991, p. 80)
- La présentation sous forme de tableaux (Grenon et Viau, 1996a, p. 66)

Variables (notions)

- La relation entre les variables (Trudel et Antonius, 1991, p. 361-399 ; Colin *et al.*, 1995, p. 33)
- Les variables quantitatives et qualitatives (Grenon et Viau, 1996a, p. 24)
- L'association de deux variables quantitatives (Grenon et Viau, 1996a, p. 258)

Chapitre 7

La recherche qualitative/ interprétative

Lorraine Savoie-Zajc

Ce chapitre définit ce qu'il est convenu de nommer la recherche qualitative/interprétative et on y présente un modèle méthodologique. Les composantes du modèle méthodologique servent de canevas pour préciser les principales étapes de cette forme de recherche. Ainsi, les notions d'échantillonnage intentionnel, de collecte de données par l'entrevue, par l'observation et par le recours aux matériaux écrits seront expliquées ; le tout est complété par une brève incursion du côté de l'analyse des données. Le corps du chapitre prend fin sur une discussion des critères de rigueur de la recherche qualitative/interprétative. Sont alors définis les principaux concepts utilisés pour apprécier la valeur des résultats de ce type de recherche ainsi que des moyens qui permettent de les obtenir.

□

Une recherche qui relève du courant interprétatif sur le thème du décrochage scolaire met l'accent sur la compréhension du sens que les décrocheurs donnent à leur expérience scolaire telle qu'ils l'ont vécue, alors qu'une recherche apparentée au courant positiviste prête plutôt attention aux liens causaux qui existent entre divers facteurs : réalités sociodémographiques (âge, situation familiale, niveau d'études des parents), problèmes d'adaptation sociale (consommation de drogue, d'alcool), problèmes d'adaptation scolaire (redoublement, absentéisme) avec la décision de décrocher.

D'où provient la recherche qualitative/interprétative ? Pourquoi, en éducation, s'intéresser à ce type de recherche ? Avant de la définir, il nous semble important d'en indiquer les origines ainsi que d'en montrer la pertinence pour l'éducation.

Les origines et la pertinence de la recherche

Le courant interprétatif, ainsi que le mentionne Crotty (1998), est souvent lié à la pensée de Max Weber (1864-1920), qui avançait l'idée que les sciences humaines devraient surtout se préoccuper de comprendre les situations humaines et sociales ; cette position contraste avec la finalité consistant à expliquer un phénomène par la recherche des relations de cause à effet entre des variables constitutives, caractéristique du courant épistémologique positiviste.

La recherche qui s'inscrit dans le courant interprétatif est ainsi animée du désir de mieux comprendre le sens qu'une personne donne à son expérience. Cette compréhension sera toutefois vue comme évolutive plutôt que finie et définitive comme dans la vision positiviste de la recherche. Sa dynamique s'appuie sur l'importance de la relation chercheur-participant à la recherche ; elle se caractérise par le caractère évolutif du déroulement de la recherche et le caractère interprétatif de l'analyse des données.

L'anthropologie a d'abord eu recours aux approches qualitatives/interprétatives dans ses modes de production de connaissances. L'éducation y est venue plus tard. Tesch (1990) et Savoie-Zajc (2009a) proposent de voir Maria Montessori (1870-1952) comme la première pédagogue qui a mené une recherche qualitative/interprétative. Son approche pédagogique, mondialement reconnue, a été élaborée grâce à ses observations menées auprès d'un groupe d'enfants d'un quartier défavorisé en Italie. Ces jeunes utilisaient du matériel pédagogique conçu pour un autre groupe d'enfants, affligés, ceux-là, de handicaps intellectuels. Cette première manifestation de la recherche qualitative/interprétative en éducation, bien qu'elle se soit révélée riche de conséquences sur le plan du développement d'une pédagogie, n'a toutefois pas influé immédiatement sur les pratiques des chercheurs en éducation. On ne l'a redécouverte qu'à la fin des années 1960 par le truchement des recherches ethnographiques sur les rapports enseignants-élèves en classe et la culture de l'école (Tesch, 1990). Depuis, l'intérêt pour cette forme de recherche n'a cessé de prendre de l'ampleur.

Deux facteurs principaux militent en faveur du caractère approprié d'une démarche de recherche qualitative/interprétative en éducation ; il s'agit d'abord de la pertinence et de l'accessibilité des résultats et des connaissances produits par la recherche, ensuite du caractère essentiel de l'interactivité.

La recherche qualitative/interprétative possède une telle qualité, comme les recherches du registre participatif, de susciter l'engagement des praticiens, car les problématiques de recherche abordées sont proches des problématiques professionnelles rencontrées. De plus, parce que la recherche qualitative se fait sur les terrains avec les acteurs des milieux, les personnes se sentent respectées, écoutées et valorisées par des formes de recherche qui mettent en évidence la complexité des pratiques et les limites réelles que rencontrent les praticiens dans l'exercice de leurs tâches. Les résultats de la recherche s'ancrent donc dans les réalités des personnes, elles sont cohérentes avec les dynamiques curriculaires, organisationnelles, culturelles et sociales, contextes dans lesquels les pratiques s'exercent. C'est donc par une fine connaissance des pratiques produite par la recherche qualitative que les ajustements de pratiques professionnelles sont éclairés.

Le deuxième facteur qui légitime la pertinence de la recherche qualitative/interprétative en éducation repose sur une qualité essentielle et intrinsèque à sa nature, à savoir le fait de tenir compte des interactions que les individus établissent entre eux et avec leur environnement. La nature même de l'éducation est tissée des relations interpersonnelles entre les acteurs du processus d'enseignement/apprentissage. L'éducateur est cette personne qui réussit à établir des liens significatifs et réciproques avec l'apprenant. Comment peut-on alors étudier une réalité interactive autrement qu'en conservant son essence même, soit l'interaction ? La démarche souple et émergente de la recherche qualitative/interprétative permet au chercheur de comprendre, de l'intérieur, la nature et la complexité des interactions d'un environnement déterminé, et d'orienter sa collecte de données en tenant compte de la dynamique interactive du site de recherche.

Enfin, qu'est-ce donc qu'une recherche du type dit qualitatif/interprétatif ? Nous avons choisi d'associer deux épithètes pour la désigner, soit le terme *qualitatif* et le terme *interprétatif*. Dans la documentation scientifique, c'est le terme *recherche qualitative* qui est le plus souvent utilisé. Ce terme est riche de significations et, comme on le verra plus loin, il désigne plusieurs types de pratiques. Le terme *qualitatif* attribue en quelque sorte à la recherche les caractéristiques afférentes aux types de données utilisées, soit des données qui se mesurent difficilement : des mots, des dessins et des comportements. Par glissement de sens, on en est venu à désigner aussi l'épistémologie sous-jacente à pareille recherche, le courant interprétatif. Ce courant est animé du désir de comprendre le sens de la réalité des individus ; il adopte une perspective systémique, interactive, alors que la recherche se déroule dans le milieu naturel des personnes. Le savoir produit est donc vu comme enraciné dans une culture, un contexte et une temporalité. Par souci de précision dans la façon de désigner le type de recherche dont il est question dans ce chapitre, nous la nommons qualitative/interprétative, car les données sont de nature qualitative et l'épistémologie sous-jacente est interprétative.

Déjà en 1996, Potter répertoriait une vingtaine de définitions de la recherche qualitative/interprétative; il les a groupées en cinq catégories. Il nomme la première la « catégorie des définitions formelles ». Prenons pour exemple la définition proposée par Denzin et Lincoln (1994):

> La recherche qualitative/interprétative consiste en une approche de la recherche qui épouse le paradigme interprétatif et privilégie l'approche naturaliste. Ainsi, elle tente de comprendre en profondeur les phénomènes à l'étude à partir des significations que les acteurs de la recherche leur donnent. Les études sont menées dans le milieu naturel des participants. La recherche qualitative/interprétative est éclectique dans ses choix d'outils de travail (traduction libre, p. 2).

Un deuxième type de définitions concerne celles que Potter nomme les « définitions de contraste ». Le concept est alors défini en opposition à la recherche quantitative et s'en distingue par l'épistémologie du paradigme positiviste, la nature des données, et le mode d'analyse des données. Par exemple, Strauss et Corbin (1990) le définissent par ses méthodes de réduction des données, qui diffèrent de celles de la réduction statistique.

Potter (1996) établit une troisième catégorie de définitions qui regroupe les différentes typologies de recherches qualitatives/interprétatives. Par exemple, Tesch (1990), qui a fait un excellent travail de structuration des différentes formes de recherche qualitative/interprétative, distingue 46 types de recherches qualitatives qui débouchent sur diverses pratiques, plus ou moins différenciées selon les cas. Elle choisit ensuite de classer ces diverses formes selon l'orientation de la recherche, qui peut s'intéresser aux caractéristiques du langage, rechercher des patrons et des régularités, explorer le sens d'un texte ou de l'action, ou encore approfondir la réflexion.

La quatrième catégorie de définitions se caractérise par le « type procédural »; ici, on met l'accent sur une série d'opérations à effectuer. Ainsi, Paillé (2009a) fait observer que:

1) la recherche menée comprend presque toujours un contact personnel et prolongé avec un milieu ou des gens et une sensibilité accordée à leur point de vue (ou perspective, expérience, vécu, etc.);

2) la construction de la problématique demeure large et ouverte;

3) le design méthodologique n'est jamais complètement déterminé avant le début de la recherche en tant que telle, mais évolue, au contraire, selon les résultats obtenus, la saturation atteinte, le degré d'acceptation interne obtenu ;

4) les étapes de collecte et d'analyse des données ne sont pas séparées de manière tranchée, se chevauchant même parfois ;

5) le principal outil méthodologique demeure le chercheur lui-même à toutes les étapes de la recherche ;

6) l'analyse des données vise la description ou la théorisation de processus et non la saisie de «résultats» ;

7) finalement, la thèse ou le rapport de recherche s'insère dans un espace dialogique de découverte et de validation de processus et non pas dans une logique de preuve (p. 219).

La cinquième et dernière catégorie de définitions met l'accent sur la finalité de la recherche qualitative/interprétative. Citons l'exemple que Pirès (1997) en donne dans la conclusion de son texte sur l'épistémologie de la recherche qualitative.

> On peut alors peut-être dire que la recherche qualitative se caractérise en général : a) par sa souplesse d'ajustement pendant son déroulement, y compris par sa souplesse dans la construction progressive de l'objet même de l'enquête ; b) par sa capacité de s'occuper d'objets complexes, comme les institutions sociales, les groupes stables, ou encore d'objets cachés, furtifs, difficiles à saisir ou perdus dans le passé ; c) par sa capacité d'englober des données hétérogènes ou [...] de combiner différentes techniques de collecte de données ; d) par sa capacité de décrire en profondeur plusieurs aspects importants de la vie sociale relevant de la culture et de l'expérience vécue, étant donné, justement, sa capacité de permettre au chercheur de rendre compte [...] du point de vue de l'intérieur ou d'en bas ; e) enfin, par son ouverture au monde empirique, qui s'exprime souvent par une valorisation de l'exploration inductive du terrain d'observation, et par son ouverture à la découverte de «faits inconvénients» (Weber) ou de «cas négatifs». Elle tend à valoriser la créativité et la solution de problèmes théoriques posés par les faits inconvénients (p. 52).

En guise de synthèse, retenons que la recherche qualitative/interprétative est une forme de recherche qui exprime des positions ontologiques (relatives à la vision de la réalité) et épistémologiques (associées aux conditions de production du savoir) particulières dans la mesure où le sens attribué à la réalité est vu comme construit entre le chercheur, les participants à l'étude et même les utilisateurs des résultats de la recherche. Ces derniers, en prenant connaissance des résultats de la recherche, se mettent en position de délibération, de critique et questionnent son applicabilité et sa transférabilité dans leur propre contexte. Dans cette démarche, le chercheur et les participants à la recherche ne sont pas neutres : leurs schèmes personnels et théoriques, leurs valeurs influent sur leur conduite et le chercheur tente de produire un savoir objectivé, c'est-à-dire validé par les participants à la recherche. Le savoir produit est aussi vu comme dynamique et temporaire, dans la mesure où il continue d'évoluer. Le savoir est également contextuel, car les milieux de vie des participants colorent et orientent les résultats.

Comment donc se déroule une telle recherche dans laquelle un environnement humain (une classe ou un groupe d'enseignants) est étudié par un chercheur qui manifeste une attitude réflexive par rapport à sa démarche de recherche, qui est soucieux de tenir compte des interactions, qui considère le processus de recherche comme négocié et émergent, et qui utilise des modes de collecte de données qui tiennent compte des interactions ?

Le processus d'une recherche qualitative/interprétative

Lincoln et Guba (1985) ont produit un schéma qui représente bien la dynamique de la recherche qualitative/interprétative. Ce modèle (figure 7.1) est fondé sur une approche particulière, soit celle de la théorie ancrée (Glaser et Strauss, 1967 ; Strauss et Corbin, 1990).

Le chercheur démarre par une question de recherche qu'il formule d'abord largement et qui se précise graduellement au cours de la démarche. À cette fin, il s'engage dans un cycle comportant trois

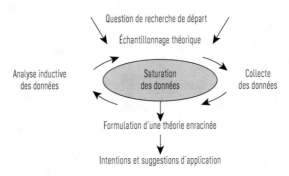

Figure 7.1   La démarche de recherche qualitative/interprétative

phases: 1) l'échantillonnage théorique, 2) la collecte de données, 3) l'analyse inductive des données. Ce cycle se répète jusqu'à saturation des données, c'est-à-dire jusqu'à ce que le chercheur juge que les données nouvelles n'ajoutent plus rien à la compréhension du phénomène et que les catégories d'analyse ne sont plus enrichies par l'apport de données supplémentaires. Le caractère émergent du design de recherche constitue une caractéristique importante. Cette émergence est guidée par le sens que le chercheur donne graduellement aux données et par son contact avec les participants à la recherche. Ainsi, la réflexion menée au fur et à mesure de la collecte et de l'analyse des données transforme le processus même de recherche: plutôt que d'être prédéfini et fermé comme dans la recherche du courant positiviste, il est émergent et souple. Le chercheur prend en compte les événements vécus en cours de recherche, ses propres prises de conscience et les réactions des répondants devant les tentatives d'interprétation avancées et il les intègre dans le processus de la recherche en cours.

Ce cycle itératif entre la collecte et l'analyse des données se poursuit jusqu'à ce que le chercheur n'apprenne plus rien de nouveau – les données se répètent, les discours des nouveaux participants n'ajoutent plus à la compréhension des expériences déjà recueillies. C'est un signe de saturation des données. Le chercheur est alors prêt à nommer l'axe central afin d'attribuer du sens aux données analysées et classées sous diverses rubriques. C'est l'étape de la formulation de la théorie dite ancrée ou enracinée, du fait qu'elle provient des observations tirées de la réalité. Cette théorie ne tend pas à généraliser un savoir ; elle propose plutôt des hypothèses de travail et des suggestions d'application.

Examinons maintenant plus en détail chacun des éléments constitutifs de ce cycle, soit l'échantillonnage théorique et la collecte des données. Un chapitre de cet ouvrage est consacré à l'analyse de données (voir le chapitre 12). Cette thématique sera donc seulement esquissée dans le présent chapitre.

Pour être appréciée, une telle démarche méthodologique de recherche qualitative/interprétative requiert l'application de critères de rigueur particuliers (voir plus loin) propres à ce type de recherche et respectant ses postulats.

L'échantillon et l'échantillonnage théorique

S'engager dans une recherche signifie faire des choix quant au problème étudié, au cadre théorique retenu, à la méthodologie, aux personnes qui feront partie de l'étude, aux modes de collecte de données planifiés et aux stratégies d'analyse. Traiter de l'échantillon, c'est s'arrêter au choix des personnes invitées à faire partie de l'étude. Dans une recherche qualitative/interprétative, ce choix est intentionnel, c'est-à-dire que le chercheur établit un ensemble de critères provenant du cadre théorique afin d'avoir accès, pour le temps de l'étude, à des personnes qui partagent certaines caractéristiques. Les quatre critères suivants peuvent délimiter un échantillon rigoureux :

- il est intentionnel et il est constitué en fonction des buts poursuivis dans la recherche (comparaison ou compréhension en profondeur);
- il est balisé, théoriquement parlant, et il est justifié;
- il est cohérent avec les postures épistémologiques et méthodologiques;
- il traduit un souci éthique (Savoie-Zajc, 2007).

> Dans sa thèse de doctorat sur l'apprentissage du métier de l'enseignement par des professeurs du collégial, Lauzon (2001) balise théoriquement et justifie son échantillon selon des paramètres précis : perfectionnement pédagogique ou non ; années d'expérience d'enseignement au collégial ; secteur d'enseignement ; sexe.

Selon Lecompte et Preissle (1993), l'échantillon peut être formé à partir de groupes naturels, c'est-à-dire tout collectif qui existe indépendamment de l'étude, par exemple, une classe de troisième secondaire ou un club sportif. Il peut s'agir aussi d'un sous-ensemble, formé par le chercheur, comme des jeunes à risque de décrochage scolaire répartis dans différentes classes ou pouvant être inscrits à plusieurs écoles, dans plusieurs villes. Ces auteurs distinguent plusieurs types d'échantillons intentionnels: le premier type s'effectue au début de l'étude et s'appuie sur les critères mentionnés précédemment. Deux stratégies sont poursuivies dans ce type d'échantillon: la représentativité des personnes et la comparaison parmi les membres qui composent l'échantillon.

> Dans sa recherche portant sur la prise en compte par les étudiants de leur identité culturelle et linguistique francophone pendant leur parcours de formation, Garneau (2015) opte pour un échantillon contrasté selon des critères qui lui permettront de faire des comparaisons pendant la recherche. Ainsi, 58 étudiants proviennent de contextes francophones minoritaires différents ; ils sont inscrits aux trois cycles universitaires de trois universités canadiennes établies dans des contextes francophones minoritaires ; leurs parcours de formation suivent des filières variées.

Le deuxième type d'échantillonnage intentionnel que distinguent Lecompte et Preissle (1993) est celui de l'échantillonnage fait au cours de l'étude. Ce type inclut plusieurs variantes, dont l'échantillonnage théorique.

Mettre en branle un processus d'échantillonnage théorique signifie que le chercheur va d'abord effectuer au début de l'étude une première sélection des participants à la recherche. Toutefois, au fur et à mesure que la recherche progresse, cet échantillon est révisé; le chercheur se donne même la possibilité d'inclure d'autres participants. Comme l'explique Paillé (2009b), « l'expression ne renvoie pas à une méthode de sélection de sujets pour une recherche, mais plutôt à une stratégie de développement et de consolidation d'une théorisation par un choix judicieux de nouvelles observations à effectuer en cours de recherche » (p. 69). Il s'agit ainsi d'un mécanisme de comparaison constante entre ce que le chercheur apprend, les regroupements des données selon des catégories d'analyse et les vérifications des hypothèses d'interprétation auprès de personnes aux compétences et aux caractéristiques de plus en plus définies. L'échantillonnage théorique fait ainsi référence au processus d'échantillonnage basé non pas sur un modèle statistique, mais bien sur un choix conscient et volontaire des répondants par le chercheur. C'est leur compétence perçue comme pertinente au regard de la problématique de recherche qui incite le chercheur à les inviter à participer à la collecte de données. Plus la recherche avance, plus le chercheur sent le besoin d'étendre l'échantillonnage, d'intégrer des répondants aux compétences de plus en plus précises. C'est donc la collecte quotidienne de données qui guide le chercheur dans son choix de nouveaux répondants, ce qui permet de mieux cerner différentes facettes du problème étudié.

Dans le cadre d'une étude portant sur les transformations des pratiques de gestion de directeurs d'école .francophones québécois dans le contexte du renouveau pédagogique, les chercheurs ont mené des entrevues auprès de 70 personnes. L'échantillonnage s'est fait en deux temps. Les noms de 35 directeurs qui avaient déjà répondu à un questionnaire ont d'abord été choisis d'après un ensemble de critères : sexe, années d'expérience, ordre d'enseignement et région géographique. Trente-cinq autres personnes ont ensuite été choisies directement par les chercheurs, dans le but de rencontrer en entrevue des personnes aux opinions les plus contrastées possible au sujet de la réforme scolaire (Savoie-Zajc, Brassard, Corriveau, Fortin et Gélinas, 2002).

La collecte de données

La phase de la collecte de données consiste à employer des stratégies souples destinées à favoriser l'interaction avec les participants : l'entrevue semi-dirigée plutôt que le questionnaire, l'observation ouverte et participante plutôt que l'observation faite à partir de grilles d'observation. Le chercheur a également intérêt à combiner plusieurs de ces stratégies pour faire ressortir différentes facettes du problème étudié et pour corroborer certaines données reçues. Trois modes de collecte de données reviennent souvent dans ce genre de recherche, soit l'entrevue, l'observation et l'usage de matériel écrit divers.

L'entrevue – Nous avons défini l'entrevue (2016) comme « une interaction verbale entre des personnes qui s'engagent volontairement dans pareille relation afin de partager un savoir d'expertise, et ce, pour mieux dégager conjointement une compréhension d'un phénomène d'intérêt pour les personnes en présence » (p. 339). Il existe plusieurs formes d'entrevues : non dirigée, semi-dirigée et dirigée. L'entrevue peut aussi être conduite par une ou plusieurs personnes, auprès d'un seul individu ou d'un groupe de personnes. L'échange peut être médiatisé, par exemple, dans le cas de l'entrevue téléphonique ou au moyen d'une application électronique (telle que FaceTime ou Skype) où la parole et l'image sont disponibles.

Dans l'entrevue non dirigée, le thème de recherche est défini et le participant se trouve dans une position où il peut parler de son expérience comme il l'entend, sans que le chercheur n'oriente l'échange. D'une entrevue à une autre, seul le thème principal demeure constant. Dans le cas des récits de vie, par exemple, le participant à la recherche organise son propos selon une logique et un agencement de faits, d'événements et de réflexions qui lui sont personnels.

Dans l'entrevue semi-dirigée, le chercheur et l'interviewé se trouvent dans une situation d'échange plus contraignante que dans l'entrevue non dirigée. Le chercheur établit un schéma d'entrevue qui réunit une série de thèmes liés à la recherche. Ces thèmes proviennent du cadre théorique, à l'intérieur duquel les concepts étudiés sont définis et leurs dimensions clarifiées. Les thèmes sont abordés selon l'ordre et la logique des propos tenus pendant la rencontre. Toutefois, une certaine constance est assurée d'une entrevue à l'autre, même si l'ordre et la nature des questions, les détails abordés et sa dynamique particulière peuvent différer.

> Macé (2011) conduit une recherche doctorale dont l'objet central est celui de la résilience telle qu'elle est vécue par 18 jeunes adultes. Son schéma d'entrevue est structuré autour de trois idées principales : la transition vers la vie adulte ; leur adaptation et leur satisfaction au regard de leur vie et de leur transition ; les éléments positifs et négatifs qu'ils ressortent de leur expérience.

La dernière sorte d'entrevue est dite « dirigée », car le chercheur exerce alors une contrainte accrue lors de l'échange verbal. En effet, il pose une série de questions, préalablement définies, au cours de la rencontre. Des ajustements aux questions ou des questions de clarification peuvent surgir si le répondant ou le chercheur ne comprennent pas le sens des propos. Il reste que l'échange est structuré à l'avance et qu'une grande uniformité est attendue d'une entrevue à l'autre.

S'engager dans une entrevue consiste donc à entrer en contact avec un interlocuteur, à rechercher un accès à l'expérience de l'autre, à cerner ses perspectives au sujet des questions étudiées et à tenter de les comprendre, et ce, d'une façon riche, descriptive, imagée. Ce mode de collecte de données comporte toutefois des limites. Ainsi, la qualité de l'échange dépend de la qualité de la relation qui s'établit entre les deux personnes. Un certain degré de sympathie et de confiance doit exister pour que l'échange se déroule dans un climat harmonieux. Une autre limite de l'entrevue repose sur la nature même du matériau verbal qui constitue le cœur de la collecte de données. Pour exprimer ses points de vue, la personne utilise un filtre puissant qui est celui du langage. Le chercheur, pour comprendre les propos, filtre aussi les discours, par ses connaissances théoriques préalables sur le sujet ou ses attentes par rapport aux propos de l'autre. Il faut donc voir les informations recueillies comme une approximation de la perspective que l'interviewé a bien voulu communiquer. En outre, des blocages de communication ou des sujets jugés tabous par les répondants peuvent faire en sorte que les interlocuteurs ne réussissent pas à engager un dialogue véritable. Un autre problème, enfin, concerne la valeur des informations divulguées lors des entrevues. Le répondant peut, à l'occasion, être mû par le désir de rendre service ou d'être bien vu par le chercheur et ainsi tenir des propos idéalisés de sa réalité.

On voit donc que s'engager dans une entrevue constitue une expérience riche qui ne va toutefois pas sans problèmes. Les informations recueillies à des fins de recherche fournissent un certain type de données, soit ce que les gens expriment au sujet de leur expérience, avec toutes les limites qu'un tel témoignage peut comporter.

C'est la raison pour laquelle, dans une recherche qualitative/ interprétative, les chercheurs jumellent souvent plusieurs modes de collecte de données; ainsi, en associant par exemple l'observation et l'entrevue, ils évitent les biais de l'une et l'autre prises séparément.

L'observation – En recherche qualitative/interprétative, l'observation constitue un autre mode important de collecte de données. Chapoulie (1984), que citent Jaccoud et Mayer (1997), définit l'observation en recherche comme suit :

> elle implique l'activité d'un chercheur qui observe personnellement et de manière prolongée des situations et des comportements auxquels il s'intéresse, sans être réduit à ne connaître ceux-ci que par le biais des catégories utilisées par ceux qui vivent ces situations (p. 212).

Cette définition renvoie au terme *observer*, que Postic et De Ketele (1988) définissent comme l'action de centrer son attention sur une situation et d'en analyser la dynamique interne. Un chercheur peut effectuer des observations selon plusieurs postures, plus ou moins distanciées, comme dans le cas de l'entrevue. Le chercheur peut en effet occuper la position d'un observateur passif, dans la mesure où il ne participe pas activement à la dynamique ambiante. Sa question de recherche lui fournit une direction pour orienter ses observations ; il note les comportements observés selon sa perception de leur pertinence par rapport à la recherche amorcée. Cette observation ne s'effectue pas nécessairement au moyen d'une grille d'observation, comme dans le cas d'une recherche de type quantitatif/positiviste. Le chercheur peut plutôt choisir de définir « une unité d'observation », mécanisme très systématique, qui permet d'extraire des données des comportements observés et fournit une règle d'observation.

Garneau (2015) a recours à la notion d'unité d'observation pour dégager de ses entretiens avec les partici-pants des comportements, objets subséquents d'analyse. Elle nomme cette unité d'observation « acte décisionnel ». Elle en donne la définition suivante : « moment où un étudiant dit avoir été confronté à un obstacle ou à une possibilité, et avoir dû agir » (p. 13).

Une unité d'observation doit toujours clarifier le début et la fin de l'épisode observé. Cette exigence devient la règle pour extraire des données de recherche à partir des notes d'observation ou des documents filmés (ou des transcriptions d'entrevue, comme dans l'exemple cité). L'unité d'observation prend véritablement forme sur le site observé. Le chercheur peut préparer et amorcer son observation avec des points de repère en tête, des définitions conceptuelles, opérationnalisées en comportements, mais c'est véritablement sur le site même qu'il raffinera son outil d'observation.

L'observation participante constitue un deuxième type d'observation. Le chercheur y occupe une position très engagée, c'est-à-dire qu'il participe pleinement à la dynamique ambiante. Bianquis-Gasser (1996) définit l'observation participante comme «un apprentissage et comme un dispositif de travail. C'est en partageant même temporairement le quotidien du groupe étudié que le chercheur peut tenter de dépasser le rapport déséquilibré de l'enquêteur à son objet d'étude» (p. 146). Ce type d'observation pose de façon aiguë le problème de l'accès au terrain. Il est nécessaire que les personnes observées soient d'accord pour accueillir dans leurs rangs une personne étrangère qui s'y introduit pour participer à leur vie quotidienne, avec l'intention explicite d'analyser leurs comportements. Pour faire de l'observation participante, il n'est toutefois pas essentiel d'être étranger à un groupe. On peut aussi penser à une observation participante effectuée par un enseignant dans sa classe. Il participe à la vie du groupe, mais en même temps, il se donne des outils systématiques pour mieux comprendre certains comportements de ses élèves qui suscitent son intérêt et sa curiosité.

> Doyon (1995) a observé, pendant une période de six mois, des étudiants handicapés intellectuels à qui elle enseignait l'art dramatique ; elle cherchait à comprendre comment leur implication dans une formation en art dramatique permettait aux élèves de développer leur affectivité. En sa qualité d'enseignante, elle a élaboré ses activités pédagogiques et elle a continué d'interagir avec ses élèves. Elle a toutefois filmé des ateliers en art dramatique et formulé des unités d'observation en s'inspirant des trois premiers niveaux de la taxinomie de Krathwohl, ce qui lui a permis d'extraire de ses épisodes filmés des données qu'elle a ensuite analysées.

L'observation participante donne l'occasion au chercheur de remettre en question, de vérifier au fur et à mesure ses interprétations auprès des personnes avec lesquelles il est en interaction dans leur vie quotidienne. C'est en cela que réside la grande force de ce type de collecte de données: il permet de dépasser le langage – ce que les personnes disent qu'elles font – pour s'intéresser à leurs comportements et au sens qu'elles y donnent. Les limites à l'observation et à l'observation participante sont liées au coût en temps et en énergie du chercheur, qui doit être physiquement présent dans un lieu pendant un laps de temps important.

Elles sont aussi liées à l'accès du chercheur au site, car s'il n'est pas déjà membre de ce milieu, il lui faudra obtenir l'assentiment des acteurs concernés et établir des relations de confiance en se faisant connaître et accepter par le groupe.

Un troisième mode de collecte de données utile en recherche qualitative/interprétative est celui du recours au matériel écrit.

Le matériel écrit – Les données de ce type peuvent prendre plusieurs formes, dont des textes produits à partir d'une question de départ (réponses aux questions ouvertes d'un questionnaire, par exemple) ou librement sur un thème fourni par le chercheur (rédactions d'élèves), ou encore spontanément (lettres, journaux de bord). Elles peuvent aussi être de nature visuelle : dessins spontanés ou non, photographies. Les archéologues et les anthropologues ont acquis une grande expertise dans l'étude des objets fabriqués par l'être humain et laissés comme témoignages de leurs activités quotidiennes. À proprement parler, ce ne sont pas des documents écrits, mais bien des artefacts, des traces d'un comportement et d'une organisation sociale quelconque. Ils constituent un matériau riche de sens pour qui prend le temps de les étudier et se donne les moyens de les décoder.

Les productions écrites et graphiques fournissent des matériaux extrêmement riches et précieux pour la recherche en éducation. Elles permettent à l'enseignant d'allier activités de classe et buts de recherche sur divers thèmes, par exemple, la compréhension de l'évolution du processus d'apprentissage, les processus liés à la résolution de problèmes, la représentation qu'ont les élèves d'une certaine problématique ou encore l'acquisition de certaines valeurs.

> Dans sa thèse de doctorat qui porte sur les stratégies d'adaptation au stress d'adolescents performants à l'école, Guimond-Plourde (2004) a demandé aux élèves de s'exprimer par écrit au sujet de leur représentation de leur état lorsqu'ils se sentent stressés. Des dessins, des poèmes ont été produits et servent d'appui aux interprétations phénoménologiques des expériences vécues.

Le dessin spontané permet de communiquer un message au moyen de codes visuels, registre moins fréquemment utilisé (Pourtois et Desmet, 1988 ; Savoie-Zajc, 2005). Le répondant peut donc communiquer, dans un langage autre que le langage oral, un aspect différent lié à son expérience vécue. Le dessin fait d'ailleurs souvent ressortir de nouvelles facettes du phénomène étudié. Dans le registre des matériaux écrits, les journaux de bord, les récits d'expérience et les procès-verbaux constituent d'autres exemples de productions provenant des participants à la recherche, susceptibles de fournir un riche éclairage sur leur expérience.

En guise de synthèse sur les modes de collecte de données, mentionnons que l'entrevue, l'observation et l'utilisation de matériel écrit constituent des modes complémentaires de collecte de données. L'un fait ressortir des aspects que l'autre ne peut aborder. Ainsi, une recherche qualitative/interprétative soigneusement planifiée permet de combiner plusieurs modes de collecte de données : des observations et des productions écrites, ou des entrevues et des observations, ou encore des entrevues et des dessins. De telles associations dépendent étroitement de la nature du problème et des questions de recherche.

Dans la logique du modèle méthodologique présenté plus tôt, la collecte de données s'effectue simultanément à l'analyse des données. Cette simultanéité force le chercheur à mettre en lumière ses biais par rapport aux données, à effectuer des classifications et à retourner sur le site de recherche pour mettre à l'épreuve les catégories d'analyse émergentes ainsi que les interprétations qu'il croit pouvoir en déduire. Le chercheur est alors en position de valider avec les répondants, de façon constante et continue, le bien-fondé des concepts explicatifs qui se dessinent et d'en vérifier l'envergure et la valeur. Mais que signifie analyser des données ? Cette opération fort importante du processus de recherche sera seulement esquissée dans les prochains paragraphes. Le chapitre 12, sur l'analyse qualitative, préparé par Liliane Dionne en fait état de façon plus fouillée.

L'analyse de données qualitatives et la place du cadre théorique

Comme l'indique Deslauriers (1991), l'analyse des données, dans les termes les plus simples, renvoie « aux efforts du chercheur pour découvrir les liens à travers les faits accumulés » (p. 79). Le chercheur veut donc saisir le sens des données recueillies. Lessard-Hébert, Goyette et Boutin (1994), citant Erickson, signalent que c'est une logique inductive et délibératoire qui prévaut dans l'analyse de données qualitatives. Le chercheur s'interroge sur le sens que celles-ci détiennent et fait des allers-retours entre prises de conscience et vérifications sur le terrain, ce qui lui permet d'amender au besoin sa classification des données. Pour Tesch (1990), la logique qui sous-tend l'analyse est essentiellement constituée de deux dynamiques. La première, qu'elle nomme «décontextualisation», renvoie à l'opération par laquelle le chercheur extrait des données recueillies (verbatim d'entrevues, relevés d'observations ou tout autre matériau de recherche) des passages qui seront regroupés sous des codes divers, selon les sens qu'ils communiquent. La seconde dynamique, la «recontextualisation», désigne l'opération par laquelle chacun des codes de classification des passages extraits du matériel de recherche sera maintenant défini de façon inductive, c'est-à-dire, grâce au sens qui s'en dégage. Ainsi, le code du «bon professeur» acquiert un sens et peut être défini par les passages d'entrevue qui y ont été classifiés. La «recontextualisation» consiste en une dynamique qui permet au chercheur de sortir d'une logique verticale (le discours de chaque participant en présence du phénomène étudié) pour aller vers une logique horizontale (les discours tenus par chacun des participants possèdent des points de convergence (quel sens s'en dégage?) et des points de divergence (quel sens s'en dégage?). Chaque extrait est ainsi «recontextualisé» non plus par rapport à la source des données (chacun des participants), mais par rapport à la dimension conceptuelle commune aux extraits placés sous un même code.

La mise en application de cette double dynamique de base dans l'analyse qualitative nous amène ainsi à questionner la place du cadre théorique à ce moment de la recherche. Cette question demeure d'ailleurs un sujet controversé. Certains, dont Glaser et Strauss, qui dans leur ouvrage classique (1967) formulent l'approche méthodologique de la théorie enracinée, maintiennent que le chercheur doit arriver au site de recherche avec le moins d'influences théoriques possible. Il doit se laisser imprégner par le milieu ambiant et tirer des données recueillies l'essence du phénomène étudié. La théorie émergente, enracinée dans les données, est alors discutée, comparée et reliée ou non au corpus des connaissances théoriques disponibles dans la littérature. Cette position, typiquement inductive, est maintenant qualifiée de naïve, car le chercheur peut difficilement faire abstraction d'un corpus de connaissances accumulé pendant des années au sujet du phénomène étudié.

Une autre position, qu'on pourrait qualifier d'inductive modérée par rapport à la place du cadre théorique et à son influence sur l'analyse des données, consiste à reconnaître l'influence du cadre théorique par la définition opérationnelle des concepts étudiés. L'analyse démarre en s'appuyant sur des points de repère théoriques généraux pour soutenir la classification des données.

Finalement, une troisième position, dite logique inductive délibératoire, consiste à utiliser le cadre théorique comme un outil qui guide le processus de l'analyse. La grille d'analyse initiale s'enrichit toutefois dans la mesure où d'autres dimensions pertinentes pour le problème étudié ressortent des données. C'est ce que L'Écuyer (1990) nomme l'approche mixte d'analyse.

> **L'analyse selon une logique typiquement inductive** Dans notre étude de 1994 sur le sens que les jeunes à risque de décrochage scolaire donnent à leur expérience, les différentes catégories d'analyse ont été formulées à partir du discours des participants à la recherche.
>
> **L'analyse selon une logique inductive modérée** – Guimond-Plourde (2004) s'engage dans une recherche phénoménologique et elle dégage les dynamiques de six adolescents performants à l'école qui ont développé des stratégies de *stress-coping*. Si la notion même de *stress-coping* est clairement balisée du point de vue théorique, ce sont les récits et les autres productions écrites et visuelles produites par les adolescents qui fournissent la trame de l'analyse.
>
> **L'analyse selon une logique inductive délibératoire** – Houle *et al.* (2017) ont justifié leur recours au modèle théorique de l'identité professionnelle (Gohier *et al.*, 1997). Celui-ci a guidé l'élaboration du schéma des entrevues de groupe. Il a de plus fourni les catégories préalables d'analyse des données recueillies. De nouvelles catégories d'analyse ont toutefois été formulées, en cours d'analyse, afin de tenir compte des éléments nouveaux qui provenaient des données.

Les critères de rigueur

Un chercheur est aussi tenu d'effectuer sa recherche avec le plus de rigueur possible. Des critères de rigueur, sortes de règles d'évaluation, sont disponibles pour la recherche qualitative/interprétative. Même si la nécessité de se plier à de tels critères fait encore débat aujourd'hui (Kincheloe et Barry, 2004; Schwandt, 1996), certains auteurs proposent une critériologie adaptée, en argumentant que la disponibilité de critères assure une base de discussion commune pour juger de la valeur scientifique et éthique d'une recherche (Gohier, 2004; Lincoln, 1995; Manning, 1997; Richardson, 2000).

Guba et Lincoln (1982, 1985) ont ainsi énoncé un ensemble de critères de rigueur suffisamment précis et opérationnalisés pour servir de jalons à un chercheur. Prenant comme point de départ les critères de la recherche quantitative/positiviste, ces auteurs ont voulu offrir des critères de remplacement qui siéent davantage à la recherche qualitative/interprétative. Nous les appelons critères méthodologiques.

Les critères méthodologiques

Les critères méthodologiques réunissent le critère de crédibilité qui fait pendant au critère de validité interne; le critère de transférabilité fait office de critère de validité externe; le critère de fiabilité possède pour vis-à-vis le critère de fidélité; et le critère de confirmation correspond au critère d'objectivité. Le tableau 7.1 présente une brève définition de ces critères et quelques moyens y sont associés pour en soutenir l'atteinte.

Le premier critère, celui de crédibilité, consiste à vérifier la plausibilité de l'interprétation du phénomène étudié. Diverses stratégies de triangulation, tels le retour aux participants, le recours à plusieurs modes de collecte de données, l'interprétation des résultats des analyses selon divers cadres théoriques ou la confrontation des points de vue de plusieurs chercheurs, contribuent à l'atteinte du critère de crédibilité. La présence prolongée du chercheur sur le site de recherche est également susceptible de soutenir la crédibilité des interprétations, puisque le chercheur acquiert alors une compréhension fine des dynamiques des contextes.

Le deuxième critère, celui de transférabilité, est commun au chercheur et au lecteur de la recherche, dans la mesure où ce dernier, utilisateur potentiel des résultats de la recherche, s'interroge sur la

Tableau 7.1   Les critères méthodologiques

CRITÈRES MÉTHODOLOGIQUES	DÉFINITION SOMMAIRE	QUELQUES MOYENS
Crédibilité	Le sens attribué au phénomène est plausible et corroboré par diverses instances.	• Engagement prolongé de la part du chercheur • Techniques de triangulation
Transférabilité	Les résultats de l'étude peuvent être adaptés selon les contextes.	• Descriptions riches du milieu/contexte de l'étude • Journal de bord
Fiabilité	Il y a cohérence entre les résultats et le déroulement de l'étude.	• Journal de bord • Triangulation du chercheur
Confirmation	Les données produites sont objectivées.	• Instruments de collecte de données justifiés • Approches d'analyse clarifiées et appliquées judicieusement • Vérification externe

pertinence, la plausibilité et la ressemblance qui peut exister entre le contexte décrit et son propre milieu de vie. Le chercheur a alors la responsabilité de décrire les contextes du déroulement de la recherche ainsi que les caractéristiques de son échantillon. Qui sont les participants à la recherche (âge et expérience), quels sont leurs liens avec le phénomène étudié? Le journal de bord constitue également un outil utile pour assurer la transférabilité de la recherche.

Le troisième critère, celui de fiabilité, porte sur la cohérence entre les questions posées au début de la recherche, l'évolution qu'elles ont subie, la documentation de cette évolution et les résultats de la recherche. Le fil conducteur est-il clair? Les différentes décisions que le chercheur a été amené à prendre pendant la recherche sont-elles justifiées? Les moyens suggérés sont le journal de bord et la triangulation du chercheur.

Le quatrième critère méthodologique, la confirmation, renvoie au processus d'objectivation mis en œuvre pendant et après la recherche. Cette recherche est-elle convaincante et crédible? Les données sont-elles cueillies et analysées de façon rigoureuse? La démarche de recherche est-elle clairement décrite? Il importe que le cadre théorique justifie les outils de collecte de données, que les procédures d'analyse appliquées soient décrites, qu'il y ait cohérence entre les deux. On peut aussi penser à des formes de vérification externe des données, un peu à la manière d'un audit externe qui reprendrait l'ensemble du matériel accumulé pendant la recherche et en reconstituerait la logique.

Les critères relationnels

Un deuxième ensemble de critères s'est ajouté au premier (Lincoln, 1995 ; Manning, 1997). Quelques théoriciens de la recherche ont en effet reproché aux critères méthodologiques de ne pas suffisamment tenir compte de la dynamique inhérente à la recherche qualitative/interprétative. De plus, puisque cette forme de recherche traduit une position socioconstructiviste en vertu de laquelle on insiste sur le rôle actif du participant à la recherche comme coconstructeur de sens avec le chercheur, il importait de formuler des critères de rigueur qui traduiraient cette dynamique interactive, collaborative et socioconstructiviste. Tels sont les critères relationnels (tableau 7.2).

Le critère de l'équilibre met en évidence l'importance de faire en sorte que les points de vue représentés dans la recherche correspondent

Tableau 7. 2   Les critères relationnels

LES CRITÈRES RELATIONNELS	DÉFINITION SOMMAIRE	QUELQUES MOYENS
Équilibre	Les différentes constructions et leurs valeurs sous-jacentes sont communiquées.	• Engagement prolongé • Techniques de triangulation
Authenticité ontologique	L'étude permet aux participants d'améliorer et d'élargir leurs perceptions à propos de la question à l'étude.	• Témoignages de personnes attestant cette maturation et l'élargissement de leurs perspectives
Authenticité éducative	Les points de vue de l'ensemble des acteurs participant à l'étude sont objets d'apprentissage : on passe d'une perspective individuelle à une vision d'ensemble.	• Témoignages de personnes attestant cette maturation et l'élargissement de leurs perspectives
Authenticité catalytique	Les résultats de l'étude sont énergisants pour les participants.	• Techniques de triangulation • Diffusion du rapport
Authenticité tactique	Les participants peuvent passer à l'action.	• Témoignages de personnes • Suivi

bien aux « différentes voix » exprimées. Le chercheur manifeste le souci de respecter une certaine pondération dans l'expression de la dynamique étudiée, en s'efforçant de ne pas avantager un groupe plus qu'un autre.

Quatre autres critères se rapportent au caractère d'authenticité de la recherche, particulièrement en ce qui concerne sa pertinence et ses effets.

Ces quatre types d'authenticité ont trait à la qualité des prises de conscience qui s'effectuent chez les participants : la recherche qualitative/interprétative est source et occasion d'apprentissage tant pour les participants que pour le chercheur. On apprend au sujet de l'envergure du discours sur le phénomène étudié (authenticité ontologique), on prend conscience de sa propre position et on peut la comparer avec celles des autres personnes (authenticité éducative). Par sa pertinence et les apprentissages qu'elle suscite, la recherche procure aux participants l'énergie d'agir sur leur réalité (authenticité catalytique); grâce aux pistes de réflexion ainsi qu'aux recommandations suggérées, elle fournit aux participants les outils conceptuels nécessaires pour passer à l'action (authenticité tactique). Pour s'assurer du respect de ces critères de rigueur, le chercheur suscite le témoignage des participants et il s'intéresse à la nature des apprentissages effectués ainsi qu'aux retombées de la recherche. Le chercheur s'interroge aussi sur ses propres motifs à s'y engager, ses apprentissages, ses prises de conscience et les suivis, autant théoriques que pratiques, qu'il entend donner à une telle étude.

Lors de notre examen des critères de rigueur, nous avons vu que deux des moyens suggérés revenaient souvent. Il s'agit de la triangulation et de la tenue d'un journal de bord. De quoi s'agit-il au juste?

La triangulation

La stratégie de recherche dite de triangulation repose sur des assises positivistes. Tashakkori et Teddlie (1998) signalent que Campbell et Fiske (1959) proposaient de planifier des recherches en recourant à plusieurs instruments de mesure pour compenser les limites de chacun. Reprise par Denzin (1978), la notion est appliquée à la recherche qualitative/interprétative. On définit aujourd'hui la triangulation comme une stratégie de recherche au cours de laquelle le chercheur superpose et combine plusieurs perspectives, qu'elles soient d'ordre théorique ou qu'elles relèvent des méthodes et des personnes (Denzin, 1978; Savoie-Zajc, 1993, 2009b). Schwandt (1997) choisit de la définir comme une procédure qui permet de vérifier si le critère de validité a été rempli. Elle discrimine parmi les inférences au fur et à mesure de la recherche pour conserver celles qui possèdent un caractère de justesse et de véracité. On retient de ces deux définitions complémentaires que la triangulation poursuit en fait deux objectifs. Le premier est de permettre au chercheur d'explorer le plus de facettes possible du problème étudié en recueillant des données qui feront ressortir des perspectives diverses. Cette exploration permettra de dégager une compréhension riche du phénomène analysé. Le second vise à mettre la triangulation au cœur du processus de coconstruction des connaissances et à favoriser l'objectivation du sens produit pendant la recherche. Habermas (1987) nomme cette opération le « procès d'intercompréhension ». Il fait ainsi allusion à la dynamique humaine qui s'établit entre des personnes qui souhaitent communiquer et qui, au cours de leur contact, cherchent à être comprises l'une de l'autre.

Il est possible de distinguer entre plusieurs types de triangulation qui se rattachent à l'un ou à l'autre de ces objectifs. Relativement au premier objectif, qui vise la compréhension la plus riche possible du phénomène étudié, la triangulation théorique est mise à contribution, alors que plusieurs perspectives théoriques contribuent à donner un sens au phénomène. Signalons aussi la triangulation des méthodes, où l'on a recours à plusieurs modes de collecte des données. Cette forme de triangulation est aussi la plus fidèle à la conception initiale de la triangulation, dans laquelle plusieurs modes de collecte de données compensent les limites de chacun pris individuellement. Quant à la triangulation du chercheur, elle se traduit par deux comportements possibles. Dans le premier cas, plusieurs chercheurs conduisent une recherche et comparent leurs points de vue. Dans le deuxième cas, le chercheur prend une distance par rapport à sa démarche et discute avec quelqu'un d'autre qui l'interroge sur les décisions prises au cours de la recherche. La triangulation des sources prévoit que plusieurs points de vue seront abordés pendant la recherche. Des enseignants, par exemple, peuvent être amenés à réfléchir à l'expérience scolaire des jeunes à risque de décrochage. Deux perspectives se rapprochent ainsi sur une même question : celle des jeunes et celle des enseignants. La triangulation par l'analyse constitue aussi un mode de corroboration intéressant qui consiste à analyser un même corpus de données selon deux approches différentes (Weis et Fine, 2004).

Relativement au deuxième objectif de triangulation, celui qui consiste à objectiver la démarche de coconstruction des savoirs, la triangulation indéfinie suppose un retour auprès des participants afin de discuter des constructions de sens émergentes. Ce retour peut s'effectuer pendant la collecte de données, alors que le chercheur vérifie si les propos exprimés par les participants correspondent à ce qu'ils voulaient dire. Il s'effectue surtout pendant l'analyse, au moment où le chercheur suscite les réactions des participants sur les constructions de sens qui s'élaborent autour de leurs propos. Leurs réactions forment de nouvelles données qui s'intègrent au corpus de la recherche.

Le journal de bord

Un deuxième outil qui occupe une place importante dans la discussion sur les critères de rigueur est celui du journal de bord, sorte de « mémoire vive » de la recherche. Il s'agit d'un document dans lequel le chercheur note les impressions et les sentiments qui l'assaillent pendant la recherche. Il y consigne aussi des événements jugés importants, ces notes constituant de précieux rappels quand vient le temps d'analyser les données et de rédiger le rapport. Le journal de bord remplit ainsi trois fonctions : garder le chercheur en état de réflexion active pendant sa recherche, lui fournir un espace pour exprimer ses interrogations, ses prises de conscience, et consigner les informations qu'il juge pertinentes. Il remplit également une autre fonction lorsque vient le moment de rédiger le rapport de recherche, le mémoire ou la thèse : il permet alors de reconstituer la dynamique du terrain et les atmosphères qui ont imprégné la recherche. Les renseignements réunis dans le journal de bord sont donc précieux, car ils situent les données dans un contexte psychologique éclairant. Ce n'est pas tout de savoir que l'observation s'est effectuée dans une cafétéria à l'heure du dîner. Il importe aussi de savoir qu'il pleuvait, que l'atmosphère était fébrile, que le chercheur avait mal à la tête et qu'il faisait chaud. C'est dans le journal de bord que sont consignés de tels renseignements. Il s'agit d'un document personnel auquel se réfère le chercheur. Il ne figure donc pas dans le rapport de recherche, le mémoire ou la thèse, à moins que des héritiers décident de le publier (Malinowski, 1985), que le chercheur choisisse de le rendre public (Johnson, 1975) ou encore que le journal de bord soit lui-même un mode de collecte de données dûment désigné dans la recherche alors que le chercheur ou les participants notent les indices de transformation de leur pratique professionnelle.

Comment tenir un journal de bord ? Il peut être structuré de façon très systématique ou garder une forme spontanée. Dans ce dernier cas, le chercheur note spontanément ce qui lui semble important. Dans le premier cas, on établit préalablement une grille avec des entrées précises. Les notes prises spontanément peuvent aussi être classées sous diverses entrées. Celles-ci prennent la forme de notes de site (ce qui s'est passé sur le terrain), de notes théoriques (les concepts théoriques qui viennent en tête lorsque tels ou tels propos sont consignés), de notes méthodologiques (toutes réflexions, toutes prises de conscience qui vont influer sur l'orientation de la recherche) et de notes personnelles (toutes informations à propos de l'accueil sur le site de recherche ou sur la nature des relations avec les participants). Dans une recherche, le journal de bord constitue un document de référence. Il permet de reconstituer les raisons qui ont justifié l'ajout, par exemple, de nouvelles questions au schéma d'entrevue ; il « documente » l'évolution de la recherche et des relations avec les participants ; il renferme des indices sur le degré d'ouverture et de confiance que les personnes ont graduellement manifesté à l'égard de la présence du chercheur dans leur milieu et sur les rapports établis pendant la recherche. Avec le recul que permet le journal de bord, un chercheur est ainsi en mesure de dégager les incidents critiques, de comprendre les messages qui ont pu être communiqués subtilement. Il permet aussi de faire ressortir les influences théoriques et conceptuelles qui ont habité le chercheur pendant tout le processus de la recherche : de sa planification initiale à l'interprétation des résultats.

□

Conclusion

Le présent tour d'horizon de la recherche qualitative/interprétative est forcément réducteur, car seul un tableau général a été brossé, et ce, à partir d'un modèle méthodologique précis (figure 7.1). Cela a eu pour conséquence de passer sous silence d'autres façons de conduire la recherche qualitative/interprétative telles que l'ethnographie, la phénoménologie et l'ethnométhodologie; leurs caractéristiques propres ont été mises à l'écart. Nous croyons toutefois que les propos tenus dans le présent chapitre n'entrent pas en contradiction avec ces approches méthodologiques, car ils reflètent les caractéristiques principales de la recherche qualitative/interprétative partagées par l'ensemble des approches, c'est-à-dire, un type de recherche qui privilégie l'interaction entre chercheurs et participants et dont la finalité est de comprendre la dynamique du phénomène étudié grâce à l'accès privilégié du chercheur à l'expérience de l'autre.

Activités d'appropriation

1. Nommez les caractéristiques de la recherche qualitative/ interprétative.

2. Choisissez un article, un mémoire ou une thèse qui rend compte d'une recherche de type qualitatif/interprétatif. Dégagez-en la démarche et la structure méthodologique.

3. La recherche choisie à l'activité précédente est-elle rigoureuse? Pour répondre à cette question, appliquez les critères de rigueur définis précédemment.

4. Trouvez des exemples de triangulation à l'intérieur de cette recherche.

5. Appréciez leur utilisation: l'étude vous semble-t-elle plus rigoureuse ou l'usage de la triangulation apporte-t-il davantage de confusion?

Concepts importants

La définition de ces mots clés se trouve dans le glossaire.
- Analyse des données
- Échantillonnage intentionnel
- Échantillonnage théorique
- Entrevue
- Observation

- Recherche qualitative/interprétative
- Triangulation
- Triangulation des méthodes
- Triangulation des sources
- Triangulation du chercheur
- Triangulation indéfinie
- Triangulation par l'analyse
- Triangulation théorique

Lectures complémentaires

Becker, H. S. (2002). *Les ficelles du métier : comment conduire sa recherche en sciences sociales*, Paris, Éditions La Découverte.
Écrit par un sociologue réputé qui est aussi un chercheur chevronné, cet ouvrage explore les études de terrain dans toute leur complexité et met à nu la logique inhérente à la recherche qualitative/ interprétative.

Creswell, J. W. (2013). *Qualitative Inquiry & Research Design : Choosing among five approaches* (3e éd.), Thousand Oaks (CA), Sage Publications.
L'ouvrage brosse un portrait des cinq approches les plus souvent employées en recherche qualitative/interprétative. Il les met en parallèle sur le plan de leur opérationnalisation, de la question de recherche à la rédaction du rapport final. Ces approches sont : l'approche biographique (*narrative research*), la phénoménologie, la théorie ancrée, l'ethnographie et l'étude de cas. De nombreux exemples sont proposés ainsi qu'un très riche glossaire.

Denzin, N. K. et Y. S. Lincoln (dir.) (2005). *Handbook of Qualitative Research* (3e éd.), Thousand Oaks (CA), Sage Publications.
Texte de base incontournable en recherche qualitative/interprétative. Chacun des nombreux collaborateurs traite sommairement un aspect particulier de ce type de recherche.

Mucchielli, A. (dir.) (2009). *Dictionnaire des méthodes qualitatives en sciences humaines et sociales* (3e édition), Paris, Armand Colin.
Le dictionnaire définit divers termes associés à la recherche qualitative/ interprétative et les illustre par des exemples tirés de recherches. Il s'agit là d'un bon ouvrage de référence réalisé par un ensemble de collaborateurs spécialistes de chacun des termes définis.

Paillé, P. (dir.) (2006). *La méthodologie qualitative: postures de recherche et travail de terrain*, Paris, Armand Colin.

Les divers auteurs qui collaborent à cet ouvrage avancent des points de vue bien argumentés sur divers aspects qui intéressent un chercheur engagé dans une recherche qualitative/interprétative. Citons, entre autres: l'épistémologie à laquelle elle renvoie, les dynamiques en jeu lors de l'interprétation des données, l'attrait et la pertinence de l'approche mixte.

Poupart, J., J.-P. Deslauriers, L.-H. Groulx, A. Laperrière, R. Mayer et A. Pirès (1997). *La recherche qualitative: enjeux épistémologiques et méthodologiques*, Boucherville, Gaëtan Morin.

Excellent ouvrage dans lequel les divers auteurs abordent des aspects différents de la recherche qualitative/interprétative en suivant le fil conducteur des cadres conceptuels et épistémologiques à l'intérieur desquels les concepts ont évolué et les pratiques de recherche se sont affirmées.

Revue de l'ARQ: *Recherches qualitatives*.

L'association pour la recherche qualitative (ARQ) fête ses 30 ans d'existence en 2018. Au cours des années, cette association québécoise a fait paraître la seule revue francophone, *Recherches qualitatives*, qui traite de la recherche qualitative. Il s'agit là d'une importante source de références pour des chercheurs francophones qui s'intéressent à ce type de recherche. La revue est disponible gratuitement, en ligne. www.recherche-qualitative.qc.ca/revue.html

Chapitre 8

La recherche ethnographique

Renaud Goyer et Corina Borri-Anadon

La recherche ethnographique puise ses origines dans les disciplines de l'anthropologie et de la sociologie avec les travaux fondateurs de Malinowski (1963 [1922]) et de l'École de Chicago ; elle correspond à la fois au produit et au processus de la recherche (Goetz et LeCompte, 1984). Avec le temps, ses caractéristiques se sont précisées et la recherche ethnographique constitue aujourd'hui une approche originale tant sur le plan de ses objets, soit l'intérêt pour la culture, par le prisme de l'expérience, des interactions et des processus sociaux, que de ses enjeux épistémologiques, liés notamment à la nécessaire réflexivité quant au rôle du chercheur, et de ses stratégies de collecte de données caractérisées par la présence prolongée sur le terrain. En éducation, le regard ethnographique contribue à analyser l'école, dans ses dimensions sociales et culturelles, et à mieux comprendre la société dans laquelle elle se trouve, notamment à partir de l'étude de l'expérience de l'institution scolaire, des interactions dans la classe et dans l'école, ainsi que des processus scolaires tels que les évaluations et le classement des élèves.

□

La recherche ethnographique conçoit l'éducation comme un ensemble de pratiques sociales, inscrites dans un contexte donné, bien souvent celui de l'école. Dans ce sens, cette dernière est conçue comme un milieu de vie où, parallèlement aux dimensions scolaires et pédagogiques, les relations entre les différents acteurs sont mises en avant. Selon Dubet et Martucelli (1996), au sein de l'école, ces acteurs interagissent et font l'expérience de la société. À cet égard :

> L'éducation en général et l'école en particulier constituent [...] des lieux privilégiés pour l'étude des conditions de la transmission des connaissances et des valeurs et de la manière dont se constituent, s'organisent et vivent ensemble les groupes sociaux au sein – et en dehors – de l'institution scolaire (Marchive, 2012, p. 10).

Le présent chapitre brosse un tableau de la recherche ethnographique en éducation. Dans un premier temps, nous retraçons ses origines par ses principaux apports en anthropologie et en sociologie. Puis, nous aborderons ses principales caractéristiques, notamment pour mettre en lumière l'originalité du regard ethnographique sur le plan de ses objets d'intérêt, de ses enjeux épistémologiques et des stratégies de collecte de données privilégiées. Enfin, nous présenterons des exemples de travaux ethnographiques en éducation afin d'illustrer les apports du regard ethnographique sur les phénomènes éducationnels.

De l'ethnographie à la recherche ethnographique

On peut déceler les premiers pas de l'ethnographie au sein du processus de colonisation du monde par les Européens. La « découverte » de nouveaux territoires engendre le besoin de recenser les ressources disponibles et les populations qui s'y trouvent. Ne disposant pas d'outils ou de savoirs théoriques préalables pour comprendre ces populations, certains anthropologues se proposent d'aller à leur rencontre afin de décrire ce qu'ils voient sur le terrain et d'appréhender ainsi leur « culture » (Toohey, 2008). Ces premiers développements ont par la suite été réinvestis en contexte européen à la fin du XIXᵉ siècle par des chercheurs qui se préoccupaient des difficiles conditions de vie des pauvres et des ouvriers (Wax, 1971). Il ressort de ces premiers travaux l'intérêt de décrire les diverses formes culturelles qui constituent « l'Autre », tant au sein d'une même société qu'à l'échelle de la planète, afin de les comparer et de déterminer leur degré de complexité relatif (Goetz et LeCompte, 1984).

Cette perspective évolutionniste des cultures a été vivement critiquée par l'ethnologue Bronislaw Malinowski, qui, dans son ouvrage *Les Argonautes du Pacifique occidental* paru en 1922, estime que les formes culturelles relèvent plutôt des fonctions qu'elles occupent dans la réponse aux besoins des collectivités et des individus. Cet ouvrage fondateur de la recherche ethnographique en définit l'objet, l'étude de la culture, ainsi qu'une condition essentielle à sa réalisation, l'immersion du chercheur dans cette culture en contexte, c'est-à-dire sur son terrain et en interaction avec ses membres (Beaud et Weber, 2012 ; Smith, 1982).

Simultanément, aux États-Unis, la sociologie américaine naissante se préoccupe des changements sociaux, liés entre autres à l'immigration, à la criminalité, à la ségrégation spatiale, au vagabondage et aux sans-abris, marquant la ville de Chicago. En se centrant sur l'expérience des populations marginalisées, divers chercheurs, que l'on regroupe aujourd'hui sous le nom d'« École de Chicago », mobilisent des techniques d'enquête inspirées du journalisme pour s'insérer dans la culture des groupes. Ainsi, par l'étude de l'expérience, l'École de Chicago jette un nouveau regard sur la culture en se tournant vers les processus de socialisation et les interactions sociales pour comprendre des territoires et des populations (Grafmeyer et Joseph, 2004; Silverman, 2004).

D'autres chercheurs ont par la suite formalisé ces contributions de l'École de Chicago. Parmi eux, Geertz (2003) a proposé de concevoir l'ethnographie comme une approche d'analyse du social et de la culture, la recherche ethnographique, et non seulement comme un type de travail de terrain. Dans cette vision, la recherche ethnographique est à la fois un produit et un processus de recherche (Goetz et LeCompte, 1984).

Les caractéristiques de la recherche ethnographique

Comme le rappelle avec justesse Van Zanten (2010), il n'existe pas de définition consensuelle de la recherche ethnographique. Toutefois, certaines caractéristiques centrales en déterminent l'originalité sur le plan des objets, des enjeux épistémologiques et des stratégies de collecte de données : 1) l'intérêt pour la culture, par l'expérience, les interactions et les processus sociaux, 2) la réflexivité quant au rôle du chercheur, et 3) la présence prolongée sur le terrain.

L'intérêt pour la culture, les interactions et les processus sociaux

Comme en témoignent ses origines, l'objet de la recherche ethnographique est principalement la culture (Wolcott, 1999). Toutefois, celle-ci n'existe pas en soi, elle n'est pas une substance ou une essence à saisir, elle représente plutôt un ensemble de représentations partagées du monde qui se manifestent dans la vie quotidienne (Eliasoph et Lichterman, 2003). C'est pourquoi Rockwell (2009) parle de l'objet de l'ethnographie comme du « non-documenté de la réalité sociale », c'est-à-dire « le familier, le quotidien, l'occulte, l'inconscient » (p. 21, notre traduction). De façon schématique, nous distinguons ici trois points d'entrée, qui ne sont ni exclusifs ni exhaustifs, et certaines approches de la recherche ethnographique associées.

Pour certains, influencés par la phénoménologie (Maso, 2001), c'est l'expérience qui constitue l'objet de la recherche ethnographique. L'étude de l'expérience cherche à comprendre le social à partir de la perspective des acteurs, puisque de toutes les voies existantes pour rendre compte de ce qu'ils sont et vivent, leur expérience est la plus juste : « J'expérimente donc je suis » (Davis, 1997, p. 370, notre traduction). En fait, l'expérience d'une personne construit son interprétation du monde et permet par le fait même de mieux saisir ce dernier (Schutz, 1987). Pour Spradley (1970), l'expérience permet justement de comprendre la culture : « nous utilisons le terme *culture* pour désigner les connaissances et les savoirs que ces hommes ont acquis pour organiser leurs comportements. Leur culture représente l'ensemble des règles qu'ils emploient, leurs façons particulières de catégoriser, de codifier et de définir leur expérience » (p. 7, notre traduction). En outre, les travaux se situant dans l'approche de l'ethnographie institutionnelle, développée par Smith (2005), cherchent à relever l'expérience des individus, en particulier des femmes, au sein d'institutions sociales telles que la famille et le travail. Ce faisant, ils mettent en lumière comment les grandes institutions sociales, et les rapports sociaux inégalitaires qui les traversent, existent et se mettent en œuvre dans le vécu de tous les jours (Goyer, 2017, 2016 ; Auyero et Jensen, 2015). Dans un sens similaire, d'autres chercheurs se proposent d'analyser leur propre expérience, à partir d'une auto-ethnographie, à ce titre révélatrice de dimensions culturelles et sociales plus larges (Ellis et Bochner, 2000).

L'étude des interactions constitue également un point d'entrée pour la recherche ethnographique. S'inspirant de l'interactionnisme symbolique (Mead, 1967 ; Blumer, 1979), qui postule que les individus ne réagissent pas simplement aux actions des autres, mais que leur interprétation des intentions et actions de soi et des autres participe à « définir la situation » (Thomas, 1923), c'est-à-dire ce qui se passe, la recherche ethnographique d'influence interactionniste vise à relever, dans et à partir des interactions, comment le social se construit. Ainsi, dans cette approche, on accorde une attention particulière aux normes sociales mobilisées dans les interactions et aux différents rôles et statuts que cela produit (Goffman, 1961). Dans ce sens, l'ethnométhodologie de Garfinkel (1967) mobilise la notion de « membres » pour rendre visibles les « allants-de-soi », c'est-à-dire « des mots, expressions, comportements spécifiques que les membres connaissent, utilisent et pratiquent tout naturellement (pour eux, cela va de soi), mais dont la signification ou l'intention sont différentes de celles que leur attribuent les étrangers » (DeLuze, 1997, p. 23). Ces « allants-de-soi » cachent un certain « ordre moral» (DeLuze, 1997, p. 95), puisque la participation au groupe exige un certain respect de ceux-ci. Bien sûr, les «allants-de-soi» ne sont pas cristallisés, ils peuvent subir des transformations par leurs membres, mais pour ce faire, ils doivent être reconnus comme tels et être en quelque sorte intériorisés.

D'autres travaux mettent l'accent sur les processus sociaux comme point d'entrée de la recherche ethnographique (Rockwell, 2009, Desmond, 2014). Selon eux, l'objet traditionnel de l'ethnographie, la culture, et son unité d'analyse habituelle, le groupe, engendrent des limites importantes. D'une part, ils participent à construire une compréhension du monde en entités séparées, appréhendées seulement par leurs relations internes. D'autre part, ils induisent un rapport au temps, comme un présent achevé, voire éternel. C'est pourquoi pour Desmond (2014), les objets de la recherche ethnographique doivent porter sur «les champs plutôt que les lieux, les frontières plutôt que les groupes, les processus plutôt que les gens définis par ces processus, et les conflits culturels plutôt que la culture des groupes» (p. 562, notre traduction). À l'instar de cet auteur, les tenants de l'ethnographie critique se tournent vers les processus sociaux afin de démystifier les relations de pouvoir, autrement cachées, qui les traversent (Madison, 2005; May, 1997).

La réflexivité du rôle du chercheur

Puisque la recherche ethnographique a d'abord cherché à rendre compte de «l'Autre», elle a développé ce que l'on appelle aujourd'hui une posture «naïve» (voir le chapitre 7), face aux données recueillies et aux formes culturelles ainsi décrites. Cette posture, que Demazière et Dubar (1997) qualifient de restitutive, «privilégie la description et s'interdit toute hypothèse théorique préalable. […] En aucun cas, le sociologue n'a à se livrer à une interprétation autonome. Il ne fait que livrer l'interprétation des sujets concernés qui est une explicitation de ce qui a été dit dans l'action» (p. 26).

Le rôle du chercheur en est moins un de contrôle, puisqu'il n'y a pas de thèmes choisis à l'avance et qu'il y a plus d'ouverture et d'écoute. Ici, la parole est dite transparente, il suffit de laisser parler les données (Drulhe, 2006; Goetz et LeCompte, 1984).

Cette posture a par la suite été remise en question, notamment après la publication posthume du journal personnel de Malinowski (1967) dans lequel il fait preuve de préjugés raciaux et de points de vue impérialistes (Tedlock, 2000). On s'est alors questionné sur les dimensions éthique et politique du travail ethnographique et sur « l'innocence politique » de cette posture (Mills et Morton, 2013, p. 60), mais aussi et surtout sur le rôle du chercheur au sein de l'entreprise ethnographique (Preissle, 1999). La question qui se pose alors est la suivante : comment considérer à la fois la perspective des acteurs et celle du chercheur ? On reconnaît au chercheur ethnographique une posture d'interprétation (et non d'explication) subtile : « En ethnographie, le rôle de la théorie est de fournir un langage dans lequel ce que l'action symbolique dit d'elle-même – sur le rôle de la culture dans la vie humaine – puisse s'exprimer » (Geertz, 2003, p. 229).

Dans ce sens, il ne suffit plus de s'immerger dans la culture de l'Autre et d'adopter son point de vue, le chercheur ethnographique doit faire preuve de réflexivité dans toutes les étapes de la démarche de recherche (Delamont, 2004), c'est-à-dire qu'il doit se demander comment il en est venu à savoir ce qu'il sait. Beaud et Weber (2012) affirment, à propos du chercheur ethnographique :

> Sa lutte permanente contre ses propres interprétations ethnocentriques, armée par les réactions de ses enquêtés qui sanctionnent parfois sévèrement ses écarts à la norme locale de comportement, lui livre la clé des trois univers auxquels il appartient par nécessité professionnelle : l'univers académique, l'univers de l'enquête et son propre univers social, lorsqu'il est distinct de l'univers académique. L'ethnographe n'est pas seulement un traducteur entre ces univers, et un traître à chacun d'entre eux, il est aussi un outil de connaissance soumis à l'expérimentation parfois risquée, parfois pénible, que constitue pour lui l'enquête. De ce point de vue, il est bien un « témoin » au sens premier du terme, à la fois celui qui voit et celui qui souffre, celui qui expérimente le décalage entre plusieurs mondes (p. 236-237).

Ainsi, la question de la réflexivité est un enjeu qui traverse les considérations liées à l'ensemble de la démarche de recherche ethnographique. Par exemple, le concept de « sérendipité » (Rivoal et Salazar, 2013 ; Cefaï, 2013), qui fait référence à la nécessité d'adopter une posture d'ouverture et d'exploration, agit comme un rempart contre la tentation de formaliser à outrance les choix théoriques et méthodologiques du travail de recherche. Inspirée de la théorisation ancrée (Glaser et Strauss, 1967), la sérendipité rappelle que le chercheur doit se laisser surprendre, aller par tâtonnement (Geertz, 2003), en reconnaissant, voire en relativisant, ses « idées fortes [qu'il a] importées de sa bibliothèque » (Cefaï, 2003, p. 7) et en acceptant que la recherche soit une expérience en soi impliquant des ajustements et des revirements.

L'enjeu de la réflexivité est également présent dans les considérations liées au produit de la démarche ethnographique. En effet, les changements de posture dans la recherche ethnographique ont amené les ethnographes à questionner la forme et le contenu de leurs comptes rendus de recherche, ce que Delamont (2004) nomme la crise de la représentation. Entre des rapports de recherche classiques se présentant sous la forme de monographies descriptives de cultures ou de communautés, dans lesquels le chercheur occupe une place privilégiée bien qu'elle soit maintenue invisible et des comptes rendus plus personnels où le chercheur raconte ses péripéties, parfois même en héros, les productions de la recherche ethnographique sont soumises à la nécessité de rendre visible cette réflexivité (Beaud et Weber, 2012 ; Rockwell, 2009). Ainsi, plus récemment, les auteurs proposent de s'attarder à la rencontre entre chercheur et enquêtés, en insistant sur sa contextualisation, et de reconnaître en toute transparence que le chercheur est à la fois acteur et auteur de la recherche. Certains vont jusqu'à proposer d'autres formes de représentation du travail ethnographique, davantage associées au processus créatif, dont la production de films documentaires ou de pièces de théâtre (Alexander, 2005 ; Denzin, 2003).

La présence prolongée sur le terrain

La recherche ethnographique implique pour le chercheur de « traverser des frontières » (Tedlock, 2000) pour appréhender réellement son objet de près, voire de l'intérieur (Pires, 1997). Pour ce faire, il doit assurer une présence prolongée sur le terrain – certains vont jusqu'à prétendre « devenir indigènes » (*going native*) – afin d'être témoin, ou en contact, avec ces expériences, interactions et processus. Cette particularité de la recherche ethnographique au sein de la recherche qualitative (Atkinson, 2015) se traduit en termes temporels, mais surtout en termes relationnels. En effet, bien qu'il existe un consensus quant au fait que le travail ethnographique exige du temps, il serait bien difficile, voire hasardeux, d'en fixer des balises. Comme l'affirme Rockwell (2009), « [l]es réponses aux questions sur le travail de terrain ethnographique ne sont pas techniques » (p. 49). Ce qui définit cette présence prolongée sur le terrain est avant tout son inscription dans le temps et dans l'interaction entre le chercheur et les enquêtés. Concrètement, elle peut s'exprimer par une présence continue du chercheur ou par une présence plus ponctuelle qui, quoique fractionnée, inscrit le chercheur dans une relation d'engagement avec les enquêtés (Rockwell, 2009). À cet égard, «[l]'ethnographie est sans doute la science (de l'homme et de la société), où le chercheur est le plus étroitement impliqué dans le monde qu'il étudie, et où il est amené à établir les relations les plus étroites avec les personnes auprès de qui il mène l'enquête» (Marchive, 2012, p. 8). Cette exigence a au moins deux implications: la négociation de l'entrée sur le terrain et des relations entre les participants et le chercheur ainsi que le recours à divers outils de collecte de données permettant la «description dense» (Geertz, 2003).

Cette présence prolongée nécessite une entrée sur le terrain subtile et respectueuse des acteurs présents. La préparation se fait sur deux plans. Tout d'abord, le chercheur doit s'assurer, autant que possible, d'avoir l'accord du groupe qu'il observe. Sa présence ayant des répercussions sur les relations du groupe, les membres de celui-ci doivent être à l'aise avec lui. Ensuite, le chercheur doit établir une relation privilégiée avec son «informateur clé» (Spradley, 1979). Celui-ci permet d'initier le chercheur au contexte de la recherche, à son histoire et à ses enjeux, mais également de le présenter aux acteurs dans un climat de confiance essentiel pour l'accès aux données, afin que les participants aient tout le loisir de pouvoir raconter leurs histoires. Par exemple, dans la postface de son ouvrage *Street Corner Society*, relatant sa démarche de recherche dans le quartier de Cornerville à Boston, Whyte (2002) explique en détail sa rencontre et sa relation (à la fois amicale et professionnelle) avec Doc, son informateur clé, qui lui permettra d'intégrer différents groupes et, ce faisant, facilitera son travail d'observation.

Que ce soit par peur que l'on réduise l'ethnographie à une méthode, par la pleine reconnaissance de la réflexivité du chercheur ou encore parce qu'il est difficile d'exprimer en mots le travail d'observation que doit mener le chercheur (Delamont, 2004), il existe un certain débat en ethnographie quant à la nécessité ou non de définir précisément la démarche d'enquête au préalable (Mills et Morton, 2013; Atkinson et Hammersley, 1994). Certains vont jusqu'à affirmer que «l'enquête ethnographique s'apprend en se faisant» (Beaud et Weber, 2010, p. 12). Cette tension se reflète également dans la principale stratégie de collecte de données de la recherche ethnographique, l'observation participante. En effet, Tedlock (2000) nous rappelle que cette formulation contient en son sein une contradiction: alors que le pôle observation implique un «détachement objectif», celui de la participation, quant à lui, implique un «engagement émotionnel» (p. 465, notre traduction). Entre ces deux pôles, le chercheur peut, selon ses intentions et les contingences du terrain, jouer divers rôles. Ces derniers se distinguent entre autres selon le contrôle qu'il exerce sur la situation (par exemple, degré de préparation et définition ou non des situations d'observation au préalable, ampleur des efforts investis pour s'y tenir pendant l'observation), le type de relation qu'il établit avec les observés (par exemple, dissimulée ou ouverte, formelle ou intime), ainsi que l'importance accordée au partage d'une expérience commune avec eux (Bastien, 2007; Gold, 1958; Laperrière, 2000).

Grâce à l'observation participante, mais également au-delà de celle-ci, la présence prolongée sur le terrain permet au chercheur d'avoir accès à toute une gamme de sources et de techniques (par exemple, entrevue formelle, conversation informelle, écoute flottante, document écrit, visuel ou audiovisuel, autre production artistique, artefact) qui permettent de recueillir des données riches, soit de première main, en train de se faire (*in vivo*) ou issues de leur milieu naturel (*in situ*). Comme le résume bien Delamont (2004):

> Essentiellement, l'ethnographe observe tout ce qu'il peut, écrit des notes de terrain les plus détaillées possible, prend le temps de les compléter, de les enrichir et d'y réfléchir à l'extérieur du terrain ou dès que possible, interpelle constamment les observés afin qu'ils expliquent ce qu'ils font et pourquoi, et recueille tout document, image ou autre artefact éphémère (p. 225, notre traduction).

L'ethnographie et la recherche en éducation

Mobilisée depuis longtemps en anthropologie et en sociologie, la recherche ethnographique a émergé en éducation il y a une quarantaine d'années et s'est réellement imposée depuis vingt ans, notamment dans le monde francophone (Marchive, 2012). Cette apparition tardive dans la recherche en éducation s'explique selon Goetz et LeCompte (1984) par les finalités différentes entre les sciences de l'éducation et les sciences sociales, les premières s'intéressant au départ davantage à l'amélioration de l'éducation et de l'école. Depuis, le regard ethnographique en sciences de l'éducation contribue à analyser l'école dans ses dimensions culturelles et à mieux comprendre la société dans laquelle elle se trouve (Delamont, 2014). Nous présentons dans cette section quelques exemples de travaux ethnographiques en éducation, regroupés selon les principaux objets mis en lumière dans la première section de ce chapitre, soit l'expérience de l'institution scolaire : les interactions dans la classe et dans l'école, ainsi que les processus scolaires tels que les évaluations et le classement des élèves. Il ne s'agit que de quelques exemples qui illustrent bien selon nous les différents objets de la recherche ethnographique en éducation et les apports des démarches mises en œuvre à la compréhension des phénomènes éducationnels.

L'expérience de l'institution scolaire

L'ouvrage de Willis (2001) constitue une œuvre phare visant à ouvrir « la boîte noire de l'école » (p. 341). Ce chercheur a contribué à l'analyse de la formation des classes sociales à partir de l'étude de la culture oppositionnelle des jeunes garçons dans une école publique d'Angleterre. Concrètement, ayant passé la moitié de l'année scolaire dans cette école, il a observé les relations entre une douzaine de jeunes garçons, les autres élèves (filles et élèves issus de minorités culturelles) et le personnel (enseignants et conseillers d'orientation), en s'attardant sur des éléments comme l'importance des blagues dans les relations entre jeunes qui, bien qu'ils soient centraux dans leur expérience scolaire, étaient jusqu'alors rarement évoqués dans les études sur l'école. L'analyse de ces pratiques langagières, qui manifestent leur vision de l'école et des autres acteurs, a contribué, au-delà de la description de l'école où il a mené son étude, aux débats sur la fonction de reproduction sociale et culturelle de l'école, en mettant en lumière la construction de la distance entre la culture de l'institution et la culture ouvrière.

Dans les années 1960, des chercheurs proches de l'École de Chicago ont raconté, dans une approche ethnographique classique, l'expérience d'étudiants en médecine et la façon dont ils devenaient des médecins (Becker, Geer, Hughes et Strauss, 1961). Par l'observation participante, ils ont repéré les éléments culturels qui orientent la carrière de ces étudiants et qui, avec les années, leur attribuent une nouvelle identité. En s'intéressant notamment aux rites de passage et au rapport à la mort, entre autres dans les cours d'anatomie où les étudiants étaient amenés à disséquer des cadavres, ces auteurs permettent au lecteur d'entrer dans un monde très peu connu du grand public, puisqu'il est réservé aux initiés.

En France, Hess (1989) propose une ethnographie d'un lycée pour comprendre la relation qu'entretiennent les acteurs (dans ce cas les enseignants) avec l'école. À partir de l'expérience du chercheur lui-même qui enseigne dans cette institution, cette recherche nous ouvre les portes à la fois d'une école et de sa culture organisationnelle. Après la présentation de son journal qui s'étend sur toute une année scolaire au début des années 1980, la culture organisationnelle de l'école apparaît, notamment dans la tension entre une culture centralisée et des enjeux locaux.

Dans une tentative similaire de compréhension du travail d'un acteur scolaire, Wolcott (1973) a décrit dans le détail la vie professionnelle et familiale du directeur d'une école primaire de la banlieue américaine. Cette description fine et attentive de ce que cet acteur scolaire fait pendant une année scolaire complète permet de comprendre, avec une pointe d'humour et parfois d'indignation, comment se construit son rôle de directeur et comment les rôles des autres acteurs de l'école se construisent dans leurs relations avec lui, en particulier lors des réunions formelles et informelles qui ponctuent sa journée. Ce faisant, Wolcott (1973) « découvre » que les réunions, qui devraient servir à faciliter les communications au sein de l'école, servent d'abord et surtout à y définir les rôles et les identités de chacun.

Les interactions dans la classe et à l'école

La question des interactions scolaires a intéressé les ethnographes à partir des années 1970, notamment des anthropologues et des sociologues de l'éducation. Bien qu'elle ait déjà été présente dans les études mentionnées ci-dessus, c'est à partir de ce moment que des travaux ethnographiques ont appréhendé les relations au sein de l'école et de la classe au-delà de leur dimension proprement pédagogique, en cherchant plutôt à décrire le travail enseignant et le rapport à l'apprentissage des élèves (Delamont, 1983).

Par exemple, Mehan (1979), inspiré par l'ethnométhodologie de Garfinkel (1967), a cherché à comprendre les significations qu'accordent les enseignants et les élèves à leurs comportements quotidiens et comment celles-ci orientent la manière dont ils interagissent. Cette « ethnographie constitutive » analyse la construction d'une organisation sociale de la classe. Effectué pendant une année scolaire complète, son travail de terrain a permis de déterminer les différentes phases d'une journée de classe et en quoi chaque événement (leçon, dîner, récréation) était organisé et régi par des normes distinctes. L'ethnographie de la classe permet de séquencer l'acte pédagogique pour en comprendre ses éléments stables et les interactions qui se produisent lorsque la séquence ne se déroule pas comme prévu. Selon Mehan, c'est par ces dernières que se réaffirment et se justifient les normes de la classe. Ce faisant, il relève que pour faire partie de la communauté de la classe, l'élève doit non seulement réussir sur le plan scolaire, mais également respecter ces normes jusqu'alors implicites.

Sara Delamont a également abordé cette relation pédagogique à partir de la notion de négociation entre les enseignants et les élèves (1983). Inspirée par l'interactionnisme symbolique dans sa démarche ethnographique, elle s'intéresse aux processus de définition et de redéfinition de l'autre présent dans la salle de classe. Pour comprendre ces interactions, la chercheuse les conçoit dans leur dimension temporelle comme la rencontre de deux carrières (dans le sens sociologique du terme, voir Goffman, 1959), celle des élèves et celle des enseignants. Ainsi, elle révèle que les interactions quotidiennes construisent ces carrières.

Dans son ouvrage *Tracking Inequality*, Rosenbaum (1976), voulant dépasser l'adéquation entre conditions socioéconomiques et profils scolaires, s'intéresse aux interactions pour relever en quoi l'école peut reproduire les inégalités sociales. En analysant la manière dont les acteurs scolaires orientent les élèves dans différentes filières, Rosenbaum (1976) révèle les biais et les préjugés qui sont à la source des interventions et des orientations proposées aux élèves. Par une observation participante des interactions entre intervenants et élèves sur une période prolongée, cet auteur montre que certains acteurs, convaincus que les élèves provenant de minorités marginalisées ne pourraient réussir à l'université ou dans des filières prestigieuses, orientent ces jeunes vers des métiers techniques ou professionnels. Ce faisant, ils contribuent à la dévalorisation de l'école par ces derniers, ce que Rosenbaum associe à l'effet Pygmalion.

Les processus scolaires, l'évaluation et le classement

On a également mobilisé l'ethnographie, en particulier dans la recherche sur les pratiques en adaptation scolaire aux États-Unis, pour questionner la surreprésentation des élèves de minorités dans les classes spéciales et montrer en quoi les interactions au sein des processus d'évaluation et de classement des élèves de minorités culturelles ou considérés comme vulnérables contribuent à leur désignation comme « handicapés » ou

« ayant des besoins particuliers ». Soulignons que ces enjeux ne sont pas étrangers à la réalité québécoise et qu'ils méritent d'y être davantage documentés.

Reconnaissant les effets dévastateurs du *tracking*, Mehan, Hubbard, Villanueva et Lintz (1996) ont effectué une ethnographie d'un projet de « défiliarisation » dans une école californienne. En fait, le projet *Tracking Untracking*, en plus de mettre fin aux pratiques de classement, impliquait également l'enseignement tant de la culture implicite de la classe que du curriculum caché de l'école. La recherche a montré que de telles expériences permettaient de réduire l'écart entre le capital culturel des parents et celui nécessaire pour réussir à l'école. Une telle expérience ne peut être documentée que si les chercheurs, par une présence prolongée dans une école, s'attardent aux interactions entre intervenants et élèves, mais également aux pratiques réelles des premiers pour assurer la mise en place du projet. Comme le rappelle Kozleski (2017), l'ethnographie dans la recherche en éducation permet, entre autres, de documenter la mise en place de nouveaux programmes ou de nouvelles pratiques.

Harry et Klingner (2006) ont effectué une ethnographie de ces processus pour tenter de relever si l'école offrait des chances équivalentes à tous les élèves et si ces processus étaient traversés de pratiques discriminatoires à l'égard de certains élèves. En se tournant vers les pratiques des intervenants, documentées par des observations dans la classe et des rencontres de classement, des entrevues auprès de tous les acteurs concernés, dont les parents, et l'analyse des dossiers d'élèves, leur étude a contribué à envisager la surreprésentation des élèves de minorités racisées dans les effectifs d'adaptation scolaire comme le résultat de gestes quotidiens, en apparence anodins, mais dont les effets sont discriminatoires envers certains élèves marginalisés.

□

Conclusion

Le présent chapitre a cherché à mettre en évidence les origines, les caractéristiques et l'intérêt de la recherche ethnographique en éducation. En s'intéressant à la culture de l'école, à l'expérience des acteurs, à leurs interactions et aux processus sociaux présents en son sein, l'ethnographie permet d'examiner la construction identitaire de ceux qui y travaillent et de ceux qui y apprennent, concevant l'école comme une institution de socialisation et de reproduction sociale et culturelle. Toutefois, ces contributions ne sont pas sans conséquence ; la recherche ethnographique comporte ses défis et ses difficultés. La réflexivité du chercheur est une condition exigeante, car elle implique des questionnements constants à toutes les étapes du processus de recherche. Le travail de terrain prolongé demande un fort engagement du chercheur et des participants et nécessite beaucoup de temps. Nous espérons que cette contribution inspirera les étudiants-chercheurs à se forger une compréhension riche et accessible de l'école dépassant les idées reçues et les *a priori*.

Concepts importants

La définition de ces mots clés se trouve dans le glossaire.
- Culture
- Expérience sociale
- Interactionnisme symbolique
- Observation participante
- Réflexivité
- Sérendipité

Activités d'appropriation

1. Pourquoi dit-on que l'ethnographie n'est ni une théorie ni une méthodologie ?

2. Quelle est la particularité de l'ethnographie par rapport à la recherche qualitative ? Quelles en sont les implications méthodologiques ?

3. Quels sont les trois éléments caractéristiques de l'ethnographie ? Justifiez votre réponse.

4. Comment les objets de l'ethnographie permettent-ils une analyse spécifique de l'institution scolaire ? Donnez des exemples.

5. Que signifie la nécessité de réflexivité pour l'ethnographe ?

6. L'ethnographe s'inscrit dans un rapport à l'Autre dans ses recherches. Expliquez en donnant des exemples de recherche en éducation.

7. Quels sont les différents rôles que peut jouer le chercheur dans l'observation participante Comment se distinguent-ils les uns des autres ?

Lectures complémentaires

Mills, D. et M. Morton (2013). *Ethnography in education*, Londres, SAGE. Construit pour répondre aux besoins d'un étudiant qui cherche à construire un projet de recherche ethnographique, l'ouvrage recense les différents débats qui orientent les choix du chercheur. Cela permet, chapitre par chapitre, de se positionner par rapport à cette approche en intégrant la posture de l'ethnographe.

Beaud, S. et F. Weber (2010). *Guide de l'enquête de terrain*, Paris, La Découverte.
Ce guide s'adresse aux étudiants qui amorcent une démarche de mémoire ou de thèse et qui souhaitent effectuer une enquête de terrain. Les premiers chapitres sur les étapes préalables à la collecte et sur la manière de s'insérer sur le terrain permettent au futur chercheur de faire ses premiers pas comme s'il était accompagné par des chercheurs expérimentés.

Cefaï, D. (dir.) (2003), *L'enquête de terrain*, Paris, La Découverte.
Cet ouvrage est une référence en français sur l'ethnographie. Plusieurs chapitres de cet ouvrage collectif sont en fait des traductions de textes fondateurs de l'ethnographie, comme ceux de Clifford Geertz sur la description dense, de Raymond Gold sur l'opposition observation-participation dans le travail de terrain et de Howard Becker sur l'analyse des données d'observation. Il permet également de se familiariser avec les débats qui traversent l'approche ethnographique.

Harry, B. et Klingner, J. (2006), « Epilogue. Research methods : who are we and how did we do this research », dans *Why are so many minority students in special education ? Understanding race and disability in schools* (p. 194-216), New York, Teachers College Press.
Cet épilogue de l'ouvrage de Harry et Klingner présente les bases ethnographiques de leur recherche en toute transparence et représente un excellent guide pour s'initier à ce type de travail, qui plus est, de manière concrète.

Chapitre 9

La recherche-action

Marie-Hélène Guay et Luc Prud'homme

Ce chapitre présente un bref historique de la recherche-action en éducation. Sa nature, ses finalités et une démarche pour sa mise en œuvre sont détaillées, un exemple à l'appui. La posture d'un praticien-chercheur, les outils de collecte de données, l'analyse de données et la validité d'une recherche-action sont ensuite examinés. Le chapitre se termine par des questions et des suggestions d'activités pour consolider certaines habiletés importantes en contexte de recherche-action.

□

La naissance du concept de recherche-action peut certainement être associée à l'émergence du pragmatisme en tant que théorie de la connaissance. Une théorie de la connaissance est un système précis et organisé de présupposés concernant la nature, les sources et les limites de la connaissance, tel qu'il se présente dans l'esprit d'un sujet connaissant. Autrement dit, une théorie de la connaissance apporte des réponses aux questions : Qu'est-ce que connaître ? Comment connaissons-nous ? Que pouvons-nous connaître ?

Un bref historique

Le pragmatisme est considéré comme la contribution la plus importante des États-Unis aux réflexions sur la nature, les sources et les limites de la connaissance. Il serait le produit d'échanges survenus au sein du Metaphysical Club fondé au début des années 1870 à Cambridge, dans le Massachusetts. Les partisans du pragmatisme proposent alors d'envisager l'action finalisée comme la source de l'acquisition et de la justification de la connaissance sur le monde. Selon cette perspective, l'être humain, à la lumière de certaines valeurs privilégiées, concrétise des actions desquelles émerge sa connaissance du monde. On juge de la véracité de cette connaissance en fonction de son utilité. Une connaissance est vraie si elle permet d'agir mieux et avec satisfaction[1].

L'influence du pragmatisme et l'élaboration de thèses lui étant associées surviennent surtout après la Seconde Guerre mondiale. Les travaux de Kurt Lewin en psychologie sociale sont largement teintés du pragmatisme américain. Il serait l'un des premiers à avoir utilisé l'expression *recherche-action* (*Action Research*). Lewin rejette l'idée, alors dominante, d'étudier une situation de l'extérieur, en dehors de l'action. Dans ses travaux portant sur la dynamique des groupes, il s'implique sur le terrain, aux côtés des acteurs, pour les aider à préciser leur problématique, leurs objectifs, leur plan d'action social, pour le mettre en œuvre et en évaluer les effets. Pour Lewin, l'activité de recherche doit embrasser la complexité d'une pratique sociale afin de mieux la comprendre et de l'améliorer :

> La recherche nécessaire à la pratique [...] est une recherche-action. Elle est explicite sur les conditions et les effets de diverses formes d'actions sociales dans le but de soutenir leur transformation. Des recherches qui ne produisent que des livres ne peuvent suffire pour ce faire (Lewin, 1946, p. 36, notre traduction).

À la même période, John Dewey est considéré comme le précurseur de la recherche-action en éducation. Professeur à l'Université de Chicago, puis à l'Université Columbia aux États-Unis, il a élaboré l'instrumentalisme, une théorie de la connaissance largement associée au pragmatisme. Pour Dewey, les généralisations de chercheurs extérieurs à l'école sont rarement reprises par les enseignants, donc insuffisantes pour améliorer l'éducation. Pour lui, la connaissance trouve sa source dans l'action collaborative des chercheurs et des praticiens sur le terrain. Bien qu'il n'ait pas utilisé l'expression *recherche-action*, ses travaux en sont une expression tangible, car ils visent à créer une science de l'éducation enracinée dans l'analyse des pratiques pédagogiques par et pour les praticiens sur le terrain.

En éducation, Stephen Corey (1953) serait le premier à s'être explicitement référé au concept de recherche-action pour décrire la nature de ses travaux. Doyen de l'Institut de pédagogie Horace Mann-Lincoln de l'Université de Columbia à New York, il encourage les enseignants en formation initiale et continue à collaborer à l'étude de leurs propres

---

[1]. Dans cet esprit, William James affirme en 1907 : « the true is the name of whatever proves itself to be good in the ways of belief » (dans Bunge, 1996, p. 317).

pratiques et à diffuser leurs découvertes. À sa suite, d'autres chercheurs entreprennent des travaux en ce sens dans le milieu scolaire (Taba et Noel, 1957; Schumsky, 1958).

Objet de critiques acerbes de la part de plusieurs détracteurs (Wiles, 1953; Corman, 1957; Hodgkinson, 1957), la recherche-action en éducation perd de sa popularité vers la fin des années 1950. Elle sort des sentiers battus et elle indispose. On questionne le fait qu'elle puisse générer de véritables connaissances et on lui reproche, notamment, son manque de rigueur méthodologique et de clarté conceptuelle. Pour plusieurs, elle doit être considérée comme une démarche de développement professionnel et non comme une démarche de recherche.

La recherche-action en éducation connaît un second souffle à partir du milieu des années 1970, grâce au projet Humanities Curriculum de Lawrence Stenhouse (1975) et de John Elliot (1977), de l'Université East Anglia en Angleterre, lequel vise le développement de nouveaux programmes d'études nationaux. Légitimés, entre autres, par le rayonnement des travaux des pragmatistes David A. Kolb (1984) sur l'apprentissage expérientiel et Donald Schön (1983) sur la pratique réflexive, ces chercheurs utilisent la recherche-action en tant que démarche méthodologique pour actualiser des programmes d'études et générer, avec les praticiens, des connaissances sur la mise en œuvre significative et efficace d'un tel développement d'envergure. À partir de cette période, la recherche-action en éducation connaît un rayonnement qui ne cessera de croître. Partout dans le monde, des enseignants, des gestionnaires, des professionnels, des universitaires développent des réflexions sur la nature, les finalités et les différentes démarches de mise en œuvre de la recherche-action. Ils entreprennent également de nombreuses recherches-action dans les classes, les écoles, les commissions scolaires, les communautés et les universités pour soutenir leur développement et leurs pratiques pédagogiques. Les Anglais Jean McNiff et Jack Whitehead, les Australiens Bob Dick et Ernie Stringer, l'Anglais Peter Reason, les Irlandais Hilary Bradbury et David Coghlan, le Norvégien Bjorn Gustavsen et les Américains Kathryn Herr, Gary L. Anderson, Bill Torbert et Richard Segor contribuent, notamment, à écrire l'histoire de la recherche-action en éducation. Au Québec, d'hier à aujourd'hui, plusieurs contributeurs y participent également dont Pierre Angers et Colette Bouchard (1978), Roger Claux et Arthur Gélinas (1982), Charles Caouette, Gabriel Goyette et Michèle Lessard-Hébert (1987), Pierre

Paillé (1994), Richard Pallascio (1996), Lorraine Savoie-Zajc (2001), Monique L'Hostie (2004), André Dolbec et Jacques Clément (2004), Louise Lafortune (2008), Michel Boyer et Louise Royal (2009), André Morin (2010), Suzanne Guillemette (2011), Jacques Chevalier, Daniel Buckles et Michèle Bourassa (2013a, 2013b), Nadia Rousseau (2012), Carole Raby, Brigitte Gagnon et Annie Charron (2013), Geneviève Bergeron (2014), Élaine Turgeon et Ophélie Tremblay (2017), Lizanne Lafontaine, Christian Dumais et Joanne Pharand (2016). D'hier à aujourd'hui, leurs travaux, inspirés de différents présupposés et démarches, ont soutenu, entre autres, la création ou l'actualisation de programmes d'études, de dispositifs de formation universitaire, de projets éducatifs, de plans stratégiques, de situations d'apprentissage et d'évaluation dans différentes disciplines, de matériel pédagogique, la mise en œuvre de la différenciation pédagogique, de la supervision pédagogique, de la gestion, de communautés d'apprentissage professionnel et l'accompagnement du développement professionnel et organisationnel. Leurs initiatives ont simultanément contribué à la genèse de connaissances pour inspirer les actions d'autres praticiens espérant des transformations semblables dans leur milieu.

Plusieurs auteurs ont décrit les grands moments de l'histoire de la recherche-action, dont Hult et Lennung (1980), Dubost (1984), Goyette et Lessard-Hébert (1987), Kemmis et McTaggart (1988), McNiff (1988), Nodie Oja et Smulyan (1989), Adelman (1993), Noffke (1994), Masters (1995), Côté-Thibault dans Lavoie, Marquis et Laurin (1996), Liu (1997), Lemay (1997), Savoie-Zajc (2001), Fals Borda (2008), Passmore (2008), Guay, Prud'homme et Dolbec (2016). Une idée claire se dégage de ces récits. D'hier à aujourd'hui, on considère la recherche-action comme un levier incontournable pour que la communauté des praticiens-chercheurs[2] en éducation puisse espérer assumer son rôle, c'est-à-dire améliorer l'éducation et favoriser l'apprentissage et la réussite. La création d'un système cohérent et utile de connaissances et d'activités susceptibles d'améliorer tangiblement l'école passe inévitablement par des chantiers de recherche-action codéfinis, pilotés et évalués, de manière collaborative, en éducation.

---

2. Dans le présent texte, l'expression *praticien-chercheur* est utilisée pour désigner un participant à une recherche-action, quels que soit son statut ou sa fonction en éducation.

Nature et finalités

Depuis la naissance du concept de recherche-action, des dizaines d'articles, de monographies et de rapports associés à la recherche-action ont été publiés. De 1946 à ce jour, on recense, seulement dans ERIC (Education Resources Information Center), près de 12 000 documents relatifs à la recherche-action. Cela constitue plus du double de publications qu'en 2011, année de la troisième édition du présent ouvrage. En éducation, on peut définir la recherche-action comme une action de recherche et d'éducation visant la transformation finalisée d'une situation pédagogique dans le but d'y apporter des changements bénéfiques, de contribuer au développement professionnel des personnes qui y ont part et d'améliorer les connaissances sur cette situation. En effet, l'objet

---

ILLUSTRATION

Une équipe de onze enseignantes du primaire s'interroge : les écarts sont de plus en plus grands dans un groupe. « Qu'est-ce que ça prend pour être capable de différencier ? Est-ce que tous les enseignants peuvent y arriver ? » (Jacynthe) ; « Comment nourrir les élèves selon leurs besoins ? » (Florence) ; « J'veux me mettre à la recherche d'un chemin qui mène à la réussite de tous mes élèves. Est-ce réaliste ? » (Florence). Ces enseignantes cherchent à comprendre comment différencier. Malgré les nombreux écrits sur ce thème, peu d'exemples concrets sont observables sur le terrain. Un praticien-chercheur universitaire propose une recherche-action à cette équipe d'enseignantes. Elles acceptent. L'une d'elles affirme : « Je vois un projet de recherche comme un temps d'arrêt en présence de collègues qui en ont le goût, où l'on partage les difficultés, les bons coups et où l'on avance vers plus de différenciation ! » (Florence). D'autres précisent leur questionnement ou l'intention derrière leur engagement : « Jusqu'où est-il possible d'adapter sans y laisser sa peau ? » (Jacynthe) ; « Si je n'essaie pas de différencier, je ne saurai jamais si c'est possible. Je veux aussi analyser les expériences de décloisonnement qu'on fait depuis quelque temps pour voir si c'est vraiment ça, de la différenciation » (Doris). Tous ces praticiens-chercheurs partagent une intention commune : apprendre et comprendre le sens que peut prendre la mise en œuvre de la différenciation pédagogique en classe. Simultanément, le praticien-chercheur universitaire s'intéresse aussi au processus de résolution de problèmes permettant aux enseignantes d'améliorer leur pratique pédagogique face à l'hétérogénéité des élèves. « Je suis convaincue que je ne serai pas déçue [...] mes attentes ne peuvent qu'être satisfaites : je n'ai pas d'autres attentes que de m'engager dans un processus pour mieux comprendre la différenciation et en faire un peu plus dans ma classe. À mon avis, c'est impossible que je n'atteigne pas ce but » (Martine)[3].

---

3. Le recours à un exemple ne rend certainement pas compte de la multiplicité des expériences vécues lors d'une recherche-action, car chacune d'entre elles se révèle une expérience unique, interactive et réflexive, ajustée aux particularités de la situation pédagogique où elle se déroule. Nous choisissons de présenter, en alternance, un exemple réel et des idées majeures sur cette démarche de recherche-action, afin de soutenir une construction de sens optimale autour d'un concept, ainsi que le suggère Barth (2004). Cet exemple s'inspire de nos propres travaux de recherche (Prud'homme, Dolbec et Guay, 2011).

d'étude de l'éducation est une action finalisée : la situation pédagogique[4], c'est-à-dire le système correspondant à un ou plusieurs *sujets* qui apprennent quelque chose (*objet d'étude*) sous l'égide d'un ou de plusieurs éducateurs outillés (*agents*) dans un *milieu* donné (figure 9.1). Un ou des praticiens-chercheurs engagés en équipe dans une recherche-action veulent modifier, éduquer et améliorer les connaissances sur ces quatre composantes et sur les relations d'apprentissage, d'enseignement et de didactique qui s'établissent entre elles. Inspirés d'un idéal plus ou moins conscient et explicite, ils veulent changer les choses pour améliorer l'apprentissage, le leur, celui de leurs sujets comme celui de l'ensemble de la communauté des praticiens et des chercheurs en éducation.

Que ce soit deux professeurs universitaires qui désirent améliorer leur enseignement, une direction d'établissement et son équipe qui souhaitent contribuer au développement des lecteurs de leur école ou une directrice générale qui veut soutenir l'augmentation des taux de réussite en mathématique des élèves de sa commission scolaire, toutes

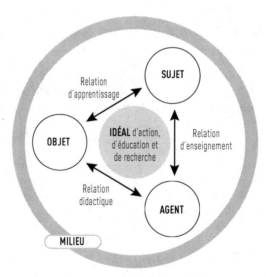

Figure 9.1   La situation pédagogique (adaptée de Legendre, 2005 et Pratt, 2005)

---

4. L'expression *situation pédagogique* est associée aux écrits de Legendre (2005). À ce jour, plusieurs penseurs en éducation ont nommé, précisé et illustré, de façon plus ou moins détaillée, l'objet d'études de l'éducation. Par exemple, Dewey (1929) parle de l'*expérience éducative concrète*, Houssaye (1988) de *triangle pédagogique*, Mialaret (1998) de *situation d'éducation*, Juffe (1998) de *situation éducative*, Brezinka (1992), Hofstetter et Schneuwly (2002) d'*action éducative* et Pratt (2005) de *modèle général pour comprendre l'enseignement*.

ces personnes se retrouvent au cœur d'une situation pédagogique qu'elles veulent contribuer à transformer et à améliorer. Leurs actions deviennent alors une source d'apprentissage pour elles et leurs collaborateurs, en plus de permettre la genèse de connaissances inédites sur cette situation pédagogique. En éducation, on associe donc généralement trois grandes finalités à la recherche-action:

- Apporter un changement, une amélioration, une transformation dans le cadre d'une situation pédagogique donnée (action);
- Contribuer au développement personnel et professionnel, individuel ou collectif, des praticiens-chercheurs qui sont impliqués dans cette situation pédagogique (éducation);
- Améliorer l'état des connaissances sur cette situation pédagogique ou sur l'une ou l'autre de ses composantes et de ses relations (recherche).

La figure 9.2 illustre la triple finalité de la recherche-action. Elle permet de saisir la complexité d'une recherche-action où recherche, action et éducation sont gérées de façon concomitante par les praticiens-chercheurs qui y sont engagés.

À ce jour, plusieurs dénominations apparentées ont servi à décrire une forme ou une autre de recherche-action: recherche-action participative, recherche-action collaborative, recherche-action-formation, recherche-formation-éducation, recherche participative, recherche-formation, recherche-intervention, recherche-action émancipatrice, recherche-action évaluative, etc. Elles sont attribuables, entre autres, aux présupposés ou aux valeurs que des auteurs adoptent, consciemment ou non, au regard de l'éducation et de la recherche. En effet, de tels présupposés teintent leur vision de la nature du changement visé, des types de connaissances produites, du rôle des praticiens-chercheurs en contexte de recherche-action, etc.[5]. Par exemple, certains auteurs considèrent la recherche-action comme une activité de transformation rationnelle qui implique nécessairement que le plan d'action de l'équipe de praticiens-chercheurs s'appuie sur des connaissances issues de recherches universitaires antérieures, alors que d'autres la perçoivent davantage comme une activité de transformation plus intuitive. Pour certains auteurs, la

---

5. Pour des explications détaillées concernant les différentes formes de recherche-action variant selon les présupposés et les valeurs des auteurs au regard de la recherche et de l'éducation, consulter Guay, Prud'homme et Dolbec (2016).

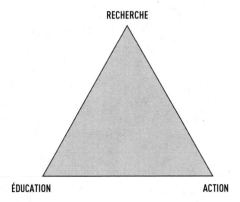

Pôle RECHERCHE : usage d'une démarche rigoureuse qui guide et éclaire les actions d'éducation et de recherche et permet d'en évaluer les répercussions.

Pôle ACTION : gestes concrets d'éducation et de recherche des acteurs pour modifier un ou plusieurs aspects d'une situation pédagogique jugée insatisfaisante.

Pôle ÉDUCATION : développement des acteurs au fil des actions d'éducation et de recherche grâce à leurs échanges et à leurs réflexions sur ces actions.

Figure 9.2   La triple finalité de la recherche-action (adaptée de Dolbec et Clément, 2004)

recherche-action est d'abord une activité de transformation de soi, alors que pour d'autres, elle vise d'abord à transformer les systèmes sociaux. Les écrits relatifs à la grande famille des recherches-action ont néanmoins en commun de mettre en lumière certaines de ses caractéristiques fondamentales suivantes :

- La recherche-action est motivée par un besoin réel de praticiens sur le terrain ;
- Elle est menée sur le terrain des praticiens, dans leur milieu naturel ;
- Elle met à contribution des praticiens qui collaborent et communiquent en tant qu'acteurs et chercheurs ;
- Elle s'appuie sur une démarche méthodologique souple et flexible ;
- Elle comporte des mécanismes qui permettent aux praticiens-chercheurs de collaborer, de réfléchir et de rendre compte de l'impact de leurs actions d'éducation et de recherche.

En somme, la recherche-action vise la structuration de connaissances sur une ou plusieurs situations pédagogiques interreliées, et cela par l'entremise d'une rencontre de praticiens-chercheurs destinée à favoriser l'expression des multiples voix qui les habitent. Elle repose sur l'idée que la recherche a avantage à s'orienter vers l'action, à s'ancrer dans l'expérience et à s'inscrire dans une perspective participative où des praticiens-chercheurs collaborent à la transformation d'une ou de plusieurs situations pédagogiques dans lesquelles ils sont impliqués.

La démarche générale

Une recherche-action correspond nécessairement à une action dynamique et ouverte caractérisée par de multiples ajustements essentiels pour la mobilisation et l'engagement des différents partenaires. Plusieurs dizaines d'auteurs ont proposé un modèle ou une démarche de recherche-action, c'est-à-dire une représentation schématique et simplifiée des différentes étapes et procédures, en nombre variable, pour en assurer l'actualisation[6]. Nous présentons ici une démarche de recherche-action en six étapes. Sa représentation graphique ci-dessous, inspirée de McNiff et Whitehead (2010), veut illustrer le caractère cyclique et dynamique d'une recherche-action (figure 9.3).

En effet, une recherche-action correspond globalement: 1) à la définition d'une situation actuelle; 2) à la définition d'une situation désirée; 3) à la conceptualisation d'un plan; 4) à sa mise en œuvre; 5) à son évaluation; 6) à une diffusion. Ces étapes sont rarement vécues de façon séquentielle. Ainsi, un ou des praticiens-chercheurs en équipe, arrivés à l'étape de la planification de l'action, peuvent constater l'importance de revisiter l'étape de clarification de la situation désirée pour préciser leur objectif. Qui plus est, l'ensemble des étapes gagne à être repris plusieurs fois selon les besoins et les ressources disponibles. En effet, l'évaluation d'une première démarche de recherche-action donne souvent lieu à la définition d'une nouvelle situation désirée, et donc à une reprise des différentes étapes susmentionnées pour agir, contribuer au développement professionnel et améliorer la connaissance. D'une boucle de recherche-action à l'autre, une équipe de praticiens-chercheurs peut ainsi agir, de plus en plus finement, sur les situations pédagogiques interreliées qui les préoccupent en se développant et qui contribuent à

---

6. Voir le texte de Guay, Prud'homme et Dolbec (2016) pour une synthèse comparative des différents temps d'une démarche de recherche-action tels qu'ils ont été conceptualisés par plusieurs auteurs internationaux. À la suite de Kemmis (1997), on retiendra qu'une telle démarche ne devrait pas être appliquée de façon procédurale ou mécanique. Elle se présente plutôt comme un ensemble de repères essentiels susceptibles d'inspirer les praticiens-chercheurs débutants en recherche-action.

ILLUSTRATION

Après des entretiens individuels visant à cerner les représentations initiales de chacun des participants autour de l'objet de recherche, les premières rencontres collectives s'amorcent et servent d'abord à créer un environnement intelligent pour apprendre et comprendre ensemble le sens de la différenciation péda- gogique au primaire. Autrement dit, les participants prennent le temps de définir un cadre conceptuel commun sur la démarche de recherche (but, moyens envisagés, outils pour agir et comprendre, aspects techniques liés à la recherche, etc.). Ainsi, les deux premières journées sont centrées sur les discussions autour du fait que les enseignants québécois recherchent des moyens de différencier sans savoir exacte- ment en quoi consiste cette pratique pédagogique. Le praticien-chercheur universitaire présente de nom- breux écrits sur le thème tout en précisant que plusieurs chercheurs du champ soutiennent que la différenciation doit être définie avec des enseignants qui comprennent de l'intérieur la complexité de la classe. Martine envisage l'ampleur du défi : «Est-il réaliste de penser qu'un enseignant peut réellement répondre aux besoins tellement différents de chaque élève ? S'agit-il d'une individualisation mur à mur ? Est-ce que les activités de décloisonnement sont le moyen par excellence ? Onze jours de rencontres collectives ? Ajoutes-en, on va en manquer !» Une des premières tâches consiste à définir le sens de l'enseignant-expert en différenciation en s'appuyant sur un document qui rend compte des représenta- tions recueillies lors des entretiens individuels conduits en amont de la démarche collective. Ce travail vise, par différents niveaux de confrontation, à ce que les perceptions initiales de l'une et de l'autre commencent «à s'accorder et à évoluer vers une compréhension commune» (Barth, 2004, p. 160). Cette tâche permet d'établir certaines distinctions et d'entrevoir de nouvelles modalités concrètes de différencia- tion pédagogique, notamment le décloisonnement. On cherche enfin à définir collectivement l'intention qui anime l'équipe : ce à quoi elle aspire. «Ouais ! La super enseignante, c'est tout un défi même s'il y a des choses qu'on fait déjà, mais... c'est le summum de l'enseignante !» (Suzette). Le praticien-chercheur univer- sitaire observe que les enseignantes sont fébriles en effectuant cette tâche : elles sont heureuses de décou- vrir les représentations de la différenciation de leurs collègues et constatent qu'on ne se souvient pas toujours de ce qu'on a pu dire préalablement. Ensuite, elles discutent des initiatives qu'elles ont explorées avant la démarche de recherche-action pour prendre en compte la diversité. Elles consacrent aussi des périodes de leurs rencontres collectives à la préparation d'actions à tenter en classe en fonction des défis qu'elles discernent et qu'elles pensent pouvoir relever. En somme, les rencontres permettent de clarifier les problèmes que pose la mise en œuvre d'une différenciation, de traiter des actions tentées et potentielles, de cibler des perspectives théoriques pouvant soutenir la compréhension, de planifier certaines mises à l'essai et de revenir sur ces expérimentations. Au terme de cette démarche, quatre enseignantes annoncent qu'elles préparent une journée de formation sur la différenciation à l'intention des autres enseignants de leur école. Cette journée se révèle suffisamment riche pour que ces enseignantes animent une deuxième journée quelques mois plus tard. Les commentaires sont élogieux à leur égard. «Les for- mations devraient suivre plus souvent votre modèle. Vous m'avez impressionné ! Je prends conscience que la différenciation n'est pas une adaptation ou un changement de méthode pour que les enfants apprennent plus facilement et à leur rythme, mais bien une ouverture que je crée au sein de mon groupe pour que chacun se sente heureux d'être là et qu'on me reconnaisse». D'autre part, sept des enseignantes s'im- pliquent activement pour présenter les résultats de la démarche dans une communication où elles décident d'offrir des pistes à considérer en formation initiale pour mieux soutenir les futurs enseignants face aux défis que pose la diversité en classe.

l'amélioration des connaissances d'une façon de plus en plus précise. Dans les lignes qui suivent, le sens et la portée des étapes d'une recherche-action sont résumées et associées à certaines questions. Selon les caractéristiques de la situation pédagogique dans laquelle il intervient, un praticien-chercheur déterminera la pertinence et l'intérêt de rendre explicite ou non, à ses collaborateurs, une telle démarche.

La définition de la situation actuelle / d'une problématique : Qu'est-ce qui va, qu'est-ce qui ne va pas ?

Une recherche-action s'ancre généralement dans un état perçu comme perfectible. Un praticien-chercheur ou une équipe de praticiens-chercheurs s'attardent alors à analyser les composantes et les relations de la situation pédagogique dans laquelle ils sont impliqués. Des entrevues, des observations, des discussions, des remue-méninges, des activités collaboratives peuvent baliser ce temps d'analyse[7]. Progressivement,

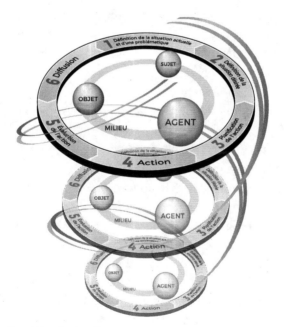

Figure 9.3   Une démarche de recherche-action.

---

7. Pour une description de différents dispositifs collaboratifs utiles en contexte de recherche-action, notamment à l'étape de définition de la situation actuelle, voir Chevalier, Buckles et Bourassa (2013b).

de telles actions permettent aux acteurs de se donner une vision commune de la situation pédagogique jugée perfectible. Ils précisent et analysent les sujets, l'objet d'apprentissage lacunaire, leurs actions plus ou moins porteuses, les ressources disponibles ou non. En filigrane, ils définissent également leurs responsabilités et leurs rôles respectifs, ils clarifient leurs présupposés et ils s'entendent sur le sens des concepts centraux sous-jacents à leur projet de transformation. Le processus de mobilisation est amorcé. Voici quelques exemples de questions inhérentes à la définition de la situation actuelle.

- Qu'est-ce qui va bien? Moins bien?
- À l'égard de qui? De quoi? Dans quel contexte?
- En quoi cette préoccupation est-elle prioritaire et névralgique par rapport à d'autres?
- Quand sommes-nous plus particulièrement confrontés à cet enjeu?
- Quel est notre pouvoir vis-à-vis de cet enjeu?
- Qu'avons-nous tenté, à ce jour, pour transformer ce qui est?
- Qu'est-ce que nous savons / ne savons pas sur les origines de la situation actuelle?
- Quelles sont nos ressources existantes?
- Qui sommes-nous? Quels sont nos présupposés et nos valeurs?
- Quel sens donnons-nous à ce concept au cœur de notre action?
- Quels sont nos responsabilités et nos rôles respectifs dans notre démarche de recherche-action? Ceux de nos collaborateurs?
- Pourquoi collaborer?
- Quelles sont nos normes de fonctionnement et celles pour soutenir le dialogue? Le partage? La sécurité affective et la liberté intellectuelle au sein de notre équipe? La recherche de consensus?
- Quels sont nos outils ou nos actions pour approfondir la problématique sous-jacente à la situation actuelle qui nous préoccupe?
- Quels sont nos outils pour conserver des traces de nos actions, de nos échanges et de nos réflexions?

La définition d'une situation désirée : Que voulons-nous ?

Le processus d'analyse sous-jacent à la définition de la situation actuelle permet progressivement à l'équipe de praticiens-chercheurs de cerner leur situation désirée souvent mise en mots sous la forme d'un ou de plusieurs objectifs. Pour certains, la formulation d'un objectif gagne à être éclairée de résultats de recherches antérieures sur les actions dont on a démontré l'efficacité pour espérer transformer la situation de départ codéfinie. Le recours aux états de la question, aux méta-analyses et à des têtes chercheuses qui connaissent bien l'objet qui préoccupe l'équipe peut lui permettre de cibler l'objectif le plus susceptible de transformer favorablement sa situation pédagogique. Qui plus est, un objectif formulé de façon précise, atteignable et réaliste, notamment eu égard au temps, optimise les probabilités que les partenaires de l'équipe agissent, progressent ensemble et contribuent à l'amélioration des connaissances avec efficience et satisfaction.

Voici quelques exemples de questions inhérentes à la définition d'une situation désirée / d'un objectif.

- En lien avec la situation actuelle que nous avons définie, que voulons-nous faire ? Atteindre ? À court terme ? À moyen terme ? Autrement dit, quels sont nos objectifs ?
- En lien avec la situation actuelle que nous avons définie, que voulons-nous apprendre ? Que devons-nous apprendre pour atteindre ces objectifs ? Sur quoi ? Quand ? Grâce à qui ?
- En lien avec la situation actuelle que nous avons définie, quels types de connaissances voulons-nous produire et diffuser ? Auprès de qui ? Pour faire quoi ? Dans quel contexte ?
- Que nous apprend la recherche, ou que nous apprennent nos actions antérieures, sur les moyens les plus efficaces pour modifier notre problématique de départ ? Qu'en pensons-nous ?
- Quelles seront nos preuves pour évaluer l'atteinte de notre/nos objectif(s) ?
- Quels sont nos outils pour conserver des traces de nos actions, de nos échanges et de nos réflexions ?

L'établissement d'un plan d'action : Comment allons-nous nous y prendre ?

Une fois l'objectif commun défini par l'équipe de praticiens-chercheurs, ceux-ci gagnent à établir un plan d'action pour baliser le passage de la situation actuelle à la situation désirée. Un tel plan d'action comporte habituellement une liste d'actions prioritaires, auxquelles sont associés des responsables et un échéancier. Voici quelques exemples de questions inhérentes à l'établissement d'un plan d'action.

- Comment voulons-nous procéder pour atteindre nos objectifs?
- Quelle est la liste des actions que nous avons à mettre en œuvre pour atteindre notre objectif?
- Qui seront les responsables particuliers de chaque action? Selon ses talents? Ses intérêts? Ses ressources? Le temps disponible?
- Quel est notre échéancier? Qu'est-ce qui peut être fait à court? Moyen? Long terme? Par qui particulièrement?
- Quelles sont les ressources disponibles / nécessaires à l'atteinte de nos objectifs?
- Sous quelle forme choisissons-nous de conserver, ajuster et diffuser notre plan d'action évolutif?
- Quels sont nos outils pour conserver des traces de nos actions, de nos échanges et de nos réflexions?
- Qui seront nos collaborateurs externes? Que devons-nous prévoir pour optimiser leur contribution à notre recherche-action?
- Qui seront nos amis critiques?

La mise en œuvre du plan d'action: Que faisons-nous concrètement?

La mise en œuvre du plan d'action correspond au moment où l'équipe expérimente et met en œuvre les actions planifiées. Souvent, à ce moment-ci de la recherche-action, certains ajustements sont apportés au plan d'action, à l'objectif initial, aux rôles et aux responsabilités de chacun, etc. Il s'avère alors essentiel d'en conserver le souvenir. Ici, comme c'est le cas pour chacune des étapes de la recherche-action, l'équipe de praticiens-chercheurs a le souci de conserver des traces de ses actions concrètement mises à l'essai. Voici quelques exemples de questions inhérentes à cette étape où le plan d'action est mis en œuvre.

- Quels éléments de notre plan d'action se déroulent comme nous l'avions planifié?
- Quels éléments de notre plan d'action ne se déroulent pas comme nous l'avions planifié?
- Quels facteurs expliquent cette situation?
- Quels sont nos leviers pour modifier les choses à notre avantage et espérer atteindre notre but?
- Que devons-nous prévoir pour ajuster le tir et espérer atteindre notre objectif dans les meilleurs délais?

- Comment choisissons-nous de procéder dans le respect de nos valeurs et de nos priorités ?
- Quels sont nos outils pour conserver des traces de nos actions, de nos réajustements, de nos échanges et de nos réflexions ?

L'évaluation : Preuves à l'appui, quel est l'impact de nos actions ?

À cette étape, l'équipe de praticiens-chercheurs est en mesure de formuler certaines affirmations sur les répercussions de ses actions, sur les apprentissages qu'elle a faits et sur de nouvelles connaissances issues de ses travaux. Elle analyse également les facteurs explicatifs de l'impact, positif ou non, sur son développement professionnel et sur l'amélioration des connaissances relatives à la ou les situations pédagogiques auxquelles elle a part. Les affirmations issues de ce processus d'évaluation doivent alors s'appuyer sur les données recueillies tout au long de la recherche. Ces données ne sont pas nécessairement toutes pertinentes et éloquentes. L'équipe de praticiens-chercheurs recourt aux données qui peuvent servir de preuves, c'est-à-dire à celles qui permettent de démontrer ou d'établir la véracité des affirmations qu'elle formule au terme de sa démarche de recherche-action. Simplement dit, une preuve est une donnée ou un ensemble de données qui montrent que l'équipe a effectivement fait ce qu'elle dit avoir fait et que son action a bien les résultats qu'elle lui attribue. Une preuve est une évidence de transformation.

Voici quelques exemples de questions inhérentes à l'étape de l'évaluation de l'action.

- Quel est l'impact de nos actions ?
- Qu'est-ce qui s'est concrètement transformé ?
- Qu'avons-nous appris ? Sur quoi ? Grâce à quoi ? Grâce à qui ?
- Quelles connaissances pouvons-nous énoncer qui pourraient éclairer, dès aujourd'hui, un praticien aux prises avec un enjeu semblable dans une situation pédagogique similaire ?
- Quelles preuves avons-nous pour appuyer chacun de nos constats relatifs aux effets de notre recherche-action sur notre milieu et sur nous ?
- Quels sont les facteurs explicatifs des effets positifs de nos actions ?
- Quels sont les facteurs explicatifs des effets plus mitigés de nos actions ?

- Qu'avons-nous appris sur la situation dans laquelle nous étions impliqués et mobilisés ? Sur nous ? Sur nos sujets ? Sur l'objet de la recherche-action ? Sur notre milieu ? Sur nos collaborateurs ?
- Dans l'optique d'une recherche-action ultérieure, que ferions-nous de la même façon ? De façon différente ?

La diffusion : le rapport de notre recherche-action et ses résultats

L'équipe de praticiens-chercheurs rend public un résumé de sa recherche-action, en totalité ou en partie. Que ce soit en cours de démarche ou à la fin, les praticiens-chercheurs synthétisent alors leur situation de départ, leur objectif, le plan d'action qu'ils ont établi, les actions qu'ils ont réellement mises en œuvre et, preuves à l'appui, certaines affirmations sur l'impact de leurs actions, les apprentissages auxquels elles ont donné lieu et les nouvelles connaissances ainsi générées. Ils peuvent diffuser leur rapport sous l'une ou plusieurs des formes suivantes : un mémoire ou une thèse incluant un chapitre sur l'histoire de leurs actions de recherche et d'éducation, un article d'une revue dite scientifique ou professionnelle, une communication lors d'un rassemblement (congrès, colloque ou rencontre collective), un site Web, un blogue, un rapport, un récit, une affiche, un court-métrage, etc. Le rapport des travaux soumis au regard des pairs peut dès lors inspirer d'autres praticiens aux prises avec un enjeu similaire. Ces derniers peuvent y puiser des connaissances susceptibles de modifier efficacement une situation pédagogique perfectible aux caractéristiques semblables. Voici quelques exemples de questions inhérentes à l'étape de la diffusion.

- Comment désirons-nous rendre compte de notre recherche-action ou de certaines de ses composantes particulièrement évocatrices ?
- Quel(s) public(s) ciblons-nous ?
- Quelles connaissances transférables nous apparaît-il important de communiquer à la communauté des praticiens-chercheurs ?
- Quel est le moment le plus propice pour assurer la diffusion de nos travaux ?
- Quelle serait la forme de diffusion la plus susceptible d'inspirer et d'intéresser notre public cible ?
- Quelle serait la forme de diffusion la plus susceptible de témoigner du travail essentiel de collaboration sous-jacent à notre recherche-action ?

En résumé, une recherche-action correspond à la définition d'une situation actuelle, à la définition d'une situation désirée, à la conceptualisation d'un plan, à sa mise en œuvre et à son évaluation/diffusion. Elle nécessite une certaine durée pour assurer la mobilisation des acteurs, des actions porteuses de transformations réelles et durables, le développement professionnel des participants et la genèse de connaissances inédites. L'analyse de plusieurs recherches-action ayant eu cours ces dernières années au Québec et ailleurs révèle qu'une équipe de praticiens-chercheurs devrait envisager de s'investir au moins trois ans dans une telle action d'éducation et de recherche pour être en mesure d'en observer et d'en appuyer les effets.

La posture du praticien-chercheur

D'entrée de jeu, il apparaît essentiel d'inciter le praticien-chercheur en recherche-action à réfléchir, avec rigueur, à sa vision du monde, à l'idéal qui inspire son engagement en recherche et en éducation, à ses présupposés et à ses valeurs dans la situation pédagogique, aux stratégies d'accompagnement qu'il privilégie et aux comportements qu'il manifeste dans la rencontre avec l'autre. Étant donné que la recherche-action requiert un leadership démocratique selon lequel les actions du ou des praticiens-chercheurs se fondent toujours sur des valeurs, des buts et des idéaux, on saisit que les personnes engagées dans une recherche-action doivent nécessairement tendre à mieux se comprendre pour espérer intervenir avec justesse en matière d'action, d'éducation et de recherche. Il s'agit d'un défi qui relève certes de l'éthique de tout praticien-chercheur (Gohier, 2004 ; Savoie-Zajc, 1995), mais également d'un idéal de rapprochement théorie-pratique, d'ouverture à l'émergence, à l'interdépendance et à l'intercompréhension autour d'une situation pédagogique en vue de contribuer à son amélioration. Car, quelle que soit sa vision du changement (de la régulation jusqu'au changement radical), le praticien-chercheur ou l'équipe de praticiens-chercheurs en recherche-action vise toujours une transformation jugée pertinente sur la base de certains présupposés. En ce sens, nous croyons que celle ou celui qui s'inscrit en recherche-action se présente comme un acteur socialement engagé. Il choisit de tendre continuellement à clarifier sa posture pour espérer *agir localement tout en pensant globalement*, ce qui constitue une clé fondamentale pour comprendre les systèmes d'aujourd'hui et préparer ceux de demain (Capra, 1983 ; Checkland, 1981).

ILLUSTRATION

Le praticien-chercheur universitaire comprend progressivement que s'il s'intéresse à la différenciation et à son articulation réelle en classe, c'est parce qu'il s'agit d'un problème de première importance qui trouve une résonance certaine et des points d'ancrage dans son expérience de vie. Il observe que grâce à son journal de bord et aux courriels qu'il échange avec son ami critique, il comprend mieux la nature de son engagement. Il entreprend donc un travail nécessairement itératif afin de clarifier cette expérience de vie qui est la sienne, son positionnement biographique. Ce travail lui permet de comprendre que son engagement en éducation relève assurément d'une perspective de réforme sociale, telle qu'elle a été conceptualisée par Pratt (2005). Il croit qu'un projet d'enseignement, quel qu'il soit, n'est pas strictement affaire de transmission. Il s'agit, pour lui, d'un espace d'influence particulièrement complexe qui doit viser la construction d'un monde plus juste et respectueux des différences. Dès la première rencontre collective, il informe donc l'équipe de certains biais qui pourraient teinter ses interventions dans la recherche, par exemple, la présence d'un enfant handicapé dans sa vie ou ses engagements antérieurs au regard de l'innovation pédagogique. Ces données communiquées, il se sent plus authentique devant l'équipe. Alors que les rencontres collectives conduisent rapidement les enseignantes à traiter d'une ouverture inconditionnelle aux différences et de la nécessité d'accueillir avec étonnement ce qui est très différent de soi en classe, le praticien-chercheur universitaire fait concrètement face au défi que pose cette ouverture. En effet, l'une des enseignantes présente, en ces termes, la nature de son engagement en enseignement : « J'ai choisi l'enseignement [pour] la facilité presque. L'attirance pour les enfants, bien sûr, mais je pense que ça a été la facilité. C'est un baccalauréat qui est facile. La gang s'en allait là-dedans, j'ai suivi le courant. Il n'y avait rien d'autre qui m'attirait excepté justement la médecine que, bon, les préalables, je ne les avais pas [...]. Je savais que ça me prenait [un métier] où [...] je ne travaillais pas de nuit, ni les fins de semaine. Ça, c'était écrit [...], il ne me restait plus grand-chose » (Jovette). Le praticien-chercheur universitaire sait qu'une des difficultés majeures des acteurs inscrits dans une perspective de réforme sociale consiste à accepter ceux qui ne partagent pas ses idéaux. On comprend que la rencontre avec cette enseignante et l'ouverture à son expression devient alors un élément névralgique dans sa démarche. Cette rencontre provoque une activité introspective importante pour mieux comprendre la nature du travail nécessaire lorsqu'un enseignant choisit de s'ouvrir, de façon inconditionnelle, à la diversité. Il se rappelle les paroles de Pratt : « C'est une chose d'épouser un idéal, c'en est une autre de le vivre » (Pratt, 2005, p. 254, traduction libre).

Or, la connaissance de soi est évidemment le travail d'une vie. Whitehead (1993), un auteur qui propose une démarche de recherche-action ancrée dans l'étude de soi, nous rappelle que l'être humain est une contradiction vivante, un truisme qu'il faut apprivoiser plus explicitement lorsqu'on s'engage dans cette pratique méthodologique. L'être humain est porteur de multiples voix, d'une polyvocalité (Gergen et Gergen, 2000), laquelle, lorsqu'elle s'exprime, permet d'observer les discordances, les contrastes et les incohérences qui l'habitent. Un praticien-chercheur engagé dans une recherche-action a tout avantage à s'éloigner du jugement pour s'inscrire dans l'étonnement, l'acceptation et le travail sur soi afin d'apprivoiser les contradictions qui l'interpellent davantage. Cette ouverture à soi devient, par ricochet, indispensable pour mieux s'ouvrir à l'autre dans sa rencontre avec les praticiens.

L'articulation concomitante de l'action, de l'éducation et de la recherche en contexte de recherche-action génère des tensions de rôles chez le praticien-chercheur (Charlier, 2005 ; Dolbec, 2003). Celles-ci exigent un travail axé sur la connaissance de soi, à la fois comme acteur social, accompagnateur et chercheur. En somme, le praticien-chercheur en recherche-action est interpellé par une quête de pertinence, de cohérence et de congruence.

Une quête de pertinence

« Le bavardage est écume sur l'eau, l'action est goutte d'or » (proverbe tibétain). On a mentionné précédemment que la recherche-action a toujours été centrée sur la nécessité de produire des connaissances pertinentes et utiles par et pour l'action. Ce souci de pertinence habite le praticien-chercheur dans le choix des instruments de collecte de données, la planification des journées interactives, la sélection des outils à exploiter et des ressources à proposer. Il a le souci constant que tous les participants à la recherche-action perçoivent l'à-propos de ce qu'ils vivent ensemble pour apprendre, comprendre et s'améliorer.

Une quête de cohérence

« C'est une belle harmonie quand le faire et le dire vont ensemble » (Montaigne). Un praticien-chercheur qui s'inscrit dans une démarche comportant des visées de transformation et de compréhension avec des collaborateurs peut difficilement se soustraire aux exigences liées à ces finalités lors de ses propres interventions (Charlier, 2005 ; Dolbec, 2003 ; Hendricks, 2009 ; Kemmis et McTaggart, 2000 ; Savoie-Zajc, 2001). Il s'agit d'une quête de cohérence qui n'est pas étrangère à la responsabilisation sociale du praticien-chercheur en éducation face aux défis du contexte socio-environnemental contemporain (Gohier, 2004 ; Sauvé, 2005). Celui-ci voit ainsi à incarner, dans sa propre pratique, ce que l'équipe convient d'expérimenter pour améliorer la pratique éducative. Fullan et Quinn (2018) considèrent d'ailleurs cette cohérence comme un élément central caractérisant les leaders du changement en éducation. Ainsi, si la démarche interactive et réflexive de transformation conduit à explorer des théorisations pédagogiques pour éclairer l'action de l'équipe, le praticien-chercheur en recherche-action a le devoir de s'inspirer de ces mêmes théorisations pour améliorer, ajuster et enrichir les actions liées à sa pratique de recherche-action. L'expérience interactive et réflexive vécue en collaboration offre une transposition possible du rapport enseignants-élèves au rapport praticiens-chercheurs en contexte de recherche-action. Cette transposition favorise une réflexion enrichissante sur l'intervention et crée un espace pour une meilleure reconnaissance et compréhension de l'autre. Qui plus est, puisqu'une grande majorité de praticiens-chercheurs en éducation sont également pédagogues, la quête de cohérence sous-jacente à la démarche de recherche-action peut simultanément contribuer à l'amélioration de leur enseignement.

Une quête de congruence

« Sois toi-même le changement que tu veux voir dans le monde » (Gandhi). Le contexte éminemment relationnel d'une recherche-action exige une ouverture inconditionnelle à l'autre dans toute son *humanitude*. Pour ce faire, il semble nécessaire d'accroître la conscience de sa propre humanitude et du rapport qu'on entretient avec les multiples contradictions qui jalonnent son parcours. Ainsi, la quête de sens du praticien-chercheur intègre nécessairement un processus de conscientisation de soi, car au fondement de cette rencontre se cache une ouverture à sa propre polyvocalité (Franklin, 1997 ; Gergen et Gergen, 2000 ; Russell, 2005). Comme Gohier (2004) en traite à propos du chercheur interprétatif, le praticien-chercheur en recherche-action a tout avantage à s'inscrire dans une quête de congruence au sens où Rogers (1968) la définit. En substance, il s'agit d'un travail visant à soutenir, de façon continue, l'authenticité du praticien-chercheur qui fait face à son équipe, à ses données, à sa recherche, à son mandat social et, évidemment, à lui-même. Il prend conscience de ses biais à l'égard de l'objet de la recherche-action et choisit d'y voir, avec l'équipe, aux moments opportuns. Il explore la portée de ses expériences en fonction des intentions qu'il poursuit avec ses collaborateurs. Il ajuste ses interventions à la lumière des conflits relationnels qu'il peut repérer. Cette authenticité teinte constamment son accompagnement et les prises de décision auxquelles il participe.

ILLUSTRATION

Le praticien-chercheur universitaire qui participe à la recherche-action projette de conduire des entretiens semi-dirigés individuels qui se tiennent en amont et en aval d'une série de rencontres collectives échelonnées sur une période de 14 mois. L'entretien en amont lui permet de «comprendre ce que son équipe comprend» de l'objet de recherche. Les rencontres et les entretiens sont enregistrés. Chacune des praticiennes-chercheuses de l'équipe est invitée à tenir un journal de bord dans lequel elle délibère autant sur ce qu'elle vit dans les journées de travail que sur ses expérimentations en classe. Parallèlement, le praticien-chercheur universitaire tient son propre journal, où son travail d'écriture lui permet, entre autres, d'effectuer un premier traitement des données qu'il recueille au fur et à mesure de l'avancement de la démarche. Quant à l'entretien en aval, il vise à repérer le sens construit par chacune des participantes au terme de l'expérience et à recueillir des exemples qui illustrent, dans l'action, les retombées de la recherche. D'une journée de travail à l'autre, le praticien-chercheur universitaire choisit d'effectuer une première condensation des données en présentant aux participantes un récit de la journée précédente. Or, plus les journées avancent, plus les participantes à la recherche-action manifestent un intérêt important à l'égard des récits. En fait, elles suggèrent que chaque récit et les délibérations qu'il suscite soient des éléments importants de la démarche; le récit sert à «se retremper et à repositionner les choses» (Martine), car «si on ne fait pas de retour, le but peut passer dans le vide... Moi, je les lis, les récits, plus d'une fois, pour me remettre dans l'ambiance, pour comprendre le sens de ce que je poursuis et c'est la même chose avec mes élèves» (Doris). Simultanément, le récit s'avère un exercice d'écriture à la fois descriptif et analytique qui cherche à reconstituer l'expérience de manière relativement détaillée et à illustrer les premiers constats qui émergent de ce traitement initial. Il s'inscrit dans une pratique d'analyse qualitative en mode écriture (Clandinin et Connelly, 2000; Ellis et Bochner, 1996; Paillé et Mucchielli, 2003; Richardson, 2000). Ces textes, qui font office de comptes rendus analytiques, se présentent comme des tentatives d'interprétation que le praticien-chercheur universitaire soumet aux participantes dans le processus. Plus qu'un choix aléatoire sur le plan méthodologique, le recours à l'écriture comme pratique d'analyse est, pour le praticien-chercheur universitaire, une stratégie cohérente dans une démarche méthodologique visant à favoriser l'implication maximale des praticiens. Au terme de la démarche, en s'imprégnant des données que fournissent les participants, il constate qu'il ressent encore une urgence de leur écrire pour synthétiser à l'intention de chacune l'ensemble de ce qu'il comprend de la démarche de recherche-action. Tout en lui permettant de procéder au travail de réduction et de transposition des données, la rédaction de lettres adressées aux participantes se présente comme un suivi qui peut soutenir une pensée réfléchie des enseignantes au regard du travail effectué autour de l'objet de recherche-action. En fait, l'écriture des lettres offre au praticien-chercheur universitaire un contexte d'analyse plus rapproché de son action d'éducation. Plusieurs participantes témoignent de la pertinence de ce suivi pour soutenir une certaine activité réflexive vers une plus grande autonomie professionnelle. «En la lisant, je me suis rendu compte que j'avais fait du chemin [...]. Néanmoins, la lettre m'a ouvert les yeux encore une fois. [...] Je pense que je vais devoir relire occasionnellement ta lettre» (Suzette). «J'ai relu ta lettre une troisième fois! [...] Je suis apaisée et assurée de poursuivre le chemin de la différenciation, car je crois que mon ouverture est plus consciente» (Doris). Ce travail permet de mettre en relation toutes les données recueillies au moyen de l'ensemble des outils, y compris ceux qui n'ont pas été prévus au départ, ce qui témoigne d'une ouverture et d'un travail de différenciation dans l'accompagnement. En effet, en cours de recherche-action, les participantes manifestent des besoins individuels liés à certaines remises en question, à certains affrontements et à certaines insécurités. Avec l'autorisation des autres praticiens-chercheurs, le praticien-chercheur universitaire conduit ainsi cinq entretiens individuels de mi-parcours, trois accompagnements en classe pour soutenir l'expérimentation et une journée d'observation non participante dans la classe de l'une d'entre elles. Ces données supplémentaires ajoutent à la compréhension de ce qui se vit dans la démarche.

Les outils de collecte et d'analyse de données

Au départ de la recherche, ou en cours de route, les praticiens-chercheurs ont le souci d'établir ou de développer des outils de collecte de données qui leur permettent, de la façon la plus écologique possible, de recueillir des informations liées à leurs objectifs d'action, de recherche et d'éducation. Ils ont recours à tous les outils qu'ils jugent pratiques et rigoureux pour recueillir et analyser les traces de leurs actions, leurs échanges et leurs réflexions. Pragmatistes, ils optent pour des outils pertinents au cœur de leurs actions, en cohérence avec leurs présupposés et leurs valeurs au regard de la recherche et de l'éducation. L'analyse des besoins, le bilan des rencontres, l'enregistrement sonore ou visuel dont la photographie, le journal de bord, l'observation, le questionnaire, la recension d'écrits, le récit de pratique, le réseau conceptuel, l'entretien et le groupe de discussion sont quelques exemples de tels outils de collecte de données dont certains sont détaillés ci-dessous.

Le journal de bord

Il s'agit d'un rassemblement de données, cumulées sur une période de temps significative, qui permet à une équipe de praticiens-chercheurs de conserver des traces de leurs actions d'éducation et de recherche afin d'apprendre de celles-ci et d'appuyer la valeur des connaissances qui en sont issues. Selon la nature et les visées de la recherche-action et les présupposés des praticiens-chercheurs, le journal de bord peut prendre plusieurs formes : papier, fichier électronique, support audio, fiches, production de type artistique, etc. Il peut également contenir différents éléments dont des idées, des émotions, des décisions, des faits, des citations, des incidents critiques, des extraits de lectures, des anecdotes, des descriptions contextualisées et des traces significatives. Ces éléments sont très, peu ou pas organisés selon des catégories, des questions, des rubriques, etc. Par exemple, un journal de bord pourrait préciser : 1) le moment où une information est consignée (date et heure) ; 2) une description d'un ou de plusieurs événements ou actions ; 3) une analyse réflexive qui témoigne d'une prise de recul vis-à-vis d'une action ou d'un ensemble d'actions mises en relation. On observe que les descriptions d'actions ayant fortement mobilisé les énergies de l'équipe seront plus détaillées. Certains nomment ces actions des incidents critiques (Tripp, 1994). L'équipe cherchera à les expliquer et à les analyser pour en dégager des apprentissages et des pistes d'amélioration. Pour plus de détails relatifs à la nature, aux finalités et à la mise en forme du journal de bord lors d'une recherche-action, le lecteur est invité à consulter les ouvrages de Baribeau (2005), Moon (2006), Gohard-Radenkovic (2012) et McNiff (2016).

Le questionnaire

Il s'agit d'un instrument de collecte de données qui permet de recueillir les réponses d'une ou de plusieurs personnes à des questions précises. En contexte de recherche-action, il est souvent utile pour recueillir des informations sur les perceptions, les opinions, l'état des préalables ou des connaissances des personnes concernées lors de l'étape de définition de la situation actuelle. Repris à l'étape d'évaluation de l'action, il permet à l'équipe de praticiens-chercheurs de mesurer l'évolution de ces perceptions, opinions ou connaissances une fois mises en œuvre les actions ciblées codéfinies. Fait à noter, un questionnaire utilisé en recherche-action gagne à être rigoureux, clair et concis. Il n'a toutefois pas à être systématiquement validé et standardisé. Pour plus de détails relatifs à la nature, aux finalités et à la mise en forme d'un questionnaire lors d'une recherche-action, le lecteur est invité à consulter les ouvrages de Schumck (2006) et Stringer (2008).

Le bilan des rencontres collectives

Il s'agit d'une synthèse, la plus fidèle possible, des événements et des propos échangés par les participants lors de cette rencontre. Il peut prendre différentes formes, par exemple, un récit ou un compte rendu standard ou *in extenso*. Il est souhaitable qu'il soit daté, qu'il mentionne le lieu de la rencontre, les personnes présentes et les tâches et les engagements de chacune au terme de la rencontre. En plus de servir à la collecte des données, le bilan des rencontres collectives s'avère aussi un excellent outil pour soutenir les actions des participants entre les rencontres. Il est également très utile au début de ces rencontres pour faire le point ensemble sur l'avancée des travaux.

L'entretien

Il s'agit d'un échange sur l'objet de recherche entre participants à la recherche-action. Il permet de mettre en mots des informations, des pensées, des émotions, des intentions, des conceptions et des exemples liés à la démarche de recherche-action. Il peut être utilisé en amont ou en aval d'une série de rencontres collectives. Selon les intentions sous-jacentes à l'utilisation de cet outil, un praticien-chercheur peut opter pour un entretien dirigé, semi-dirigé ou ouvert. Dans le premier cas, il souhaite recueillir des informations au moyen de questions identiques adressées, de la même façon, à tous les participants. Dans le deuxième cas, il prépare des questions mais peut choisir de ne pas toutes les exploiter pour demeurer ouvert à l'émergence. Paillé et Muchielli (2003) suggèrent alors à l'intervieweur de formuler d'abord dans son canevas les questions à la troisième personne du singulier pour l'inciter à les intégrer au dialogue. Cette technique l'aide à éviter de déclamer ses questions les unes après les autres au détriment de la fluidité de la conversation. Par exemple : « Quand le sujet pense à la différenciation pédagogique aujourd'hui, qu'est-ce qui lui vient à l'esprit ? » À l'écrit : ➜ « Dis-moi, quand tu penses à la différenciation après l'année que nous venons de passer, qu'est-ce qui te vient en tête ? » À l'oral : Dans le dernier cas, l'entretien ouvert, le praticien-chercheur invite la personne rencontrée à tout simplement traiter de ce qu'elle juge essentiel, sans aucune considération pour les ancrages théoriques associés à l'objet de la recherche. L'essentiel est que le praticien-chercheur justifie le choix du type d'entretien en fonction des intentions qu'il poursuit.

L'enregistrement sonore ou visuel

Un téléphone intelligent est un outil précieux en contexte de recherche-action. Il permet de conserver la trace d'actions, de paroles, d'échanges et de réalisations qui balisent cette démarche. Des photographies, les comptes rendus *in extenso* d'entrevues et les extraits vidéo de leçons en classe constituent ainsi des données précieuses que l'équipe de praticiens-chercheurs gagne à dater et à classer rigoureusement.

Les données recueillies grâce aux outils de collecte susmentionnés sont idéalement organisées et archivées dans un portfolio matériel ou numérique et font l'objet d'une analyse. L'analyse des données correspond au processus de classement, de mise en relation et d'explication d'une pluralité de données dans le but d'en générer un sens pour agir, éduquer et produire de nouvelles connaissances. Autrement dit, l'analyse des données consiste à faire émerger le sens qui se construit dans l'expérience de recherche. En contexte de recherche-action, elle gagne à s'effectuer tout au long des actions de recherche et d'éducation et à impliquer les participants à la recherche. Ce travail d'analyse implique une organisation et une synthèse des données, leur présentation aux participants et la production de constats préliminaires qui se raffinent au fur et à mesure de l'évolution de la démarche (Miles et Huberman, 2003). Les praticiens-chercheurs sont donc engagés dans des cycles itératifs de collecte et d'analyse de données sous-jacents aux actions d'éducation et de recherche qu'ils mettent en œuvre, ce qui permet à ce travail d'être simultanément un outil de régulation (Miles et Huberman, 2003) en fonction des finalités de la recherche-action. En vue de l'accomplissement de cette tâche, la triangulation des données permet d'éclairer l'objet ou les objets de recherche sous différents angles (Paillé et Mucchielli, 2003; Savoie-Zajc, 2011). Elle peut prendre deux formes. La triangulation des méthodes consiste à utiliser plusieurs outils de collecte de données pour observer un même objet et tenter de faire ressortir les recoupements et les nuances qui s'en dégagent (par exemple, des entretiens individuels et des rencontres collectives enregistrées). De plus, échelonnés au fur et à mesure de la démarche, différents niveaux d'analyse peuvent s'effectuer et être présentés aux participants afin qu'ils en fassent l'appréciation et réagissent au sens en construction; on parle alors d'un travail de triangulation indéfinie (Savoie-Zajc, 2011), ce que d'autres associent à un travail de validation écologique continue auprès des participants (Emerson, 2004).

Un praticien-chercheur peut ainsi exploiter une stratégie d'analyse en mode écriture suivant laquelle, à partir de l'examen des données issues des comptes rendus de rencontres collectives, des entretiens et des journaux de bord, il tente de proposer des textes continus (des récits) traduisant ce qu'il comprend de l'évolution de l'expérience de recherche et de la participation de chacun des acteurs. Certaines situations peuvent amener un praticien-chercheur ou une équipe de praticiens-chercheurs à exploiter d'autres modes d'analyse, dont une approche plus phénoménologique, un travail d'analyse à l'aide de catégories conceptualisantes, une approche d'analyse thématique, etc. Paillé et Mucchielli (2003) expliquent ces modes d'analyse et en présentent quelques autres. Ellis et Bochner (1996) mettent également en évidence le fait qu'il existe, dans le domaine de l'analyse qualitative en ethnographie, des stratégies alternatives et créatives pour orienter le travail de l'analyste. Certains modes d'analyse peuvent impliquer le recours à des outils informatiques très puissants pour soutenir le travail de construction de sens autour des données qualitatives recueillies (par exemple, ATLAS-ti, NVivo, QDA Miner). Or, il nous semble essentiel d'insister sur le fait que le praticien-

Tableau 9.1   Pistes de questionnements pour soutenir la validité d'une recherche-action

DOLBEC ET CLÉMENT (2004)	BRADBURY ET REASON (2008)
1. Le processus de recherche a-t-il été décrit (contexte, déroulement, facteurs d'influence)? Est-il pertinent par rapport à la situation désirée? (Cohérence systémique)	1. La démarche de recherche-action vise-t-elle explicitement le développement d'une pratique interactive de recherche?
2. La recherche est-elle exempte de préjugés? D'autres peuvent-ils examiner ses données et ses méthodes d'analyse? (Confirmation)	2. Est-elle guidée par une activité réflexive centrée sur des retombées pratiques?
3. Ceux qui sont reconnus compétents pour juger de la valeur de la recherche ont-ils suffisamment d'informations pour la trouver plausible? (Crédibilité)	3. Est-elle inclusive de la pluralité des connaissances?
4. La solution mise en place répond-elle à un besoin réel exprimé par les acteurs? (Faisabilité)	4. Est-elle ancrée dans une recherche de signifiance? (Pertinence)
5. Connaît-on la provenance des données recueillies? Ont-elles été recueillies suivant des procédures rigoureuses? Les conclusions sont-elles conséquentes avec le déroulement? (Fiabilité et appropriation)	5. Cherche-t-elle à faire émerger de nouvelles structures qui se maintiennent au terme de la démarche?
6. La recherche répond-elle aux besoins d'un groupe particulier? (Pertinence)	
7. Les droits des participants ont-ils été respectés? Les acteurs ont-ils pris une part active dans le processus? Le climat était-il propice aux échanges? Les participants ont-ils tous pris part aux décisions? (Respect des valeurs et des principes démocratiques)	
8. La recherche permet-elle de faire connaître l'expérience à d'autres? Les résultats dans ce contexte peuvent-ils être signifiants pour d'autres dans leur contexte? (Transférabilité)	

GUAY, PRUD'HOMME ET DOLBEC (2016)

1. La recherche-action en tant qu'action de recherche et d'éducation...

   • Est-elle une réponse à un besoin réel de transformation, de changement, d'amélioration ou d'évolution d'une situation donnée ?

   • Prend-elle en compte les présupposés au regard de la recherche et de l'éducation des praticiens-chercheurs et du milieu ?

   • S'appuie-t-elle sur une méthodologie rigoureuse, souple et cohérente avec les présupposés susmentionnés, laquelle est vécue concrètement sur le terrain avec l'autre / les autres ?

   • S'ancre-t-elle dans la collaboration et le dialogue, leviers essentiels à la réflexivité ?

   • S'appuie-t-elle sur la connaissance existante, celle des praticiens-chercheurs participants au projet comme celle issue d'autres recherches antérieures ?

2. La recherche-action en tant que connaissance issue d'une action de recherche et d'éducation...

   • Correspond-elle à une description suffisamment précise pour vérifier ses qualités susmentionnées en tant que processus ?

   • Présente-t-elle plusieurs preuves significatives permettant de confirmer que la recherche-action a été réellement vécue et qu'elle a réellement l'impact décrit ?

   • Explicite-t-elle des présupposés sur la recherche et l'éducation qui sont cohérents avec les actions entreprises ?

   • Est-elle diffusée sous une forme compréhensible à la fois pour les chercheurs et les praticiens ?

   • Comporte-t-elle des spécifications permettant aux chercheurs et aux praticiens de lier cette recherche et ses résultats à d'autres recherches antérieures et ultérieures dans le but de contribuer à la structuration progressive du réseau des connaissances sur l'objet d'études ?

chercheur demeure l'outil prédominant, *l'être essentiel de l'analyse qualitative*, et que la réflexion rigoureuse sur sa posture contribue à la qualité et à la validité de son travail d'analyste : « Le doute, l'humilité et le réel sentiment de la relativité des choses sont les caractéristiques les plus importantes à cette étape, et elles valent bien tout l'arsenal des "critères de scientificité", sous la protection desquels se réfugie, parfois, une analyse manquant de solidité » (Paillé et Mucchielli, 2003, p. 198).

La validité

La recherche-action en éducation est une action de recherche et d'éducation qui vise la transformation de situations pédagogiques. Elle génère donc un type de connaissances précises, concrètes, finalisées et contextualisées qui prennent souvent la forme de procédures, de démarches ou de modèles pour permettre d'agir efficacement dans une autre situation pédagogique semblable, sur la base de présupposés similaires. La recherche-action et les connaissances qui en sont issues sont donc évaluées, d'abord et avant tout, sur leur apport tangible, efficient et durable à la transformation d'une situation pédagogique. À ce jour, plusieurs auteurs ont fait des propositions pour examiner la validité particulière de la recherche-action dont Savoie-Zajc (2001), Dolbec et Clément (2004), Eden et Huxman (2006), Herr et Anderson (2015), Bradbury et Reason (2008) et Guay, Prud'homme et Dolbec (2016). Dans cette perspective, ils incitent notamment les praticiens-chercheurs qui s'engagent dans une recherche-action à porter une grande attention à expliciter leurs présupposés, à agir avec rigueur, intégrité et congruence, à équilibrer leurs actions collaboratives d'éducation et de recherche et à témoigner d'un souci d'utiliser et de contribuer à la structuration d'un réseau de connaissances intelligibles en éducation. C'est grâce à de telles préoccupations de ses auteurs qu'une recherche-action peut être qualifiée de valide et générer des connaissances dites valides, c'est-à-dire propres à soutenir des transformations utiles, efficientes, efficaces et significatives dans une situation pédagogique similaire sur la base de présupposés semblables. Le tableau 9.1 présente les questions que proposent trois groupes d'auteurs pour évaluer la validité d'une recherche-action et des connaissances qui en sont issues. Elles constituent de solides ancrages pour réfléchir et soutenir la validité d'une recherche-action et de ses résultats.

Conclusion

La recherche-action a maintenant plus de 60 ans. En éducation, au fil de ces décennies, la communauté des praticiens-chercheurs en recherche-action en a progressivement défini la nature, les finalités et les démarches de mise en œuvre. Cette communauté a ainsi pu créer et actualiser, entre autres, des programmes d'études, des dispositifs de formation universitaire, des projets éducatifs, des plans stratégiques, des situations d'apprentissage et d'évaluation dans différentes disciplines, du matériel pédagogique, baliser la mise en œuvre de la différenciation pédagogique, de la supervision pédagogique, de la gestion éducative, de communautés professionnelles d'apprentissage, et jalonner l'accompagnement du développement professionnel et organisationnel.

Dans l'action, sur le terrain, cette communauté de praticiens-chercheurs a contribué de façon significative à l'apprentissage et au développement individuel et collectif de milliers d'apprenants et d'acteurs de l'éducation. Elle l'a fait en soutenant l'usage de démarches de transformation rigoureuse, la collaboration, la réflexivité, le dialogue, le transfert des connaissances des praticiens comme celles issues de recherches antérieures.

Simultanément, toujours dans l'action sur le terrain, cette communauté de praticiens-chercheurs a permis aux chercheurs en éducation de réfléchir et d'élargir leur vision de la recherche, des connaissances qu'elle génère et des outils pour ce faire, avec, par et pour les praticiens. Elle y a participé en établissant la spécificité et la complémentarité des connaissances générées par les praticiens-chercheurs d'une part et les chercheurs universitaires d'autre part, en insistant sur l'importance que les chercheurs et les praticiens en éducation prennent conscience de leurs présupposés au regard de l'éducation et de la recherche et les rendent explicites, en proposant une diversité de démarches et d'outils pour éduquer et chercher simultanément sur le terrain.

À l'heure où les acteurs de nos systèmes scolaires sont en quête de cadres de référence et d'outils pour agir de façon rigoureuse, collaborative, consciente, systémique et efficace en soutien à l'apprentissage et à la réussite, l'histoire et le patrimoine de la recherche-action offrent probablement les cadres et les outils qui sont, à ce jour, les plus développés et intégrés pour ce faire.

Tournés vers l'avenir, à la suite de tels prédécesseurs, nous encourageons ceux et celles qui souhaitent agir, apprendre et chercher tout en permettant à leur équipe, à leurs sujets et à leur organisation de le faire simultanément à rejoindre la communauté des praticiens-chercheurs en recherche-action. Elle constitue un espace de consolidation permanent de ses propres compétences d'éducateur et de chercheur par l'entremise d'une étude de soi rigoureuse, dans la rencontre avec des éducateurs engagés, à leur manière, dans une voie similaire. Elle permet l'accompagnement, l'appréciation et le partage d'une démarche collective de développement qui transgresse l'impuissance apprise généralement répandue dans nos sociétés défectives. La recherche-action donne l'occasion de marcher tranquillement, avec d'autres, dans l'humilité et l'étonnement, vers un idéal qui se précise continuellement. Au cœur d'une époque où nos sociétés attendent beaucoup des systèmes scolaires, considérés, avec raison, comme la clé de notre avenir individuel et collectif, de telles contributions sont précieuses. Bonne marche.

Activités d'appropriation

1. Recensez les principales raisons qui justifient votre engagement dans la recherche en éducation et expliquez en quoi la recherche-action peut vous permettre de marcher vers vos idéaux.

2. Lorsque vous examinez votre pratique, êtes-vous en mesure de repérer certaines actions mises en œuvre dont la nature, les finalités ou le déroulement s'apparentent à une recherche-action? Quels en sont les indices? Quels ajustements pourraient y être apportés pour mieux contribuer à la réussite des personnes en cause, à la poursuite de vos propres apprentissages ou à l'amélioration des connaissances sur cette situation pédagogique?

3. Que ce soit à titre d'étudiant, d'enseignant, de professionnel ou de gestionnaire de l'éducation, est-il habituel pour vous de vous fixer un objectif et d'y associer un plan d'action, de conserver des traces de vos actions et d'en évaluer l'impact? Au cours des prochains jours/ semaines, à propos d'une tâche ou d'un projet déterminé, essayez d'agir de façon intentionnelle et rigoureuse. Au terme de la tâche ou du projet, analysez les principaux facteurs à l'origine de vos succès ou de vos insuccès.

4. Que ce soit à titre d'étudiant, d'enseignant, de professionnel ou de gestionnaire de l'éducation, quels sont les outils que vous privilégiez pour récolter des preuves attestant que vous avez vraiment fait ce que vous dites avoir fait et que votre travail donne ce que vous dites qu'il donne?

5. Pensez à une situation pédagogique à laquelle vous participez à titre d'agent. Dans ce contexte, lesquelles de vos actions témoignent d'une réelle quête de cohérence, de pertinence ou de congruence? Comment vos sujets pourraient-ils réinvestir ce que vous faites avec eux pour intervenir auprès de leurs propres sujets?

6. Dans l'adversité, quelles sont vos stratégies pour demeurer ouvert, à l'écoute, concentré sur la recherche de solutions et sur le questionnement? Que faites-vous en présence de personnes qui ont un point de vue différent du vôtre ou qui ont de la difficulté à voir leur part de responsabilité dans une situation pédagogique donnée?

Concepts importants

La définition de ces mots clés se trouve dans le glossaire.
- Ami critique
- Apprentissage expérientiel
- Compte rendu *in extenso*
- Développement professionnel
- Pragmatisme
- Recherche-action
- Triangulation

Lectures complémentaires

Action Research Resources [en ligne]: http://www.aral.com.au/
L'Australien Bob Dick est un praticien-chercheur indépendant passionné de recherche-action. Son site permet d'accéder à des cours en ligne, des articles, des exemples de mémoires et thèses, une foire aux questions et une multitude d'autres sites sur la recherche-action ou différents thèmes associés dont l'apprentissage dans l'action et la théorie de la congruence d'Argyris et Schön.

Glanz, Jeffrey (2014). *Action Research: An Educational Leader's Guide to School Improvement*, Lanham, Rowman & Littlefield, 332 pages.

L'ouvrage de Jeffrey Glanz en est à sa troisième édition. La démarche de recherche-action qu'il propose, maintes fois mise à l'épreuve en milieu scolaire, est vulgarisée pour permettre à une équipe-école de baliser une transformation significative pour elle. Les stratégies qu'il propose pour clarifier les valeurs et les concepts au sein d'une équipe sont innovantes, et il détaille plusieurs outils de collecte et d'analyse de données signifiants pour des praticiens.

Herr, Kathryn et Gary L. Anderson (2015). *The Action Research Dissertation: A Guide for Students and Faculty*, Thousand Oaks, Sage, 189 pages.

À ce jour, peu d'auteurs ont si bien décrit les caractéristiques, les enjeux et les stratégies inhérentes à l'écriture d'un mémoire ou d'une thèse ancrés dans une recherche-action. Les étudiants, comme les comités de direction qui les encadrent, pourront y trouver des pistes utiles pour comprendre et atténuer les défis que représentent la mise en œuvre et la rédaction d'une recherche-action en contexte universitaire.

Lavoie, Louisette, Danielle Marquis et Paul Laurin (1996). *La recherche-action: théorie et pratique*, Québec, PUQ, 229 pages.

Le temps passe mais cet ouvrage demeure incontournable pour les praticiens-chercheurs francophones. Conçu sous la forme d'un manuel d'autoformation, il comporte plusieurs synthèses et exercices qui proposent au praticien-chercheur une vision claire et explicite de la définition, des finalités et de plusieurs voies de mise en œuvre de la recherche-action, selon différentes perspectives.

McNiff, Jean (2016). *You and Your Action Research Project*, Londres, Routledge Falmer, 356 pages.

En 2016, la Britannique Jean McNiff publie la quatrième édition d'un ouvrage indispensable pour un praticien-chercheur engagé dans une recherche-action. L'auteure y approfondit, exemples, outils et questionnements à l'appui, plusieurs aspects essentiels de la recherche-action, dont la posture du praticien-chercheur, les considérations éthiques, l'analyse des données et le concept de preuve (*evidence*).

Reason, Peter et Hilary Bradbury (2015). *The Sage Handbook of Action Research: Participative Inquiry and Practice,* Londres, Sage Publications, 856 pages.

Cette troisième édition offre un terreau stimulant pour tout praticien-chercheur s'intéressant à la rencontre de la recherche et de la pratique dans une quête de pertinence sociale. En effet, les problématiques du contexte socioenvironnemental contemporain et les enjeux planétaires actuels abordés en recherche-action témoignent du travail et de l'engagement d'une communauté de praticiens-chercheurs qui veut contribuer avec imagination et créativité à relever les grands défis d'aujourd'hui (pauvreté, catastrophes environnementales, eau potable, sida, conflits armés, mondialisation, etc.). Largement pensé pour une nouvelle génération de praticiens-chercheurs en recherche-action, cet ouvrage constitue une manifestation de la responsabilité éthique d'une communauté de praticiens-chercheurs qui souhaitent léguer à leurs successeurs un espace méthodologique non conformiste leur permettant de s'inscrire dans une pratique de recherche légitime, imaginative et créative.

Stringer, Ernie (2013). *Action Research in Education*, Upper Saddle River (NJ), Pearson Education, 328 pages.

L'Australien Ernie Stringer, ancien enseignant et directeur d'école, a mené plusieurs recherches-action en Australie et ailleurs dans le monde. On trouve dans cet ouvrage les principes de la *recherche-action communautaire* qu'il a développée. De son point de vue, le praticien-chercheur devrait agir comme facilitateur d'un processus qui vise à établir des relations égalitaires, harmonieuses et coopératives au sein d'une communauté. L'auteur y explique comment mener une recherche-action de façon méthodique en préparant d'abord le terrain, en observant ensuite la situation problématique afin d'en faire un portrait qui sera interprété et expliqué avec les participants.

Chapitre 10

La recherche évaluative

Christian Depover, Thierry Karsenti et Vassilis Komis

Ce texte présente la recherche évaluative comme un mode de recherche à part entière, notamment lorsqu'on la place dans une double perspective de rigueur et de production de connaissances. Il a également pour objet de différencier la recherche évaluative de certaines formes d'évaluation. On distingue deux modalités de recherche évaluative. La première est orientée vers l'amélioration d'un programme ou d'un dispositif alors que la seconde vise plutôt à généraliser ou à poursuivre un programme mis en place.

□

Comme le fait remarquer Pinch (2009), la recherche évaluative doit occuper une place importante parmi les formes de recherches susceptibles d'être mobilisées en éducation. En effet, contrairement à d'autres domaines scientifiques qui se consacrent surtout à la description des phénomènes, l'éducation est avant tout une science de l'action. Or une action, pour être efficace et se donner un maximum de chances d'atteindre son but, doit être régulée. Cette régulation exige le recours à l'évaluation sous différentes formes.

Lorsque l'évaluation comme moyen d'améliorer l'action est menée d'une manière systématique à partir de données empiriques, certains auteurs comme Patton (1990) ou Jones (2000) parlent de recherche évaluative, ou encore de recherche d'évaluation. Toutefois, pour considérer qu'il s'agit d'un processus de recherche au sens strict, il convient d'ajouter une seconde condition, à savoir que les techniques mises en œuvre conduisent également à la production de nouvelles connaissances susceptibles d'enrichir, de compléter et de nuancer ce que l'on sait à propos d'un sujet donné.

Placée dans cette double perspective de rigueur et de production de connaissances, l'évaluation peut, comme nous allons tenter de le montrer dans ce texte, être considérée comme une méthode de recherche à part entière.

La conciliation recherche / évaluation : une utopie ?

Entre les processus mis en œuvre en matière de recherche et d'évaluation, il existe un grand nombre de similitudes, notamment en matière de récolte et de traitement des informations ainsi que d'interprétation des résultats. Sur ces aspects, la différence est surtout une question d'appréciation personnelle. Ainsi, on se montrera généralement plus exigeant quant à la qualité des données, la fiabilité des outils utilisés, la rigueur de l'interprétation lorsqu'on aura choisi de s'inscrire dans un processus de recherche plutôt qu'un autre. Une différence plus fondamentale apparaît toutefois lorsqu'on s'intéresse aux résultats produits, puisque, pour le considérer comme une recherche au sens plein du terme, il faut que le processus mis en œuvre conduise à la production de nouvelles connaissances qui puissent être considérées comme originales. Pour satisfaire cette dernière exigence, il est particulièrement important que la recherche évaluative s'appuie sur une analyse approfondie de la littérature et que l'on formule, sur cette base, des questions de recherche précises et détaillées, ce qui est plus rarement le cas en matière d'évaluation.

La production de résultats originaux qui caractérise la recherche va souvent de pair avec la liberté laissée au chercheur de choisir ses orientations de recherche. Or, en matière de recherche évaluative, cette liberté peut être entravée par le fait que souvent cette forme de recherche répond à une commande et que, dès lors, le choix des questions auxquelles elle s'intéressera risque d'être, plus ou moins profondément, infléchi par la demande de l'organisme qui financera les travaux.

Le fait que la recherche soit menée en réponse à une commande, plus ou moins explicite, soulève d'autres difficultés, notamment liées au calendrier d'exécution. En effet, une recherche évaluative commanditée par une autorité doit respecter l'impératif de fournir une réponse dans un délai plutôt bref, de manière que le commanditaire puisse prendre une décision à l'échéance fixée, par exemple, généraliser certaines pratiques, poursuivre une mise à l'essai, adopter de nouveaux outils, etc. Or, un calendrier de recherche s'inscrit plutôt dans le moyen, voire le long terme, car la production de connaissances originales comporte une part d'aléas qui s'accommode fort mal d'un calendrier trop rigide.

Le rapprochement entre recherche et évaluation, que l'on observe à l'occasion de la recherche évaluative, permet d'inscrire la recherche dans l'action. En effet, les recherches servent souvent à éclairer une problématique, à mieux comprendre un phénomène ou à montrer l'efficacité d'une méthode, mais elles n'aboutissent que rarement à une décision qui influe directement sur les pratiques éducatives. En matière de recherche évaluative, au contraire, il existe souvent un lien étroit entre l'objet de la recherche et la décision à prendre. Ce lien est assez évident lorsqu'il s'agit d'une recherche qui fait suite à une demande externe, mais c'est aussi le cas, comme nous le montrerons, lorsque la recherche répond au choix d'une équipe de développement d'associer une évaluation systématique à la conception d'un nouvel outil ou d'un nouveau programme. Lorsqu'il s'agit d'élaborer des outils et des programmes, la recherche évaluative ne peut se limiter à apprécier globalement leur efficacité ou leur pertinence, elle doit s'attacher, à chacune des étapes de leur élaboration, à fournir les informations qui permettront d'éclairer les décisions de l'équipe de conception.

Les différentes formes de la recherche

Ce lien entre recherche et action conduit, parfois, à évoquer le terme de *recherche appliquée* à propos de la recherche évaluative. Parler de recherche appliquée amène à distinguer ce type de recherche d'autres formes qui seraient à caractère plus fondamental, avec le risque de faire prédominer la première sur les autres, du fait qu'il est généralement plus facile de susciter une mobilisation pour des projets qui apporteront des réponses à court terme aux problèmes imminents d'ordre éducatif que pour des projets à long terme aux résultats parfois plus incertains.

C'est ainsi qu'on observe, au grand regret de certains chercheurs qui y voient une forme de limitation de leur autonomie, une tendance de plus en plus affirmée de la part des agences de financement (UNESCO, Banque mondiale, ACDI, etc.) à privilégier la recherche appliquée et notamment la recherche évaluative au détriment d'autres formes de recherche qui valoriseraient davantage la liberté, la créativité et surtout l'indépendance du chercheur. Même évaluative, ce genre de recherche peut prendre plusieurs formes, qui sont recensées ci-dessous.

La recherche évaluative orientée vers la conception

Cette forme de recherche visant à améliorer un programme ou un dispositif s'effectue généralement durant l'action afin de permettre un meilleur ajustement aux buts recherchés. Elle fait appel à des personnes externes à la conception et à l'exécution de l'action, mais peut aussi mobiliser des acteurs qui prennent une part active dans l'action.

Lorsque la recherche évaluative concerne la mise au point d'outils ou de programmes, on parle généralement de « recherche conception » (*design research*). Il peut s'agir, par exemple, de compléter l'élaboration d'un logiciel éducatif par une série de mises à l'essai rigoureuses dont les résultats auront pour effet d'infléchir la mise au point de l'outil et d'accroître les chances d'aboutir à un produit qui satisfasse les différentes parties concernées.

En matière de programme, on peut s'intéresser à la mise au point d'une méthodologie d'enseignement particulière, mais aussi à des interventions à orientation sociale ou sanitaire visant, par exemple, à réduire la propagation du VIH/SIDA par une campagne d'éducation bien ciblée. La recherche évaluative qui vise à l'élaboration de programmes s'inscrit généralement dans le cadre d'une politique publique plus globale, traduisant par exemple une volonté de réduire l'échec scolaire, pour le premier cas, ou d'améliorer l'accès aux soins préventifs, pour le second.

À la suite de Brown (1992), un certain nombre de chercheurs s'intéressant essentiellement à l'enseignement des sciences ont utilisé l'expression *design research* pour caractériser une approche de recherche qui consiste à soutenir la mise au point de dispositifs pédagogiques par des prises d'information systématiques. Comme le rappellent Collins *et al.* (2004), le but de la recherche centrée sur le design est d'améliorer la manière dont un dispositif fonctionne dans la réalité (plutôt qu'en laboratoire) et, lorsqu'un problème apparaît, d'analyser son origine pour y remédier dans le cadre d'un processus de raffinement continu.

La recherche évaluative orientée vers la décision

Il s'agit d'une forme de recherche visant à valider un programme ou un dispositif qui survient nécessairement à la fin de l'action ou une fois le dispositif mis en place et qui est généralement confiée à une personne ou à une organisation externe qui n'est pas directement engagée dans l'élaboration de l'action ou du dispositif.

La recherche évaluative de ce type répond généralement à une commande des autorités et renvoie directement aux questions qu'elles se posent à un moment déterminé ou aux décisions qu'elles seront amenées à prendre à court terme.

Elle dépend souvent d'enjeux politiques, en particulier lorsque les résultats de la recherche contribuent à fonder une décision qui peut peser sur les orientations en matière de politique éducative à l'échelle locale, régionale ou nationale. C'est le cas notamment lorsqu'il s'agit de valider une nouvelle approche pédagogique à partir d'un échantillon d'établissements avant de généraliser la réforme à l'ensemble du territoire national.

Ainsi, certaines recherches évaluatives pourraient, par exemple, contribuer à orienter une politique en fournissant des informations importantes pour déterminer quels programmes mériteraient d'être soutenus. Toutefois, comme le soulignent pertinemment Cronbach *et al.* (1981), la véritable mission de l'évaluation n'est pas de décider à la place des autorités, mais plutôt d'éclairer et d'informer tous les citoyens dans le cadre d'un processus démocratique de prise de décision.

La recherche évaluative peut aussi porter sur la comparaison entre plusieurs modalités de mise en œuvre d'une action, comme lorsqu'il s'agit de choisir entre deux méthodes d'apprentissage de la lecture celle dont il est préférable de préconiser l'usage auprès des enseignants de 1re année du primaire.

La validité et la complémentarité des approches

La recherche évaluative mobilise aussi bien des méthodologies qualitatives centrées sur la compréhension en profondeur des phénomènes (approche inductive) que des méthodologies quantitatives orientées vers la mise en évidence de relations de causalité (approche déductive). Pour Pinch (2009, p. 393), il est nécessaire de « considérer une variété de modèles, d'approches, de méthodologies et de sources de données », et ce, en fonction des objectifs de la recherche évaluative menée. Pour évoquer les qualités attendues de la recherche évaluative, nous serons donc amenés à faire référence à ces deux méthodologies.

Le contrôle de la validité dans une recherche quantitative fait appel à des procédures bien connues et largement traitées dans le présent ouvrage (voir le chapitre 7). Tout d'abord, dans le cas particulier de telles recherches évaluatives, il s'agit d'assurer les conditions qui permettront d'attribuer la causalité des phénomènes aux variables indépendantes mises en évidence dans le plan expérimental. Ainsi, si l'on veut établir que la disponibilité des manuels scolaires améliore les performances d'apprentissage, il faut être certain qu'aucune autre cause ne peut expliquer ces résultats. Pour obtenir cette certitude, il convient d'être attentif à la représentativité des échantillons constitués et à la pertinence du plan expérimental adopté.

Rappelons que la manière d'établir la validité d'une recherche est assez différente dans une méthodologie qualitative (voir Patton, 2002), puisque dans le cadre de celle-ci, il ne s'agit plus de manipuler la situation conformément à un plan expérimental défini, mais d'appréhender la dynamique des événements et de mettre en évidence leur intentionnalité à partir d'observations effectuées le plus souvent en contexte naturel.

Pour cette raison, la recherche qualitative (voir le chapitre 7) mettra l'accent, pour établir la validité de ses résultats, sur des critères comme l'honnêteté, la richesse et la profondeur des données récoltées, ou encore elle mettra en avant l'importance de la triangulation des informations prélevées sur le terrain. Il n'en demeure pas moins, comme l'indiquent Patton (2002) ou encore Pinch (2009, p. 393), que les chercheurs en éducation se «doivent d'être plus ouverts à la recherche qualitative et aux techniques de collecte et d'analyse de données qui les sous-tendent».

Des auteurs comme Gorard et Taylor (2004) insistent sur l'intérêt, en matière de recherche éducative, de combiner les approches en recourant au principe de la triangulation méthodologique afin d'articuler recherches quantitatives et qualitatives dans le cadre d'une méthodologie de recherche que certains auteurs qualifient de mixte (Creswell, 2009). Dans une approche de ce type, on ne se contentera pas, pour étudier un phénomène, de mobiliser à la fois des données qualitatives et quantitatives, mais on s'efforcera de croiser les méthodologies en injectant notamment des éléments propres à la recherche qualitative, comme la compréhension en profondeur des phénomènes à la faveur de prises d'information multiples, dans un dispositif expérimental basé sur la comparaison de plusieurs groupes.

Dans un souci d'appréhension la plus complète possible du phénomène étudié, on peut également faire intervenir d'autres formes de triangulation en recherche évaluative, comme la triangulation des observateurs. Celle-ci consiste à faire appel à plusieurs chercheurs qui interviennent de manière indépendante pour observer ou analyser une situation, un contexte ou un phénomène particuliers.

Cohen *et al.* (2007) parlent de triangulation spatiale en recherche évaluative pour désigner une approche qui permet de dépasser les études menées uniquement dans une culture ou un contexte particuliers en diversifiant les lieux de prises d'information. Cette forme de triangulation est mise en œuvre notamment dans le cadre des études transculturelles ou encore à l'occasion d'une méthodologie d'investigation proposée par Miles et Huberman (2003) sous le nom d'analyse inter-sites, sur laquelle nous reviendrons plus loin dans ce texte.

La triangulation temporelle en recherche évaluative, pour sa part, consiste à prendre en compte l'évolution d'un phénomène, liée notamment à la maturation des sujets par des prises d'information répétées et plus ou moins distantes dans le temps (études longitudinales).

D'une manière générale, la triangulation dans la recherche évaluative repose sur l'idée d'utiliser plusieurs méthodes de collecte de données pour étudier un phénomène afin de le saisir dans toute sa richesse et sa complexité, mais c'est aussi un moyen d'améliorer la validité interne d'une recherche qualitative en comparant les données issues de plusieurs sources. Par exemple, une étude sur l'opinion des enseignants à propos d'une réforme peut donner lieu à une enquête au moyen d'un questionnaire écrit dont les résultats seront confirmés et complétés par une série d'entrevues. On pourra combiner des données issues de l'observation du comportement des élèves avec celles issues d'entretiens semi-directifs, etc.

Une difficulté inhérente à la recherche évaluative est liée au fait que le recours à une méthode d'investigation particulière peut conduire le chercheur à se construire une représentation particulière du phénomène à l'étude. C'est comme si la méthode faisait office de filtre à travers lequel l'objet d'étude était examiné. Comme le rappelle Lin (1976), le chercheur doit s'assurer que les données rassemblées ne sont pas de simples artefacts de la méthode d'investigation employée. Le fait d'utiliser plusieurs méthodes d'investigation et de montrer qu'elles conduisent à des données qui convergent dans l'explication d'un phénomène permet de se prémunir contre ce type de distorsion de la réalité.

La recherche évaluative orientée vers la conception (*Design-based research*)

Cette forme de recherche s'intéresse à la mise au point de programmes ou de dispositifs pédagogiques dans le cadre d'un processus itératif où alternent conception, développement et prise de mesure sur le terrain, de manière à assurer la meilleure adaptation possible de ces programmes ou de ces outils aux besoins des bénéficiaires. Une telle approche est fort populaire dans les milieux préoccupés par la mise au point d'environnements d'apprentissage qui exploitent les TIC, mais aussi par l'élaboration de programmes d'intervention à caractère social ou pédagogique.

À titre d'illustration, nous présenterons succinctement un modèle de design pédagogique sur la base duquel nous travaillons depuis une dizaine d'années dans le cadre de la conception d'environnements d'apprentissage exploitant les TIC (Depover et Marchand, 2002). Ce modèle, qui est de type sériel, en ce sens qu'il décompose le processus de conception d'un environnement d'apprentissage en une série d'étapes strictement définies, prévoit des prises d'information systématiques à l'issue de chacune des étapes du processus. Ces prises d'information font appel à des méthodologies déterminées dont le choix est fonction de la décision à prendre à un moment fixé. Ainsi, à l'issue de la phase de mise au point de l'interface, on entreprendra des études de terrain pour valider la pertinence ergonomique de l'outil en organisant des mises à l'essai auprès d'un échantillon de sujets issu de la population cible. On validera le choix de certaines stratégies pédagogiques non seulement auprès d'experts, mais aussi en analysant les réactions de certains groupes d'apprenants. Lorsqu'une partie substantielle du dispositif aura été mise au point, on appliquera des épreuves permettant d'effectuer des mesures d'efficacité pédagogique.

En référence à ce modèle, nous mettrons en évidence trois éléments qui constituent, selon nous, des traits caractéristiques d'une approche de type recherche évaluative. Tout d'abord, le fait de procéder à des mesures répétées tout au long du processus d'élaboration avec des retours en arrière possibles (processus itératif), ensuite, l'utilisation des informations issues de ces mesures pour infléchir le processus d'élaboration (régulation) et, enfin, la nécessité de tenir à jour une documentation à propos du déroulement du processus de conception qui fournit un reflet fidèle de la complexité des phénomènes étudiés. À ce propos, Snelbecker *et al.* (2006) insistent pour que soit intégré dans le corpus non seulement les succès observés, mais aussi les échecs et les points de désaccord apparus entre les membres du projet.

À ces trois caractéristiques, on peut ajouter la nécessité d'orienter le processus de design selon un modèle théorique ou de contribuer à le construire selon une démarche souvent qualifiée de *grounded theory* (théorie ancrée dans le terrain).

Contrairement à ce qui s'est longtemps fait en matière de design pédagogique, il ne s'agit pas d'attendre que le processus de production soit arrivé à son terme pour comparer les produits au terrain, mais il faut inclure la prise de mesure au sein même du processus d'élaboration. Pour attirer l'attention sur l'importance de la prise en compte des réactions ou des opinions des bénéficiaires, on parle souvent à ce propos de design itératif ou incrémental, de manière à souligner que chaque étape s'appuie sur les précédentes, mais aussi qu'à chaque étape, l'ensemble du processus peut être remis en cause en fonction des résultats des essais effectués.

Une autre question importante qui découle directement du design des environnements d'apprentissage est celle de leur implantation dans différents contextes d'apprentissage. Même si on a pris soin de tenir compte des réactions du public tout au long de la mise au point d'un dispositif et que son efficacité pédagogique a été établie dans un contexte particulier, il n'est pas pour autant certain que celui-ci sera bien accueilli au-delà du contexte qui lui a donné naissance.

À cet égard, l'analyse inter-sites que proposent Miles et Huberman (2003) peut utilement être mobilisée en vue d'étendre à d'autres contextes la portée des observations qui ont été le plus souvent effectuées à partir d'un site d'étude particulier. Parmi les variables à prendre en compte au moment du passage d'un site particulier à d'autres sites choisis afin de mieux représenter les différents contextes d'application de l'outil, il importe particulièrement de considérer les difficultés causées par le phénomène de résistance à l'innovation. Huberman, dans un ouvrage publié par l'UNESCO en 1974, dénombre plus de vingt sources de résistance au changement, parmi lesquelles figurent, par ordre d'importance, l'insuffisance de matériel, le manque de préparation des enseignants et la difficulté pour les acteurs de terrain de percevoir les avantages réels de l'innovation proposée. Selon certains auteurs comme Looi *et al.* (2006), une stratégie de diffusion d'un dispositif basée sur le transfert d'un cas particulier à un autre par les personnes directement impliquées dans le processus de design permettrait, au moyen d'un processus de généralisation progressive et d'un contrôle strict des variables de contexte, de dégager des principes de portée plus générale plus conformes à ce qu'on attend d'une démarche de recherche.

Collins *et al.* (2004) insistent également sur l'importance de prises d'information multiples dans une recherche orientée vers le design.

Ainsi, ils distinguent trois catégories de variables par rapport auxquelles ils estiment important d'effectuer des mesures : les variables de climat (motivation, engagement personnel, coopération...), les variables d'apprentissage (acquisitions, stratégies cognitives et métacognitives...) et les variables systémiques (soutien, stratégies de diffusion et d'adoption, coûts...). Pour chacune de ces catégories, on mobilisera des outils de mesures particuliers, comme les outils d'observation (grilles, enregistrements vidéo) pour les variables de climat, les tests de rendement scolaire pour les acquisitions et les interviews ou les enquêtes pour les variables systémiques. Pour ces auteurs, la prise d'information par rapport aux variables systémiques est particulièrement importante, car l'étude d'un dispositif se fait toujours par rapport à un contexte d'implantation particulier, et le fait d'avoir prouvé l'efficacité d'un dispositif dans un contexte déterminé ne garantit en rien celle-ci dans un autre contexte.

Pour ce qui est de la mise au point de programmes d'intervention, l'approche incrémentale que nous venons de décrire est également applicable, dans la mesure où la conception ainsi que la mise en œuvre du programme respectent un certain nombre d'étapes strictement définies et que les personnes qui prennent part à la démarche de recherche évaluative sont mobilisées dès les phases initiales du projet. Dans le cas contraire, ce sera plutôt avec une préoccupation de recherche évaluative orientée vers la prise de décision qu'il s'agira d'envisager l'analyse des programmes d'intervention.

En matière de recherche évaluative orientée vers le design, le risque est grand de privilégier l'évaluation et de négliger la recherche. En effet, ce qui justifie la prise d'information tout au long de l'élaboration d'un outil ou d'une méthode particulière, c'est avant tout la possibilité d'ajuster de manière continue le processus de conception et de production. Pour souligner l'importance de cet aspect, on parle aussi d'évaluation formative, afin de caractériser cette forme d'évaluation. Rien d'étonnant, dès lors, qu'on puisse être tenté, à l'occasion d'un processus de ce type, de faire l'économie d'une réflexion qui permettrait d'inscrire les informations recueillies dans une démarche de recherche plus globale en faisant appel à un cadre conceptuel et à des questions de recherche susceptibles de conduire à la production de résultats originaux.

Selon Rowland (2007), il est important, pour qu'on puisse parler de recherche basée sur le design à l'occasion de la conception d'un dispositif, que l'investigateur s'efforce de dépasser la simple description des phénomènes étudiés pour dégager des principes qui soient applicables dans des contextes différents et qui acquièrent ainsi une valeur prescriptive. Même s'il est clair que le travail en contexte authentique qui accompagne la recherche évaluative complexifie fortement la mise en évidence de relations prédictives, comparativement à ce qu'on observe dans des situations de laboratoire, il est néanmoins essentiel que le chercheur garde à l'esprit cette exigence, notamment dans ses choix méthodologiques.

La recherche évaluative orientée vers la prise de décision

Comme nous l'avons vu, cette forme de recherche peut, dans certains contextes, reposer sur une démarche quantitative et mettre en œuvre un dispositif expérimental plus ou moins complexe, même si cette approche n'exclut pas de mettre à contribution des données de nature qualitative.

Certains travaux actuellement en cours, qui portent sur le choix des politiques les plus efficaces en matière d'aide au développement, nous paraissent constituer des exemples intéressants qui illustrent parfaitement l'intérêt porté à ce type d'approche en matière de recherche, mais aussi d'aide à la décision. En quelques mots, il s'agit de choisir entre différentes stratégies d'investissement dans le secteur de l'éducation. Est-ce que le fait d'améliorer l'accès à certaines ressources comme les manuels et les tableaux ou d'accroître la proportion des enseignants améliore les performances scolaires? Si oui, dans quelle mesure? Certaines de ces recherches peuvent conduire à des résultats surprenants, parfois même contraires à ce qu'on a toujours tenu pour acquis en éducation. Ainsi, selon des données rapportées par Banerjee et Duflo (2009), le fait d'augmenter la proportion des manuels scolaires jusqu'à un pour deux élèves ne modifie pas les résultats scolaires, non plus que le fait d'améliorer de manière substantielle le ratio maître-élèves. Par contre, la mise sur pied, au Kenya, d'un programme de santé publique portant sur le traitement des vers intestinaux a permis de réduire l'absentéisme scolaire de 25 %, alors que l'engagement d'un maître supplémentaire, ce qui représentait un coût beaucoup plus important, a eu un effet bien moindre sur la participation scolaire. Évidemment, il est important de faire appel aux démarches de la recherche qualitative pour nuancer et contextualiser à la fois de tels résultats.

A contrario, certains usages des technologies en classe, comme le recours au langage LOGO, ont progressivement disparu, faute d'avoir pu démontrer leur efficacité pédagogique. L'ouvrage célèbre de Cuban (2001), *Oversold and Underused*, témoigne de manière remarquable de cette désillusion liée à la difficulté de mettre en évidence l'efficacité de certains outils ou de certaines approches pédagogiques mobilisant les TIC.

Les résultats de ce genre vont parfois à l'encontre des croyances intuitives en mettant au jour les répercussions que l'absence de résultats positifs peut avoir sur le maintien de certains usages, voire l'implantation de nouvelles méthodes. Ces résultats qui nous amènent à nous interroger montrent selon nous encore la nécessité d'éprouver, par des recherches évaluatives faisant appel à de multiples méthodologies (qualitatives et quantitatives), le bien-fondé des changements que nous envisageons d'apporter au fonctionnement de l'école, et ce, avant de les généraliser à l'ensemble des classes susceptibles d'en bénéficier.

Les relations causales entre les performances de différents groupes

Une autre approche utile pour apprécier l'efficacité d'une action ou d'un dispositif pédagogique consiste à recourir à une mesure *avant-après*, en d'autres termes, à appliquer une épreuve d'évaluation de la performance scolaire avant (prétest) et après (post-test) l'application d'un traitement pédagogique donné. La mise en évidence de relations causales, qui constitue une des caractéristiques importantes de la recherche quantitative, procède selon une approche déductive sur la base d'hypothèses ou de questions de recherche. Cette forme de recherche fait également appel à la notion de plan expérimental, c'est-à-dire à une manipulation plus ou moins complexe de la situation à partir de laquelle les mesures *avant-après* seront effectuées.

En effet, pour créer les conditions permettant d'établir l'existence d'une relation de causalité entre une variable indépendante (le traitement appliqué) et une variable dépendante (les résultats observés), il est nécessaire de comparer les performances enregistrées par différents groupes d'élèves.

La manière dont ces groupes seront constitués influe de façon capitale sur la validité des résultats obtenus. Tout d'abord, il s'agit, si l'on veut généraliser ces résultats et appliquer des techniques statistiques inférentielles, de choisir les sujets au sein de la population de référence en respectant les principes du tirage aléatoire. En pratique toutefois, le principe de sélection aléatoire des sujets sur ce plan est souvent difficile à respecter pour plusieurs raisons. D'une part, la population n'est pas toujours facile à circonscrire (si on veut mener une étude sur les enfants dyslexiques en France, la population de référence est difficile à dénombrer, car on ne connaît pas précisément le nombre d'enfants dyslexiques). D'autre part, la population n'est pas toujours accessible (si une population couvre un territoire fort étendu, il peut être très coûteux de travailler sur un échantillon choisi par tirage aléatoire). Ces difficultés expliquent que beaucoup d'études reposent sur des échantillons choisis par commodité (échantillon de commodité ou échantillon occasionnel) en sélectionnant les membres de la population qui sont les plus facilement accessibles.

On parle de recherches expérimentales en milieu naturel pour désigner des recherches basées sur un plan expérimental précis en même temps qu'on les conduit en contexte authentique en mobilisant des échantillons occasionnels. Dans ces recherches, on s'efforce de respecter les principes de la recherche expérimentale ou quasi expérimentale (au sens de Cook et Campbell, 1979), tout en s'accommodant des réalités de terrain, en particulier des conditions habituelles du travail en classe (absences, niveau de motivation très variable des élèves, disponibilité réduite du matériel scolaire...). En matière d'évaluation de l'efficacité d'une action ou d'un dispositif pédagogique, c'est le plus souvent à ce type de recherche que nous aurons affaire, car ce qui nous intéresse, c'est bien d'éprouver les performances scolaires en contexte réel, c'est-à-dire au sein des classes où ces méthodes seront utilisées, quelles que soient leurs imperfections.

La mesure de l'impact des programmes et des politiques

L'un des principaux freins à l'évaluation objective de politiques ou de programmes réside dans la difficulté de préciser, voire de quantifier les effets qui y sont associés. Par exemple, la plupart des politiques en matière d'aide au développement visent d'une manière ou d'une autre à lutter contre la pauvreté et à améliorer le bien-être des populations. Un tel objectif fait aisément consensus sur le plan international, mais que signifie-t-il concrètement et surtout comment peut-on vérifier s'il est effectivement atteint? Pour qu'on puisse l'évaluer, une politique doit être définie en objectifs clairs et déclinée en indicateurs de suivi mesurables. C'est à cette condition que l'on pourra mettre en œuvre un programme déterminé et réellement apprécier ses éventuelles retombées.

Les effets d'un programme, lorsque les variables à considérer sont complexes ou lorsque leur effet varie en fonction du temps, doivent être évalués au moyen de méthodologies de recherche adaptées faisant notamment appel à des mesures répétées. Ainsi, il est souvent utile de recourir à des mesures répétées au lieu d'une seule mesure avant et après pour prendre en compte le fait que certains effets n'apparaissent que plus tard ou que certains effets sont relativement instables dans le temps. À ce propos, MacGilchrist (2003) a mis en évidence, sur une période de trois ou quatre années, une importante instabilité des effets liés aux caractéristiques des établissements sur les résultats scolaires. Comme l'illustre son étude, la mise en place de mesures répétées permet de révéler des comportements parfois très intéressants à propos de l'évolution de certains programmes, notamment le fait qu'ils peuvent avoir des effets immédiats, mais qui disparaissent rapidement une fois l'intervention terminée alors que d'autres programmes laissent des traces considérables bien qu'ils soient clôturés depuis longtemps.

Une approche plus qualitative fondée sur l'implication des acteurs

Une approche proposée dans les années 1990 par Fetterman et ses collaborateurs (Fetterman *et al.*, 1996) insiste sur la valeur émancipatrice (*empowerment*) des procédures de recherche-évaluation mises en œuvre. Pour Fetterman (2001), l'évaluation émancipatrice vise à « aider les personnes à améliorer les programmes auxquels elles participent en mettant en œuvre une sorte d'autoévaluation » (p. 81). Il s'agit de comprendre ce qui se passe dans une situation donnée à partir de la perspective des participants.

À cette fin, Fetterman (2001) décrit trois étapes. La première consiste à demander aux personnes prenant part à un programme d'en définir leur propre vision avec le soutien d'un spécialiste de l'évaluation. Cette phase se termine habituellement par un atelier où les différentes visions sont mises en évidence. La deuxième étape consiste à décrire les activités à mener dans le cadre du programme et à les classer par ordre de priorité lors d'une activité de groupe. Enfin, la troisième étape consiste à engager le groupe dans un processus de recherche-évaluation basé sur l'autoréflexion et la construction d'une représentation commune. Ainsi, selon

Fetterman, le groupe s'organise progressivement sous la forme d'une communauté de pratiques qui partage un certain nombre de règles et de valeurs en vue d'une tâche à mener en commun. Les personnes qui constituent cette communauté intègrent la logique de l'évaluation en menant à bien leur propre évaluation suivant un processus que Patton (1997) décrit comme une immersion.

Il est clair que, placée dans une telle perspective, la recherche évaluative dépasse le cadre d'une approche purement diagnostique préparant la prise de décision, mais intègre aussi la possibilité d'agir sur la situation. Par exemple, dans un projet d'éducation sanitaire, le fait d'engager les participants dans une réflexion par rapport au programme conduit à une amélioration de leurs connaissances dans le domaine et les rend plus critiques vis-à-vis des programmes qui leur seront proposés par la suite. Par rapport à cet aspect, cette forme de recherche évaluative s'apparente à une recherche-action dont les effets porteraient en priorité sur les acteurs plutôt que sur d'autres composantes du dispositif.

Certains chercheurs comme Wandersman (2005) inscrivent plus résolument l'évaluation émancipatrice dans une perspective de recherche-action en insistant sur le fait que ses effets peuvent non seulement concerner les personnes, mais aussi les programmes ou les organisations impliquées. Ainsi, Miller et Lennie (2005) montrent, avec l'analyse d'un programme soutenu par la Croix-Rouge australienne, que l'approche émancipatrice a permis d'améliorer globalement la qualité du programme ainsi que sa durabilité à long terme.

Un constat sur la recherche évaluative fondée sur la prise de décision

Même si les principes décrits dans les sections précédentes peuvent paraître complexes et parfois lourds à mettre en œuvre, ils sont les seuls à garantir des conclusions valides. Qu'on opte pour une approche basée sur des plans expérimentaux, qu'on privilégie l'implication des acteurs, ou encore qu'on combine les approches quantitative et qualitative, il est essentiel de respecter les principes méthodologiques propres à chacune des approches.

Lorsqu'on hésite à se lancer dans une recherche qui risque de s'avérer onéreuse, il faut avoir à l'esprit les conséquences négatives (en matière de coûts, mais aussi de capital humain) des réformes injustifiées ou de l'abandon de réformes qui auraient pu conduire à des progrès considérables pour l'ensemble de la nation.

Beaucoup de pays dans le monde mettent en œuvre des réformes ou l'ont déjà fait pour les harmoniser avec une approche par compétences, mais très peu d'entre eux ont eu la prudence de mettre ces réformes à l'essai et de contrôler rigoureusement les résultats de ces mises à l'essai. Aujourd'hui, on commence à percevoir les conséquences de cette négligence, qui se traduit, chez certains, par une remise en cause globale de leur système éducatif et, chez d'autres, par un repli frileux sur des approches très classiques qui ont le mérite de rassurer les enseignants et les parents. Pour les autorités responsables de l'éducation, c'est souvent difficile de résister aux modes du moment et de prendre le temps de la réflexion et surtout de la mise à l'essai, au risque de rater le train de la nouveauté et de l'innovation.

Pour le chercheur, le principal écueil à éviter par rapport à ce genre de recherche, qui répond généralement à une commande externe, c'est d'accepter, consciemment ou non, l'idée que la recherche puisse être au service des autorités et de se plier ainsi trop facilement aux contraintes qu'elles imposent aux équipes de recherche : échéanciers déraisonnables, restrictions sur le choix des méthodologies ou, plus grave, pressions pour que les conclusions aillent dans le sens attendu par les autorités. Quand on s'engage dans une recherche évaluative de ce type, il faut être armé pour résister à des pressions multiples émanant des parties en présence, mais aussi se montrer capable de rédiger un rapport qui ne froissera pas exagérément les susceptibilités de certains sans pour autant masquer une réalité que tous ne sont pas toujours prêts à accepter.

□

Conclusion

Dans ce chapitre, nous avons voulu montrer que la recherche évaluative n'était pas une recherche au rabais, mais que, bien au contraire, si le chercheur s'efforce de mettre en œuvre des méthodologies rigoureuses – qu'elles soient de nature qualitative, quantitative ou mixte – et s'il se ménage un espace de liberté et d'autonomie suffisant pour exprimer sa créativité, cette forme de recherche peut faire avancer de manière appréciable la compréhension des phénomènes éducatifs.

Toutefois, pour donner à ce type d'approche son statut de recherche à part entière, il est essentiel pour le chercheur de respecter un certain nombre de principes qui garantissent non seulement la validité des résultats qu'il produira, mais aussi leur honnêteté et leur probité.

Plus particulièrement, lorsqu'il s'agit d'une recherche qui répond à une commande et fournit des éléments utiles à une prise de décision, la tentation pour certains d'orienter les résultats risque d'enlever toute valeur scientifique à cette forme d'investigation. Même si elles concernent la recherche en général, les questions d'éthique professionnelle occupent une place particulière en matière de recherche évaluative. S'il est vrai que toute vérité n'est pas toujours bonne à dire, il est difficilement acceptable pour un chercheur de ne pas rendre compte, publiquement ou non, des résultats qu'une démarche rigoureuse de recherche a mis en évidence. Si une certaine latitude existe pour le chercheur, c'est seulement à l'étape de l'interprétation des données, à l'occasion de laquelle la responsabilité lui incombera de donner plus ou moins de poids à certains aspects.

C'est aussi au chercheur d'estimer dans quelle mesure il accepte d'être contraint dans sa liberté d'expression. Ainsi, il n'est pas rare que certains commanditaires assortissent leur financement d'une clause de confidentialité qui empêche ou limite la diffusion des résultats par le chercheur mandaté. Si ces clauses sont bien définies au départ, ce sera au chercheur de décider si la commande est compatible avec l'idée qu'il se fait de sa liberté universitaire ainsi qu'avec les règles en vigueur dans son institution. Par contre, si rien n'a été défini au départ et que le commanditaire refuse qu'on publie certains résultats parce qu'ils le desservent, ce serait une faute déontologique pour le chercheur d'accepter le dictat du bailleur de fonds.

Une particularité intéressante de la recherche évaluative réside dans les buts qu'elle poursuit. Ainsi, non seulement elle vise à comprendre, à l'instar de la recherche qualitative (paradigme d'intelligibilité), et à dégager des lois et des principes (paradigme nomothétique), comme le fait la recherche quantitative, mais aussi elle a des visées pragmatiques et politiques en contribuant à orienter des décisions. C'est probablement cette richesse qui fait sa popularité, mais aussi sa principale faiblesse, car, en poursuivant tous ces buts à la fois, il arrive que le chercheur oublie qu'ils ne pourront être atteints que dans la mesure où la rigueur méthodologique sera strictement respectée, ce qui est loin d'être toujours le cas.

Activités d'appropriation

1. Nommez au moins trois critères qui permettent de distinguer recherche évaluative et évaluation.

2. Proposez un plan de recherche évaluative pour vérifier l'efficacité d'une politique éducative. Précisez les étapes à suivre, les actions à mettre en œuvre et les précautions méthodologiques à prendre.

3. Indiquez les points de convergence et de divergence entre :

   - Recherche évaluative et recherche-action ;
   - Recherche évaluative et recherche appliquée ;
   - Recherche évaluative et recherche fondamentale ;
   - Recherche évaluative et recherche conception (*design research*).

Pour chacun des contextes de recherche décrits brièvement ci-dessous, indiquez quelle forme de recherche évaluative (orientée vers la conception ou orientée vers la décision) vous paraît le mieux convenir (dans certains cas, les deux peuvent faire l'affaire) et justifiez votre réponse. Situation 1 : Une équipe pluridisciplinaire s'est donné pour objectif de concevoir un logiciel de simulation destiné à des élèves du début de l'enseignement secondaire. L'équipe souhaite prendre toutes les précautions voulues pour que le logiciel produit réponde le mieux possible aux besoins du milieu.

Situation 2 : Les autorités du ministère de l'Éducation envisagent une réforme en profondeur des programmes d'études. À cette fin, elles mettent en place une équipe chargée de suivre l'application de la réforme.

Situation 3 : Après trois années de difficultés à la suite d'une modification en profondeur des approches pédagogiques préconisées au début de l'enseignement primaire, le ministre de l'Éducation s'interroge sur l'intérêt de poursuivre la réforme.

Concepts importants

La définition de ces mots clés se trouve dans le glossaire.

- Recherche évaluative orientée vers la conception
- Recherche évaluative orientée vers la prise de décision

Lectures complémentaires

Cronbach, L. J. (1983). *Designing evaluations of educational and social programs*, San Francisco, Jossey-Bass.
Ouvrage de base sur l'évaluation des programmes sociaux et sur la recherche évaluative.

Jones, R. A. (2000). *Méthodes de recherche en sciences humaines*, Bruxelles, De Boeck Université.
Cet ouvrage présente différentes méthodes de recherche en sciences humaines et consacre un chapitre à la recherche d'évaluation.

Miles, M. B. et A. M. Huberman (2003). *Analyse des données qualitatives*, Bruxelles, De Boeck Université.
Ouvrage qui présente des approches originales en matière de recherche qualitative et d'étude des innovations qui sont susceptibles d'être mises en œuvre dans le cadre de la recherche évaluative.

Chapitre 11

L'étude de cas

Thierry Karsenti et Stéphanie Demers

Ce chapitre traite de l'étude de cas, une méthode de recherche particulière qui permet d'étudier un phénomène en contexte naturel, de façon inductive (exploratoire) ou déductive (confirmatoire), selon les objectifs de la recherche. Cette méthodologie de recherche est de plus en plus présente en éducation. Un des grands avantages de l'étude de cas est, selon Mucchielli (1996), de fournir une situation où l'on peut observer l'interaction d'un grand nombre de facteurs, ce qui permet de saisir la complexité et la richesse des situations sociales. Plusieurs associent l'étude de cas à la recherche qualitative, tandis que d'autres la considèrent comme une technique particulière d'enquête empirique (ou quantitative) recourant à de multiples sources d'informations. C'est donc une méthodologie mixte où des données qualitatives sont jumelées à des données quantitatives afin de donner plus de rigueur aux résultats.

□

De nos jours, en éducation, bien des chercheurs considèrent la recherche qualitative et la recherche quantitative comme deux pôles non plus d'une dichotomie, mais plutôt d'un continuum (voir le chapitre 5, « La méthodologie »). Comme le souligne Van der Maren (1993), « deux grandes stratégies sont utilisées dans la recherche empiriste : la stratégie statistique (descriptive et inférentielle) et la stratégie monographique. Pour diverses raisons, elles sont souvent opposées alors qu'elles pourraient être complémentaires » (p. 11).

Pour certains, comme Rosenberg et Yates (2007), l'étude de cas est une approche méthodologique plutôt qu'une méthode. Sa souplesse fournirait au chercheur la possibilité de sélectionner une position méthodologique, le long du continuum qualitatif-quantitatif, qui est la mieux adaptée aux questions et objectifs de recherche, tirant ainsi profit d'un ensemble d'outils et d'instruments de collecte de données. L'étude de cas est une méthode de recherche flexible qui permet au chercheur de se positionner où il le veut sur le continuum qualitatif-quantitatif, en fonction de ses objectifs de recherche. Cette approche-méthode semble très pertinente dans les recherches en éducation, puisqu'elle permet, entre autres, de choisir des cas particuliers dans lesquels les interactions étudiées sont susceptibles de se manifester. Qui plus est, Eisenhardt (1989) signale que la représentativité du cas est secondaire et que c'est sa qualité même qui devient le souci principal du chercheur. Celui-ci peut alors tirer plus facilement profit de l'étude de cas dans la construction d'une théorie nouvelle, dans l'observation d'un phénomène ou dans la découverte de nouveaux faits. Le chercheur peut soit comparer des phénomènes empiriques avec des phénomènes prédits (à partir d'hypothèses), soit induire un modèle théorique à partir de l'étude d'un ou de plusieurs cas observés dans leur contexte naturel. Dans le premier cas, il tente de mettre en évidence « des traits généraux, sinon universels, à partir de l'étude détaillée et fouillée d'un seul ou de quelques cas » (ibid., p. 17). Dans le second, il aspire à dégager des processus récurrents pour « graduellement regrouper les données obtenues et évoluer vers la formulation d'une théorie » (Mucchielli, 1996, p. 77). L'étude de cas peut donc être positiviste, interprétative ou critique, selon la position épistémologique et la méthodologie adoptées par le chercheur.

Ce chapitre traite des caractéristiques de l'étude de cas ainsi que des différents types d'études de cas que relève la documentation scientifique. Il sera aussi question de la différence entre l'étude d'un cas simple et l'étude de cas multiples, ou étude multicas, du problème de recherche propre à l'étude de cas, du but ou de l'objectif de l'étude de cas, de la pratique de l'étude de cas et des moyens de validité et de triangulation à employer dans l'analyse des données. Plusieurs exemples d'études de cas suivent l'exposé ; des exemples concrets illustrent les différentes possibilités de recherche que permet l'étude de cas. Une série de questions et quelques lectures complémentaires viennent clore le chapitre.

Des perspectives théoriques divergentes

L'étude de cas est une approche technique particulière qui englobe la définition de l'objet d'étude et des unités d'analyse, de cueillette, de mise en forme et de traitement de l'information qui vise à rendre compte du caractère évolutif et complexe des phénomènes relatifs à un système social empreint de ses propres dynamiques (Mucchielli, 1996 ; Rosenberg et Yates, 2007). Longtemps jugée purement accessoire aux autres devis de recherche, l'étude de cas se révèle un plan de recherche complet en soi. Aussi utile en recherche quantitative qu'en recherche qualitative, elle permet d'effectuer, selon l'intention du chercheur et les objectifs de recherche, une analyse approfondie d'un cas particulier ou une généralisation issue de l'observation d'un ou de plusieurs cas.

Les principaux protagonistes de cette méthode de recherche (Merriam, 1988, 1998; Stake, 1994, 1995, 2000; Yin, 1984, 1994, 2003), même s'ils se distinguent parfois par leurs positions épistémologiques, leurs méthodes et leurs approches, s'entendent pour souligner sa grande souplesse et son étendue peu commune parmi les devis de recherche. Le tableau 11.1 illustre sommairement les différentes caractéristiques de

Tableau 11.1   Les caractéristiques de l'étude de cas selon Merriam, Stake et Yin

	PÔLE INTERPRÉTATIF ⟷		PÔLE POSITIVISTE
	MERRIAM (1988)	**STAKE (1995)**	**YIN (1994)**
Nature de l'étude de cas	Heuristique, descriptive, particulariste et inductive	Holistique, empirique heuristique, spécifique, descriptive, interprétative, emphatique	Explicative, descriptive, empirique
But de l'étude de cas	Compréhension, description, découverte, élaboration d'hypothèses	Particularisation, compréhension, description, généralisation formelle (théorie), généralisation « naturaliste »	Généralisation, confirmation ou infirmation de l'hypothèse ou de la théorie, évaluation, exploration, élaboration de théories et de modèles
Contexte de sélection du ou des cas	Phénomènes humains sur lesquels le chercheur n'a aucune emprise mais bénéficie d'une possibilité d'interaction dans le contexte du cas	Dilemmes humains, phénomènes sociaux complexes où la possibilité d'apprendre est évidente	Phénomène contemporain dans un contexte réel lorsque la frontière entre le phénomène et le contexte n'est pas évidente
Mode d'analyse	Raisonnement inductif afin de créer des catégories et des liens entre les catégories et les propriétés (hypothèses)	Réflexion personnelle, interprétation directe, agrégation de catégories	Selon les propositions théoriques ou vers la description du cas, par logique d'appariement (*pattern-matching*), analyse séquentielle, élaboration d'explication, modèle de la logique du programme
Résultats	Holistiques, descriptifs	Holistiques, spécifiques, descriptifs	Holistiques, parfois quantitaitfs, descriptifs

l'étude de cas selon les trois principales approches relevées dans la documentation scientifique, soit celles de Merriam, de Stake et de Yin. Comme la double flèche située au-dessus du tableau l'indique, l'approche de Merriam se situe davantage dans une perspective interprétative, celle de Yin dans une perspective positiviste, et celle de Stake dans une perspective plutôt « mixte ».

Merriam (1988) campe sa définition de l'étude de cas surtout dans le contexte de la recherche qualitative en éducation. L'étude de cas demeure tout de même un devis de recherche qui peut inclure une variété de perspectives disciplinaires. Elle peut mettre une théorie à l'épreuve ou même en engendrer une, incorporer des échantillons probabilistes ou prédéterminés, et inclure des données quantitatives ou qualitatives. Merriam affirme qu'en mettant l'accent sur la découverte et la compréhension du cas à l'étude, cette approche est la plus prometteuse pour l'avancement de la pratique éducative. De plus, cette auteure soutient que ce type d'enquête naturaliste, qui s'attache au sens des choses dans leur contexte, « requiert aussi un instrument de collecte de données qui est sensible au phénomène humain et à ses complexités » (p. 2-3).

Toujours selon Merriam, l'étude de cas se définit en quatre mots : particulariste, descriptive, heuristique et inductive. Elle est particulariste, puisque l'objet de l'étude est un système restreint (programme, événement, phénomène), dont on peut définir les frontières. C'est le cas en soi qui est important – pour ce qu'il révèle au sujet du phénomène et pour ce qu'il peut représenter. L'étude de cas est aussi descriptive, puisque le résultat final est une description détaillée comportant néanmoins des éléments d'interprétation. Elle comprend un grand nombre de variables et décrit leurs interactions pendant un laps de temps prédéterminé.

L'étude de cas est aussi heuristique, c'est-à-dire qu'elle améliore la compréhension du cas étudié et permet l'émergence de nouvelles interactions et de nouvelles variables, ce qui peut mener à une redéfinition du phénomène. De plus, ce devis est inductif, c'est-à-dire que l'étude de cas dépend en grande partie du raisonnement que le chercheur élabore en se fondant sur l'observation des faits. Contrairement à Yin, Merriam voit la généralisation, les concepts et les hypothèses comme des produits de l'analyse des données dans leur contexte, et non comme un point de départ de l'étude. L'étude de cas qualitative, en général, se distingue par la découverte d'interactions et de concepts, plutôt que par une vérification d'hypothèses préétablies. L'étude de cas à visée de généralisation serait donc, pour l'auteure, du domaine quasi expérimental. Mjoset (2000) est également d'avis que dans la tradition contextualiste, à laquelle l'étude de cas est souvent associée, on ne peut désincarner l'étude profonde d'un « cas » (ou de plusieurs cas) du contexte dans lequel il est imbriqué, c'est-à-dire que hors du contexte, le cas n'a plus le même sens. Flyvbjerg (2006) va encore plus loin en soutenant que lorsqu'il est question de phénomènes humains, les sciences sociales n'ont pas réussi à produire des théories générales et indépendantes des contextes et que, par conséquent, tout savoir dépend du contexte, car c'est celui-ci plus que les règles qui dirige l'action humaine. Harvey (2009) souligne également que le cas doit être abordé comme un système complexe et dissipatif (non hermétique et ouvert à la dynamique des contextes et de l'environnement) plutôt qu'un simple ensemble méca-nique (que l'on pourrait associer, par exemple, aux recherches processus-produit issues d'un paradigme objectiviste et de visées prédictives).

Selon la perspective de Merriam, un chercheur effectuant une étude sur le décrochage scolaire, par exemple, partirait de l'observation des faits et émettrait des observations à partir des données recueillies.

Quant à Stake (1995), il voit l'étude de cas non pas comme un choix méthodologique, mais plutôt comme un choix de l'objet à étudier. Ceux qui retiennent l'étude de cas adoptent alors le ou les cas comme objets de leur recherche. Par exemple, de 1993 à 1995, l'Association canadienne d'éducation (ACE) a mené une étude pancanadienne sur les écoles secondaires exemplaires. Il s'agissait d'une recherche sur 21 cas (21 écoles). Chacun de ces cas représentait donc un objet unique de recherche.

Stake définit l'étude de cas par l'intérêt qu'elle porte aux cas indivi-duels. Pour lui, l'étude de cas est à la fois processus et produit écrit de ce qui a été observé et étudié. Le cas individuel est un système restreint, qui comprend les composantes (les variables) et leurs interactions. Ce système a des limites naturelles, c'est-à-dire qu'une école peut constituer un cas individuel, tout comme un élève en particulier. Ce peut égale-ment être un programme d'études ou une innovation pédagogique. L'étude d'un cas individuel se distingue par le poids qu'on accorde à l'interprétation et à la particularité du cas étudié. Elle vise d'abord et avant tout une profonde compréhension du système représenté par le cas, du sens des interactions qu'on y trouve, du pourquoi et du comment de ce phénomène. Pour Stake, l'étude de cas peut donc être interprétative ou positiviste. Van der Maren (1993) maintient la même position épistémologique lorsqu'il souligne que l'étude de cas « permet avant tout au chercheur de mettre en évidence des traits généraux, sinon universels, à partir de l'étude détaillée et fouillée d'un seul ou de quelques cas » (p. 17).

Mucchielli (1996) prend une position qui se rapproche de celle de Stake. Il soutient que la méthode de l'étude de cas consiste à « rapporter une situation réelle prise dans son contexte et à l'analyser pour voir comment se manifestent et évoluent les phénomènes auxquels le chercheur s'intéresse » (p. 77). Il avance également qu'un des grands avantages de l'étude de cas est de « fournir une situation où l'on peut observer le jeu d'un grand nombre de facteurs interagissant, permettant ainsi de rendre justice à la complexité et [à] la richesse des situations sociales » (*ibid.*). L'étude de cas est donc une méthode de recherche, essentiellement descriptive, qui permet d'étudier un phénomène en contexte naturel, de façon inductive (exploratoire) ou déductive (confirmatoire), selon les objectifs de la recherche. Elle permet également de considérer et d'observer le système et les interactions d'un grand nombre de facteurs, ce qui peut, entre autres, permettre au chercheur de mieux percevoir la complexité et la richesse de contextes ou de situations en éducation.

Yin (1984, 1994, 2003) considère l'étude de cas comme une enquête empirique où un phénomène est analysé dans son contexte de vie réelle et dans laquelle on a recours à des sources d'information multiples. Selon Yin, l'étude de cas se distingue par la contribution qu'elle apporte à la compréhension de systèmes complexes, tels les systèmes sociaux ou les systèmes humains. Pour lui, l'étude de cas permet de retenir les caractéristiques holistiques et sémantiques d'événements vécus, dont les cycles de vie individuels, les processus organisationnels, les changements communautaires et les relations internationales. Contandriopoulos, Champagne, Potvin, Denis et Boyle (1992, p. 37) nomment également ce type d'investigation « recherche synthétique de cas ». Pour ces chercheurs, « la recherche synthétique de cas ou étude de cas est une stratégie dans laquelle le chercheur décide de travailler sur une unité d'analyse (ou sur un très petit nombre d'entre elles) ». L'observation se ferait alors « à l'intérieur du cas ».

À l'instar de Yin, Contandriopoulos et ses collègues voient en l'étude de cas un devis de recherche qui permet d'expliquer et de généraliser une théorie. Ils affirment d'ailleurs que « la puissance explicative de cette approche repose sur la cohérence de la structure des relations entre les composantes du cas, ainsi que sur la cohérence des variations de ces relations dans le temps. Partant, la puissance explicative découle de la profondeur de l'analyse du cas et non du nombre des unités d'analyse étudiées ». L'étude de cas est donc explicative pour Yin et permet éventuellement la généralisation de lois ou de principes à partir de l'étude d'un ou de plusieurs cas. Il est aussi préférable d'y recourir lorsqu'il s'agit de répondre à des problèmes de liens opératoires qui doivent être étudiés pendant un certain temps, plutôt que de faire part de fréquences ou d'incidences de phénomène. En soi, l'étude de cas peut aussi être définie comme une étude empirique qui sert à enquêter sur un phénomène contemporain à l'intérieur de son contexte réel, surtout lorsque les frontières entre le phénomène et son contexte ne sont pas clairement définies. De plus, un cas comporte beaucoup plus de variables d'intérêt que de données ; pour cette raison, il dépend de plusieurs sources de preuve. Cependant, contrairement à Stake, Yin (1994, 2003) maintient que l'étude de cas bénéficie de l'élaboration *a priori* de pistes ou de propositions théoriques qui servent à mieux guider le chercheur dans la collecte de données et dans l'analyse des résultats. Il la considère ainsi surtout parce que c'est une méthode de recherche qui permet d'expliquer des liens qui sont souvent trop complexes pour des stratégies expérimentales. Toutefois, Yin ajoute qu'il n'est pas possible de juxtaposer une validité statistique à l'étude de cas. Selon lui, l'étude de cas peut être généralisable à des propositions théoriques et non à des populations ou à des échantillons. En ce sens, l'étude de cas ne représente pas nécessairement un échantillon, car le chercheur vise principalement à enrichir et à généraliser des théories (généralisation analytique) plutôt qu'à énumérer des fréquences et des statistiques (généralisation statistique).

Dans le même ordre d'idées, on effectuerait une étude sur le décrochage scolaire, selon l'approche de Yin, en examinant les relations entre chacun des éléments constituant l'ensemble de la problématique pour ensuite en tirer des généralisations théoriques.

Les types d'études de cas

Il est possible de distinguer une dizaine de types d'études de cas (tableau 11.2), sans compter la différence majeure qui subsiste entre l'étude du cas simple et l'étude de cas multiples, aussi nommée étude

Tableau 11.2   Types d'études de cas

STAKE (1995)	YIN (2003)	MERRIAM (1988)

• Intrinsèque
• Instrumentale
• Collective
	• Étude holistique du cas particulier
	• Étude intégrée ou contextualisée du cas particulier (selon des unités d'analyse multiples)
	• Étude multicas holistique
	• Étude multicas intégrée ou contextualisée (selon des unités d'analyse multiples)
		• Descriptive
		• Interprétative
		• Évaluative
		  – ethnographique
		  – historique
		  – psychologique
		  – sociologique

multicas. Yin (2003) précise que, par rapport à l'étude du cas simple, une étude multicas a pour but de découvrir des convergences entre plusieurs cas, tout en contribuant à l'analyse des particularités de chacun des cas. Yin ajoute toutefois que cette méthode requiert une certaine rigueur et une similarité dans le processus d'investigation des différents milieux. Merriam (1988) ainsi que Miles et Huberman (1984) signalent les avantages incontestables de l'étude multicas par rapport à l'étude d'un seul cas. Si le temps, l'argent et la faisabilité le permettent, un chercheur pourrait vouloir étudier plusieurs cas, ce qui augmenterait le potentiel de généralisation. De plus, selon Merriam, une interprétation fondée sur plusieurs cas peut être plus intéressante et plus convaincante pour le lecteur que des résultats provenant d'un seul cas. Huberman et Miles (1994) indiquent qu'en comparant des lieux ou des cas, il est possible d'établir la portée de la généralisation d'un résultat ou d'une explication et, en même temps, de déterminer les conditions dans lesquelles ce résultat surviendra. Le chercheur tente de dégager les processus et les conséquences qui ont lieu dans plusieurs cas ou dans plusieurs sites et de comprendre en quoi les variables ou dimensions contextuelles locales influent sur ces processus.

Stake (1995) distingue trois types d'études de cas qui définissent le but de la recherche : intrinsèque, instrumentale ou collective. Lorsque le chercheur vise une compréhension approfondie d'un cas particulier, il s'agit d'une étude de cas intrinsèque. Le chercheur ne tente pas de comprendre le cas parce que ce dernier est représentatif d'un ensemble de cas ou parce qu'il illustre bien un problème ou un phénomène, mais plutôt parce que, dans sa particularité, ce cas présente pour lui un intérêt. Le but n'est pas de produire des généralisations, mais de comprendre tel enfant, telle clinique ou telle école en particulier. Par exemple, un chercheur pourrait décider d'étudier un enseignant particulier (un cas) pour la seule raison que ce dernier favorise particulièrement la motivation de ses élèves.

L'étude de cas instrumentale est entreprise lorsque le chercheur souhaite mieux comprendre un problème ou raffiner une théorie. Le cas se subordonne alors à un intérêt externe : l'analyse sert à mieux comprendre quelque chose d'autre. Par exemple, plusieurs chercheurs ont étudié les lecteurs experts (des cas) en vue de raffiner une théorie : celle des stratégies à adopter pour devenir un lecteur expert.

Enfin, l'étude de cas collective subordonne le cas à un intérêt intrinsèque (le cas en particulier) et à un intérêt extrinsèque, puisque ce dernier devient un élément d'un ensemble de cas. Il s'agit de traiter plusieurs cas qui représentent un phénomène, une population ou une condition générale, et qui servent à mettre au jour une ou plusieurs caractéristiques communes. Par exemple, un projet sur les écoles pionnières-TIC a été entrepris dans cinq pays d'Afrique de l'Ouest et du Centre en 2003 par le Centre de recherches en développement international du Canada[1]. En tout, 40 écoles participent à cette étude multicas dont l'objectif est de trouver les caractéristiques communes, mais aussi les caractéristiques propres à chacune de ces écoles pionnières-TIC.

De son côté, Yin (1994, 2003) distingue quatre types d'études de cas, à savoir l'étude holistique du cas particulier, l'étude intégrée ou contextualisée du cas particulier (selon des unités d'analyse multiples), l'étude multicas holistique et l'étude multicas intégrée ou contextualisée (selon des unités d'analyse multiples). L'étude du cas particulier peut se révéler efficace pour mettre une théorie à l'épreuve, pour analyser un cas unique ou extrême et, enfin, pour observer un phénomène jusqu'à présent inconnu ou inaccessible, c'est-à-dire un cas révélateur. Pour Yin, en plus de répondre à ces trois objectifs, l'étude du cas particulier peut servir d'étape préliminaire à une étude multicas. Par exemple, une équipe de recherche pourrait être intéressée par l'étude d'une opération en télémédecine s'appuyant sur les TIC.

Yin distingue l'approche holistique de l'approche comportant des unités d'analyse multiples. L'approche holistique offre une description

---

1. Voir : < http://www.karsenti.ca/pdf/scholar/RAP-karsenti-52-2005.pdf >.

globale d'un ou de plusieurs cas (une école, par exemple), alors que la sélection d'unités d'analyse distinctes à l'intérieur du système étudié (les élèves, le personnel et les programmes d'une école, par exemple) relève d'une approche qui comporte des unités d'analyse multiples. Le chercheur qui entreprend ce genre d'étude doit suivre une logique non pas d'échantillonnage, mais de reproduction, c'est-à-dire que les cas étudiés devraient l'être selon le mode des études expérimentales, avec des résultats convergents (reproduction littérale) ou divergents (reproduction théorique) prédits *a priori* au début de l'enquête.

Puisque Merriam limite la portée de l'étude de cas à l'approche qualitative en éducation, sa taxinomie est fort différente de celles de Yin et de Stake. Cette taxinomie est basée avant tout sur la nature du système à analyser. Elle comprend les études de cas de type ethnographique, historique, psychologique et sociologique. L'approche ethnographique implique une interprétation socioculturelle du cas à l'étude. Si nous reprenons l'exemple des lecteurs experts, l'approche de Merriam nécessiterait aussi l'étude du contexte socioculturel de l'élève (par exemple, son milieu social, ses parents, ses amis, etc.).

L'approche historique se sert d'archives et de témoignages afin de mieux comprendre l'évolution d'un phénomène, d'un événement, d'une institution, c'est-à-dire qu'elle en reconstitue le développement. Par exemple, Gauthier (2004) a brossé l'histoire de la profession enseignante du Québec, de l'abolition des écoles normales à l'approche par compétence.

L'approche psychologique met l'accent sur l'individu pour expliquer un aspect du comportement humain. Par exemple, plusieurs études anglo-saxonnes se sont penchées sur les enseignants efficaces. On étudiait, entre autres, leurs traits de personnalité au moyen de tests psychométriques tels que le *16 personality factors* (16 PF) de Carl Yung, afin de mieux définir ces cas.

L'approche sociologique s'attache aux construits sociaux et à la socialisation dans les phénomènes éducatifs. Par exemple, les études en technopédagogie menées en Belgique et en Suisse se sont penchées sur les représentations sociales que se faisaient au sujet des TIC les professeurs qui les utilisaient abondamment dans leur enseignement.

Merriam ajoute trois sous-catégories qui concernent le résultat final ou le produit de l'étude de cas : descriptif, interprétatif ou évaluatif. L'étude de cas descriptive présente le cas de façon détaillée ; la formulation d'hypothèses et la mise à l'épreuve de théories sont subordonnées à cette description. Certains auteurs, dont Litjphart (1971, dans Merriam, 1988), qualifient même l'étude de cas descriptive d'athéorique, c'est-à-dire non guidée par des hypothèses de recherche et non motivée par la généralisation. On dénombre ainsi plusieurs études sur les directeurs d'école qui se limitent à une description détaillée de leurs méthodes et stratégies de gestion organisationnelle.

L'étude de cas interprétative contient la même description détaillée du cas, mais les données servent à établir des catégories conceptuelles ou à illustrer, soutenir ou réfuter des postulats théoriques adoptés avant la collecte des données (Merriam, 1988). Le chercheur amasse alors le maximum d'informations afin d'interpréter le phénomène ou d'en tirer une théorie. Dans la nomenclature de Stake, il s'agit de l'équivalent d'une étude de cas instrumentale. Shaw (1978), dans une importante étude sur le curriculum scolaire, a aussi nommé l'étude de cas interprétative « étude analytique », signifiant par là qu'elle implique une analyse plus approfondie que l'étude descriptive. L'étude de cas analytique se caractérise par sa complexité, son étendue et son orientation théorique. Par exemple, si nous reprenons l'étude sur les directeurs d'école, selon la méthode de l'étude de cas analytique ou interprétative, la description détaillée de certains cas (études de cas descriptives) pourrait amener le chercheur à tenter d'élaborer une théorie sur la gestion du changement par les directeurs d'école.

Enfin, l'étude de cas évaluative se distingue par son produit final, c'est-à-dire par le jugement porté sur le phénomène, le système du cas étudié. Particulièrement bien adaptée à l'évaluation éducative, cette approche permet d'expliquer les liens causaux des interventions éducatives, ces dernières étant souvent trop complexes pour être analysées selon une étude expérimentale où peu de variables peuvent être considérées. Par exemple, plusieurs chercheurs ont mené des études de cas évaluatives afin de mieux comprendre les répercussions de nouveaux programmes ou de nouvelles approches pédagogiques.

Les caractéristiques du problème de recherche propre à l'étude de cas

L'étude de cas pose divers problèmes de recherche, surtout liés à une meilleure compréhension du comment et du pourquoi d'un phénomène donné (voir le tableau 11.3).

Tableau 11.3   Les caractéristiques du problème de recherche

STAKE (1995)	YIN (2003)	MERRIAM (1988)
• Doit être guidé par un ou plusieurs thèmes ou dimensions abstraites (*issues*). • Provient du chercheur et de son domaine d'étude lorsque le chercheur n'a aucune expérience préalable du cas à l'étude (*etic issues*). • Provient parfois des composantes du cas (les acteurs du cas) et se pose à l'intérieur du système (*emic issues*).	• S'intéresse au « pourquoi » ou au « comment » d'un phénomène contemporain qui échappe entièrement ou dans une certaine mesure à l'emprise du chercheur. • Bénéficie du développement de la théorie pendant la planification. • Requiert une proposition de départ qui s'inscrit dans un cadre théorique, sauf dans le cas d'une étude exploratoire. • Plus les propositions sont nombreuses, mieux le problème de recherche est défini.	• S'intéresse au « pourquoi » et au « comment » d'un phénomène. • Découle de la pratique, de l'expérience personnelle ou d'une recension des écrits. • Peut être de nature du concept, de l'action, de la valeur.

Pour Stake (1995), l'étude de cas doit être guidée par un ou plusieurs thèmes ou objets de recherche. Ces thèmes servent à organiser et à orienter la recherche, mais ils peuvent évoluer en cours de route. On les choisit parce qu'ils peuvent faciliter la planification et les activités de l'enquête et pour ce qu'ils peuvent révéler au sujet du cas. Comme nous l'avons souligné, le cas étudié est souvent retenu parce qu'il présente un intérêt en soi. Pour Stake, la possibilité d'apprendre est un critère de sélection primordial ; le besoin de comparer ou de généraliser arrive en second. L'étude de cas intrinsèque dégage ses propres thèmes, alors que dans l'étude de cas instrumentale et collective, les thèmes constituent le problème de recherche qui, dès le départ, guide l'observation, l'interprétation et l'analyse du chercheur. Dans certains cas, cependant, Stake voit un danger dans l'aspiration du chercheur à généraliser ou à élaborer des théories. Pour lui, l'attention du chercheur s'éloigne alors des éléments essentiels à la compréhension du cas particulier. Les chercheurs qualitatifs perçoivent la nature unique de chaque cas et de chaque contexte comme essentielle à la compréhension. Pour Stake, la particularisation est un objectif important ; elle génère une compréhension expérientielle du cas. Bien qu'il considère la généralisation (petite ou grande) comme le but même de l'étude de cas instrumentale et collective, l'objectif de généraliser ne devrait pas dominer la compréhension de la nature particulière du cas à l'étude ou des aspects uniques de chaque cas dans une étude à cas multiples. La divergence est essentielle pour élargir la compréhension d'un phénomène humain.

Toujours selon Stake, les hypothèses de recherche restreignent donc la perspective du chercheur et réduisent l'intérêt qu'il éprouve pour la situation. En ce sens, le chercheur ignore parfois des variables essentielles en limitant son étude à la confirmation ou à la réfutation de son hypothèse initiale. Les thèmes offrent au contraire une plus grande souplesse et permettent de réadapter la problématique au cours de l'étude. Même si Stake les nomme *issue questions* ou questions thématiques, ces thèmes traduisent bien un problème observé dans un contexte particulier et peuvent être présentés de façon déclarative ou interrogatoire. Ces questions peuvent sous-entendre une relation de cause à effet ou simplement représenter un problème observé.

Les questions thématiques peuvent provenir du chercheur et de son domaine d'étude. Elles sont à poser lorsque le chercheur n'a pas d'expérience préalable du cas à l'étude. Stake les nomme *etic issues*. Les questions thématiques proviennent parfois des composantes du cas (les acteurs du cas) et elles se posent à l'intérieur du système. Stake, qui les nomme alors *emic issues*, souligne qu'elles sont l'outil de préférence des ethnographes. Peu importe leur origine, les questions thématiques évoluent au cours de l'étude et mènent à d'autres questions thématiques et à des affirmations. Ces affirmations deviennent progressivement de petites généralisations; celles-ci portent soit sur le cas particulier, soit sur un ensemble de cas. Mais quand les petites généralisations deviennent de grandes généralisations, elles s'étendent à un ensemble de cas.

Pour Yin, le recours à l'étude de cas simple ou multiple est opportun si le chercheur s'intéresse au comment et au pourquoi des phénomènes qui se produisent dans un contexte particulier, notamment si les événements étudiés ou observés échappent entièrement ou dans une certaine mesure à l'emprise du chercheur. Les questions thématiques de Stake sont, pour Yin, des propositions. Cependant, contrairement à Stake, Yin (1994, 2003) perçoit les propositions comme des hypothèses au sens traditionnel, c'est-à-dire fondées sur une base théorique et souvent directionnelles, autrement dit de nature à orienter la collecte des données. Selon Yin, seule l'étude de cas exploratoire se prête à une enquête dépourvue d'hypothèses. En général, plus les propositions précises sont nombreuses pour une étude de cas, plus cette dernière a des chances d'être réalisable. Yin accorde aussi beaucoup d'importance à l'élaboration de théories lors de la planification de l'étude de cas. Selon lui, l'idée qu'ont certains chercheurs d'éviter la formulation de propositions théoriques déterminées au début de l'étude est erronée. La structure théorique établie *a priori* devient alors la source principale des généralisations des résultats de l'étude.

La position de Merriam (1998) diffère considérablement de celle de Yin. Selon la chercheuse, la déduction issue d'une théorie est plutôt rare dans une étude de cas (Yin affirme le contraire). Dans l'étude de cas qualitative, les hypothèses sont formulées pendant la collecte et l'analyse des données, et le chercheur doit rester ouvert à l'émergence de nouvelles hypothèses. Merriam distingue trois catégories de problèmes de recherche propres à l'étude de cas, soit les problèmes conceptuels, les problèmes d'action et les problèmes de valeur. Les problèmes conceptuels émergent d'une divergence théorique ou conceptuelle entre deux éléments juxtaposés. Par exemple, des experts en motivation peuvent postuler que les enfants sont motivés par l'autodétermination de leur apprentissage, alors que certains enfants semblent plutôt motivés par la présence d'une structure de travail prédéterminée. Sur le plan théorique, ces deux situations s'opposent. Les problèmes d'action proviennent d'un besoin de solutions de rechange pour résoudre un problème concret. Finalement, les problèmes de valeur sont issus d'une conséquence indésirable d'une intervention ou d'un phénomène.

Pour Merriam, l'étude de cas qualitative naît le plus souvent d'un problème observé dans la pratique. On formule ensuite quelques questions générales, ainsi que des questions de processus (le comment et le pourquoi d'un événement ou d'un phénomène). De plus, selon elle, puisque l'étude de cas qualitative a pour but de construire des théories, elle bénéficie d'un paradigme naturaliste, c'est-à-dire que le chercheur ne doit pas être restreint par un ensemble de variables prédéterminées, ce qui pourrait diminuer ses chances de trouver d'autres variables critiques et des liens imprévus (Eckstein, 1975, dans Merriam, 1988).

Les sources de validation : validité et triangulation

La validité d'une étude de cas, c'est un peu le «contrôle de qualité». Pour Merriam (1988, p. 166), la validité répond à la question: «le chercheur peut-il faire confiance aux résultats de son étude de cas ?» Selon Bogdan et Biklen (1992), pour valider une recherche, on doit principalement déterminer si les données recueillies par le chercheur correspondent réellement au phénomène étudié. Une méthode courante, pratique et pertinente pour remédier aux biais de validité consiste à recourir à la triangulation. La triangulation met à contribution diverses méthodes pour valider les hypothèses formulées par le chercheur à partir de ses observations. Pour Merriam, la triangulation méthodologique peut jumeler des méthodes différentes, comme des entrevues, des observations et des artefacts, dans l'étude d'un même phénomène. Puisque la validité de l'étude dépend de sources multiples, Yin, tout comme Stake et Merriam, recommande aussi l'usage de la triangulation. Il la définit comme l'établissement d'un fil d'enquête convergent, ou encore comme la convergence des sources ou données. Ainsi, le lecteur est sûr que le chercheur a vérifié l'intégrité du fait observé. La figure 11.1 illustre l'utilisation de sources multiples dans un processus de triangulation de l'étude de cas. Plusieurs considèrent la triangulation comme la méthode de validation la plus efficace pour l'étude de cas.

Selon Denzin (1970), le succès de cette procédure de validation repose sur l'articulation complémentaire et compensatoire des différentes méthodes de collecte de données ; «les faiblesses d'une méthode sont souvent les forces d'une autre» (p. 308). Huberman et Miles (1991) suggèrent même de soumettre la description des cas à ceux qui y ont part afin qu'ils puissent en corriger les erreurs ou relever les aspects éventuellement négligés par le chercheur. Enfin, Stake signale aussi l'utilisation de différentes méthodes, dont le fait de retourner au sujet étudié avec

Figure 11.1   L'utilisation de sources multiples (adaptée de Yin, 2003)

les résultats recueillis pour s'assurer qu'ils correspondent bien à sa perception du phénomène ; Stake y voit une excellente façon de trianguler les résultats d'une recherche. Le tableau 11.4 résume les différents moyens de vérifier la validité d'une étude de cas conformément aux modèles de Stake, de Yin et de Merriam.

Il existe de nombreuses sources de validité pour l'étude de cas. Par exemple, pour Yin, l'étude de cas est une forme de recherche empirique et requiert trois types de validité, soit la validité de construit, la validité interne et la validité externe. La validité assure au chercheur que les données et les interprétations sont crédibles, fidèles à la réalité observée et vérifiables. Par exemple, pour mieux comprendre le style d'enseignement d'un formateur, on peut à la fois interroger les apprenants, le formateur et les pairs. La validité de construit établit l'adéquation des mesures opérationnelles aux concepts à l'étude. Pour l'étude de cas, elle dépend de l'usage de sources multiples, de l'élaboration d'une série de justifications et de la révision du rapport de cas par les informateurs.

La validité interne, pour sa part, établit un lien de cause à effet entre certaines conditions. En premier lieu, la validité interne assure que les résultats de l'étude sont représentatifs de la réalité observée. Par exemple, certains chercheurs retournent voir les sujets de leur étude de cas afin de mieux comprendre comment la description faite du cas correspond à la perception qu'en ont les sujets étudiés. La validité interne dépend de l'appariement logique (*pattern-matching*), de l'élaboration d'explications et de l'analyse séquentielle. Merriam présente six stratégies de vérification de la validité interne d'une étude de cas, soit la triangulation, la révision des données par les acteurs du cas étudié, l'observation à long terme du même lieu ou l'observation répétée du même phénomène, la révision des données par les pairs, la part prise par les participants de l'étude à la recherche sous tous ses aspects et la déclaration de la subjectivité et des préconceptions du chercheur.

Enfin, la validité externe établit le domaine à l'intérieur duquel on peut généraliser les résultats de l'étude. Elle dépend d'une logique de reproduction dans l'étude multicas. Pour Merriam, la validité externe traite du potentiel de généralisation des résultats de l'étude. Cependant, Merriam considère que la généralisation n'est pas nécessairement évidente lorsque l'étude traite d'un seul cas ou lorsque le sujet de l'étude est un individu. Pour elle, la généralisation ne devrait donc pas être prise en compte dans la validation. La validité externe de l'étude multi-

Tableau 11. 4   Les sources de validité de l'étude de cas

	MERRIAM (1988)	STAKE (1995)	YIN (2003)
Validité interne	• Triangulation • Révision des données par les acteurs du cas étudié • Observation à long terme du même lieu • Observation répétée du même phénomène • Révision des données par les pairs • Implication des participants de l'étude à la recherche sous tous ses aspects • Déclaration de la subjectivité et des préconceptions du chercheur	• Triangulation • Révision des données par les sujets de l'étude • Révision des résultats par les pairs • Échantillonnage adéquat pour assurer la variété	• Appariement logique (*pattern-matching*) • Élaboration d'explications • Analyse séquentielle
Validité de construit			• Usage de sources multiples (triangulation) • Élaboration d'une suite logique de validations • Révision du rapport de cas par les informateurs
Validité externe	• Échantillonnage • Questions prédéterminées • Processus déterminés d'encodage et d'analyse (multicas) • Description très détaillée, quasi positiviste du cas • Établissement du degré auquel le cas est typique d'un phénomène • Analyse transversale du site et du cas (étude de cas particulier)		• Logique de reproduction dans l'étude multicas

cas est plus facile à déterminer, puisqu'il est alors possible de se servir d'un échantillonnage, de questions prédéterminées et de divers processus d'encodage et d'analyse. Pour la chercheuse, la validité externe peut être accrue si le chercheur offre une description très détaillée, quasi positiviste, du cas, s'il établit à quel degré le cas est typique d'un phénomène et s'il mène une analyse transversale du site et du cas. Hammersley (2012) avance pour sa part qu'il est possible de postuler la généralisation empirique de l'étude de cas lorsque les conclusions au sujet des caractéristiques d'une population plus large, limitée et probablement existante sont basées sur l'étude d'un échantillon qui en est issu. Dans un tel cas, l'échantillonnage doit être particulièrement rigoureux. Il est également possible de généraliser, toujours selon Hammersley, par inférence théorique si les cas à l'étude sont des exemples des catégories théoriques pertinentes. Le chercheur infère ainsi à partir des cas étudiés une théorie transférable à tous les cas (d'un nombre indéterminé) qui se définissent par les paramètres de la théorie établie. L'inférence théorique s'inscrirait ainsi dans une perspective explicative.

La méthodologie ou la pratique

Les principaux spécialistes de l'étude de cas distinguent trois opérations dans la production d'une telle étude : la planification, la collecte et l'analyse des données.

Lors de la planification de l'étude de cas, plusieurs éléments semblent importants, notamment la détermination d'un problème de recherche, qu'il soit tiré d'une expérience vécue, de la pratique, du domaine de recherche ou d'une recension des écrits, ainsi que la sélection du cas et la délimitation de ses frontières, selon la problématique établie. Seul Yin estime essentiel d'élaborer une théorie *a priori* ou d'émettre des propositions avant d'entreprendre l'étude de cas. Mucchielli (1996) met l'accent sur l'importance d'une position épistémologique de recherche. Selon lui, il faut « dès ce stade être vigilant pour se donner un cadre qui s'appuie sur l'expérience vécue par les acteurs en situation et sur la perception qu'ils ont de cette expérience » (p. 79). Il est essentiel de définir un processus de sélection des informations à retenir, soit en fonction du thème de recherche (Stake, 1995), soit en fonction du problème de recherche (Yin, 1994), de façon à ne retenir que les informations pertinentes ou à les soumettre à une matrice d'analyse flexible et conçue en fonction du cas, des objectifs ou des thèmes de recherche (Huberman et

Miles, 1991). Cette matrice, qui ne limite pas nécessairement les observations du chercheur, mais qui lui permet plutôt d'organiser plus facilement certaines données recueillies, doit être évolutive afin de s'adapter au cas étudié. La préparation de cette matrice demeure subjective; lors de l'analyse des données, le chercheur devrait prendre en considération cette subjectivité relative et en rendre compte, comme l'a fait Karsenti (1998) dans son étude multicas portant sur les pratiques pédagogiques «motivantes» de quatre enseignants du primaire.

À l'étape de la collecte des données, l'organisation des informations recueillies doit viser à en faciliter l'analyse éventuelle. Afin de limiter l'aspect subjectif de la recherche, il devient important d'avoir bien rapporté «la situation telle qu'elle a été vécue par les acteurs concernés, car l'essence même d'une étude de cas est de rendre explicite ce que les acteurs ont vécu» (Mucchielli, 1988, p. 79), ainsi que les diverses dimensions du contexte dans lequel le ou les cas se situent. Pour s'assurer de bien représenter la réalité telle que le ou les acteurs du cas étudié l'ont vécue, Yin suggère, comme nous l'avons signalé, de recourir à plusieurs sources d'information: documents, archives, entrevues, observation directe, observation participante et objets physiques.

Aux fins de l'analyse des données, plusieurs mettent en évidence l'importance de valider les données recueillies, notamment par la triangulation (Huberman et Miles, 1994; Stake, 1995; Yin, 1994). Yin (2003) précise qu'il est difficile de tracer un plan d'analyse des données et que chaque plan dépend des objectifs ou des hypothèses de recherche, de l'identité du chercheur et de la nature du cas étudié. Il propose toutefois deux stratégies d'analyse, qui varient selon le type (inductif ou déductif) de l'étude de cas. Si le chercheur s'appuie sur des propositions théoriques, il lui faut les vérifier par appariement logique (*pattern-matching*), c'est-à-dire qu'il doit comparer des phénomènes empiriques (observés) avec des phénomènes prédits (issus de la théorie). L'autre méthode d'analyse des données qu'il propose consiste à construire un modèle théorique à partir des données recueillies à l'intérieur du cas (méthode inductive).

Huberman et Miles (1994) suggèrent d'utiliser une matrice pour organiser l'analyse des données. Cette façon de procéder est susceptible d'accroître la rigueur de l'analyse. L'approche matricielle peut également faciliter l'analyse comparative dans le cadre d'une étude multicas, puisqu'elle permet de synthétiser les différences et les similitudes, ainsi que d'élucider des *patterns* ou dimensions récurrentes. La rédaction d'un rapport narratif (pour les études descriptives) ou l'élaboration de théories ou de généralisations complète la phase de l'analyse des données.

Hammersley (2012) avance pour sa part que le suivi de processus (*process-tracing*), qui génère des inférences au sujet de processus causaux d'intérêts par l'enquête détaillée de cas particuliers s'échelonnant sur des périodes de temps pertinentes, peut être complémentaire à l'analyse comparative par laquelle les cas sont systématiquement comparés en fonction de la présence de facteurs causaux d'intérêt (ou une portion de ces facteurs, ou l'absence de ces facteurs) afin de développer des inférences sur les liens causaux.

Afin de mieux comprendre les différences méthodologiques de la pratique de l'étude de cas, nous schématisons dans les figures 11.2, 11.3 et 11.4 les trois principaux modèles en usage, soit ceux de Stake, de Yin et de Merriam. Yin distingue trois étapes principales dans le déroulement de l'étude de cas: la planification de l'étude de cas, la collecte des données, puis l'analyse des données. La figure 11.2 illustre les différentes étapes de l'étude à cas multiples.

À l'instar de Yin, Stake sépare aussi l'étude de cas en trois étapes principales: la préparation, l'exécution et l'analyse-validation des

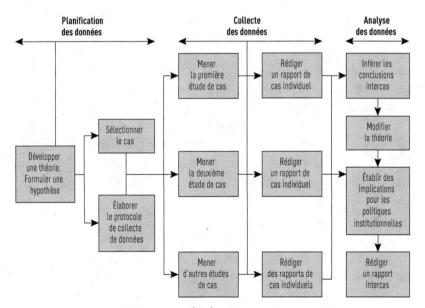

Figure 11.2   La pratique de l'étude de cas selon Yin (1994)

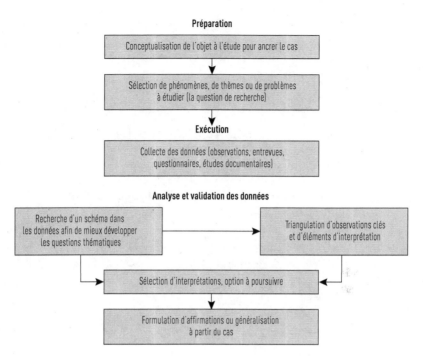

Figure 11.3   La pratique de l'étude de cas selon Stake (1995)

données. Son approche se distingue surtout par l'importance capitale qu'il accorde à la validation des données (par triangulation). L'hypothèse de départ prend en outre une importance relative, selon le type de l'étude de cas effectuée. La figure 11.3 illustre les différentes étapes signalées par Stake.

Même si Merriam pose également trois étapes principales dans l'étude de cas : préparation, actualisation et interprétation, son approche se distingue de celles de Stake et de Yin par l'importance qu'elle attache à la théorie ancrée pour l'élaboration de nouvelles théories (figure 11.4).

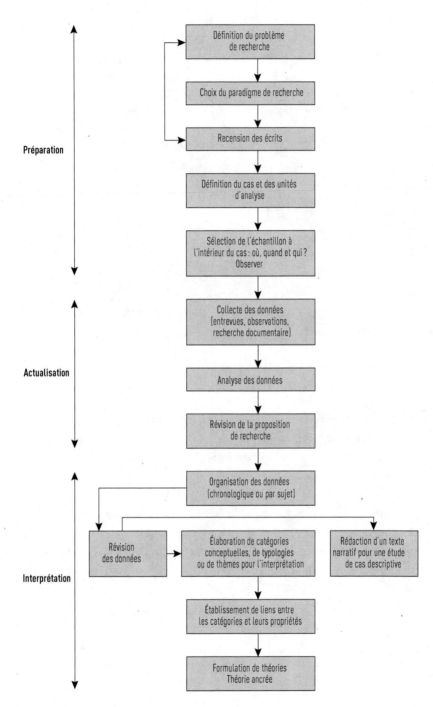

Figure 11.4   La pratique de l'étude de cas selon Merriam (1988, reproduit avec l'autorisation de John Wiley & Sons, inc.)

Conclusion

L'étude de cas est une méthode de recherche très souvent mise à contribution en éducation. C'est cette méthode que Piaget a employée lorsqu'il a élaboré sa théorie sur les «stades du développement intellectuel de l'enfant», théorie toujours actuelle en éducation, mais qui repose principalement sur l'étude de deux cas : les deux enfants de Piaget.

Comme nous avons pu le voir, les principales positions épistémologiques traitant de l'étude de cas – et relevées dans la littérature sur la question – diffèrent considérablement entre elles. L'objectif même de l'étude de cas est d'ailleurs différent pour Yin, Merriam et Stake. Le but premier du Yin est d'étendre et de généraliser des théories (généralisation analytique) et non d'en faire une analyse particularisante. Pour lui, l'étude de cas peut servir à quantifier des éléments descriptifs, à confirmer ou à infirmer une théorie ou une proposition, à évaluer l'efficacité d'un programme ou d'une institution, à concevoir des théories et des modèles. Elle peut expliquer, explorer et évaluer, mais toujours à partir de propositions préétablies.

Cette position reflète une vision positiviste des sciences sociales, où le cas étudié serait un indice d'un comportement général à l'espèce humaine. Les positivistes supposent, en général, que la réalité est donnée objectivement et peut être décrite par des caractéristiques mesurables indépendantes de l'observateur. Les positions comme celle de Yin ont pour objet de tester une théorie, dans le but d'augmenter la prédictibilité d'un phénomène. Gravitz (1996) note à ce sujet qu'on a souvent considéré les sciences sociales comme des sciences nomothétiques, c'est-à-dire ayant pour but de dégager des régularités et des généralités parmi les individus, et «pouvant, à défaut d'énoncer les lois, du moins généraliser et parfois prévoir» (p. 388). Pourtant, fait observer Gravitz, toute science revêt à la fois un aspect nomothétique (relevant de l'étude de cas ou d'événements vus comme universels, avec l'idée de formuler des théories ou des lois généralisables à tous les cas ou événements) et un aspect idéographique (relevant de l'étude de cas ou d'événements vus comme uniques, dans le dessein de comprendre chacun séparément et individuellement en tant que cas unique et singulier). Par conséquent, et comme le souligne Stake (1995), le but de l'étude de cas peut être à la fois de mettre en évidence les ressemblances et les particularités des cas étudiés. En outre, selon Erickson (1986) et Merriam (1988), la recherche qualitative, notamment l'étude de cas particuliers, peut permettre au chercheur d'observer et d'analyser un phénomène distinct en cours de processus, de naissance, de progression et de dépérissement.

Ainsi que nous l'avons vu au chapitre 5, les nouvelles avenues en méthodologie de la recherche favorisent le recours aux approches mixtes, qui empruntent à la fois au domaine positiviste et au domaine interprétatif en vue de répondre adéquatement à un problème, à une question ou à un objectif de recherche. Il semble que l'étude de cas soit une approche tout à fait indiquée en recherche sur l'éducation, puisque plusieurs études, en particulier celles qui traitent des interactions en salle de classe ou à l'intérieur d'une école, comportent un nombre important de variables qu'il est souvent difficile d'isoler. De plus, les dimensions culturelles de l'école appellent généralement à situer les phénomènes scolaires dans l'articulation entre le microsocial et le macrosocial. En favorisant l'élucidation systématique et la description dense de la logique des pratiques ordinaires dans les circonstances de vie ordinaires ou d'un phénomène humain dans son contexte socio-historiquement ancré (Coulter, 2001), l'étude de cas rapproche le chercheur des dimensions organiques des entités étudiées.

En plus de faciliter l'examen d'un grand nombre de variables et des liens qui existent entre elles, l'étude de cas facilite l'inclusion de diverses méthodes qualitatives et quantitatives, dans le but d'étudier un phénomène dans son contexte naturel. Afin de mieux faire comprendre les applications concrètes de l'étude de cas, nous en fournissons quelques exemples connus.

Activités d'appropriation

1. À l'aide des bases de données Repère et ERIC, trouvez au moins deux études de cas.

2. Écrivez, conformément aux normes de publication, une bibliographie et un résumé critique pour chacune de ces études de cas (10-15 lignes par étude).

3. En quoi consiste le problème de recherche dans chacune de ces études de cas? Selon les connaissances que vous avez acquises en lisant ce chapitre, les problèmes de recherche sont-ils propices à l'utilisation de l'étude de cas? Justifiez votre réponse à l'aide des connaissances théoriques proposées dans ce chapitre.

4. Quel est le but de chacune des études de cas? Est-ce un but de généralisation? Est-ce un but de particularisation? Est-ce un but de comparaison? Justifiez votre réponse.

5. Tracez une représentation schématique de la méthodologie qu'utilise chacun des auteurs.

6. Avec les connaissances théoriques présentées dans ce chapitre, expliquez sommairement (10-15 lignes) en quoi la méthodologie employée par chacun des auteurs se rapproche davantage de celle de Yin (2003), de celle de Stake (1995) ou de celle de Merriam (1988).

7. Proposez une modeste étude de cas que vous aimeriez effectuer. Prenez soin de préciser le problème de recherche, le but, le type de l'étude de cas envisagée et la méthodologie empruntée (Yin, Stake ou Merriam). Justifiez votre choix.

Concepts importants

La définition de ces mots clés se trouve dans le glossaire.

- Analyse de contenu
- Analyse des données
- Analyse des données recueillies
- Aspect heuristique
- Aspect holistique
- Aspect idiographique
- Aspect nomothétique
- Collecte des données
- Étude de cas
- Étude de cas analytique
- Étude de cas collective
- Étude de cas descriptive
- Étude de cas ethnographique
- Étude de cas évaluative
- Étude de cas historique
- Étude de cas instrumentale
- Étude de cas interprétative
- Étude de cas intrinsèque
- Étude de cas psychologique
- Étude de cas sociologique

- Étude descriptive
- Étude du cas simple
- Étude holistique du cas particulier
- Étude intégrée ou contextualisée du cas particulier
- Étude multicas
- Étude multicas holistique
- Étude multicas intégrée ou contextualisée
- Planification de l'étude de cas
- Théorie ancrée

Lectures complémentaires

a) *Extraits et résumés d'études de cas publiées*

Bouchard, P. et J.-C. St-Amant (1996). «Le retour aux études: Les facteurs de réussite dans quatre écoles spécialisées au Québec», *Revue canadienne de l'éducation*, vol. 21, n° 1, p. 1-17.

Inspirée d'une approche constructiviste et interactionniste et fondée sur une méthode de type qualitatif, cette recherche présente les résultats d'entrevues avec des membres de la communauté étudiante de quatre écoles spécialisées en «raccrochage scolaire» au Québec. Il s'agit donc d'une étude multicas où chacun des cas est une école spécialisée. Dans leurs conclusions, les auteurs font ressortir le fait que de jeunes adultes, issus de milieux socioéconomiques modestes, se heurtent à l'impossibilité de réussir socialement et reviennent par conséquent tenter leur chance à l'école. Il s'agit donc d'une étude de cas de nature essentiellement descriptive et interprétative.

Karsenti, T. (1998). *Étude de l'interaction entre les pratiques pédagogiques d'enseignants du primaire et la motivation de leurs élèves*, thèse de doctorat en sciences de l'éducation, Université du Québec à Montréal.

Cette recherche porte sur l'interaction entre les pratiques pédagogiques et le changement de motivation des élèves du primaire. En particulier, il s'agit d'une étude multicas mettant en présence quatre enseignants et leurs élèves. L'analyse des pratiques pédagogiques des enseignants reconnus comme des motivateurs bons et efficaces fait état de plusieurs points saillants. Les résultats de l'étude illustrent le fait qu'il existe des pratiques pédagogiques motivantes semblables chez les quatre enseignants observés. Les résultats mettent également en relief les pratiques pédagogiques particulières à chacun des enseignants observés. Cette étude de cas est donc de nature interprétative et essentiellement descriptive. Aucune généralisation n'est tentée et les limites de la recherche sont clairement exposées. Des précisions particulières aux cas étudiés sont aussi mises en évidence. ˙

Lherme-Piganiol, E. (1998). « Les "pseudo-délinquants". À propos des troubles du caractère et du comportement chez les adolescents n'accédant pas à la pensée formelle », *Psychologie et éducation*, vol. 42, p. 89-98.

Concernant deux cas cliniques, l'auteur pose la question des liens entre les difficultés intellectuelles et les troubles de comportement ; il souligne les aléas du parcours de certains adolescents dont le déficit n'est pas toujours pris en compte. L'hypothèse est que l'inadéquation entre leurs compétences et les performances attendues par l'entourage génère une boucle d'agressivité sur plusieurs plans.

Cette étude de cas, qui part d'une hypothèse, emprunte davantage à l'approche de Yin, puisque l'auteur tente de confirmer (ou d'infirmer) son hypothèse de recherche.

b) *Ouvrages généraux sur l'étude de cas*

Merriam, S. (1988). *Case Study in Education : A Qualitative Approach*, San Francisco (CA), Jossey-Bass.

Le guide de Merriam est simple et facile à consulter. L'auteure analyse les préjugés de certains chercheurs à l'égard de la recherche qualitative en éducation et en présente les avantages. En se basant sur les travaux de Miles et Huberman et de Yin, Merriam présente une taxinomie unique et un devis de recherche particulièrement bien adapté à la recherche qualitative en éducation. Elle offre plusieurs stratégies utiles pour chaque étape du processus de recherche et traite particulièrement des questions de validité et d'éthique.

Stake, R. E. (1995). *The Art of Case Study Research*, Thousand Oaks (CA), Sage Publications.

L'approche de Stake est très personnalisée et l'ouvrage, agréable à parcourir. On y offre à la fois des conseils pratiques et des anecdotes tirées des expériences concrètes qu'a vécues l'auteur lors d'observations dans diverses écoles et salles de classe. Ces exemples font la force de l'œuvre, car ils représentent concrètement la méthodologie de l'étude de cas. De plus, à la fin de chaque chapitre, Stake offre des ateliers qui permettent au lecteur de mettre les conseils en application. Les critères et les caractéristiques de chaque étape sont bien exposés et synthétisés dans des tableaux.

Yin, R. K. (2003). *Case Study Research: Design and Methods*, 3ᵉ édition, Thousand Oaks (CA), Sage Publications.

L'ouvrage propose une analyse comparative des approches quantitative et qualitative, met en lumière le rôle de la théorie dans l'élaboration de l'étude de cas et fait ressortir l'intérêt de la triangulation dans la validation par sources multiples. De plus, Yin décrit plusieurs modèles du plan d'étude de cas, fournit des exemples concrets quant à leur application et présente les critères d'un bon rapport d'étude de cas. Son approche est rigoureusement scientifique et traite intégralement de toutes les étapes nécessaires à une étude de cas valide et fidèle.

Chapitre 12

L'analyse qualitative des données

Liliane Dionne

Ce chapitre fournira des outils aux chercheurs qui veulent approfondir l'analyse des données et qui choisissent une approche qualitative pour répondre à leurs questions de recherche. Il vise également à étayer une pensée réflexive sur le processus même de l'analyse qualitative en recherche. Voici les objectifs d'apprentissage poursuivis : reconnaître les principaux fondements de l'analyse qualitative et le rôle du chercheur ; décrire les principales étapes de l'analyse qualitative ; cerner les étapes de l'analyse de contenu ; décrire la conduite d'une analyse thématique ; s'initier à l'analyse par théorisation ancrée.

□

L'analyse qualitative des données s'avère un processus passionnant, parfois fastidieux, car gourmand en temps. C'est aussi un travail qui peut combler et procurer un sentiment de fierté au chercheur. C'est l'étape de la recherche qui permet d'organiser les données en vue de l'interprétation et de la proposition des résultats finaux. L'analyse de données est le processus par lequel l'analyste attribue un sens aux données dans le but de répondre aux questions et objectifs de recherche. Selon Hatch (2002, p. 148), « analyser signifie organiser et interroger les données pour voir si des patrons s'en dégagent, identifier des thèmes, découvrir des relations, développer des explications, générer des interprétations, construire des critiques ou générer des théories » (notre traduction).

Plusieurs modèles d'analyse des données sont disponibles dans la documentation scientifique. Dans les nombreux ouvrages sur la recherche (ou l'analyse) qualitative, les auteurs dressent un panorama très diversifié du champ en proposant plusieurs modèles d'analyse qualitative : narrative, sémiotique, de discours, phénoménologique, de contenu, thématique, par théorisation ancrée, etc. Dans ce chapitre, nous nous concentrons plus précisément sur trois principaux modèles d'analyse qui sont parmi les plus utilisés en recherche, soit : l'analyse de contenu, l'analyse thématique et l'analyse par théorisation ancrée.

Ce chapitre se divise en trois sections. La première section présente les fondements de l'analyse qualitative et discute de l'état d'esprit qui anime le chercheur sur les matériaux qualitatifs à analyser. La deuxième section fait état des sources, des formes de données et du schéma général de l'analyse qualitative. En troisième lieu, nous détaillerons les méthodes d'analyse choisies.

Les principes de base

Dans cette section, nous examinerons les raisons qui justifient le choix de l'analyse qualitative, les compétences que met en œuvre le chercheur qualitatif et, enfin, les postures et attitudes que ce dernier doit privilégier.

Pourquoi choisir l'analyse qualitative ?

En fait, l'analyse qualitative va de soi pour certaines questions de recherche ou certains types de projets de recherche qui visent la profondeur et la qualité des données analysées, et non leur mesure. Si, par exemple, un chercheur veut étudier les pratiques d'enseignement des sciences et technologies dans l'ensemble du Canada pour connaître dans quelles proportions les enseignants de chaque province valorisent le questionnement et le partage d'idées entre élèves, on lui conseille de distribuer un questionnaire et de faire une analyse quantitative. Un tel type d'étude n'appelle pas une analyse qualitative. Si, par ailleurs, un autre chercheur veut comprendre pourquoi certains enseignants insistent autant sur la discussion et la réflexion collective dans leur classe de sciences, une approche et une analyse qualitatives sont tout indiquées, car cette étude vise à fournir une compréhension en profondeur d'un phénomène. Contrairement à l'approche visant à générer des données quantifiables, une requête qualitative ne requiert pas d'instruments standardisés pour recueillir ses données. Ce qui intéresse l'analyste qualitatif, ce sont les qualités des données elles-mêmes. Ces qualités se traduisent par des mots pour comprendre l'ampleur d'un phénomène, son histoire, sa temporalité, ses caractéristiques, sa variation, son évolution, sa gravité, son efficacité, etc.

Les chercheurs utilisant une approche qualitative analysent leurs données de diverses façons. Ceux qui se situent dans une tradition sociologique adopteront par exemple l'analyse phénoménologique, ou encore l'analyse thématique, car pour eux les textes recueillis constituent des reflets de l'expérience humaine, qu'il s'agisse de découvrir des régularités ou d'affiner leur compréhension du sens de l'expérience humaine. Les chercheurs s'inscrivant pour leur part dans une perspective langagière aborderont les textes à analyser comme un objet d'analyse en lui-même, en ayant recours aux analyses de contenu, de discours, aux analyses structurales ou encore en utilisant l'analyse narrative. Renata Tesch (1990) a présenté une typologie des types d'analyse qualitative selon les genres d'intérêt en recherche. Selon l'intérêt en recherche, que ce soit les caractéristiques du langage, la découverte de régularités ou encore la recherche de compréhension, on ciblera un type d'analyse en particulier. Dans le tableau 12.1 qui reprend une idée originale de Tesch (1990, p. 78) en l'actualisant, il est possible d'apprécier la diversité des types d'analyse qui s'offre à l'analyste qualitatif selon sa cible de recherche, avec quelques références choisies d'auteurs spécialisés.

Tableau 12.1 Les types d'analyse qualitative

INTÉRÊT EN RECHERCHE	TYPE D'ANALYSE	AUTEURS
Caractéristique du langage	De contenu	Krippendorf (2004) ; L'Écuyer (1990)
	De discours	Gee (2010)
	Structurale	Barthes et Duisit (1975)
	Narrative	Flick (2014) ; Phoenix (2013)
Découverte de régularités	Théorisation ancrée	Charmaz (2006) ; Paillé et Mucchielli (2016)
	Thématique	Braun et Clarke (2006)
	Inductive	Goetz et Lecompte (1981)
Recherche de compréhension	Phénoménologique	Giorgi et Giorgi (2008) ; Moustakas (1994)
	De récits de vie	Bertaux (2005)
	Herméneutique	Van Manen (1997)

Peu importe la tradition qui inspire l'analyste et la méthode qu'il choisira, diverses compétences devront être mises en œuvre dans l'analyse des données.

Les diverses compétences requises

Comme le met en valeur Hatch (2002), le processus de l'analyse engage souvent plusieurs processus comme celui de la synthèse, de l'évaluation, de la catégorisation, de la comparaison, de la formulation d'hypothèses, de la découverte de patrons, de la théorisation et de l'interprétation. Ces processus font intervenir, chez l'analyste qualitatif, diverses compétences sous-jacentes comme la logique, la créativité et la sensibilité.

L'analyse qualitative utilise une logique particulière qui se construit dans un va-et-vient entre l'induction analytique et l'abduction. En effet, un phénomène est décrit et interprété par induction analytique. L'induction vise à trouver des éléments du discours qui n'ont pas nécessairement été pressentis au départ. L'abduction permet de trouver des relations conceptuelles entre les catégories construites, donc à partir de liens fabriqués pour comprendre un phénomène. Ainsi, l'analyste doit développer des compétences pour effectuer des inférences, ce qui lui permet de combiner de manière créative les données empiriques entre elles, puis plus tard, lors de l'interprétation, de combiner ces données avec des cadres heuristiques de référence. Le recours à l'induction analytique et à l'abduction supporte le travail créatif de l'analyste, tout en lui permettant d'avoir recours aux connaissances existantes dans le domaine auquel l'objet d'étude appartient.

L'analyse qualitative demande au chercheur d'avoir de bonnes capacités créatives. Interpréter les données nécessite d'être créatif et imaginatif pour être en mesure de dépasser les interprétations qui reflètent seulement un premier niveau descriptif et d'élever ces interprétations à un niveau intuitif supérieur (Mason, 2018). Pour réussir à interpréter les données, il peut s'agir pour le chercheur de faire au préalable un codage intégral de toutes les données afin de générer ensuite les intuitions interprétatives ; il peut s'agir aussi de lire le matériel à la recherche d'événements critiques. Le chercheur interrogera ses données en se demandant : Que se passe-t-il ici ? Qu'est-ce que tout cela signifie ? Comment pourrais-je mieux comprendre tout cela ?

L'analyse qualitative fait appel à la sensibilité du chercheur, qui reçoit les témoignages des participants à la recherche. Pour Paillé et Mucchielli (2016), le chercheur doit « honorer le témoignage des acteurs et se laisser toucher par l'expérience de l'autre » (p. 147). Dans une perspective constructiviste, l'analyse qui est effectuée doit rendre compte de la rencontre avec l'autre sur le terrain, rencontre qui a fait évoluer tant le chercheur que les participants à la recherche (Silverman, 2017). Lors de l'analyse, le chercheur prend conscience qu'il a écouté l'autre et que celui-ci se découvre davantage en se racontant. Les acteurs du terrain, dans la mesure où ils sont consultés pendant l'analyse, donnent de nouveaux sens à leur réalité, grâce à cette rencontre.

Dans certains modèles d'analyse, l'analyste doit être capable de mettre de côté les référents théoriques, pour être sensible à la réalité du terrain. Tesch (1990) définit cette compétence comme la capacité de suspendre le jugement en phénoménologie, pour se concentrer sur le phénomène à analyser. Comme cela a été souligné dans le chapitre 4 portant sur le cadre théorique, le chercheur va d'abord et avant tout faire la cartographie de son thème de recherche. Lorsqu'arrive le moment de la collecte des données et de l'analyse, cette connaissance préalable du sujet va souvent influencer le chercheur dans la création de ses outils de recherche et d'analyse. Or, une véritable rencontre avec les acteurs du terrain, surtout dans les modèles d'analyse phénoménologique et par théorisation ancrée, demande une grande sensibilité de la part du chercheur en faisant abstraction des catégories déjà pressenties. Il faut aller à la rencontre des participants et entendre leurs propos sur le phénomène étudié. Pour ce faire, le chercheur adoptera une posture d'ouverture vis-à-vis des données. Selon Paillé et Mucchielli (2016), il doit considérer son cadre théorique comme un référentiel plus qu'un cadre rigide qui influencerait trop fortement le processus de collecte de données. Plus un chercheur sera expérimenté dans cette approche qui vise à mettre de côté ses référents théoriques, plus il sera à l'aise avec les modèles qui privilégient une lecture des données avec le moins d'*a priori* possible.

Un élément essentiel : la lentille du chercheur

Le chercheur constituerait l'acteur central de ce type de recherche, et comme le disent Guay et Prud'homme (voir le chapitre sur la recherche-action), « il est l'outil prédominant, l'être essentiel de l'analyse qualitative ». Le « soi » du chercheur et « l'héritage du passé » teinteraient sa lentille, la manière dont il s'identifie comme chercheur (son épistémologie et ses postulats ontologiques), mais aussi comment il va se positionner par rapport à sa recherche, qualifiée de «casse-tête intellectuel» (Mason, 2018; Paillé et Mucchielli, 2016).

Le «soi» qui surgit dans ce rôle de chercheur se voit modelé par les questions qui l'animent et qui le fascinent. Cette posture investigatrice, ou ce que Mason (2018) appelle le puzzle, le casse-tête intellectuel du chercheur qualitatif, influencerait le questionnement des données au moment de l'analyse, et, de ce fait, sa lentille analytique. Ce casse-tête pourrait être orienté vers la recherche de l'expérience, car c'est la vie des personnes qui interpelle le chercheur; il pourrait par ailleurs être comparatif, puisque ce sont les différences et les similarités qui guideraient la quête analytique; le chercheur pourrait vouloir s'attaquer à l'angle du processus que révèlent les données, puisque son but serait d'examiner les données pour explorer la dynamique d'un cas où le phénomène se manifeste; le casse-tête du chercheur pourrait être d'établir des descriptions denses, puisque l'analyste serait à la recherche d'une description interprétative et analytique supportée par des observations détaillées (Mason, 2018, p. 12-13). Il est bon aussi de comprendre l'importance de la relation qui s'établit entre le chercheur et les acteurs du terrain et de l'influence de cette relation sur les données recueillies et leur analyse.

L'héritage du passé se composerait de l'univers interprétatif de l'analyste (ses postulats ontologiques), de sa position épistémologique (proposition de sens par rapport au sujet de la recherche), de l'inventaire des référents interprétatifs initiaux et de l'examen du problème (la recension des écrits) (Paillé et Mucchielli, 2016). Ces influences du passé sur l'analyste qualitatif sont multiples: il peut s'agir de présupposés, de valeurs, de référents théoriques et de prédispositions intellectuelles. Comme personne, nous portons en nous notre vision de la vie, nos valeurs et notre perception du monde. D'un point de vue épistémologique et ontologique, tout chercheur adopte une certaine posture qui influence la conduite de l'analyse qualitative. Cette posture influence la façon dont nous appréhendons la recherche et la façon dont nous allons à la rencontre des participants à la recherche. Certains chercheurs en éducation qui ont une formation antérieure dans le domaine des sciences révèlent parfois leurs référents positivistes, par l'utilisation de concepts et de façons de penser qui s'apparentent à ceux des sciences exactes, et qui ressortent de la façon dont ils exposent leurs idées. Ces présupposés sont présents, nul ne peut le nier. Comme chercheur qualitatif, il importe de prendre conscience de ceux-ci afin que leur influence potentielle soit mise au jour.

L'auto-questionnement du chercheur contribuerait à la qualité et à la validité du travail d'analyse (Guay et Prud'homme, voir le chapitre sur la recherche-action). Il importe donc pour qui veut développer ses compétences en analyse qualitative d'être au fait de ce qui peut l'influencer dans la conduite de ses recherches, et teinter sa lentille.

Les sources, les formes et la gestion des données

Quelles sources de données s'offrent au chercheur en analyse qualitative? En fait, il existe trois sources principales de données qualitatives qui peuvent être utilisées (Silverman, 2017). Ces données peuvent provenir du domaine public. Cette source de matériau disponible gratuitement et librement, et qui est parfois négligée des chercheurs, peut se trouver dans les blogues, les médias sociaux, les sites Web d'organismes, etc. Admettons que l'étude vise à mieux comprendre comment des enseignants adaptent leur enseignement des sciences aux besoins des élèves dont le français est la seconde langue, on pourrait trouver des blogues d'enseignants qui abordent particulièrement ce sujet et utiliser cette source de données pour en faire une analyse qualitative.

La seconde source rassemble les données secondaires. Dans ce cas, les données recueillies précédemment par le chercheur lui-même ou par un autre chercheur font l'objet d'une nouvelle analyse. Que ce matériel soit notre propriété ou la propriété d'un autre chercheur, il importe d'obtenir un certificat éthique pour analyser ce matériel. En fait, les données sont souvent analysées de façon primaire sous un angle précis, et l'on peut les examiner sous un angle tout à fait différent lors d'une deuxième analyse. Il existe sur le Web des archives de données qualitatives. Le site UK Data Archive en est un brillant exemple (http://www.data-archive.ac.uk/). Je renvoie le lecteur à Seale (2011) pour mieux comprendre comment tirer avantage de l'utilisation secondaire des données dans un projet de recherche, dans une perspective d'économie d'énergie et de ressources.

La troisième source rassemble les données que le chercheur va chercher lui-même sur le terrain, avec des outils de collecte de données, le plus souvent des entretiens, des groupes de discussion, un journal de bord, des observations, des photographies, etc. Il peut recueillir ces données par un contact direct avec les participants, mais aussi par l'entremise d'Internet.

Les diverses formes de données qualitatives

Les données qualitatives peuvent prendre diverses formes. La forme la plus commune est le texte, qu'il provienne des transcriptions d'entrevues (complètes ou partielles), des notes de terrain, d'autres notes du chercheur (réflexion sur les faits, notes analytiques) ou des notes des participants. Il peut s'agir d'écrits de toutes sortes, comme un récit d'expériences, un journal personnel, etc. Mais ces données peuvent aussi être sous forme auditive, artistique ou visuelle, ou encore virtuelle. Il peut s'agir d'enregistrements audio (voix, sons, musique) ou vidéo (qui incorporent aussi la voix). Visuellement, les sources de données peuvent être multiples : cartes, dessins, esquisses, peintures, photographies, diagrammes, bricolages, autres créations artistiques en trois dimensions comme des sculptures, etc. Les données en ligne peuvent être de formes diverses également : pages Web, courriels, blogues, groupes de discussion, captures d'écran, hyperliens, etc. L'importante question que tout chercheur doit se poser est la suivante : quelles données peuvent réellement contribuer à expliquer le phénomène à l'étude ? Ces données devront être congruentes avec la question de recherche, laquelle sera à son tour congruente avec les outils de collecte de données qui façonnent les données produites.

La gestion des données qualitatives

La gestion des données varie en fonction de leur forme. Si, par exemple, les sources de données sont des œuvres en trois dimensions, il faudra prévoir un espace de stockage de ces données, le temps de mener à terme le processus de recherche. Si les données sont des enregistrements et des transcriptions d'enregistrements sous forme de textes numériques, il s'agit d'avoir des cartes mémoires, des disques durs ou des clés USB fiables sur lesquels les conserver. Le chercheur veillera également à classer ces sources de données de façon logique. Par exemple, si la recherche a impliqué des entrevues, des rencontres de groupe, la tenue d'un journal de bord pour le chercheur ou les participants, il faudra créer des filières bien identifiées pour toutes ces sources de données. L'exemple présenté au tableau 12.2 est tiré d'un projet qui visait à caractériser des pratiques gagnantes en sciences et technologies dans des classes du primaire :

Tableau 12.2   La gestion des données qualitatives

DOSSIERS SUR LE DISQUE DUR	SOUS-DOSSIERS
Enregistrements audio	Entrevues Rencontres Groupes de discussion (enfants)
Entrevues	Entrevues pré Entrevues post Groupes de discussion (enfants)
Rencontres	Procès-verbaux 1 à 10 Ordres du jour 1 à 10
Journaux de bord	Notes du chercheur Journaux des participants

Aussitôt que ces données sont disponibles et classées, l'analyse peut commencer. Il ne sert à rien d'attendre d'avoir recueilli tout le matériel avant de commencer l'analyse. Le logiciel NVivo peut également servir de système de classement des sources de données : on peut les importer dans le logiciel au fur et à mesure qu'elles sont constituées. On gardera aussi en tête l'importance de sauvegarder les données à plus d'un endroit par mesure de sécurité.

Le processus général d'analyse des données

Comme objectif principal de l'analyse, le chercheur a pour mission de clarifier le sens des données recueillies chez les participants à la recherche (Anadón et Savoie-Zajc, 2009). Il serait vain de faire une analyse qualitative en sachant au préalable les éléments de réponse. Selon Wolcott (1994), l'analyse se décompose en trois étapes interdépendantes, soit la description, l'analyse elle-même et l'interprétation (voir la figure 12.1).

Plusieurs auteurs qualitatifs insistent sur le fait que, dès la première source de données recueillie et organisée, le chercheur peut commencer son processus d'analyse (Charmaz, 2006 ; Glesne, 2011 ; Paillé et Mucchielli, 2016 ; Silverman, 2017). Une fois que le chercheur a terminé sa collecte, il peut entamer la première étape du processus d'analyse, soit la description. Décrire signifie organiser les données le plus clairement possible et les réduire pour rendre compte avec justesse du sens évoqué par les participants dans lesdites données.

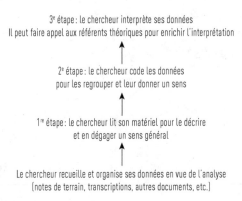

Figure 12.1 Schéma général d'analyse des données

Comme seconde étape du processus, Wolcott (1994) précise que le chercheur doit interroger les données, les examiner de façon comparative et faire ressortir la logique qui en émerge. Dans la recherche de cette logique, il faut distinguer entre les dimensions centrales et les dimensions secondaires qui se dégagent des données. La troisième étape du processus interpellerait la créativité du chercheur, car elle nécessite une démarche d'interprétation pour comprendre le sens et faire émerger une conceptualisation. Ce processus d'analyse peut s'effectuer selon diverses approches. Des logiciels d'analyse de données tels ceux que proposent Karsenti et ses collaborateurs (voir le chapitre 14) peuvent assister le chercheur dans ces étapes, mais ne peuvent le remplacer.

Les modèles choisis d'analyse qualitative des données

Dans cette section, nous détaillerons trois modèles d'analyse. Il s'agit de l'analyse de contenu, de l'analyse thématique et de l'analyse par théorisation ancrée.

L'analyse de contenu

L'analyse de contenu vise à analyser de manière réflexive des documents pour documenter et comprendre « la communication de sens » qui s'y trouve, de même que pour valider des liens théoriques. Dans une visée constructiviste, on considère les documents comme du matériel issu d'interactions sociales dans un contexte sociétal donné. Selon le modèle de L'Écuyer (1990), c'est en colligeant l'ensemble des documents pertinents pour une étude qu'il est possible de procéder ensuite à l'analyse de contenu. Ce modèle procède tout d'abord d'une lecture préliminaire du matériel, puis de l'établissement d'une liste de catégories. Ensuite, l'analyste veillera à choisir des unités de classification et à tenter de les définir. Dans un modèle mixte, il pourra appliquer des catégories prédéfinies et laisser ouverte la possibilité d'identifier d'autres catégories, dites émergentes, pour traiter l'ensemble des données de recherche. Il s'ensuivra l'interprétation des résultats qui se fera en tenant compte des relations théoriques avec la documentation scientifique accessible sur le sujet. Cette méthode serait recommandée entre autres pour l'analyse de politiques éducationnelles, et par conséquent elle s'appliquerait aisément sur du matériel comme des programmes éducatifs ministériels.

Au départ, l'analyste dispose d'une matrice d'analyse préliminaire développée à la lumière de sa compréhension des nombreux documents abordant le sujet de sa recherche, et qui comporte les dimensions qui lui sont propres. Lors des premières étapes d'analyse, le chercheur regroupe d'abord les énoncés qui proviennent des documents dans les catégories préexistantes. Chacun des concepts importants sera défini dans cette matrice. Puis il approfondit sa compréhension des énoncés pour valider l'émergence de nouvelles catégories, tout en recueillant de nouveaux documents qui abordent ces dimensions. Grâce à l'étude approfondie des documents, la grille d'analyse se raffine en ajoutant les catégories émergentes. En effet, la grille d'analyse sera améliorée et enrichie de nouvelles dimensions en procédant à un approfondissement de la communication de sens qui se dégage des documents. L'analyse de contenu préconise une certaine pondération des catégories les unes par rapport aux autres. Le poids des énoncés dans une catégorie est comparé au poids des énoncés dans une autre catégorie, de manière à déterminer l'ordonnancement catégoriel; plus une catégorie comporte d'énoncés, plus elle est dominante en matière de contenu. Ensuite, le chercheur s'emploie à réduire l'ensemble à des catégories distinctives. Il procède après à l'identification définitive et à la rédaction des définitions de ses catégories. Finalement, il fait une classification des principales catégories dominantes de sa grille d'analyse. Une fois l'organisation de ces concepts ou dimensions établis, il procède à l'interprétation de ses résultats (L'Écuyer, 1990).

ILLUSTRATION

Dans une étude menée avec des cochercheuses (Dionne, Savoie-Zajc et Couture, 2013), nous avons utilisé une analyse de contenu selon le modèle mixte de L'Écuyer (1990). Le but de l'étude visait à mieux comprendre le rôle des chercheuses comme accompagnantes à la démarche de développement professionnel d'enseignantes (huit en Ontario et cinq au Québec). Les données secondaires analysées provenaient d'une recherche-action visant le développement professionnel en sciences et technologies d'enseignantes dans deux communautés d'apprentissage, l'une en Ontario et l'autre au Québec. Comme sources de données, trois rencontres en Ontario et trois rencontres au Québec d'une durée variant de trois à cinq heures ont été analysées. Le cadre d'analyse préliminaire comportait les dimensions de l'accompagnement professionnel, soit l'entente, la rencontre et l'expérience, selon Vial et Caparros-Mencacci (2007, dans Dionne, Savoie-Zajc et Couture, 2013, p. 186). Nous avons aussi utilisé d'autres éléments conceptuels pertinents pour enrichir l'analyse de contenu. Les unités d'analyse ont été placées selon ces catégories correspondantes. Grâce à l'émergence de nouvelles catégories, nous avons ont pu mettre en exergue les nouveaux rôles d'accompagnement dans ce contexte de développement professionnel à l'intérieur de communautés d'apprentissage. Les résultats révèlent que le travail de l'accompagnante serait similaire au travail d'une ingénieure responsable d'assurer un équilibre à l'éco-système que constitue la communauté d'apprentissage. Grâce au modèle mixte d'analyse, il ressort que les accompagnantes dans cette étude assumeraient le maintien de deux types d'équilibre et veilleraient au soutien de divers processus et dynamiques, soit le soutien relationnel, le soutien collaboratif, le soutien épistémologique, le soutien au contexte et au processus d'investigation et le soutien à l'ajustement des pratiques (Dionne, Savoie-Zajc et Couture, 2013, p. 189).

L'analyse thématique

L'analyse thématique compterait parmi les modèles les plus répandus en recherche qualitative (Gregg, 2012). Selon la définition de Boyatzis (1998), l'analyse thématique est une méthode pour identifier, analyser et trouver des thèmes à l'intérieur des données. Elle permettrait d'organiser et de décrire les données d'une manière détaillée, voire parfois d'interpréter divers aspects d'un sujet de recherche. L'analyse thématique procède donc par l'identification de thèmes et, par conséquent, elle ne présuppose pas l'existence d'un cadre théorique prédéfini ; elle peut s'accommoder de différents cadres théoriques (Braun et Clarke, 2006).

Développer son savoir-faire pour mener une analyse thématique figure donc comme une importante compétence pour le chercheur. Pour approfondir l'analyse thématique, les chercheurs doivent pouvoir expliciter leur posture épistémologique et leurs présupposés (Braun et Clarke, 2006). Cette approche serait compatible avec un paradigme essentialiste, réaliste ou constructiviste, laissant une liberté théorique au chercheur. Dans une perspective réaliste, il s'agit de rapporter l'expérience et la signification qui reflètent la réalité des participants. Selon un paradigme constructiviste, les expériences et les significations des participants s'insèrent dans un contexte social donné. Le paradigme adopté peut aussi être «contextualiste», en cela qu'il se situe entre le pôle réaliste et le pôle constructiviste et qu'il s'associe à la théorie du réalisme critique, en reconnaissant comment des individus donnent sens à leur expérience, et comment ces significations individuelles s'imbriquent à leur tour dans un contexte social plus vaste. Ainsi, l'analyse thématique peut être une méthode pour mieux comprendre la réalité ou pour approfondir ce qui se trouve sous la surface de cette réalité (Braun et Clarke, 2006).

Mais qu'est-ce qu'un *thème*? Les chercheurs en recherche qualitative emploient le mot dans deux sens distincts. Dans le premier sens, le thème «conceptualisant» correspond à un patron dans les données, un événement récurrent, ou encore à un sujet abordé par plusieurs participants à la recherche. Dans le second sens, un thème serait aussi considéré comme une «prise de vue» d'un ensemble de données, qui permettrait d'en traduire un aspect important, pour cristalliser une signification répondant, à divers degrés, à la question de recherche (Braun et Clarke, 2006).

Dans le processus d'analyse, Braun et Clarke (2006) suggèrent d'utiliser une approche inductive, prenant naissance dans les données, dans le but d'identifier d'abord des éléments sémantiques (terminologie) récurrents dans les sources de données, que l'on peut éventuellement condenser pour permettre l'identification d'un ensemble de thèmes pertinents. Pour développer un thème, l'approche proposée vise à progresser, à partir d'un corpus organisé par similitudes sémantiques, dans la recherche et la création de codes. Un journal réflexif permet d'identifier et de justifier chaque nouveau code. À l'étape du codage, il importe d'être attentif à l'ensemble des données pour y déceler tout patron récurrent. Cette étape peut générer de très nombreux codes.

Lors de la réduction des données, le chercheur rassemble plusieurs segments de données qui partagent des points communs sous de mêmes codes. À ce stade, certains codes sont délaissés et les plus signifiants sont transformés en catégories. Cette réduction peut s'opérer en trouvant les similarités, les différences, les patrons ou les structures englobantes qui se révèlent dans les codes. Au moment de la réduction, Braun et Clarke (2006) insistent sur l'importance de la complexification des données, ce qui signifie que l'analyste doit reconceptualiser les données en tenant compte des nouveaux contextes que fournit la segmentation des données (Tesch, 1990).

L'étape suivante consiste en l'identification des thèmes. Durant cette phase, le recours à des schémas peut aider à organiser les codes sous des thèmes pertinents. Les thèmes se distinguent des codes en cela que les thèmes sont des phrases qui fournissent une signification à un ensemble de données. Ces significations procurent à l'analyste le matériel nécessaire pour développer son argumentaire analytique. Les thèmes identifiés peuvent être des idées qui se répètent, des termes inusités qui ressortent du discours, des métaphores ou des analogies, des sauts sémantiques, des similitudes et des différences dans les expressions des participants (Saldana, 2009).

Par la suite, le chercheur raffinera et révisera les thèmes identifiés, en trouvant les ramifications qui existent entre les thèmes. Il pourra délaisser certains thèmes; d'autres pourraient servir à regrouper des sous-thèmes. Ensuite, l'analyste visera à créer une unité entre les thèmes qui permet de raconter l'histoire que révèle cet ensemble de données et à fournir une réponse à la question de recherche.

Une attention est accordée par la suite à l'interprétation pour préciser la pertinence des patrons et y rattacher des significations plus englobantes. Ces interprétations prennent naissance dans les ramifications qu'il est possible de tisser entre les thèmes, et souvent grâce aux relations qu'il est possible d'établir avec la documentation existante sur le sujet de recherche (Braun et Clarke, 2006).

L'analyse par théorisation ancrée

L'analyse par théorisation ancrée consiste en une méthode visant la production de résultats ancrés dans les données empiriques par une comparaison constante entre les catégories d'analyse et la réalité observée (Paillé, 1994). L'idée de théorisation rejoint ici celle de dégager le sens profond d'un événement (et non de générer une vaste théorie comme l'ont fait Piaget ou Vygotsky, par exemple). L'analyse par théorisation ancrée tend vers la théorisation, mais – avouons-le – elle est davantage orientée vers la découverte de correspondances ou de liens significatifs entre les composantes d'un phénomène. Selon Paillé et Mucchielli (2016), le terme «ancré» ne signifie pas que les étapes du processus d'analyse sont continuellement ancrées dans le terrain (*grounded*), mais il reflète plutôt le fait que le processus, et la catégorisation qui en fait partie, sont

ILLUSTRATION

Une étude menée en 2016 a permis de mieux comprendre l'implication des mères d'enfants autistes qui étaient intégrés en classes ordinaires. Les auteures ont utilisé l'analyse thématique proposée par Braun et Clarke (2006). Après avoir effectué des entretiens variant de 90 à 120 minutes avec 18 mères, les auteures ont pu dégager sept thèmes différents liés à l'implication maternelle : la préparation de l'enfant à l'entrée à l'école, la recherche et la transmission des connaissances, la participation sur le plan d'intervention, la négociation et la revendication des services nécessaires à l'enfant, la continuité des apprentissages à la maison, l'investissement en temps et en ressources, et l'accompagnement de l'enfant à l'école. Certains des thèmes qui ont émergé de cette analyse thématique, en particulier la préparation de l'enfant, l'investissement et l'accompagnement, n'auraient pas fait l'objet de recherches précédentes selon les chercheuses (Boucher-Gagnon, des Rivières-Pigeon et Poirier, 2016).

ancrés et imprégnés dans la totalité du corpus. Pour Charmaz (2006), être attentif à la façon dont les données sont recueillies sera un atout important lors des processus de codage et de catégorisation ; cette compréhension permettra de situer l'analyse dans son contexte social et donnera plus de précision aux comparaisons successives effectuées lors de l'analyse.

Une importante distinction existe entre la méthode de la théorie ancrée (ou *Grounded Theory*) qui mène à une théorie induite des données, et l'analyse par théorisation ancrée qui vise une description du phénomène grâce à un ordonnancement conceptuel (Strauss et Corbin, 2004). La méthode de recherche de la théorie ancrée ou *Grounded Theory* tire son origine de l'approche de théorisation empirique et inductive développée par Glaser et Strauss (1967) lorsqu'ils ont étudié la relation entre le personnel soignant et le malade mourant dans des hôpitaux américains des années 1960. Une critique qui ressort souvent au sujet de la méthode de la théorie ancrée de Glaser et Strauss (et non de l'analyse par théorisation ancrée), c'est qu'elle rejette l'idée d'avoir un cadre théorique au départ de l'étude d'un phénomène. L'idée est de générer une théorie et non d'en tester une (Silverman, 2017). « Une stratégie gagnante pour l'analyste qualitatif consisterait, de prime abord, à occulter délibérément les savoirs dans le domaine de façon à permettre l'émergence des catégories, sans contamination avec des concepts pré-établis » (Glaser et Strauss, 1967, p. 37, notre traduction).

Pour sa part, la méthode d'analyse par théorisation ancrée procède davantage d'une gestion des données ou d'un ordonnancement conceptuel que d'un véritable processus de théorisation. Issue de la théorie ancrée, l'analyse par théorisation ancrée est une méthode d'analyse inductive qui vise à atteindre un haut niveau de conceptualisation (par rapport à l'analyse thématique, par exemple). Plus détaillée qu'une analyse descriptive, l'analyse par théorisation ancrée permet simultanément de construire et de valider l'analyse en émergence à partir de la réalité observée.

Elle se distingue de la théorie ancrée en ceci qu'elle n'adopte pas le schème inductif, sans référent théorique, dans tout le processus de recherche, mais privilégie cette posture inductive pour la portion « analyse » de la recherche. Par exemple, un chercheur pourrait utiliser la méthode d'analyse par théorisation ancrée comme méthode d'analyse privilégiée pour une étude de cas qui vise à atteindre une compréhension en profondeur du cas. Idéalement, le chercheur adoptant ce modèle d'analyse effectuera l'analyse des données au fur et à mesure de la collecte (voir l'exemple de recherche donné plus loin, Dionne, 2003).

Adaptative, l'analyse par théorisation ancrée permet de décrire et d'apporter une compréhension à un phénomène en fonction de présupposés épistémologiques, de la problématique, des questions et du contexte particulier de la recherche (Paillé, 1994 ; Strauss et Corbin, 2004). Cette méthode d'analyse qualitative se moule à l'objet de recherche pour mieux rendre compte du fait social. Le problème de recherche se prête à la construction d'un schéma interprétatif pour mieux comprendre le phénomène. L'analyse par théorisation ancrée partirait du concret pour aller vers l'abstrait, en tentant de cerner les caractéristiques essentielles d'un phénomène. Elle fournirait une connaissance authentique et approfondie d'une situation à l'étude. Selon une perspective constructiviste, cette méthode d'analyse s'assurerait d'une meilleure compréhension du phénomène à partir de l'action des acteurs et du discours sur leur propre expérience (Silverman, 2017).

Le processus d'analyse par théorisation ancrée

L'analyse par théorisation ancrée donne au processus d'analyse une perspective globale servant la compréhension du phénomène étudié, en portant sur lui un regard différent.

Le cadre d'analyse adapté aux données recueillies sera souple pour répondre au double objectif de description et de recherche d'une représentation théorique. L'analyse de type inductif vise à faire émerger des catégories, à dégager le sens d'une situation pour ensuite lier, dans un schème explicatif, les divers éléments d'un phénomène. Les questions essentielles sur lesquelles repose le processus d'analyse par théorisation ancrée sont: «Comment analyser les données? Que faire avec les données?» (Strauss et Corbin, 2004, p. 149). Le processus d'analyse vise à construire une explication fondée sur le discours des acteurs. Selon Paillé (1994), cette démarche consiste à dégager des conséquences théoriques à partir d'observations signifiantes et d'incidents liés au phénomène. «L'analyse se fonde sur l'examen en profondeur des données grâce à un souci apporté par l'analyste à une comparaison constante, non pas des données en elles-mêmes, mais des idées que leur analyse suggère» (Strauss, 1987, p. 6).

Nos observations nous portent à croire que les chercheurs surtout novices ont besoin de certains repères pour guider leur analyse par théorisation ancrée. L'ouvrage de Charmaz (2006) se distingue: au lieu de décrire des étapes strictes, il rend compte de certains processus qui vont guider le chercheur (voir plus loin). Il faut toutefois avoir conscience que cette démarche analytique ne reflète pas tout le processus proposé dans la mise en œuvre des fondements épistémologiques et ontologiques de la *Grounded Theory* de Glaser et Strauss.

Concrètement, la démarche d'analyse par théorisation ancrée débute au tout premier moment de la cueillette de données et s'adapte à celle-ci durant tout le temps consacré au travail sur le terrain. L'ensemble des discours des participants (sources de données comme les verbatim d'entrevues), qu'ils soient issus de rencontres de groupe ou d'entrevues, constitue des sources de données enrichissant, par leur nature différente, le corpus des données à analyser. Le journal de bord tenu par le chercheur apporte un nouvel éclairage par les observations suscitées au sujet des données elles-mêmes, et sert principalement à la rédaction des mémos analytiques.

La codification

La codification consiste à étiqueter les verbatim après avoir effectué une première lecture flottante du corpus de données. Les verbatim provenant de toutes les sources sont passés en revue. L'analyste pourra s'interroger sur ses documents, qu'il s'agisse de verbatim ou de notes de terrain: qu'est-ce qui se passe ici? En présence de quel élément suis-je, en réponse à ma question de recherche? Ces premières étapes dans la démarche de théorisation ancrée font référence au «codage ouvert» (*open coding*) et au «codage ciblé» (*focused coding*) (Charmaz, 2006). Le codage ouvert consiste à nommer le matériel à la suite d'une première lecture flottante et à des relectures subséquentes. Les codes peuvent provenir de thèmes provenant des outils de collecte de données ou sont parfois des mots utilisés par les acteurs du terrain qui définissent bien le matériel (appelés codes in vivo). Charmaz (2006, p. 11) parle du codage ouvert comme d'un codage ligne par ligne pour s'assurer de bien recenser toutes les idées que renferment les sources et pour commencer une certaine conceptualisation, et de codage ciblé quand les codes sont assez bien définis qu'il est possible de coder de plus grands pans textuels. Ici, l'idée de code, contrairement à celle de catégorie, renvoie davantage à un étiquetage qu'à un approfondissement du sens qui se fait par la suite. C'est pourquoi nous préférons utiliser le terme *codification* ici et celui de *catégorisation* à l'étape suivante.

Si le chercheur utilise par exemple le logiciel NVivo pour l'aider à exécuter l'analyse, il est facile d'importer toutes les sources de données, puis de procéder au codage. Intuitivement, le chercheur pourra créer les premiers codes (nœuds) qui se dégagent de son matériel, avant de coder les données en fonction de ces premiers codes. Le logiciel est assez flexible pour permettre ensuite de confirmer ces codes en catégories, de délaisser certains codes et de créer de nouvelles catégories.

ILLUSTRATION

L'étude citée en exemple est une étude de cas sur le phénomène de collaboration comme mode de développement professionnel provenant de ma thèse doctorale rédigée en 2003. Plusieurs sources de données ont été analysées : transcriptions de rencontres, transcriptions d'entrevues, mon journal de bord. Tout d'abord, le travail de codification a consisté à dégager les codes qui répondaient le mieux aux questions de recherche de départ (voir le tableau 12.3) : comment se manifeste le processus de collaboration dans le petit groupe étudié ? Comment cette collaboration contribue-t-elle au développement professionnel des enseignants ? Lors du codage ouvert, j'ai repris les thèmes principaux dégagés des outils de saisie des données. Les extraits de discours ont été classés dans ces codes (Dionne, 2003, p. 158).

Certains extraits de verbatim ont nécessité la création de nouveaux codes. Ces codes ont été validés par la comparaison constante des données entre elles, pour ensuite donner naissance à des catégories similaires aux codes, mais aussi à de nouvelles catégories, ce qui a amené à l'étape de catégorisation axiale.

La catégorisation axiale

La catégorisation axiale vise fondamentalement à repérer des thèmes émergents pour nommer le phénomène à l'étude, en identifiant des concepts intégrateurs qui font écho au sens repéré dans les segments.

Tableau 12.3   La codification du corpus de données

CODES LIÉS À LA COLLABORATION DES ENSEIGNANTS	CODES LIÉS AU DÉVELOPPEMENT PROFESSIONNEL
Processus de collaboration	Conception du développement professionnel
Conception de la collaboration	Vision de soi comme enseignant
Origine de la collaboration	Développement des pratiques pédagogiques
Conditions de la collaboration	Réflexion critique
Retombées de la collaboration	
Aspects relationnels liés à la collaboration	

Cette démarche consiste à regrouper les segments et les codes de l'étape un, soit la codification, en fonction de cette catégorisation plus poussée. Au départ, le processus consiste à travailler avec les premiers codes trouvés. Un examen plus attentif du corpus permet de former des catégories en confirmant certains codes, tout en créant de nouveaux codes et en en délaissant d'autres. Ces catégories constituent l'essentiel de l'armature conceptuelle de la recherche. En ce sens, « la parole apparaît comme l'unité de base de la communication où les échanges et la découverte de nouveaux sens constituent le cœur du processus » (Wertsch, 1991, p. 50, traduction libre dans Dionne, 2003). C'est par le discours et le dialogue que s'effectue la négociation des significations, dans la relation à l'autre. Ce discours et ce dialogue servent à déchiffrer la signification en la comparant avec la réalité (Witherell et Noddings, 1991, dans Dionne, 2003) et à découvrir quelles catégories traduisent le mieux cette signification.

La catégorisation axiale est en fait un codage plus approfondi, effectué en accord avec les principes d'échantillonnage théorique et de saturation. La catégorie correspond à un concept ayant un niveau plus élevé d'abstraction (Strauss, 1987). Ce codage intensif mène à la confirmation de codes pré-établis et à la création de nouveaux codes, qui ensemble deviennent des catégories. Cette intensification du codage ou catégorisation axiale mène à la confirmation ou à la création de nouveaux thèmes. Voici une illustration de ce processus à partir de ma recherche doctorale (Dionne, 2003).

ILLUSTRATION

Partant des codes qui ont été présentés à l'étape de codification dans ma thèse, le codage plus poussé a permis la création de nouveaux codes qui ont mené à la constitution de catégories émergentes. Cette catégorisation axiale a mené à la confirmation de catégories ou thèmes et à la création de nouveaux thèmes. Le tableau 12.4 illustre ce que l'étape de catégorisation axiale a donné.

On remarque que certains codes (voir le tableau 12.3) ont été éliminés : conception de la collaboration, conception du développement professionnel et développement des pratiques. De nouvelles catégories ont été créées, en particulier celle d'espace de collaboration (métacatégorie), mais aussi les suivantes : caractéristiques de la collaboration, espace de médiation, valeurs pédagogiques, posture d'apprenant (qui a absorbé la catégorie pratiques pédagogiques), caractéristiques des enseignants. Une fois la catégorisation axiale terminée, il est plus facile d'organiser les catégories en schéma et de visualiser le schéma catégoriel. Mais avant d'en arriver à ce processus, il importe de développer l'écriture sous forme de mémos analytiques.

Tableau 12.4   La catégorisation axiale du phénomène de la collaboration comme mode de développement professionnel

MÉTACATÉGORIE « ESPACE DE COLLABORATION »	MÉTACATÉGORIE « DÉVELOPPEMENT PROFESSIONNEL »
Processus de collaboration	(Conception du développement professionnel)
(Conception de la collaboration)	Vision de soi comme enseignant
Origine de la collaboration	(Développement des pratiques pédagogiques)
Conditions de la collaboration	Réflexion critique
Retombées de la collaboration	(E) Valeurs pédagogiques
Aspects relationnels liés à la collaboration	(E) Posture d'apprenant
(E) Caractéristiques de la collaboration	(E) Caractéristiques des enseignants
(E) Espace de médiation	

(E) : catégorie émergente
(—) : catégorie abandonnée

La rédaction des mémos analytiques

Une importante fonction en analyse par théorisation ancrée vise à rédiger des mémos analytiques. Les mémos sont en réalité des notes plus ou moins longues qui servent à développer les idées qui participent à la conceptualisation. Charmaz (2006, p. 11) parle de « rédaction initiale de mémos » et de « rédaction avancée de mémos ». Ces mémos servent à adopter une posture plus méta pour définir et caractériser les catégories principales et secondaires. Ils pourront être mis en relation avec les notes du journal de bord. Les mémos servent à définir, voire à cristalliser les catégories et à trouver les propriétés qui leur sont associées.

« Pilier essentiel de l'analyse, les mémos constituent l'étape intermédiaire entre la collecte de données et la rédaction d'ébauches des écrits scientifiques » (*ibid.*, p. 72).

ILLUSTRATION

Dans la présentation de mes données (Dionne, 2003), j'ai repris les principales catégories (catégorisation axiale) et pour chacune des propriétés et des dimensions ont été identifiées. Ces propriétés et dimensions ont fait l'objet de la rédaction de mémos analytiques. Ces mémos reposent à leur tour sur la compréhension profonde de la signification que les acteurs donnent à leur expérience de collaboration et du développement professionnel qui en découle. Certaines citations tirées des verbatim viennent ancrer ces analyses dans les données empiriques. Lorsque la définition de la catégorie, l'explicitation de ses propriétés et de ses dimensions ont été terminées, j'ai ensuite procédé à la rédaction d'un mémo-synthèse de tout ce qui avait été construit à partir de ce matériel. Voici en exemple un mémo qui apporte une définition globale du « processus de collaboration » qui a émergé de l'analyse par théorisation ancrée :

> Processus dynamique de construction conjointe d'une nouvelle pratique pédagogique (ici un projet pédagogique transdisciplinaire). À travers la communication et l'organisation du travail, ce processus est ponctué de plusieurs activités des enseignants : discussion, proposition, planification, questionnement, prise de décisions, actions, renforcement du collègue, retours réflexifs (Dionne, 2003, p. 183).

L'élaboration du schéma catégoriel

À un stade avancé du processus d'analyse par théorisation ancrée, on peut amorcer l'élaboration d'un arbre catégoriel, qui consiste en une mise en relation des catégories entre elles, permettant de confirmer le choix des catégories existantes et d'établir des liens entre celles-ci, en se demandant si telle catégorie se rapproche de telle autre et avec quelle nuance. Il s'agit ici d'un processus qui consiste en une certaine hiérarchisation des catégories, qui procède à une organisation selon leur ordre d'importance, en fonction de la question de recherche. Dans l'illustration suivante, je reprends encore une fois l'exemple de ma recherche doctorale.

ILLUSTRATION

Reprenant l'exemple précédent, l'arbre catégoriel sous forme de schéma développé dans ma thèse a été grandement influencé par les catégories émergentes, en particulier l'espace de médiation et la posture d'apprenant (Dionne, 2003). Il ressort de cela que l'espace de médiation serait, dans cette étude de cas, une zone d'échanges et de dialogues créée par la relation entre moi et les enseignants. Par conséquent, j'aurais eu un rôle dans les apprentissages qui ont été réalisés. Puis, en collaborant, l'enseignant porte sur lui-même un regard neuf et se perçoit comme un apprenant. La collaboration lui permet d'améliorer ses pratiques pédagogiques, le place dans une situation d'innovation pédagogique et lui offre de multiples possibilités d'apprentissage. L'enseignant se voit lui-même comme contribuant à cette posture d'apprenant, de même que la chercheuse qui a collaboré avec le petit groupe.

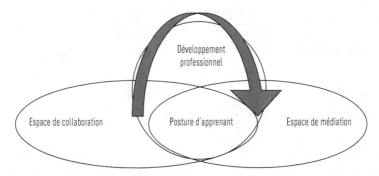

Figure 12.2　La posture d'apprenant comme précurseur du développement professionnel

La théorisation

Enfin, la théorisation consiste à faire émerger de nouvelles pistes théoriques. Pour Paillé (1994), cette phase finale constitue une étape valorisée, mais non essentielle dans le processus d'analyse par théorisation ancrée. Selon les auteurs Strauss et Corbin (2008), cette étape consiste davantage à déceler des liens entre les regroupements catégoriels et les référents théoriques et conceptuels, afin de mettre en lumière certains éléments de compréhension apportés préalablement par d'autres auteurs en guise d'éclairage. Il s'agit à cette étape d'aller plus en profondeur dans l'interprétation pour tenter de répondre à la question suivante : comment peut-on articuler les données pour fournir une compréhension novatrice et éclairante du phénomène étudié ? Pour terminer, je présente les éléments qui ont mené à une théorisation dans ma thèse.

ILLUSTRATION

Dans ma thèse (Dionne, 2003), les résultats m'ont permis de proposer une adaptation au modèle de l'enseignant-apprenant de Fullan, Bennett et Rolheiser-Bennett : dans cette nouvelle représentation du modèle, la posture d'apprenant remplace le rôle de l'enseignant qui était vu davantage comme essentiel à l'efficacité scolaire. L'enseignant doit lui-même décider de se placer dans une posture d'apprenant, et trouver des collaborateurs avec lesquels « se perfectionner davantage » au quotidien, dans des projets porteurs. La collaboration dans le cadre de projets conjoints contribuerait donc à développer les habiletés collaboratives, de recherche et réflexives chez l'enseignant, ce qui concourt à son développement professionnel. La figure 12.3 illustre cette nouvelle représentation de l'enseignant au cœur du changement scolaire. Elle démontre le phénomène un peu à l'idée d'un système d'engrenages qui s'enchaînent, l'enseignant étant la roue meneuse.

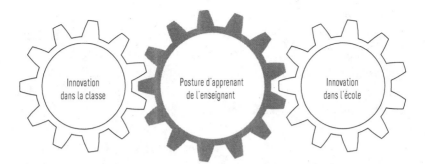

Figure 12.3   Une nouvelle représentation du modèle de l'enseignant-apprenant (adaptée de Fullan *et al.*, 1990 et de Fullan, 1993 dans Dionne, 2003, p. 291)

Conclusion

Ce chapitre n'a pas la prétention de couvrir toutes les facettes de l'analyse qualitative des données. En prenant en compte le nombre impressionnant d'ouvrages, surtout anglo-saxons, qui existent dans le domaine, en particulier les nombreux livres portant sur le thème plus général de la recherche qualitative, on peut constater qu'une proportion importante de ces livres consacreront quelque 60 à 80 pages seulement à l'analyse qualitative (Bailey, 2018 ; Mason, 2018 ; Ravitch et Mittenfelner Carl, 2016). L'objectif de ce chapitre vise en premier lieu à éveiller le chercheur à l'importance de plus en plus grande de l'analyse qualitative dans les recherches en éducation, et à fournir certains outils pour rendre les processus d'analyse plus explicites. Cette explicitation débute en prenant conscience des éléments qui peuvent teinter la lentille du chercheur, ce dernier étant l'acteur essentiel de l'analyse qualitative. Il s'agit aussi pour le chercheur de comprendre que les types, les formes de données et le processus global à suivre sont des éléments qui structureront toute la phase analytique. Enfin, de tous les modèles mis à la disposition du chercheur qualitatif, nous avons choisi de présenter l'analyse de contenu, l'analyse thématique et l'analyse par théorisation ancrée, car nous constatons que ces modèles d'analyse sont très souvent utilisés et que ceux-ci méritent qu'on y accorde plus de minutie dans les comptes rendus de recherche.

Activités d'appropriation

1. À l'aide des bases de données de recherche en éducation (Érudit, Cairs, ERIC, Education Source, etc.), trouvez un article qui présente une recherche dont la méthode d'analyse qualitative des données vous intéresse. Puis répondez aux questions suivantes :

   a) Quel est l'objectif de cette recherche ?
   b) Quel est le construit méthodologique ?
   c) Quelle est la rigueur de l'analyse ?
   d) Quels sont les points forts et les points faibles de l'analyse ?
   e) Quelles améliorations pourrait-on apporter à l'analyse ?

2. Pourquoi pouvons-nous dire que l'analyse thématique fait partie des premières phases de l'analyse par théorisation ancrée ?

3. Lors de l'analyse qualitative des données, en particulier lors de l'analyse par théorisation ancrée, comment le chercheur doit-il se positionner par rapport aux référents théoriques qu'il a trouvés en lien avec son objet de recherche ?

Concepts importants

La définition de ces mots clés se trouve dans le glossaire.

- Analyse de contenu
- Analyse par théorisation ancrée
- Analyse thématique
- Théorisation ancrée

Lectures complémentaires

Charmaz, K. (2006). *Constructing grounded theory – A practical guide through qualitative analysis,* Thousand Oaks (CA) : Sage.

Cet ouvrage est un incontournable pour quiconque veut approfondir son travail avec les données qualitatives. Katy Charmaz compte parmi les leaders mondiaux de la théorie ancrée, ayant elle-même étudié avec Anselm Strauss. Dans le livre, de nombreux exemples illustrent la façon dont la théorie ancrée peut évoluer de ses racines positivistes pour incorporer plusieurs des méthodes et questions provenant du paradigme constructiviste.

Glesne, C. (2011). *Becoming qualitative researchers* (4ᵉ éd.), Boston (MA) : Pearson.

Cet ouvrage produit par Corinne Glesne vise à fournir une vision générale de la recherche qualitative. Le texte est engageant et offre la possibilité au chercheur novice de faire plusieurs exercices pour raffiner ses compétences en recherche qualitative. J'aime particulièrement le chapitre 7 sur l'analyse des données qui s'intitule « Trouvez votre histoire » (ma traduction), permettant aux personnes provenant de différents horizons de trouver leur créneau, que ce soit l'analyse narrative ou les approches plus sociologiques. Ces dernières voient le texte comme une fenêtre sur l'expression humaine. L'analyse thématique fait l'objet d'un traitement fouillé dans son ouvrage.

Paillé, P. et A. Mucchielli (2016). *L'analyse qualitative en sciences humaines et sociales* (4ᵉ éd.), Malakoff, Armand Colin.

Dans cet ouvrage, les auteurs font l'historique et exposent les rationnels épistémologiques qui sous-tendent quelques-unes des méthodes d'analyse comme l'analyse thématique, l'analyse en mode écriture et l'analyse par catégories « conceptualisantes » (qui remplace l'analyse par théorisation ancrée). L'accent mis sur les fondements, sur la compréhension de l'herméneutique outille le chercheur novice qui adopte une posture qualitative dans sa recherche. De plus, la précision avec laquelle les auteurs s'emploient à expliquer la nécessité de modifier le rapport aux cadres théoriques et conceptuels, pour permettre à l'analyste d'appréhender ses données de façon inductive, est tout à fait convaincante.

Chapitre 13

La diffusion des résultats de recherche

François Larose et Gérard-Raymond Roy

Ce chapitre porte sur les principaux éléments à considérer en matière de diffusion des résultats de recherche. L'introduction passe en revue les points généraux à prendre en compte dans la préparation d'un texte. La suite porte sur les caractéristiques des divers types de publications et sur la façon d'en tirer profit pour atteindre les différents publics auxquels elles sont destinées. Quel que soit le document, son organisation doit détenir des qualités susceptibles de capter l'attention du lecteur. Ces qualités résident habituellement dans la valeur heuristique (de recherche) du texte, dans son organisation proprement dite (plan discursif) et dans la manière dont les choses y sont dites (plan formel). Ces traits positifs seront par la suite mis en contraste avec certains défauts qui, trop souvent, nuisent au bon cheminement d'un texte et à son approbation par les arbitres chargés d'en apprécier le contenu, la rigueur et l'originalité.

□

En éducation, la diffusion des résultats de recherche permet à un ou à plusieurs individus de rendre accessible à un public relativement vaste chacune des contributions particulières qu'ils apportent à un domaine d'étude. En ce sens, la diffusion des résultats de recherche met en relation un chercheur rédacteur (praticien, étudiant, professeur ou autre) et un organe de diffusion (ou un diffuseur) qui conviennent de collaborer pour faire connaître à des publics éventuels des résultats de recherche portant sur un ou des objets d'étude relatifs à l'éducation. Ce processus de collaboration exige que les protagonistes s'entendent sur ce qui sera publié, sur la forme que prendra la publication et sur la catégorie des personnes susceptibles d'être intéressées par le produit de recherche.

Il arrive souvent que des idées géniales, couchées sur le papier ou enregistrées sur un disque dur, finissent par se perdre au fond d'un tiroir, sur le nuage, sur un disque dur ou sur une clé de sauvegarde, faute d'avoir fait l'objet de ce petit supplément de travail qui les aurait rendues diffusables. Car bien peu d'écrits et de travaux de recherche sont publiables tels qu'ils se présentent à la sortie de l'esprit. Même les travaux des étudiants qui ont mérité les meilleures notes, qu'il s'agisse d'essais, de mémoires ou de thèses, doivent, avant publication, être apprêtés au goût du public cible et adaptés en tenant compte du genre de publication envisagé.

Conçu dans cet esprit, ce chapitre décrit diverses balises qui peuvent soutenir la préparation et la révision des textes de recherche destinés à la publication. Il traite principalement des notions de « public cible » et de « type de publication », ainsi que des caractéristiques de publication d'un texte. En somme, le lecteur est invité à s'approprier les principes fondamentaux dont doivent tenir compte les étudiants et les chercheurs qui désirent voir diffusé leur travail. Ces principes visent à donner au texte une valeur ajoutée ; ils concernent, il va sans dire, tous les types de textes à rédiger dont il a été question du troisième au neuvième chapitre du présent ouvrage consacré à la recherche en éducation. Le contenu, qui sera illustré d'un certain nombre d'exemples, s'en tiendra toutefois aux points essentiels.

Les publics cibles

Pendant des années, tant à l'école primaire qu'au secondaire, chacun a appris à rédiger différents textes. Chaque fois, comme émetteur, l'apprenant était invité à prendre en considération le destinataire ou le récepteur du message afin d'obtenir l'effet souhaité. Même à un niveau d'études plus élevé, cette prise en compte du destinataire et de la situation de communication reste indispensable. Mais ici, le destinataire se nomme le public cible.

Chacun écrit pour être lu et compris. Le public cible réunit toutes les personnes que devrait intéresser un texte : des élèves, des étudiants, des enseignants du primaire ou du secondaire, des professeurs de collège et d'université, des chercheurs ou des spécialistes de divers domaines et, peut-être même, tout le monde, soit le grand public.

Selon le public cible, le ton, le vocabulaire et la phraséologie même du texte peuvent varier. À l'oral, on ne s'exprime pas de la même manière avec des amis que lorsqu'on donne une conférence. Dans le premier cas, le discours peut comporter des sous-entendus sans que la communication en souffre, alors que le contenu d'une conférence doit être structuré et suivre un ordre annoncé dès le début du discours. À la télévision, certains films sont destinés à un public de tous âges, d'autres, à un public de 13 ans et plus, et d'autres encore, à un public de 18 ans et plus.

Il en est de même à l'écrit; les lecteurs de textes de vulgarisation que publient les revues professionnelles ne recherchent pas nécessairement des informations aussi précises ni le même type d'informations que ceux qui s'abreuvent de revues scientifiques. D'une certaine manière, qui veut être lu et compris doit principalement considérer ce que désire connaître son lectorat. Si, en recherche, le praticien, l'étudiant-chercheur ou le chercheur produisent eux-mêmes leur message, c'est le public cible qui oriente en partie leur manière de l'énoncer. Mais attention, cette manière de dire varie selon les formes de publication, car elle les caractérise.

Les formes de publication

Il existe plusieurs manières de rendre publique une information, de diffuser un message. À l'oral, qu'on pense à la criée pour l'échange d'actions sur certaines places boursières ou pour la vente de diverses marchandises dans quelques marchés. À l'écrit, l'information, plus facilement accessible depuis l'invention de l'imprimerie par Gutenberg, est adaptée, surtout en ce qui a trait à la recherche, aux diverses formes de publication, dont le support peut être de papier, informatique ou audiovisuel. Le tableau 13.1 présente une liste de revues qui traitent d'éducation.

Le lecteur doit prendre en considération le fait que, de nos jours, la majeure partie des revues scientifiques anglo-saxonnes appartiennent à des consortiums de maisons d'édition qui diffusent la totalité de leur production en format électronique. La plupart d'entre elles recourent aussi à Internet pour assurer le processus de soumission, d'arbitrage et de suivi des manuscrits qui leur sont soumis. Les principaux consortiums éditoriaux en sciences humaines et sociales sont les suivants:

- Taylor and Francis: http://www.tandf.co.uk/journals/
- Wiley-Blackwell: http://www3.interscience.wiley.com/cgi-bin/home
- Sage: http://online.sagepub.com/

Dans le même sens, les banques de données téléaccessibles des diverses universités québécoises donnent accès à des milliers de revues scientifiques en éducation dont les contenus sont téléchargeables en format PDF.

Tableau 13.1   Revues consacrées à l'éducation

Bulletin de l'ACLA	Perspectives documentaires en éducation
Bulletin de l'Association des mathématiques du Québec	Pratiques
Bulletin de psychologie	Psychologie et éducation
Cahiers de la recherche en éducation	Psychologie préventive
Curriculum Inquiry <http://www.wiley. com/bw/journal.asp ? ref=0362-6784>	Québec français
	Réadaptation
École des parents	Recherche en didactique des mathématiques
Educational Studies <http://www.tandf. co.uk/journals/titles/03055698.asp>	Recherche et formation
	Recherches qualitatives
Educational Studies in Mathematics	Repères : essais en éducation
Éducation canadienne et internationale	Revue canadienne d'enseignement
Éducation et francophonie <http://www.acelf.ca/revue>	supérieur
	Revue canadienne de l'éducation/Canadian
Éducation permanente	Journal of Education
Evaluation and Research in Education	Revue canadienne de psychoéducation
Enfance	Revue de l'Association québécoise de
Enjeux	l'enseignement du français langue seconde
Études de linguistique appliquée	Revue des sciences de l'éducation
European Journal of Teacher Education	Revue française de pédagogie
Formation emploi	Revue française de psychologie
For the Learning of Mathematics	Revue française de la déficience
Instantanés mathématiques	intellectuelle
Journal of Moral Education	Revue internationale de pédagogie de
Journal of Teacher Education	l'enseignement supérieur
Le français dans le monde	Revue québécoise de psychologie
Les sciences de l'éducation pour l'ère nouvelle	Revue suisse des sciences de l'éducation
McGill Journal of Education/Revue des sciences de l'éducation de McGill	Sociologie et sociétés
	Spirale
Mesure et évaluation en éducation	Teaching and Teacher Education
Orientation scolaire et professionnelle	Theory into Practice
Parents	Vie pédagogique
Pédagogie collégiale	

Publications disposées sur support papier

Quand on parle de « formes de publication disposées sur support papier et relatives à la diffusion de la recherche en éducation », on désigne les textes à diffusion restreinte : il s'agit de rapports de recherche et de monographies, d'une part, et d'essais, de mémoires et de thèses portant directement sur la formation de chercheurs, d'autre part, notamment lorsqu'ils sont anciens et qu'ils n'ont pas encore été numérisés. On désigne également les textes à diffusion plus étendue, dont les actes de colloques ou de congrès, les ouvrages collectifs et les livres, auxquels s'ajoutent les articles qui paraissent dans divers périodiques, dont les revues scientifiques et les revues professionnelles. Les principaux termes qui servent à nommer ces moyens de diffusion et ceux qui sont relatifs à la transmission de l'information par voie électronique sont définis brièvement dans le glossaire.

Si toutes ces publications contribuent à faire connaître les résultats de la recherche, il n'en demeure pas moins qu'une recherche, même diffusée, n'atteint qu'un petit nombre des destinataires visés. Plusieurs raisons l'expliquent, dont les barrières linguistiques, le sectarisme et le grand nombre de publications. La plupart des textes ne sont publiés qu'en une seule langue, le plus souvent en anglais. Comme bien des chercheurs ne sont pas réellement bilingues et encore moins multilingues, ils n'ont de ce fait accès qu'à une partie des résultats de recherche. Combien de chercheurs québécois peuvent prendre connaissance des recherches menées en Chine, en Russie, en République tchèque, et publiées en langue d'origine? Parfois, ce premier obstacle n'est rien à côté du sectarisme qui, fort souvent, guette la recherche. Des domaines entiers de recherche se subdivisent en chapelles dont les tenants ne se parlent plus. Certains sont béhavioristes, d'autres constructivistes; cette pluralité d'orientations rend difficile l'intégration de leurs apports réciproques. Sans oublier l'énorme quantité d'informations disponibles: il est devenu impossible à quiconque, faute de temps, de prendre connaissance de tout ce qui se publie dans son propre domaine de recherche. Cette abondance de publications entraîne par ailleurs un resserrement des exigences de qualité pour les nouveaux textes destinés à la diffusion. En recherche universitaire, combien d'essais débouchent sur une publication remaniée sous forme d'articles ou de chapitres? Combien de mémoires? Et combien de thèses? Certes, plus de thèses que d'essais, mais dans chaque cas, fort peu.

Publications disposées sur support informatique

Certains des écrits qui ont été traditionnellement distribués sur support papier se voient maintenant confiés au support informatique. En effet, aujourd'hui, la plupart des revues scientifiques ainsi que certains livres ou chapitres de livres sont directement diffusés par voie électronique.

Les revues électroniques, qui ont un comité d'arbitrage ou non, telle la revue Éducation et francophonie[1], répondent aux mêmes critères d'évaluation et de publication que leurs équivalents diffusés sous forme imprimée. Un élément, à savoir la longueur des textes acceptés, les distingue toutefois de leurs concurrentes « moins virtuelles ». En général, bien que cette caractéristique ne soit pas universelle, une revue électronique, qu'elle recoure ou non à l'arbitrage, accepte assez facilement un écrit dont la longueur est de 15 % à 25 % supérieure à celle que peut tolérer une revue imprimée. Enfin, plusieurs banques de données, dictionnaires, encyclopédies ou autres documents sont dorénavant accessibles sur Internet ou autre support numérique, sans oublier les logiciels éducatifs, qui servent de soutien à l'apprentissage, tels Le Grammaticiel et NetMaths.

Comme nous l'avons vu, plusieurs types de publications peuvent donner lieu de nos jours à une diffusion électronique. Ainsi, dans la majeure partie des universités des pays industrialisés, les thèses et les mémoires font l'objet d'un dépôt, d'une publication restreinte (intranet) ou large (Internet) en format électronique (Barker, 1998 ; Fineman, 2003 ; Guedon, 1998). Dans les facultés d'éducation, le dépôt, puis la diffusion des travaux de recherche à caractère « académique », en tout ou en partie, se pratiquent en particulier au Canada, en Australie, aux États-Unis, en Grande-Bretagne et dans la majeure partie des pays de la Communauté européenne. Cette forme de publication, puis de diffusion fait aussi l'objet de projets expérimentaux qui s'inscrivent dans un cadre collaboratif. La documentation scientifique récente s'interroge d'ailleurs sur les répercussions que la production ou la publication de thèses en format électronique peuvent avoir sur leur utilisation dans le cadre de tierces recherches, notamment sur le plan du plagiat et du non-respect du droit d'auteur (Bergadaà, 2015). Il en va de même pour l'effet sur les pratiques de référencement (Pontille, 2015).

De même, les revues scientifiques ou professionnelles publiées en format électronique[2] (voir le tableau 13.2) sont déjà largement majoritaires dans les mondes anglo-saxon, lusophone et hispanique. Plusieurs de ces revues adoptent un caractère multidisciplinaire ; elles diffusent

---

1. <http://www.acelf.ca/revue>.

2. Pour avoir une idée de la diversité des champs couverts par l'édition électronique et accessibles aux chercheurs en éducation, voir les sites <http://www.sociology.org/> et <http://www.uv.es/aidipe/>.

Tableau 13.2   Exemples de publications disponibles sur support électronique[3]

TYPE DE SUPPORT ÉLECTRONIQUE	EXEMPLES
Logiciel éducatif (support : en ligne ou format comprimé, téléchargeable) Environnements virtuels de travail téléaccessibles (EVT) sur Internet.	Le Grammaticiel NetMaths Cabri-géomètre CAMI
Site Internet d'accès à une information à caractère didactique ou à caractère pédagogique.	Cyberscol E-Stat

des productions scientifiques ou de vulgarisation liées au champ de l'éducation, même si, par son titre, telle revue est identifiée à la sociologie ou à la psychologie.

Il existe également un autre champ d'édition et de publication d'œuvres originales en plein développement ; ce champ concerne tous les ordres d'enseignement, du primaire à l'universitaire. C'est le domaine de la création, de la publication et de la diffusion d'instruments didactiques de type multimédias. Il comprend des logiciels éducatifs numériques, et des sites de dépôt d'information éducative, tels que des banques de données électroniques en éducation ou des outils virtuels d'animation et d'aide à l'apprentissage. Selon la volonté de diffusion ou d'accessibilité du ou des auteurs, ces supports à l'édition sont d'accès plus ou moins limité.

L'organisation de l'information

Quel que soit le support, une revue scientifique reste une revue scientifique ; un dictionnaire, un dictionnaire. Seules changent alors l'accessibilité de l'information et, parfois, son organisation.

La plupart des consommateurs d'information de recherche disposent d'un temps limité pour prendre connaissance de la kyrielle d'articles et de livres scientifiques ou à tendance scientifique qui se publient annuellement dans leur domaine d'activité ; d'où la nécessité que chaque texte présente l'information d'une manière organisée et facilement repérable par l'utilisateur. Cette accessibilité du contenu d'un texte scientifique

---

3. Ce ne sont là que quelques exemples de sites destinés au soutien à l'enseignement et accessibles sur Internet. En voici les adresses : Le Grammaticiel <www.dgrm.qc.ca> ou <http://www.grammaticiel.ca>, NetMaths <https://www.netmath.ca/fr-qc/>, Cabri-géomètre <http://didrit.fr/Cabri2.htm>, Cyberscol <http://cyberscol. qc.ca> E-Stat <http://www5. statcan.gc.ca/olc-cel/olc?ObjId=10F0174X&ObjType=2&lang=fr&limit=0>

dépend particulièrement du soin apporté aux aspects heuristique, discursif et formel au moment de la rédaction. Il s'ensuit que l'auteur doit éviter plusieurs pièges ou défauts d'ordre heuristique et formel qui ne manquent pas d'agacer les évaluateurs.

Les caractéristiques d'un texte scientifique de qualité

La valeur d'un texte scientifique tient, entre autres, au choix du sujet, au traitement qu'on en fait, à la qualité de l'argumentation, à la sélection et à l'utilisation des sources qui servent d'appui au développement des idées, à son apport à l'avancement du domaine de recherche ainsi qu'à la qualité de sa présentation (Roy, 2002, 2004). Mais de quoi s'agit-il au juste lorsqu'on parle de plan heuristique?

Sur le plan heuristique

Le mot *recherche* s'apparente grandement au terme *innovation*. Il s'ensuit qu'il est peu utile d'entreprendre une recherche parfaitement identique à celles que d'autres ont déjà effectuées, car elle contribuerait bien peu au renouvellement du domaine. Par exemple, peu après 1985, les universités, au Québec ou ailleurs au Canada, ont adopté des mesures pour améliorer la qualité du français écrit des étudiants de collèges et d'universités; cette initiative a donné lieu à plusieurs études (Asselin et McLaughlin, 1992; Roy et Lafontaine, 1992; Baranowski, 2015; Pelletier et Lachapelle, 2016) portant sur la quantité des erreurs et sur les types d'erreurs présentes dans les textes rédigés par les étudiants de ces établissements. Le but de ces études était de faire ressortir les sources des erreurs et les carences de formation correspondantes, au lieu de se contenter de compter les erreurs commises dans les textes (Roy, Lafontaine et Legros, 1995; Legros, 1999). Grâce à elles, on allait pouvoir analyser les matériels didactiques qui, proposant des contenus inexacts, engendraient des apprentissages erronés (Spallanzani *et al.*, 2001; Lenoir, Rey, Roy et Lebrun, 2001). Il faut en effet se méfier des auteurs à la mode qui affirment sans démontrer; il faut savoir déceler les arguments qui n'ont de vrai que leur contraire. Il convient également, en recherche, on ne doit pas l'oublier, de revoir certains ouvrages dits fondamentaux pour en soupeser les principes et les conclusions, pour mettre en cause des croyances établies, ainsi que l'a fait Copernic au xve siècle lorsqu'il a démontré que la Terre tournait autour du Soleil. Ainsi, il revient à chaque chercheur de contribuer au renouvellement du savoir, à l'amélioration des connaissances. Voilà qui indique clairement qu'écrire un texte scientifique n'est pas s'approprier, comme il se fait trop souvent, le texte d'un autre en déplaçant des mots, en jumelant des phrases et en reformulant des idées. Au contraire, une qualité fondamentale d'un texte scientifique tient à la nature même de la recherche qu'il présente. Elle réside dans la pertinence du sujet de recherche, c'est-à-dire dans l'identification de l'objet de recherche et dans sa contribution éventuelle à l'avancement des connaissances dans le domaine cible.

Certes, il ne s'ensuit pas qu'il faille perpétuellement innover. Dans plusieurs domaines de la recherche scientifique, seules la répétition de modèles de recherche antérieurs ou la réalisation de recherches duplicatives (*replication*) permettent de confirmer la validité tant de la méthode que des résultats obtenus par des chercheurs faisant œuvre d'innovation. Il s'agit d'ailleurs ici d'une condition clé à la production de données probantes de la recherche (Larose, Couturier, Bédard et Charrette, 2011). Néanmoins, ce type de recherche demeure secondaire et poursuit un but précis. En se fondant sur une position critique étayée et articulée, elle met en cause soit la démarche, soit le cadre théorique, soit la rigueur des résultats obtenus et publiés antérieurement par d'autres chercheurs. La réalisation de recherches duplicatives en sciences humaines concourt souvent à relativiser l'universalité de certains modèles théoriques, ou encore le sérieux des fondements de théories ou de modèles qui sont adoptés comme s'il s'agissait d'évidences ou de vérités dans la documentation scientifique.

La recherche duplicative répond, elle aussi, à certains critères de rigueur, ce dont traitent Munafò, Nosek, Bishop, Button *et al.* (2017). Dans ce sens, la recherche duplicative, en rendant opératoire le critère de reproductibilité de toute démarche scientifique qui doit, à conditions égales, produire des résultats équivalents, est au cœur de l'activité de théorisation propre aux disciplines scientifiques (Hempel, 1952 ; Toulmin, 2003). La pertinence du sujet ne suffit pas, toutefois. Encore faut-il traiter l'objet de recherche non seulement de manière adéquate, mais aussi originale. Ainsi, pour savoir comment quelqu'un résout divers problèmes d'accord, on peut lui faire subir un test dans lequel il aura à expliquer à haute voix la solution qu'il donne à chaque cas, mais on peut aussi chercher une situation dans laquelle il exprimera ses connaissances sans se sentir en situation de test. C'est ce qu'on peut faire, par exemple, en laboratoire informatique, lorsqu'on demande à des gens de réagir par écrit aux informations grammaticales que donne le correcteur-grammaire du logiciel Word (voir le chapitre 5).

Une recherche pertinente et originale doit en outre être poursuivie de façon rigoureuse, c'est-à-dire de manière exacte et progressive. Ce sont là des caractéristiques fondamentales de la démarche et de l'argumentation scientifiques. La rigueur de la démarche scientifique se vérifie dans la présentation de la méthodologie (voir le chapitre 5). Quant à la rigueur de l'argumentation scientifique, elle ressortit, nous l'avons vu, à l'exactitude de l'interprétation des textes cités: le chercheur a-t-il ou non compris le sens contextuel de l'extrait qu'il utilise[4]? Elle tient aussi à la progression du texte: les étapes sont-elles définies de manière précise et situées en séquences? Sait-on d'où part et où aboutit la recherche? Elle se rattache également à la cohérence de la démonstration, sachant qu'une démonstration est une preuve qui relève de la logique, d'une logique qui prend en compte les arguments adverses et qui débouche normalement sur des conclusions difficiles à contester. Il s'ensuit qu'un texte scientifique ne peut, même en éducation, se limiter à une suite, si bien organisée soit-elle, de commentaires sur des commentaires, comme cela ressort trop souvent à la lecture de thèses et d'articles consécutifs à des recherches de terrain. En bref, sans ce petit plus que donnent à la recherche les analyses et le traitement statistique de données[5], il y a problème.

En outre, il revient au chercheur de mettre en valeur et en évidence dans son texte l'originalité de sa recherche. Il lui incombe aussi, en particulier dans les chapitres consacrés à la problématique et au cadre théorique, de formuler une argumentation qui va cheminer à partir de «considérations» générales vers un objet précis de recherche. Dans ces chapitres ou sections, s'il s'agit d'un article, l'auteur appuie généralement sa réflexion sur des recherches qui ont déjà eu cours dans le même domaine ou dans des domaines connexes, ce qui lui permet d'exposer ce qui a déjà été accompli et de délimiter pour lui-même un objet propre de recherche. Il doit aussi être conscient que l'apport de sa recherche repose d'abord sur sa capacité de mise en cause de certaines avancées, même si celles-ci paraissent relever du sens commun. S'il n'y arrive pas, il y a problème.

---

4. Ainsi, la phrase «La mort engendre la vie» n'a pas le même sens si elle est prononcée par un botaniste ou par un dictateur.

5. Pour un exemple récent, voir les 6e et 7e chapitres de la thèse d'Emmanuel Bernet (2010).

Intervient alors un usage judicieux des sources ou documents de référence ; il prend la forme soit de rappels, soit de citations[6]. Le recours judicieux aux sources nombreuses, pertinentes et variées montre l'étendue de la connaissance que l'étudiant ou le chercheur a de son domaine de recherche ; il révèle aussi sa capacité de faire appel à des apports de diverses provenances dans l'exposé, puis dans l'analyse et la résolution du problème à l'étude. L'utilisation des sources doit être réelle et servir à faire progresser l'exposé sur les plans historique et argumentatif, par exemple :

> Plusieurs s'insurgent parce qu'au nom du progrès, de plus en plus de cours virtuels sont proposés aux étudiants universitaires. [...] L'opinion des experts paraît partagée. Plusieurs (Schutte, 1999 ; Haughey et Anderson, 1999 ; Thurston, Cauble et Dinkel, 1998) ont montré qu'un étudiant apprenait plus grâce aux TIC et aux cours en ligne qu'en face à face dans une salle de classe « normale ». Pour d'autres (Russell, 1999 ; Wisher et Priest, 1998 ; Clark, 1994), il n'existe pas de différence notable sur le plan de l'apprentissage (Karsenti, 1999a).

Autrement dit, les sources sont des instruments qui viennent alimenter et faire cheminer la réflexion ; il en résulte que l'étudiant ou le chercheur doit y recourir non seulement pour soutenir le point de vue qu'il entend développer, mais également pour s'y opposer, pour contre-argumenter, car souvent c'est de la contre-argumentation qu'émergent les idées nouvelles. Encore une fois, c'est un vrai problème s'il n'y parvient pas.

Voici un exemple. Il concerne la lecture critique d'un rapport de recherche pour lequel les études mentionnées dans l'exposé de la problématique faisaient référence au domaine de l'intervention précoce auprès des populations enfantines dites « à risque », populations provenant de communautés culturelles, défavorisées sur le plan socioéconomique. Outre que la problématique ne traitait pas particulièrement du concept de facteurs de risque ou de protection en relation avec la défavorisation, les trois articles majeurs sur lesquels s'appuyaient les auteurs remontaient à 1995-1996. Dans les trois cas, les chercheurs, dont les résultats étaient cités en référence, avaient en 1998-1999 publié des articles qui relativisaient leurs conclusions précédentes ou les infirmaient en partie. Ce choix d'articles, qui « arrange les chercheurs », ainsi que la sélection arbitraire de textes sans tenir compte de l'état réel

---

6. Un rappel consiste à reformuler en ses propres termes la pensée d'un auteur, tandis qu'une citation est la reproduction d'un extrait de texte. Ce passage cité doit être placé entre guillemets – au moyen de guillemets français dits chevrons (« ») – et suivi de sa référence précise.

d'avancement de la connaissance dans un domaine amenuisent dangereusement la crédibilité des résultats présentés dans un rapport de recherche ou dans toute autre forme de publication.

Quant au contenu proprement dit du texte à diffuser, il doit être porteur, en chacune de ses sections, des éléments qui caractérisent le type de la recherche menée. Nous ne revenons pas ici sur ces points qui ont été traités sous divers aspects du sixième au neuvième chapitre du présent ouvrage et qui influent directement sur l'exposé de la problématique, du cadre conceptuel et de la méthodologie ainsi que sur la présentation et la discussion des résultats.

Il faut aussi s'efforcer de juger de la vraisemblance ou de l'exactitude du texte qui expose les résultats d'une recherche scientifique ou qui en vulgarise le contenu. L'exemple suivant, qui se rapporte à l'enseignement du français (Roy, 2001), illustre ce propos:

> Ces dernières années, dans une revue de vulgarisation destinée aux enseignants de français et publiée au Québec, sont parus quelques textes portant sur l'obligation de faire suivre d'un complément le verbe *aller*, comme dans la phrase « Lise va à Québec ». On argumentait en vue de déterminer si le syntagme « à Québec » est un complément obligatoire ou facultatif… La conclusion fut que, sans un tel complément, la phrase devenait asyntaxique. D'évidence, une telle conclusion ne résiste pas à l'analyse. En effet, le verbe *aller* s'emploie sans complément, comme dans la phrase « Seul dans la vie, il va et vient, mais personne ne se moque de lui » et ainsi que l'a fait Corneille dans *Horace* avec son « Va, cours, vole et nous venge ! » et que l'ont confirmé Goscinny et Uderzo dans *Astérix et Cléopâtre* avec l'adage « Quand l'appétit va, tout va ». Dans la vie courante, il arrive souvent qu'on dise à quelqu'un « Est-ce que ça va ? » et qu'il réponde « Oui, ça va » (adapté de Roy, 2001, p. 408)[7].

Voilà ce qui incite à la prudence et qui rappelle que l'argumentation scientifique doit examiner le pour et le contre et prendre en compte l'ensemble des points de vue, alors qu'une argumentation faible ignore le point de vue adverse.

Sur le plan discursif

Le plan discursif a trait à l'organisation proprement dite du texte et à la compréhensibilité qui en découle. D'entrée de jeu, il faut le mentionner, bien des écrits scientifiques se caractérisent par le tandem concision et

---

7. Autre exemple de manque de rigueur, celui qu'analyse Roy (2001) lorsqu'il relève une suite d'erreurs contenues dans un exemple de traitement « didactique » publié sous la plume d'une universitaire dans *Québec français*, une revue professionnelle destinée aux enseignants.

cohérence. Ces qualités – économie oblige – doivent se manifester tout au long d'un texte qui est destiné à la publication, en particulier s'il s'agit d'un article scientifique ou d'un texte de vulgarisation.

Dès la première page, l'évaluateur, qui est un lecteur averti, peut déterminer si le texte soumis à son appréciation est une communication cohérente. C'est par l'introduction qu'il perçoit si l'auteur sait aborder un sujet et s'il saura le traiter. En effet, en quelques paragraphes, une introduction pertinente réussit à définir clairement le sujet et à présenter les objectifs de la recherche que vise l'article ou l'ouvrage. Pour plus de clarté encore, elle se termine par l'annonce sommaire mais ordonnée du plan du texte. Cette amorce permet immédiatement au lecteur d'expérience de s'assurer, par le repérage des titres et des sous-titres, que le texte suit le plan prévu. En un mot, le parcours suivi correspond-il au plan indiqué? Ou, inversement, le plan indiqué est-il suivi? Sinon, il y a problème.

Le texte d'une problématique ou celui d'un cadre théorique, par exemple, diffère de celui qui convient à l'analyse des résultats. En effet, une problématique est formulée davantage sur un fond de postulat ou d'hypothèse que sur un fond d'affirmation; les idées et les opinions qui tracent les avenues éventuelles de la recherche y gagnent à être exprimées au conditionnel (*pourrait, conduirait*, etc.) et en termes de possibilité; la comparaison des idées fait appel à des marqueurs de relation tels que *toutefois, cependant, en revanche, par ailleurs*, etc. Le texte doit ouvrir la voie à la recherche et non, comme il arrive trop souvent chez les chercheurs débutants, fermer la recherche par un cumul prématuré de *donc*.

L'exposé de la méthodologie, en revanche, adopte un ton neutre, descriptif. À titre illustratif, qu'on traite de recherche quantitative ou qualitative, qu'on recoure aux méthodes mixtes[8], les diverses sections s'agencent en une séquence presque classique qui inclut la délimitation de l'échantillon, la description des instruments de mesure, la présentation du protocole de recueil de données, l'indication des modes de compilation des résultats et l'énumération des tests statistiques ou des modes d'analyse de contenu du discours oral ou écrit qui serviront à leur interprétation. Mais attention! Tous les éléments méthodologiques

---

8. Pour une introduction aux méthodes mixtes, se référer à Tashakkori, A. et C. Teddlie (2010).

nécessaires doivent être explicités et leur utilisation doit être justifiée, sinon le texte risque de ne pas être accepté pour publication. Car comment un évaluateur pourrait-il croire qu'une méthodologie ou une méthode déficiente puisse engendrer des résultats crédibles?

Quant à la présentation des résultats, elle suit également un ton neutre, mais cette neutralité va tout de même au-delà de la simple description. Le texte doit rendre compte des résultats. Pour les recherches quantitatives, il le fait en réunissant en tableaux les données chiffrées et, pour les recherches qualitatives, en rappelant les verbalisations ou les propos émis par les sujets qui ont pris part à la recherche. Mais ici, il faut essayer de dépasser l'étalage des données et des propos pour atteindre un certain niveau de conceptualisation; autrement dit, il faut extraire le «sot-l'y-laisse» – qu'on nous permette cette métaphore empruntée au domaine culinaire –, c'est-à-dire le sens ou les idées maîtresses que recèlent les données figurant dans les tableaux. À défaut d'y arriver, les données demeurent de simples nombres et les verbalisations, du pur verbiage.

C'est par la conceptualisation que la recherche, et partant le texte de recherche, atteint en quelque sorte sa dernière phase, celle de la discussion des résultats. Ici, le discours argumentatif ressurgit. Les résultats obtenus sont comparés avec ceux d'autres recherches, ce qui oblige normalement à revenir aux textes désignés lors du travail de problématisation et de construction du cadre théorique. Le ton argumentatif sied aussi pour prouver l'atteinte des objectifs ou la validation des hypothèses de recherche, selon le cas. C'est l'aboutissement de la recherche; c'est l'étape des conclusions, que manifeste notamment l'emploi de marqueurs de relation tels que *donc, en conséquence, en définitive*, etc. Ce moment de synthèse permet de faire valoir les résultats obtenus et de montrer en quoi ils se distinguent de ceux d'autres études; il doit aussi servir à rappeler les limites mêmes de la recherche et à laisser entrevoir de nouvelles perspectives.

Sur le plan formel

Le plan formel a trait à la manière de dire. Celle-ci doit être nuancée et adaptée à chaque partie du texte. Nuancée, parce qu'en recherche en éducation, tout est loin d'être tout noir ou tout blanc. Adaptée, parce que le langage employé diffère d'une partie à l'autre, ainsi que nous l'avons vu dans la section précédente. Le langage varie aussi selon le type de recherche (voir les chapitres 6 à 9) et selon le public cible, car un texte de vulgarisation recourt souvent à un vocabulaire plus accessible, laisse de côté un certain nombre d'éléments pointus et se consacre davantage à l'essentiel.

Le texte de vulgarisation se distingue notamment par sa relative brièveté : les revues professionnelles, dont *Québec français* et *Vie pédagogique*, s'en tiennent habituellement à des textes d'environ trois pages en format d'édition alors que, dans les revues scientifiques, telles que la *Revue des sciences de l'éducation* et la revue *Recherche et formation*, la longueur des textes excède généralement 20 pages. De plus en plus de revues scientifiques, surtout lorsque l'édition se fait en format électronique, exigent que les manuscrits ne dépassent pas 7 500 signes, soit approximativement 15 pages tout inclus. Même s'il peut paraître superflu de le rappeler, il convient de noter, en passant, que le texte de vulgarisation se nourrit du texte ou de la recherche scientifique.

Le plan formel rejoint aussi les aspects proprement techniques de l'expression, ceux qui, d'une certaine manière, étaient l'argumentation et contribuent à la clarté de l'écriture. Il s'agit, par exemple, de l'utilisation correcte et variée des connecteurs logiques : les marqueurs *parce que, car, étant donné que, comme,* etc., peuvent servir à exprimer une cause, alors que les marqueurs *bien que, quoique, même si,* etc., permettent d'indiquer une concession. Il faut également surveiller l'usage qu'on fait de certains marqueurs chronologiques (*d'abord, puis, ensuite, enfin*) ou d'étapes (*premièrement, deuxièmement, troisièmement,* etc.) ; il faut éviter de mêler les deux en plaçant, par exemple, les termes *d'abord* et *deuxièmement* sur la même trajectoire de présentation.

La clarté d'un texte ressortit également à sa mise en pages même, au respect des normes de publication et à leur prise en compte selon le support de diffusion utilisé et selon le public cible. La composition du texte comporte habituellement autant de sous-titres qu'il y a de sections annoncées à la fin de l'introduction (voir *supra*). Il peut y avoir des sous-sections (jamais moins de deux par section : 1., 1.1, 1.2, 2., 2.1, 2.2, etc.) et, partant, des sous-sous-titres. Toutefois, trop de subdivisions embrouille plutôt que d'éclairer. Par ailleurs, il est préférable, aux fins de la régularité et de l'économie d'espace, d'indiquer les subdivisions par des chiffres.

Dans la mise en pages d'un texte ou d'un document, qu'il soit destiné à une publication papier ou à une diffusion par voie électronique, symétrie et simplicité font toujours bonne figure. Lorsque le texte est diffusé sur support papier, ces qualités facilitent l'appropriation du contenu par le lecteur. Quand il s'agit d'un logiciel, ces qualités s'appellent ergonomie et convivialité. Par exemple, un logiciel ergonomique offre une présentation-écran qui facilite le travail et l'organisation du travail. Un tutoriel convivial se distingue par sa facilité d'emploi et d'accès ; sa structure est aisée à comprendre, quel que soit l'usager, ou presque. En définitive, la diffusion cible des lecteurs, des consommateurs de logiciels, etc. Si la mise en pages ou la mise en toile ne convient pas aux utilisateurs ou ne les atteint pas, le travail de l'auteur reste lettre morte.

De là l'importance de vérifier soi-même et de faire vérifier par un évaluateur externe tout texte ou tout document qu'on destine à la publication. Cette précaution permet habituellement d'améliorer le produit à diffuser, d'obtenir une meilleure appréciation lors de l'arbitrage officiel et, en fin de compte, de gagner du temps.

Quelques pièges à éviter

Quand on vient de mettre le point final à la rédaction d'un texte, qu'il s'agisse d'un essai, d'un mémoire ou d'une thèse, il serait erroné de croire que la tâche est terminée. Au contraire, débute alors une révision minutieuse du texte en vue de le rendre publiable. En effet, après la rédaction vient la préparation à la diffusion. Celle-ci inclut un travail de synthèse et d'adaptation du texte aux exigences de la revue à laquelle il sera acheminé.

À cette fin, la consultation de spécialistes, l'un du domaine et l'autre de la langue, se révèle une précaution indispensable à l'amélioration du document : le spécialiste du domaine analyse le texte sur le plan heuristique, alors que le spécialiste de la langue critique le style, la syntaxe, le vocabulaire, etc. Mais ici, attention ! Il faut se méfier des béni-oui-oui, de ces gens qui ne tarissent pas d'éloges à l'endroit du texte, car, à cette étape, à moins d'être soi-même LE spécialiste, ce qu'on doit rechercher, ce sont des critiques et des observations susceptibles de permettre l'amélioration du texte. Les félicitations viendront en temps et lieu, après la publication.

Sur le plan heuristique

L'essentiel d'un texte destiné à la diffusion, qu'il soit scientifique ou de vulgarisation, c'est son contenu. Ce contenu doit être d'une profondeur certaine; mais étant donné qu'il faut tenir compte du public cible, l'auteur doit éviter de traiter le sujet de manière trop superficielle ou de façon trop chargée. Il est par ailleurs important de faire une utilisation judicieuse des références (voir *supra*), ce qui comporte plusieurs difficultés. Examinons brièvement ces deux points.

Le traitement du contenu – Aujourd'hui, la course à la publication amène trop souvent des auteurs, jeunes et moins jeunes, à surgénéraliser de maigres résultats de recherche ou à traiter de façon rapide et superficielle, en les sous-exploitant, des bases de données qualitatives ou quantitatives. Trop fréquemment, la pression à la publication à tout prix incite à répartir dans plusieurs articles le raisonnement et les résultats d'une même recherche (Stoker, 1996; Kampourakis, 2016). Cette pratique à laquelle s'adonnent maintenant les jeunes auteurs, contraints à se monter un *curriculum vitæ* respectable, semble vouloir se généraliser dans nos contrées, même si la presse scientifique anglo-saxonne, elle, la dénonce depuis quelques années. Cette pratique débouche sur un traitement superficiel ou sur une quasi-absence du contenu, qu'il soit d'ordre théorique ou empirique; elle est une des causes principales du refus de manuscrits par les arbitres que retiennent les revues scientifiques ou les maisons d'édition savante.

Dans cet ordre d'idées, l'aménagement du discours théorique, des résultats ou encore du traitement de l'information présentée en fonction de ce qui semble généralement admis ou en vogue sur le plan méthodologique représente également une source importante de faiblesse ou d'incohérence dans les textes. L'adaptation de la production scientifique aux normes ou aux priorités des décideurs politiques ou «académiques» entraîne l'intégration d'amateurs dans divers domaines de recherche ou d'expertise (Boylan, 1993) ou encore dans l'adaptation de ces recherches à des fins d'enseignement-apprentissage. Cette adaptation se manifeste par une surenchère de termes à la mode et par un appauvrissement des nuances et des relations; elle masque souvent une faiblesse d'ordre théorique et méthodologique qui entache tout autant les exposés longs, tels les rapports de recherche ou les thèses, que ceux de moindre envergure, dont les articles et les chapitres de livres (Feuer, Towne et Shavelson, 2002). Cet attrait pour la rectitude politique n'altère pas seulement le discours scientifique à l'écrit, il rejoint aussi le discours de sens commun (Golder, 1998).

L'utilisation des références – L'emploi abusif de références désuètes est souvent considéré comme un indicateur de méconnaissance ou «d'amateurisme» de l'auteur au regard du sujet traité. En revanche, il doit conserver, et non bannir, la référence éclairée aux auteurs qui ont construit les fondements d'un univers théorique. Pour l'exprimer d'une autre façon, l'usage de références relativement anciennes, autrement que pour tracer le cheminement de la réflexion scientifique dans un domaine, est souvent indicateur d'une méconnaissance du domaine de recherche, voire d'une incompétence par rapport à l'objet de l'étude. Il en va de même du suremploi d'un nombre limité d'auteurs auxquels on se réfère constamment, à moins que le texte ne traite d'une étude réplicative.

Un dernier mot, concernant la pertinence des références. Il importe que le texte à publier témoigne des derniers développements survenus dans le domaine et que l'auteur s'appuie sur les dernières parutions relatives à son objet de recherche. Il ne s'ensuit pas que les écrits récents ont nécessairement plus de poids que les textes anciens. Non, chaque fois, il est nécessaire de juger de la valeur de la source. Qu'on nous permette de faire part du cas d'un étudiant de deuxième cycle qui était tout fier d'avoir déniché une référence récente traitant de la faible maîtrise des accords grammaticaux chez les étudiants de collège. Dans le travail de cet étudiant, la même source revenait constamment; les extraits cités avaient à ce point un petit air de déjà lu qu'on a fini par demander des précisions sur cette nouvelle source. Et cet étudiant de répondre qu'il s'agissait d'un travail de maîtrise fait par un autre étudiant. L'examen de plusieurs extraits a montré que cette source était peu fiable, car l'apprenti chercheur se limitait généralement à paraphraser des textes produits par des chercheurs chevronnés: il ne dominait pas son sujet. En un mot, il y a source et source: certaines sont plus crédibles que d'autres et, en ce domaine, la pertinence prévaut sur la nouveauté, mais ni l'une ni l'autre n'ont préséance sur le bon sens.

Il convient ici de traiter brièvement des dérives que favorise l'accès à la documentation scientifique sur support électronique et qu'il importe d'éviter, notamment chez les auteurs novices. La première de ces dérives consiste à «copier-coller» des segments intégraux de documents électroniques en les présentant ou non en tant que références plutôt que comme citations directes. Cette pratique avoisine certaines formes de plagiat en forte croissance dans le monde estudiantin universitaire, comme en fait foi le rapport de Bergadaà, Dell'Ambrogio, Falquet,

McAdam, Peraya et Scariati (2008). Loin de se restreindre aux étudiants de premier cycle, elle gagne de plus en plus d'adeptes parmi les candidats à la maîtrise et au doctorat, donc les futurs ou les jeunes chercheurs. Comme les évaluateurs experts ne sont pas toujours dupes, une quantité croissante de manuscrits est retournée aux auteurs de cette espèce, qui se voient alors pris au dépourvu.

La seconde dérive découle de la nature pléthorique de l'information accessible sur support électronique. Ainsi, sans compter le millier de revues en éducation accessibles sur Internet dans les bibliothèques universitaires québécoises, que dire de la masse d'articles consultables par recherche booléenne dans les bases de données informatisées en sciences humaines et sociales, par exemple ERIC, Current Contents ou EBSCO[9] ? L'accès à un nombre quasi infini de résumés (*abstracts*) encourage la surenchère de références, souvent inexactes, ce qui donne au lecteur l'illusion que l'auteur a exploré de façon optimale la documentation scientifique portant sur un objet.

La pratique consistant à accumuler une quantité impressionnante de références dans un document scientifique porte le nom de *name-dropping*[10] ou « nommagite » en français. L'abus de références citées, surtout lorsqu'il est évident que les documents mentionnés n'ont pas été lus ou compris par l'auteur, se révèle improductif ; le texte et son auteur en perdent toute crédibilité. Cet abus de références se double souvent d'un mésusage du contenu des textes cités, ce que confirme, presque chaque fois, le libellé inadéquat de la référence. Les comités scientifiques, les arbitres et, plus généralement, les pairs ou les experts y voient la preuve d'une maîtrise insuffisante de l'état de la connaissance scientifique dans le domaine exploré (Butchart, 1997 ; Kotiaho, Tomkins et Simmons, 1999). Enfin, ajoutons que l'énumération ou l'étalage d'un grand nombre d'auteurs en relation avec une idée témoigne fréquemment d'une absence de nuances dans la pensée et nuit habituellement à la progression de l'argumentation, qui ne peut alors tenir compte des nuances apportées par chaque auteur.

---

9. Voir : < http://ebscohost. com/>.

10. Aux États-Unis, cette pratique s'est développée à la faveur des systèmes de pondération quantitative (*cote*) des auteurs, destinés à fournir des critères et des indicateurs d'accès à la permanence d'emploi (*tenure*) en milieu universitaire. Ainsi, plus un auteur est cité, meilleure s'en porte la cote de son institution et plus il accroît ses chances d'obtenir la permanence ou l'autonomie d'action (Gelman et Gibelman, 1999).

Sur le plan formel

La forme d'un texte destiné à la diffusion doit être impeccable non seulement en ce qui a trait à la manière de dire au service du cheminement de la pensée, mais aussi en ce qui concerne la présentation, c'est-à-dire les aspects externes et matériels.

L'expression de la pensée, l'argumentation, doit faire preuve de clarté conceptuelle et éviter les cheminements sinueux ou à tâtons. Il faut se méfier des phrases longues (cinq à dix lignes) dans lesquelles le raisonnement s'embourbe, car elles nuisent d'autant à la compréhension. Il faut prendre garde aussi aux paragraphes interminables : leur présence dénote bien souvent des déficiences dans l'organisation des idées, des lacunes dans la structuration du texte. Car s'exprimer clairement en de longues phrases et de longs paragraphes est un art qui n'est pas à la portée de tous.

Sur le plan de la mise en pages, tant dans les textes scientifiques que dans les textes de vulgarisation, une présentation aérée et parsemée de sous-titres permet de guider judicieusement les consommateurs de recherche pressés.

Signalons aussi que trop de textes publiés n'ont pas fait l'objet d'une révision linguistique soignée. Dans certains textes, même de niveau universitaire, pullulent les erreurs orthographiques, les fautes de syntaxe, les formulations nébuleuses, etc.

En voici quelques exemples (et leur correction).

- Erreurs de syntaxe relatives au régime verbal :
  - l'étudiant débute sa recherche → l'étudiant commence sa recherche,
  - le problème que les gens se plaignent, c'est l'hypermétropie → le problème dont les gens se plaignent, c'est l'hypermétropie ;

- Erreurs de vocabulaire :
  - pour « dix ans », on doit utiliser *décennie* et non *décade*,
  - pour « faire référence », on doit employer *se référer* ou *renvoyer* et non *référer* ;

- Syntaxe déficiente (ordre des mots dans la phrase) :

Phrase originale : « Plusieurs étudiants ont la conception erronée du chercheur qui observe une expérience de chimie, vêtu d'un tablier blanc, avec de petites lunettes, les cheveux grisonnants, le dos recourbé. »

Phrase modifiée : « Plusieurs étudiants ont du chercheur une conception erronée, celle de quelqu'un aux cheveux grisonnants et au dos
recourbé qui, vêtu d'un tablier blanc et muni de petites lunettes, observe
une expérience de chimie. »

Pour remédier à ces problèmes d'écriture, deux voies sont à privilégier. La première consiste à se former personnellement par la consultation d'ouvrages qui traitent des principales difficultés concernant la
qualité de la langue écrite, notamment l'utilisation du vocabulaire
(anglicismes, québécismes, etc.), les principaux problèmes d'ordre grammatical (accords, homophonie, syntaxe, etc.), les abréviations, etc[11].

Ce travail personnel d'amélioration du texte doit être suivi de la
consultation d'un ou de plusieurs spécialistes du français écrit. Chaque
lecteur averti jette, en effet, un regard particulier sur le texte soumis ; il
y décèle des points à perfectionner. Ainsi, trois réviseurs valent mieux
qu'un, car leurs observations se complètent habituellement. Tous ces
aménagements gagnent à être faits avant l'étape de l'arbitrage et de
l'envoi à une revue ou à un éditeur ; sans l'apport des réviseurs, le texte
soumis pour diffusion pourrait encourir le rejet ; dans un tel cas, il est
toujours bien difficile de remonter la pente.

□

---

11. Nous pensons ici à celui de Clas et Horguelin (1991, 3ᵉ édition), *Le français langue
des affaires*, à celui de Guilloton et Cajolet-Laganière (2001, 5ᵉ édition), *Le français au
bureau*, ou encore au *Multidictionnaire* de Marie-Éva de Villers (2015, 6ᵉ édition).

Conclusion

Voilà esquissés à grands traits quelques-uns des attributs dont la présence donne de la distinction à un écrit (livre, article, logiciel, etc.) et qui concourent à le rendre acceptable pour diffusion. Le terme *distinction* revêt ici une importance majeure, car plus de la moitié des documents soumis à des fins de publication sont rejetés, et ce taux de rejet avoisine même les 80 % dans le cas de certaines revues scientifiques. Seuls percent et accèdent à la publication les dossiers qui se distinguent.

Cette distinction d'un document, avons-nous dit, tient à plusieurs caractéristiques. Parmi celles-ci, on relève l'adaptation au public cible, qui se manifeste par l'adaptation du ton, du vocabulaire, de la manière de dire et de la longueur. En ce sens, il arrive souvent qu'un texte scientifique soit refusé par une revue professionnelle et qu'un texte de vulgarisation soit jugé trop faible par les arbitres et le comité de rédaction d'une revue scientifique. De là, pour chaque auteur, l'importance d'examiner, avant même de commencer le travail de rédaction, le type d'écrits ou de documents que diffuse la revue ou la maison d'édition.

En revanche, quels que soient le diffuseur et la forme de publication, la convenance de l'exposé est toujours de mise. En ce qui a trait à la production de documents préparés pour l'obtention d'un grade universitaire, dont les essais, les mémoires et les thèses, cette qualité prend des visages différents selon les sections du texte ; l'utilisation judicieuse des sources, le ton, les marqueurs de relations, etc., varient également selon la section. Dans chaque cas, ces moyens sont au service de l'argumentation ; ils en soutiennent la rigueur et la progression, car ils permettent de faire émerger les divers aspects, complémentaires ou opposés, qui assurent un traitement entier du sujet ou un traitement à tout le moins suffisant.

Cette convenance exigée de tous les types d'écrits s'applique également sur le plan formel. Ici, aucun prétexte ne tient. Un texte, qu'il soit scientifique ou de vulgarisation, doit répondre à certaines exigences relatives à sa structure interne. Tout étudiant-chercheur ou tout chercheur devrait savoir qu'un texte commence par une introduction et se termine par une conclusion, et qu'entre ces extrêmes se situe l'essentiel du texte. En recherche scientifique, ce cœur du texte compte plusieurs phases : il va de l'exposé d'un problème à la discussion des résultats de la recherche en passant par l'articulation des concepts, l'exposé méthodologique et la présentation des résultats. Après chaque section ou vers la fin de chaque section prend place un petit paragraphe, ou une phrase ou un terme qui assure la transition. Sans ce lien, et s'il manque ne serait-ce qu'une partie, le document est habituellement jugé boiteux, mal agencé : il sera alors plus difficile de le faire accepter pour publication.

La conformité aux attentes du public cible et des diffuseurs se manifeste enfin dans la qualité de la langue. Peut-on blâmer les gens de vouloir comprendre ce qu'ils lisent ? Certes non ! Pour les satisfaire et sans entacher la valeur scientifique, l'expression ou la manière de dire doit être à la fois simple (phrases plutôt courtes) et variée sur le plan syntaxique. Les paragraphes démesurément étendus et les phrases trop longues, surtout si elles sont enchevêtrées, créent de la confusion et donnent du texte une vision négative. À l'inverse, un texte dont il est facile de suivre le déroulement, dont les parties s'emboîtent harmonieusement, dont l'expression soignée concourt à l'articulation rigoureuse d'un contenu novateur, etc., un tel texte conquiert l'approbation générale et est accepté pour publication.

Activités d'appropriation

1. Dans un tableau à double entrée, décrivez les principales caractéristiques d'un texte scientifique, tels un mémoire ou un rapport de recherche, en indiquant pour chacune des parties mentionnées les particularités concernant le type de discours, les qualités linguistiques et les pièges à éviter. Choisissez un texte d'une revue professionnelle et analysez-le en vous référant aux caractéristiques d'un bon article énumérées dans le présent chapitre.

PARTIES	TYPES DE DISCOURS	QUALITÉS LINGUISTIQUES	PIÈGES À ÉVITER
Introduction			
Problématique			
Méthodologie			
Résultats			
Discussion			
Conclusion			

2. Comparez les résumés de chacun des chapitres du présent ouvrage. À cette fin, placez en ordonnée les chapitres et en abscisse les éléments de contenu. Discutez ensuite de leur convenance et de leur pertinence, puis classez-les en ordre décroissant de qualité.

3. Dans le tableau 11.1 de ce chapitre, vous trouverez les noms de plus de cinquante revues relatives au champ de l'éducation.

4. Parmi ces revues, choisissez-en quatre, deux scientifiques et deux professionnelles, qui se rapportent à votre champ d'études.

5. Comparez d'abord les deux revues scientifiques de votre choix, puis faites de même pour les deux revues professionnelles.

6. Comparez ensuite une revue scientifique avec une revue professionnelle.

7. Les directives de publication de la *Revue des sciences de l'éducation* indiquent ceci: « Le résumé d'un article doit définir l'objet et préciser les objectifs de l'article, la méthode utilisée et les résultats obtenus ou les conclusions dégagées. » En suivant ces directives, résumez deux articles de votre choix tirés de revues scientifiques.

Concepts importants

La définition de ces mots clés se trouve dans le glossaire.

- Actes de colloques ou de congrès
- Collectif ou ouvrage collectif
- Courrier électronique
- Didacticiel
- Essai
- Internet
- Livre
- Logiciel
- Mémoire
- Monographie
- Rapport de recherche
- Revue professionnelle
- Revue scientifique
- Thèse

Lectures complémentaires

American Psychological Association (2010). *Publication manual of the American Psychological Association* (6ᵉ édition), Washington (DC): APA. http://lumenjournals.com/wp-content/uploads/2017/08/APA6thEdition.pdf
Cette publication américaine expose les règles et critères de présentation des manuscrits qui constituent une norme quasi incontournable pour la majeure partie des revues et des maisons d'édition de textes scientifiques ou d'ouvrages savants, et ce, peu importe que la langue officielle de publication soit l'anglais, l'espagnol ou le français. L'édition de 2010, disponible en anglais seulement, inclut toute une série de conseils et de critères qui s'appliquent à l'art de la citation ou au mode de référence des sources électroniques. Un ouvrage dont la consultation se révèle indispensable.

Ministère du Multiculturalisme et de la Citoyenneté, Canada (1991). *Pour un style clair et simple*. Ottawa: Approvisionnements et services. Cet opuscule (62 pages), fort bien présenté et rédigé, offre au lecteur une série de conseils pratiques, notamment sur le plan de l'organisation des concepts ainsi que sur celui du style, clair et concis, que doit adopter un document présentant des résultats de recherche scientifique.

Couture, Y. (2017). *Normes bibliographiques. Adaptation française des normes de l'APA* (selon la 6ᵉ édition du *Publication Manual*, 2010). Montréal: Université du Québec, TÉLUQ.
http://benhur.teluq.uquebec.ca/~mcouture/apa/index.htm
Cette traduction réalisée par un collègue du réseau UQ présente l'avantage de faire état de façon simple et nuancée des modes de citation et de référencement des sources électroniques conformément aux bons usages.

Chapitre 14

Les technologies

Thierry Karsenti, Vassilis Komis, Christian Depover, Simon Collin et Julien Bugmann

Alors qu'au XXIe siècle le numérique devient presque indispensable pour entreprendre et mener à bien les recherches scientifiques, on constate que son usage n'est pas toujours bien ancré dans la recherche en sciences humaines en général et en sciences de l'éducation en particulier. Partant de ce constat, l'ambition de ce chapitre est de faire découvrir au chercheur l'éventail des possibilités qu'offre le numérique pour soutenir son travail, qu'il s'agisse de l'élaboration de la problématique, de la constitution du cadre théorique, du développement de l'approche méthodologique, de la collecte et de l'analyse des données, et même de la diffusion des résultats de la recherche. Ce chapitre vise donc à favoriser un usage plus intégré, plus stratégique et finalement plus efficace des outils numériques, afin de faciliter toutes les étapes de la recherche en sciences de l'éducation. Comment les usages du numérique influencent-ils les pratiques des chercheurs et le processus scientifique en sciences humaines ? Quels sont les apports et les limites de ces outils ? Comment les combiner aux différentes étapes de la recherche en sciences humaines pour en faire une utilisation pertinente et efficace ? Ce sont là certaines des questions qui seront abordées dans ce chapitre.

□

L'usage des technologies dans le processus de recherche en sciences de l'éducation remonte fort probablement à la fin des années 1940, quand le magnétophone à cassettes a commencé à être commercialisé, donc, utilisé pour enregistrer des entrevues. L'usage du magnétophone a permis un renouveau considérable des méthodes de collecte et d'analyse, cette dernière s'effectuant dès lors à même la transcription des propos des participants plutôt que par l'intermédiaire de notes prises par le chercheur durant l'entrevue (Gibbs, Friese et Mangabeira, 2002). Depuis, la place des technologies et l'influence du numérique n'ont fait qu'augmenter dans la recherche en sciences de l'éducation, en ce qui a trait non seulement à la collecte et à l'analyse de données, mais également à toutes les autres étapes du processus de recherche. En effet, les travaux de Phelps, Fisher et Ellis (2007) nous permettent d'avancer que les outils numériques accroissent l'efficience et l'efficacité globale de toutes les étapes du processus de recherche.

C'est dans le processus de recherche d'informations que cet effet serait particulièrement marqué (Gorga et Leresche, 2015). Il est dorénavant possible de faire davantage de recherche, avec un plus grand nombre de sujets, avec une analyse des données plus rigoureuse et objective, plus facilement, et à moindre coût ou à moindre effort.

À l'heure actuelle, ce mouvement exponentiel est étroitement lié à l'émergence du Web 2.0. À l'instar de ce qu'ont avancé Redecker (2009) et Siemens et Tittenberger dans le *Handbook of Emerging Technologies for Learning* (2009), nous entendons par «technologies émergentes» les toutes dernières technologies, qu'elles soient matérielles (ordinateurs portables de plus en plus puissants, compacts et peu chers, iPhones, iPads, etc.) ou virtuelles (réseaux sociaux comme Facebook, Twitter, blogues, signets sociaux comme Del.icio.us, baladodiffusion, vidéodiffusion comme YouTube, Dailymotion, etc.).

Des technologies établies aux technologies émergentes

Les technologies émergentes actuelles résultent de deux innovations interreliées: d'une part, l'apparition du Web 2.0 (O'Reilly, 2005), lequel consiste dans le passage d'un environnement unidirectionnel de diffusion de l'information à un environnement multidirectionnel et interactif de publication personnelle, de collaboration, de partage et de personnalisation de l'information (Cochrane, 2006); d'autre part, des progrès du numérique qui rendent l'information et la communication du Web 2.0 physiquement accessibles en tout temps et en tout lieu, aussi bien au moyen d'une tablette que d'un téléphone intelligent, d'un ordinateur portable et même maintenant d'une montre connectée. Le numérique recèle un fort potentiel de modification et de renouvellement des pratiques, sur le plan scientifique mais également économique, social et éducatif. On parle ainsi de «digital natives» (Prensky, 2001; McLester, 2007) pour marquer le rapport étroit qu'entretiennent les jeunes avec le numérique, et l'on évoque les changements qui en découlent sur l'apprentissage (Redecker, 2009) comme la réussite socioprofessionnelle (OCDE, 2004) avec, par exemple, la naissance de nouveaux lieux d'apprentissages tels que les fablabs (Nedjar-Guerre et

Gagnebien, 2015). Le présent chapitre vise à ouvrir la réflexion à ce sujet. Ainsi, « le numérique » tel que nous l'entendons ici comprend autant les « technologies établies » que les technologies émergentes.

Dans la mesure où les outils numériques transforment les pratiques scientifiques, leur utilisation doit s'accompagner d'une réflexion constante sur leurs apports, leurs limites et leurs répercussions sur la qualité de la recherche en sciences de l'éducation (voir Karsenti, Komis et Depover, 2009). Par ailleurs, les logiciels et applications étant de plus en plus nombreux et perfectionnés, ils impliquent de la part du chercheur en sciences humaines, tout comme de son collègue des sciences exactes, une combinaison réfléchie et un arrimage intelligent avec des outils numériques appropriés. C'est uniquement à ce prix que le numérique pourra contribuer à améliorer son travail scientifique. Néanmoins, bon nombre de chercheurs, faute de s'engager dans cette utilisation avec une réflexion sur l'apport de ces outils à leur travail de recherche, demeurent enfermés dans une conception limitative des possibilités qu'ils leur offrent. Certains hésitent encore, au xxie siècle, à dépasser le traitement de texte et le courriel. Quoique de plus en plus nécessaire pour entreprendre des recherches et les mener à terme, on constate que l'usage du numérique n'est pas toujours bien ancré dans la recherche en sciences humaines en général et en sciences de l'éducation en particulier. L'ambition de ce chapitre est d'amener le chercheur en sciences humaines à explorer les nombreuses possibilités qu'offre le numérique pour l'aider dans toutes les étapes de son travail, de l'élaboration de la problématique à la diffusion des résultats de recherche, en passant par la constitution du cadre théorique, le développement de l'approche méthodologique, la collecte et l'analyse des données. Ce chapitre vise donc à favoriser un usage plus intégré, plus stratégique et finalement plus efficace des outils technologiques pour faciliter la recherche en sciences de l'éducation. Comment les outils numériques influencent-ils les pratiques des chercheurs et le processus scientifique en sciences humaines ? Quels sont leurs apports et leurs limites ? Comment les combiner aux différentes étapes de la recherche en sciences humaines pour en faire une utilisation pertinente et efficace ? Ce sont là quelques exemples de questions auxquelles s'intéresse le présent chapitre. Évidemment, avec son introduction dans la quatrième édition de notre ouvrage, nous sommes également conscients que certains des outils ou liens décrits ici pourront devenir désuets dans quelques années, tandis que les innovations à venir n'auront pu, en revanche, trouver leur place dans la présente étude. Quoi qu'il en soit, il est impossible de faire autrement avec le numérique, qui évolue à toute vitesse. S'il fallait pour autant s'empêcher de traiter le sujet à un moment donné, aucune étude ne verrait jamais le jour sur la question.

L'exposé qui suit se divise en six parties. La première aborde les avantages transversaux du numérique dans la recherche en sciences de l'éducation. Les autres traitent de l'usage du numérique à chaque étape du processus de recherche. Ainsi, la deuxième partie porte sur son apport pour l'élaboration de la problématique et du cadre théorique. La troisième, pour sa part, s'attache à décrire la place du numérique dans la conception de la méthodologie. Les quatrième et cinquième parties sont consacrées respectivement à la collecte et à l'analyse des données par le numérique. Enfin, la sixième traite du rôle du numérique dans l'interprétation et la diffusion des résultats de recherche. Précisons que, le numérique s'appliquant à toutes les étapes du processus de recherche, ce chapitre se veut transversal. Autrement dit, il reprend les différentes étapes détaillées dans les autres chapitres du livre et montre l'intérêt du numérique à leur égard.

Les avantages transversaux du numérique

Le numérique présente plusieurs avantages transversaux pour la recherche en sciences humaines, notamment la gestion, la collaboration et la communication qui régulent et accompagnent tout processus de recherche.

En premier lieu, le numérique facilite, au moyen d'un grand nombre d'outils, la gestion des différentes étapes des projets de recherche en sciences de l'éducation. On entend par « logiciel ou application de gestion de projets » différents types d'outils logiciels destinés à faciliter le travail de gestion des projets. Leurs principales fonctionnalités consistent en l'automatisation des tâches de sauvegarde ou de gestion du temps, ce qui est particulièrement pertinent dans toute démarche scientifique. Ces logiciels permettent aussi de construire des diagrammes de Gantt pour échelonner sur l'axe du temps les diverses tâches à accomplir et représenter ainsi graphiquement l'avancement du projet. Parmi les plus populaires, citons le logiciel GanttProject[1], qui permet, sans être

---

1. http://www.ganttproject.biz/

connecté à Internet, de gérer des tâches à exécuter pour mener un ou plusieurs projets de recherche. OpenProject[2] est très répandu également, surtout grâce à son usage en ligne et ses fonctionnalités intégrées de planification, de gestion collaborative, de visualisation, etc. Les outils de management en ligne ne cessent de gagner du terrain dans la gestion des projets, comme le système Trello[3]. Ce système est inspiré par la méthode Kanban, qui organise un projet en planches listant des cartes, chaque carte représentant des tâches particulières. Ces cartes sont attribuables à des usagers et sont mobiles d'une planche à l'autre, présentant leur progrès. Signalons également des logiciels de partage de calendrier ou d'agenda, dont l'un des plus populaires est Doodle[4], offert gratuitement dans plusieurs langues, dont le français. Enfin, d'autres logiciels tels que Evernote[5] permettent d'organiser les tâches à effectuer par les membres d'une équipe, qui peuvent alors travailler de manière concertée et efficiente. Bien que la prise en mains des logiciels de gestion de projet demande parfois beaucoup de temps, leur aide peut s'avérer précieuse quand il s'agit de mener à terme des projets d'envergure qui mettent à contribution plusieurs chercheurs ou des équipes nombreuses.

Un autre avantage transversal des technologies pour améliorer la recherche en sciences humaines semble être la collaboration et la communication accrues qu'elles permettent et qui font de plus en plus partie intégrante du processus de recherche scientifique. En effet, comme l'indique Edyburn (1999), l'époque du chercheur isolé dans son atelier paraît aujourd'hui définitivement révolue. La recherche repose désormais le plus souvent sur des équipes de plus en plus interuniversitaires, interdisciplinaires et internationales. À cet égard, les TIC offrent aux chercheurs non seulement la possibilité de communiquer plus facilement, plus rapidement et plus fréquemment entre eux, en « maximisant la circulation de l'information et la collaboration » (Lepage, Sauvé, Plante et Renaud, 2015), mais également de consulter d'autres experts, voire d'établir une proximité avec leurs sujets de recherche. Même si le courriel demeure l'outil de communication le plus utilisé par les cher-

---

2. https://www.openproject.org/
3. https://trello.com/
4. http://www.doodle.com
5. https://evernote.com/intl/fr

cheurs, de nombreux autres outils leur permettent désormais d'interagir et de coordonner efficacement leurs actions au sein d'une recherche.

Par exemple, les fils RSS permettront à un chercheur ou à un laboratoire d'informer toute une communauté à partir des nouvelles ou des mises à jour diffusées sur un site Web. Tel est le cas du site Web du Centre de recherche interuniversitaire sur la formation et la profession enseignante (CRIFPE), qui propose à ses visiteurs divers fils RSS destinés à annoncer des nouvelles, des conférences, etc. Certains outils servent d'ailleurs à optimiser l'usage des fils RSS, comme c'est le cas de Feedly[6] qui, décliné en version Web ou en application mobile, permet d'effectuer une veille sur un tableau de bord personnalisable, ou encore du plus connu Netvibes[7]. Ce dernier est un des outils en ligne les plus efficaces pour gérer sa veille sur le Web et suivre plusieurs centaines de fils d'information simultanément.

Les blogues et sites personnels, pouvant être créés de plus en plus facilement, grâce notamment à des outils tels que WordPress[8], donnent aux chercheurs la possibilité de faire des appels à communication pour des numéros thématiques ou encore de communiquer sur leurs propres recherches et ainsi de se faire connaître du plus grand nombre. Par ailleurs, les forums demeurent toujours très populaires, surtout pour les grandes communautés de chercheurs-usagers. Ils permettent à une communauté d'individus d'échanger des idées ou des opinions autour d'une thématique, soit en direct soit en différé. Un forum de discussion permet à ses membres de lire les messages des autres membres et d'apporter leur contribution à la discussion. C'est par exemple le cas du forum sur l'utilisation du logiciel NVivo[9], qui compte plusieurs dizaines de milliers de messages. La messagerie instantanée évoluée, qui comporte de plus en plus souvent du texte, du son et de la vidéo, et que l'on peut consulter de façon synchrone ou asynchrone, est également un outil précieux pour le chercheur en sciences humaines. Signalons aussi la téléphonie IP, comme Skype[10], ou d'autres outils de visioconférence tels que Framatalk[11], lesquels facilitent non seulement la communica-

---

6. https://feedly.com/i/welcome
7. https://www.netvibes.com/fr
8. https://fr.wordpress.com/
9. https://forums.nvivobyqsr.com/
10. https://www.skype.com/fr/
11. https://framatalk.org/accueil/

tion entre chercheurs, mais aussi la réalisation d'entrevues et la collecte de données téléphoniques. Les groupes électroniques de discussion sont également fort populaires, comme c'est le cas du groupe sur l'actualité des TIC en éducation au Burkina Faso (TIC-EDUC-BF@dgroups.org), conçu à partir de la plateforme Dgroups[12].

Il existe enfin bien d'autres outils favorisant une collaboration et une communication accrues entre les chercheurs. Academia.edu permet par exemple à des chercheurs de partout dans le monde de s'afficher sur le Web en fonction de leur appartenance institutionnelle. Cet outil donne notamment la possibilité de se créer une page Web facile à actualiser et dont le contenu se trouve automatiquement indexé par Google (voir par exemple la page de Richard Price, de l'Université d'Oxford). Academia. edu[13], ResearchGate[14] ou encore SSRN[15] sont en quelque sorte des outils de réseautage semblables à Facebook pour les chercheurs universitaires. On peut y publier des travaux universitaires, communiquer avec d'autres sur divers événements scientifiques, mais aussi et surtout se construire un réseau de pairs en lien avec ses propres objets de recherche.

Enfin, il existe également le logiciel Publish or Perish[16] qui récupère et analyse les citations universitaires à partir de Google Scholar ou d'autres services de référence scientifiques, telles que Web of Science et Scopus. Il fournit des données telles que le nombre d'articles et de citations, l'H-index, les statistiques sur le nombre d'auteurs par article, etc.

Les éditeurs de documents partagés, dont le plus populaire est Google Docs[17], facilitent également la collaboration entre chercheurs. Ils permettent notamment d'écrire un document à plusieurs et de consulter, en ligne, la toute dernière version du document, en temps réel. D'une certaine façon, les éditeurs qui favorisent l'écriture à plusieurs, comme Microsoft Word avec ses fonctions de suivi et de correction, facilitent également la collaboration et la communication. L'écriture collaborative est ici renforcée et mise en valeur. Cela permet notamment à des chercheurs, du monde entier, de travailler au même moment sur un docu-

---

12. https://dgroups.org
13. www.academia.edu
14. https://www.researchgate.net/
15. https://www.ssrn.com/en/
16. https://harzing.com/resources/publish-or-perish
17. https://docs.google.com/

ment, et d'échanger, en direct, leurs avis, leurs intérêts et leurs sentiments par rapport à tel ou tel questionnement de recherche.

Avec la popularité grandissante de Wikipédia[18] (au 6e rang des sites les plus consultés dans le monde[19] en 2017), il n'est pas surprenant de constater que bon nombre de chercheurs en sciences humaines utilisent le wiki pour collaborer de façon plus efficace. Un wiki est un système de coproduction de contenu dont les pages sont accessibles en ligne et peuvent être modifiées par les visiteurs autorisés. Les wikis sont très utiles pour faciliter l'écriture collaborative de documents.

Les listes de diffusion sont également très populaires auprès des chercheurs. Elles permettent avant tout d'informer les pairs ou d'être informés par ces derniers. Citons par exemple la liste électronique de diffusion de l'Institut Français de l'Éducation (IFÉ[20]) , à laquelle sont abonnés de nombreux chercheurs de toute la francophonie. L'efficacité de ces listes peut être renforcée si elles sont appuyées par des forums de discussion.

Les pages Web forment aussi des outils de collaboration et de communication. Certains chercheurs opteront pour un site Web qui propose des interfaces simples à utiliser, alors que d'autres préféreront se créer de toutes pièces une page Web personnalisée. De plus en plus de chercheurs se sont constitué des portfolios électroniques, parfois pour diffuser leurs réalisations scientifiques, ou encore pour faciliter la communication dans certains projets de recherche. Les outils numériques ont également donné naissance à des communautés virtuelles de pratique. Il s'agit, en général, de groupes de personnes qui partagent un intérêt pour une thématique, habituellement d'ordre professionnel. La thématique est souvent plus vaste que celle d'un forum spécialisé et la visée de la communauté est formative. Tel est le cas de l'Association for the Advancement of Computing in Education[21], dont la communauté virtuelle regroupe plus de 15 000 membres. De manière plus structurée, la diffusion des activités scientifiques est aussi assurée par les portails d'associations et de communautés de chercheurs spécialisés dans divers domaines. Ces portails contiennent en général des ressources et des liens

---

18. https://fr.wikipedia.org/wiki/Wikipédia:Accueil_principal

19. https://www.journaldunet.com/media/publishers/1193352-infographie-les-10-sites-les-plus-visites-au-monde-selon-statista/

20. http://ife.ens-lyon.fr/vst/

21. http://www.aace.org

vers d'autres sites d'information et peuvent également jouer un rôle direct dans la diffusion de certaines revues scientifiques. Ils constituent ainsi des sources d'information qui portent sur les activités d'un domaine de recherche étendu au monde entier, avec une mise à jour quasi quotidienne. Le portail du CRIFPE en est un excellent exemple.

Outre ses avantages transversaux dans la gestion, la collaboration et la communication scientifique, le numérique peut soutenir les diverses étapes du processus de recherche. Les parties suivantes décrivent l'apport du numérique dans chaque étape.

L'élaboration de la problématique et du cadre théorique

L'élaboration d'une problématique de recherche consiste essentiellement à sélectionner et à mettre en ordre, selon une perspective déterminée, des éléments qui composeront la situation problématique et l'objet d'étude. Le cadre théorique, quant à lui, permet d'indiquer et de commenter l'approche théorique retenue pour traiter l'objet d'étude et interpréter les résultats obtenus. Dans les deux cas, il est nécessaire d'élaborer un compte rendu exhaustif de la littérature du domaine. De cette manière, on garantit d'un côté la validité de la problématique et, de l'autre, on s'assure de l'originalité des questions de recherche formulées dans le cadre de la problématique. Le premier apport du numérique à l'élaboration de la problématique et du cadre théorique consiste donc à faciliter la recherche documentaire, tant grâce à l'accessibilité qu'à la variété des sources que l'on peut consulter.

Étant donné que les documents sont de plus en plus souvent numérisés (il existe actuellement un peu plus de 10 000 revues scientifiques en ligne, et ce nombre ne cesse de s'accroître) et que les logiciels actuels de bases de données facilitent la gestion d'un grand nombre de documents, le recours au numérique constitue aujourd'hui un passage quasi obligé pour mener une recherche bibliographique relativement exhaustive et à jour dans un domaine déterminé. Selon Yves Citton (2015), le numérique « instaure de nouveaux modes d'archivage mais aussi, voire surtout, de lecture des sources », tout en permettant l'expression de « modes de travail » plus collaboratifs dans de « nouveaux lieux de production » tels que les « médialabs », proches des fablabs.

C'est pourquoi les bibliothèques des universités et des instituts de recherche s'orientent de plus en plus vers une informatisation partielle ou complète de leurs services et de leurs ressources. Citons l'excellent exemple des bibliothèques de l'Université de l'Ohio[22], qui proposent, outre un catalogue et un accès en ligne à leur base de données documentaires, l'assistance en ligne d'un bibliothécaire au moyen de clavardages, du logiciel Skype, de messages textes, etc. Il est ainsi possible pour tous les étudiants de cette université de bénéficier à distance d'un service de recherche documentaire équivalent à celui offert en présentiel.

Dans le même temps, les grands éditeurs de revues scientifiques favorisent de plus en plus la publication électronique. Ainsi, il arrive désormais fréquemment que la parution électronique d'une revue soit effectuée en parallèle, voire préalablement à sa publication sur papier. Outre le fait que l'informatisation des revues scientifiques offre un accès à distance à des publications scientifiques, elle diminue considérablement le délai qui sépare l'obtention des résultats de leur diffusion au sein de la communauté scientifique. Alors que certaines revues « papier » imposaient auparavant un délai de publication de deux, trois ou quatre ans, celui-ci a été, pour un grand nombre de revues électroniques, réduit à moins de six mois avec le numérique. En outre, il est à noter que de plus en plus de revues sont aujourd'hui uniquement distribuées sous format électronique. Par exemple, les revues scientifiques reconnues sur le plan international que sont Éducation et francophonie[23], *International Journal of Technologies in Higher Education*[24], ou encore la *Revista electrónica de investigación educativa*[25] sont accessibles exclusivement en ligne.

La recherche documentaire à l'aide des TIC peut s'opérer selon diverses modalités et dans des contextes très variés :

- Consultation de bases de données contenant des informations audio, vidéo ou iconiques (voir le site des archives de la BBC[26] ou encore de l'Institut national de l'audiovisuel (INA)[27] ;
- Consultation de bases de données informatisées à plein texte, qui mettent à disposition le contenu intégral des documents (voir la base de données Educational Resources Information Center ou

---

22. https://www.library.ohio.edu/
23. http://www.acelf.ca/c/revue/index.php
24. http://www.ritpu.org/
25. https://redie.uabc.mx/redie
26. http://www.bbc.co.uk/archive/
27. http://www.ina.fr/

ERIC[28], une des plus importantes bases informatisées en éducation);

- Consultation de bases de données statistiques (voir le site de Statistique Canada[29]);
- Consultation du catalogue des bibliothèques numériques dont se sont dotées la plupart des universités dans le monde (voir par exemple celle de l'Université de Montréal[30]);
- Consultation de listes de diffusion et de forums (voir les nombreux forums qui existent sur la recherche en éducation, comme celui de l'European Association for Research on Learning and Instruction ou EARLI[31]);
- Utilisation d'Internet, des moteurs de recherche (Google en est un exemple) et des systèmes conçus pour la recherche bibliographique;
- Visite des portails des associations et des communautés de chercheurs spécialisés dans divers domaines (voir le site de l'American Educational Research Association ou AERA[32]).

Malgré la facilité d'accès et la diversité des sources scientifiques accessibles au moyen des TIC, il n'en demeure pas moins que des problèmes de droit d'accès existent. En effet, les bénéfices considérables liés à la rapidité d'accès aux documents se voient souvent limités par les politiques restrictives mises en œuvre par les grands éditeurs de revues scientifiques, qui imposent des tarifications coûteuses pour l'accès à des résultats de recherches qui sont considérés par d'aucuns comme des biens collectifs.

Les bibliothèques numériques font partie des ressources utiles au chercheur en sciences humaines. Elles donnent accès, en ligne, aux informations bibliographiques dont elles disposent (catalogues des livres et des revues consultables). De plus en plus souvent, elles permettent également la consultation libre (pour les abonnés ou les membres) à distance de revues scientifiques et de divers documents tels que des actes de colloques, des rapports gouvernementaux ou encore des fichiers d'images, de sons et de vidéos.

---

28. http://www.eric.ed.gov
29. http://www.statcan.gc.ca/start-debut-fra.html
30. http://www.bib.umontreal.ca
31. http://www.earli.org
32. http://www.aera.net/

Les bibliothèques numériques forment ainsi des portails électroniques de distribution de l'information et de la documentation beaucoup plus souples et plus efficaces que les services offerts par les bibliothèques classiques. La recherche dans des bases de données informatiques documentaires à plein texte (qui mettent à disposition le texte complet des documents) est une pratique de plus en plus courante de diffusion de la documentation scientifique. Il existe plusieurs exemples de ce type de bases de données. Parmi les plus utilisées en éducation, ERIC est une base de données à la fois de références bibliographiques et à plein texte. Cette base, la plus importante du monde en sciences humaines, contient un très grand nombre de résumés d'articles scientifiques et de documents (des rapports de recherche, des thèses, des plans de cours) concernant les sciences humaines, et plus particulièrement le champ de l'éducation. En plus d'être mis à jour de façon hebdomadaire, les documents qui y sont recensés remontent à 1966, couvrant ainsi une grande partie de la recherche effectuée dans le domaine de l'éducation. ERIC est un système national d'information subventionné par le gouvernement américain qui fournit, par ses 16 foyers thématiques ainsi que ses outils de diffusion connexes et ses composantes de soutien, une grande variété de services et produits ayant trait à un large éventail de questions relatives aux différents aspects de la recherche en éducation.

Parmi les autres bases de données à plein texte les plus populaires en éducation, on trouve par exemple JSTOR[33] ou encore Scopus[34]. Cette dernière permet de faire des recherches, à même une interface Web, dans une vaste collection de publications et d'afficher les statistiques complètes de telles ou telles tendances de publication, ce qui peut s'avérer particulièrement pertinent dans le cadre d'une recherche scientifique.

Mentionnons la popularité inégalée de Google Scholar, une base de données qui est aussi un moteur de recherche[35]. Elle va de pair avec la base de données Google Livres (Google Books en anglais)[36], qui permet de consulter des sections entières d'ouvrages scientifiques, toutes numérisées et accessibles en ligne. Google Scholar facilite grandement la recherche des travaux universitaires portant sur des domaines très

---

33. http://www.jstor.org/action/showAdvancedSearch
34. https://www.scopus.com/
35. https://scholar.google.fr/
36. https://books.google.fr/

variés. Le chercheur en sciences humaines peut donc, à partir d'un point d'accès unique, explorer un grand nombre de domaines et de sources : articles revus par des comités de lecture, thèses, livres, résumés, etc. Comme l'indique Google Scholar, les travaux peuvent provenir de sources telles que des éditeurs scientifiques, des sociétés savantes, des référentiels de prépublication, des universités et d'autres organisations de recherche. Google Scholar permet donc au chercheur de repérer les travaux de recherche les plus pertinents du monde universitaire. Grâce à cette plateforme, on peut aussi, depuis peu, copier-coller la référence complète d'une publication pour l'intégrer de manière automatisée dans un article ou tout autre document scientifique de travail.

Il est aussi possible d'effectuer des recherches multiples simultanément dans différentes bases de données bibliographiques et dans des catalogues bibliographiques à l'aide de logiciels de recherche plus poussés comme EndNote[37] ou Zotero[38]. Malheureusement, les bases de ce type ne proposent pas toujours un lien direct vers le texte complet de l'article ou du livre.

Les bases de données autres que textuelles et contenant des documents audio, des images ou des vidéos peuvent aussi constituer un complément intéressant pour préparer ou mettre en œuvre une recherche en éducation. Il existe également plusieurs bases de données qui fournissent des statistiques officielles, notamment le site de Statistique Canada, où il est possible de consulter en ligne les résultats des enquêtes les plus récentes, dont celles qui ont trait au secteur de l'éducation. Le recours aux moteurs de recherche (dont Google représente un exemple classique, avec plus de 167 milliards de recherches chaque mois à l'échelle mondiale[39]) permet aussi d'accéder gratuitement et avec une certaine efficacité aux travaux scientifiques et aux documents de recherche mis en ligne par des auteurs ou des centres de recherche. Sans compter qu'il donne accès à des publications scientifiques, Internet constitue souvent la façon la plus rapide et la plus adéquate de faire connaître des recherches en cours de réalisation, de diffuser des informations sur des colloques et des activités scientifiques, etc.

---

37. http://www.endnote.com/

38. https://www.zotero.org/

39. https://searchengineland.com/google-now-handles-2-999-trillion-searches-per-year-250247

Outre la recherche bibliographique et documentaire, l'organisation systématique des références bibliographiques peut être grandement facilitée par l'usage des outils numériques. En particulier, cette organisation peut être épaulée par des systèmes informatiques qui permettent aux chercheurs d'organiser leurs références bibliographiques selon les normes habituellement acceptées par la communauté scientifique, comme celles de l'American Psychology Association (APA), reconnues par la très grande majorité des revues scientifiques. Les logiciels les plus utilisés pour la recherche et la gestion des références bibliographiques sont EndNote et Zotero (organisation en base de données personnelle), ainsi que Mendeley[40].

Le logiciel EndNote est probablement l'un des outils les plus populaires dans le monde universitaire. Il permet non seulement d'effectuer des recherches bibliographiques dans des bases de données ou d'autres ressources bibliographiques et de les transférer directement dans un traitement de texte, mais également de construire des bases de données bibliographiques et d'effectuer des recherches dans ces dernières. Enfin, il aide à générer des bibliographies de façon automatique à partir d'un logiciel de traitement de texte, conformément à certaines normes.

Zotero, un logiciel gratuit et en accès libre, a été créé pour aider les chercheurs à recueillir, gérer et citer des références avec une simplicité exceptionnelle. Zotero fonctionne directement à partir du navigateur. Parmi les principales fonctions de cet outil, dont l'évolution et les fonctionnalités ne cessent d'être bonifiées par la communauté internationale, soulignons notamment :

- La capture automatique de citations ;
- L'accès, la sauvegarde et la synchronisation à distance des références bibliographiques ;
- Le stockage de documents PDF (des articles de recherche, par exemple), d'images et de pages Web ;
- La citation de documents à partir de Microsoft Word ou OpenOffice ;
- La prise de notes ou l'écriture de mémos portant sur les documents stockés ;
- L'importation et l'exportation de références ;
- Une collaboration accrue avec des bibliothèques numériques ;

---

40. https://www.mendeley.com/

- L'organisation des collections (c'est-à-dire un regroupement de références, généralement par thème) et l'étiquetage des références ;
- La sauvegarde des métadonnées de certains documents PDF ;
- La possibilité de travailler en équipe sur un dossier dédié ;
- L'usage d'une grande variété de styles bibliographiques ;
- La recherche dans des documents PDF ou dans les notes prises ;
- Une interface disponible dans plusieurs dizaines de langues ;
- Un fil de nouvelles RSS pour être tenu au courant des nouveautés.

À lui seul, Zotero cumule donc beaucoup d'aspects ayant trait à l'élaboration, à la gestion et à l'exploitation d'une base de données documentaires et bibliographiques de manière relativement simple. Il représente à notre sens un bon exemple de l'apport des TIC à la construction de la problématique de la recherche en sciences humaines.

L'ensemble de ces outils numériques participe donc à la recherche des références documentaires qui permettront par la suite de définir la problématique et de l'alimenter.

La conception de la méthodologie et du devis de recherche

En sciences humaines, la méthodologie de recherche est l'étape où l'on indique auprès de qui (participants), comment (procédure) et avec quels outils ou instruments on effectuera la recherche, afin d'atteindre les objectifs ou de répondre aux questions de recherche (voir le chapitre 5).

Peu d'outils technologiques semblent adaptés pour élaborer la méthodologie d'une recherche en sciences humaines. On peut classer ces outils en deux grandes catégories : les outils qui soutiennent la conception du devis de recherche et ceux qui soutiennent la modélisation de la méthodologie de recherche. Dans le premier cas, on parle d'outils de conception issus du courant de l'intelligence artificielle se rapportant aux systèmes experts. Les logiciels de conception de méthodologie ont une portée assez limitée et ne semblent pas avoir fait l'objet d'un usage répandu dans la communauté des chercheurs, bien qu'il s'agisse d'outils particulièrement conçus à cette fin. Dans le deuxième cas, il s'agit d'outils de modélisation graphique dans la lignée des logiciels de cartes conceptuelles tels qu'Inspiration[41] et CmapTools[42]. Ces logiciels sont d'une grande valeur pour clarifier les méthodes de collecte de données

---

41. http://www.inspiration.com
42. https://cmap.ihmc.us/cmaptools/

mises à contribution. Actuellement, il existe des logiciels collaboratifs de cartes conceptuelles qui permettent aux chercheurs de coopérer à distance pour concevoir et élaborer un projet de recherche. CmapTools offre cette possibilité ainsi que les logiciels Coggle[43], Framindmap[44], Mindomo[45] et MindMeister[46].

Bien entendu, la conception du devis de recherche et la modélisation de la méthodologie de recherche, en tant qu'activités sociales, font également intervenir des outils de communication qui permettent de diminuer la distance et d'augmenter la collaboration entre les chercheurs d'une même équipe.

La collecte, la préparation, l'organisation, le partage et l'archivage des données

Les outils numériques sont très utiles pour le chercheur en sciences humaines qui souhaite collecter, préparer, archiver, sécuriser ou encore partager ses données de recherche. En matière de collecte des données, signalons simplement la littérature scientifique abondante qui porte sur les sondages en ligne, la méthodologie qui leur est propre, les avantages escomptés et les écueils à éviter, etc. (Ritter et Sue, 2007). La possibilité de mener des enquêtes en ligne permet au chercheur de joindre un plus grand nombre de participants, de diminuer substantiellement les coûts liés à l'administration de questionnaires et d'avoir en temps réel une idée des résultats obtenus. Outre les enquêtes en ligne, les TIC facilitent également la réalisation d'entrevues, qui peuvent être menées soit à distance avec divers logiciels (tels que Skype), soit en présentiel au moyen d'un enregistrement au format numérique (MP3, par exemple), pour être partagées ou analysées plus facilement.

Les outils technologiques facilitent également les méthodes d'observation. Par exemple, il existe de plus en plus de salles de classe munies de caméras où le chercheur a la possibilité, avec les autorisations nécessaires, d'observer les apprenants et les formateurs, puis de procéder à l'analyse de leur activité. Les outils technologiques viennent aussi épauler l'observation des comportements d'un individu devant l'ordinateur. Pour des chercheurs qui souhaitent mieux comprendre les comporte-

---

43. https://coggle.it/? lang=fr
44. https://framindmap.org/c/login
45. https://www.mindomo.com/fr/
46. https://www.mindmeister.com/fr

ments de certains usagers d'Internet, il existe divers logiciels, comme Snapz Pro[47], Camtasia[48] et Snagit[49], qui permettent d'enregistrer les manipulations que fait l'usager de l'ordinateur.

Les outils technologiques soutiennent en outre l'archivage, la sécurité et le partage des données de recherche. En effet, les serveurs FTP facilitent les collaborations et les échanges entre chercheurs, en particulier pour le partage de documents ou de données dont la taille est importante, qu'il s'agisse de données textuelles, sonores (comme des entrevues) ou même vidéo (pour des observations de classe, par exemple). Dropbox est un autre outil très utilisé pour sauvegarder, archiver, synchroniser et partager des données en ligne[50]. Ce logiciel exploite les possibilités qu'offre l'informatique en nuage (*cloud computing*) pour :

- Synchroniser des fichiers stockés sur différents ordinateurs. Ce terme désigne une procédure d'échange de fichiers sur Internet qui permet, depuis un ordinateur, de copier un fichier sur un autre ordinateur ;
- Accéder à une copie des fichiers et également à leurs versions successives ainsi qu'à une copie des fichiers effacés ;
- Accéder à distance aux fichiers stockés sur un ordinateur.

Ces nouveaux outils bousculent la collecte des données et ouvrent de nouvelles potentialités dans le monde de la recherche scientifique.

L'analyse qualitative et quantitative des données

S'il est un aspect de la recherche en sciences humaines que l'émergence du numérique a métamorphosé, c'est bien l'analyse qualitative et quantitative des données.

Les TIC et l'analyse qualitative des données

On peut raisonnablement penser que les TIC ont donné un nouvel élan à la recherche qualitative. En effet, elles renouvellent de manière considérable le processus et les possibilités d'analyse en la matière, en permettant de nouvelles fonctionnalités telles que le recodage automatique de larges quantités de données ou encore le codage direct de données audio

---

47. https://www.ambrosiasw.com/utilities/snapzprox/
48. https://www.techsmith.fr/camtasia.html
49. https://www.techsmith.fr/snagit.html
50. https://www.dropbox.com/h

ou vidéo. Les TIC permettent également d'obtenir une plus grande rigueur dans l'analyse (notamment au moyen de fonctions perfectionnées de contre-codage dans des logiciels tels que QDA Miner[51]), une gestion plus facile des grandes quantités de données analysées et une analyse collaborative des données (comme c'est le cas avec la fonction « Merge » du logiciel NVivo[52], qui permet de réunir dans un même fichier les analyses effectuées distinctement par plusieurs chercheurs).

L'analyse qualitative assistée par le numérique constitue une approche qui compte moins de 30 ans d'existence dans la recherche en sciences humaines en général et plus particulièrement en sciences de l'éducation. Cette approche est issue à la fois des efforts de développement et de standardisation de la méthodologie qualitative et des avancées technologiques permettant de créer des logiciels de plus en plus perfectionnés et fiables. Ces outils sont souvent désignés par le terme anglais CAQDAS (*computer-assisted qualitative data analysis software*) (Fielding et Lee, 1998 ; Woods, Macklin et Lewis, 2016), lequel englobe actuellement tous les logiciels d'analyse qualitative, c'est-à-dire les logiciels destinés à la lecture, à la codification (qu'elle soit faite de manière intentionnelle par le chercheur ou de manière semi-automatique) et à l'analyse de données textuelles, iconiques, sonores et vidéo. Les logiciels CAQDAS comportent des fonctionnalités très variées et s'inscrivent ainsi dans les différentes traditions de l'analyse qualitative : certains sont plutôt destinés à l'analyse textuelle, sonore ou vidéo, alors que d'autres conviennent davantage à des recherches ethnographiques et phénoménologiques ou à l'analyse de contenu.

Dans le cadre d'une analyse qualitative assistée par le numérique, ces outils interviennent dans les principales étapes du processus d'analyse qualitative : lecture des données, définition des unités de sens, définition des catégories et codification des données. Souvent, ces logiciels permettent aussi d'effectuer des traitements statistiques simples et de représenter de manière graphique la modélisation effectuée sur les résultats de l'analyse. En résumé, les logiciels d'analyse qualitative, dans l'étape de l'analyse proprement dite, sont utilisés pour coder, chercher et extraire des codes et leurs segments codés, constituer des mémos, analyser les codes, etc. En fin d'analyse, ils permettent, dans certains cas, de

---

51. https://provalisresearch.com/fr/produits/logiciel-d-analyse-qualitative/
52. http://www.qsrinternational.com/nvivo-french

présenter les données, d'élaborer des résultats et de les vérifier, de générer une théorie et d'exécuter des représentations graphiques (Huberman et Miles, 2003).

Les logiciels les plus couramment utilisés pour l'analyse de contenu sont ATLAS.ti[53], NVivo, QDA Miner, MAXQDA[54] ou encore ELAN[55]. L'approche suivie consiste à appliquer un codage sur des segments de texte, à associer éventuellement les codes avec des liens, puis à effectuer un traitement qualitatif et quantitatif des codes. Certains logiciels tels que NVivo et ATLAS.ti permettent également de coder des données non textuelles (images, sons et vidéos).

Le logiciel ATLAS.ti, par exemple, autorise la codification et l'analyse de données textuelles, graphiques et sonores. Ces données sont les documents primaires constituant le point de départ de l'analyse. Les documents s'organisent dans des collections structurées qui s'appellent unités herméneutiques. À partir de ces unités, le chercheur commence à sélectionner des segments (une séquence continue de textes, une partie d'un graphique ou d'une image, une séquence sonore) et à les assigner à des codes et à des mémos.

NVivo facilite quant à lui le travail du chercheur pour l'analyse de données qualitatives, en particulier l'analyse de données textuelles (entrevues, courriels, etc.) ou vidéo. Ce logiciel facilite également la recherche des concepts clés et des relations entre les données.

À l'instar de NVivo, QDA Miner procure les mêmes fonctions de codage, avec toutefois une plus grande précision dans la manipulation et la modification des codes. Il permet par exemple de modifier les segments d'un code au «cas par cas», c'est-à-dire en les faisant apparaître les uns après les autres et en choisissant l'opération à effectuer sur chacun. Surtout, QDA Miner se distingue des autres logiciels d'analyse qualitative par ses fonctions poussées d'analyse du codage. Au-delà de l'analyse de fréquence, que la plupart des logiciels proposent, QDA Miner rend également possibles des analyses de concurrence, des analyses de séquences ou encore des croisements de codes avec des variables données. Il peut ainsi permettre au chercheur d'apprécier non seulement la présence (plus ou moins forte) des codes et leur distribution, à

---

53. http://atlasti.com/
54. https://www.maxqda.com/
55. https://tla.mpi.nl/tools/tla-tools/elan/download/

l'instar des autres logiciels d'analyse qualitative, mais aussi leur articulation, ce qui peut s'avérer très utile pour orienter l'interprétation des résultats. Ces fonctions avancées d'analyse s'appuient sur des calculs statistiques, ce qui explique pourquoi l'on désigne souvent QDA Miner comme le logiciel « le plus quantitatif des qualitatifs ». Mentionnons également WordStat[56], qui est un logiciel d'analyse de contenu et de forage intégrant des capacités d'analyse et de traitement des données relativement puissantes, tout comme Mplus[57].

D'autres logiciels d'analyse de données qualitatives se situent aussi à la frontière entre l'analyse qualitative et l'analyse quantitative. Citons notamment le cas des logiciels lexicographiques, tel Iramuteq[58], qui aide tout particulièrement le chercheur pendant la troisième étape de l'analyse qualitative, soit le processus de catégorisation. En effet, ce logiciel libre permet de faire des analyses statistiques sur des corpus texte et permet la production de statistiques textuelles classiques avec analyse de similitudes. Ainsi, les logiciels lexicographiques effectuent leur analyse sur le texte et les mots qui le composent, alors que les logiciels de codage et d'analyse ont pour unités d'analyse les codes que les chercheurs ont élaborés auparavant. Notons que ces deux types de logiciels ne sont pas incompatibles, à notre sens : un logiciel lexicographique peut servir à extraire les grandes catégories d'un corpus, que l'on peut ensuite analyser de manière plus interprétative au moyen d'un logiciel de codage et d'analyse. Ces logiciels peuvent aussi être mis en rapport à des fins de triangulation dans certaines recherches.

Alors même que les réseaux sociaux tels que Twitter ou Facebook sont de nouveaux outils de collecte des données pour la recherche scientifique, particulièrement en éducation (Delesalle et Marquié, 2015 ; Stenger et Coutant, 2010 ; Boyadjian, 2014), les outils d'analyse s'adaptent et se multiplient. En effet, il est primordial de pouvoir exploiter de tels médias de communication de masse à des fins de recherche. Pour cela, il existe plusieurs outils numériques d'analyse tels que Netlytic[59] (une plateforme universitaire d'analyse des réseaux sociaux) et SocNetV[60] qui permettent d'analyser les tendances sur les réseaux sociaux, mais aussi

---

56. https://provalisresearch.com/fr/produits/wordstat/
57. https://www.statmodel.com/
58. http://www.iramuteq.org/
59. https://netlytic.org/home/
60. http://socnetv.org/

et surtout Twitter Analytics[61] qui permet un suivi de l'activité d'un utilisateur.

En conclusion, l'usage des TIC dans l'analyse des données qualitatives offre des avantages certains. Les logiciels CAQDAS ne sont pas simplement des aides à la codification et à la récupération des données. Ils comportent de plus en plus des procédures nouvelles ou inexistantes avant leur avènement (Mangabeira, Lee et Fielding, 2004). Si les étapes d'analyse qualitative restent globalement les mêmes, ces logiciels en facilitent les procédures du début jusqu'à la fin du processus d'analyse et procurent par là même un fort potentiel cognitif pour accompagner le chercheur dans sa démarche d'analyse. En revanche, la diversité des logiciels et leurs particularités exigent du chercheur qu'il connaisse au préalable les forces et les faiblesses de chacun afin de choisir celui qui conviendra le mieux à sa recherche. Par ailleurs, il importe de garder en tête que les logiciels CAQDAS ne remplacent pas la dimension interprétative propre à l'analyse qualitative. Tout au plus permettent-ils de la soutenir et de l'orienter efficacement s'ils sont utilisés de façon raisonnée.

Les TIC et l'analyse quantitative des données

Par le terme *analyse quantitative*, nous entendons tout processus (technique et intellectuel) permettant de traiter, de manipuler, d'explorer et d'inférer (sur) des données issues d'une recherche quantitative dans le but de tester des hypothèses et des conjectures concernant des variables (propriétés mesurables des sujets ou des objets) de la population en question. À l'heure actuelle, ce processus d'analyse, dont le but premier est de confirmer ou d'infirmer les théories, est épaulé de manière très étroite par les technologies informatiques.

L'analyse quantitative assistée par les outils numériques constitue une approche très utilisée dans la recherche en sciences humaines et jouit d'une tradition plus ancrée que l'usage du numérique en analyse qualitative. Les méthodes statistiques ont connu une progression considérable dans la recherche en sciences humaines et en sciences de l'éducation depuis l'apparition des systèmes logiciels et des logiciels de calcul. Si, jusqu'aux années 1960 et 1970, ces systèmes étaient uniquement accessibles sur des ordinateurs localisés dans les universités, ils se sont

---

61. https://analytics.twitter.com/

rapidement propagés dès la fin des années 1980 et constituent aujourd'hui des outils indispensables pour la grande majorité des chercheurs qui font appel aux méthodologies quantitatives.

Traditionnellement, l'analyse quantitative emploie des méthodes statistiques (voir le chapitre 7), qui peuvent se distinguer, selon la littérature, en deux grandes catégories : les statistiques descriptives et les statistiques inférentielles. Notons qu'il est possible d'effectuer des analyses quantitatives sur des variables de nature quantitative ou qualitative.

Deux autres méthodes peuvent être utilisées dans le cadre d'analyses tant quantitatives que qualitatives. Il s'agit de méthodes relevant, d'une part, des statistiques multidimensionnelles et, d'autre part, des statistiques textuelles. Si les deux premières méthodes (descriptives et inférentielles) sont les plus connues et les plus fréquemment utilisées, les deux autres (multidimensionnelles et textuelles) constituent de nouvelles approches très prometteuses dans la pratique de la recherche en sciences de l'éducation.

Dans le domaine des logiciels d'analyse statistique, comme nous l'avons déjà indiqué, les progrès ont été majeurs au cours des dernières années, tant sur le plan des fonctionnalités des logiciels que sur celui de la puissance des ordinateurs. Ce double avantage permet au chercheur en sciences humaines d'effectuer, souvent avec peu de compétences technologiques, la plupart des analyses statistiques inférentielles imaginables, généralement en quelques minutes. Il existe plusieurs logiciels de référence pour les analyses quantitatives, que l'on peut classer en quatre grandes catégories :

- Les logiciels de statistiques exploratoires ;
- Les logiciels de statistiques descriptives ;
- Les logiciels de statistiques inférentielles ;
- Les logiciels de statistiques multidimensionnelles.

Dans la première catégorie, on trouve les tableurs, comme Microsoft Excel[62], qui sont facilement accessibles et qui sont appropriés pour effectuer des statistiques élémentaires, surtout d'ordre exploratoire. Il existe également des logiciels purement statistiques, qui aident à organiser une analyse statistique et à explorer par la suite les données statistiques.

---

62. https://products.office.com/fr-ca/excel

Citons également le logiciel GraphPad Prism[63], qui comporte deux modules : le GraphPad StatMate, destiné à aider le chercheur novice à calculer la taille de son échantillon ou à justifier un échantillon déjà choisi, et le GraphPad InStat, qui permet d'appliquer des tests statistiques en expliquant chaque étape du processus et en déterminant si les résultats obtenus sont conformes aux hypothèses de recherche. Les deux catégories suivantes rassemblent les logiciels spécialisés en statistiques descriptives et inférentielles qui peuvent mettre en œuvre la plupart des algorithmes statistiques, qu'il s'agisse de simples tests t de Student, de régressions simples ou multiples ou d'analyses factorielles. La dernière catégorie réunit les logiciels qui sont spécialisés dans les statistiques multidimensionnelles, lesquelles gagnent de plus en plus de terrain dans les méthodes statistiques utilisées en sciences humaines.

Les logiciels statistiques les plus courants permettent d'effectuer tout l'éventail des statistiques descriptives et inférentielles. Le système statistique le plus populaire en sciences humaines est certainement IBM SPSS[64] (Statistical Package for the Social Sciences), suivi du logiciel R[65].

D'autres systèmes permettent de mettre en œuvre des modèles statistiques plus complexes, désignés souvent sous le nom de statistiques multidimensionnelles, comme le modèle d'équation structurelle avec LISREL[66], ou encore IBM SPSS Amos[67], un module qui peut être intégré à IBM SPSS. Il importe de noter que le choix d'un logiciel statistique est loin d'aller de soi et qu'il est parfois préférable de faire appel à un spécialiste.

L'interprétation et la diffusion des résultats de recherche

Le numérique ne facilite pas uniquement l'analyse des données. Il participe aussi largement à l'interprétation et à la diffusion des résultats de recherche. Ainsi, pour l'interprétation, les outils numériques, parce qu'ils facilitent l'accès à de nombreuses ressources documentaires, permettent au chercheur en sciences humaines de comparer plus facilement ses résultats avec ceux d'études antérieures. La phase de construction d'un modèle sollicite également les outils numériques. Le chercheur

---

63. https://www.graphpad.com/
64. https://ibm.com/ca-fr/marketplace/spss-statistics
65. https://www.r-project.org/
66. http://www.ssicentral.com/lisrel/
67. https://www.ibm.com/ca-fr/marketplace/structural-equation-modeling-sem

peut soit construire un modèle original, soit critiquer ou affiner un modèle existant à l'aide de divers outils de carte conceptuelle comme FreeMind[68], Framindmap ou Coggle.

En ce qui concerne les différentes étapes de la diffusion des résultats de recherche (publications, etc.), Phelps *et al.* (2007) soulignent que les outils numériques peuvent notamment faciliter la relecture des publications scientifiques par les pairs, avant leur passage à l'arbitrage. La diffusion en ligne, avant publication, permet entre autres à certaines revues d'obtenir l'opinion de certains lecteurs sur les textes à venir. Les outils numériques peuvent également faciliter la diffusion des publications scientifiques, des résultats de recherche, voire des données brutes de recherche auprès de publics élargis ou ciblés. Le numérique permet aussi de varier les formats de diffusion des résultats de recherche. Maintenant que les baladodiffusions (*podcasts*) connaissent un certain essor, plusieurs chercheurs ont choisi ce procédé pour diffuser leurs conférences scientifiques et, ainsi, tenter de joindre un plus large public. Des revues scientifiques se sont aussi mises à intégrer divers formats de publication. De la sorte, une vidéo accompagne certains textes publiés dans la *Revue internationale des technologies en pédagogie universitaire*[69] et les conférences sont aujourd'hui diffusées, pour certaines en direct sur YouTube[70], voire directement sur les sites des colloques concernés. Enfin, comme nous l'avons vu, les outils numériques peuvent épauler le chercheur dans la rédaction d'un manuscrit, que ce soit pour la correction orthographique du texte ou pour citer les références bibliographiques conformément aux normes. Il ne faut pas non plus oublier, sur ce point, les logiciels de présentation comme PowerPoint[71] ou Keynote[72], qui facilitent grandement la présentation des résultats de recherche dans les conférences scientifiques.

□

---

68. http://freemind.sourceforge.net/wiki/index.php/Main_Page
69. www.ritpu.ca/
70. https://www.youtube.com/
71. https://products.office.com/fr-ca/powerpoint
72. https://www.apple.com/ca/fr/keynote/

Conclusion

Nous sommes fort conscients que certains des outils ou des liens répertoriés dans la présente étude seront désuets dans quelques années, tandis que d'autres, à venir, ne figurent actuellement pas ici. En dépit de ce bémol, nous avons souhaité montrer aux chercheurs en sciences humaines comment il était possible de faire mieux, de faire autrement, de faire seul ou à plusieurs, avec le numérique, dans la recherche en sciences humaines. En effet, ces outils ont le potentiel de contribuer à améliorer toutes les étapes de la recherche en sciences humaines, qu'il s'agisse de l'élaboration de la problématique de recherche, de la recension des écrits, de la mise en place de la méthodologie, de la collecte, de l'analyse et de l'archivage des données, de même que de la diffusion et de la publication des résultats de recherche (Borgman, 2009 ; Phelps *et al.*, 2007). Ces technologies ont clairement bouleversé les «conditions de production et de diffusion des savoirs» (Casagrande et Vuillon, 2017). Certaines d'entre elles contribuent plutôt à la collecte, d'autres à la préparation, à l'organisation, à l'analyse, au partage ou à l'archivage sécuritaires des données de recherche recueillies (Gibbs, 2007 ; Lewis et Silver, 2007 ; Willis et Kim, 2006). Retenons que la phase d'analyse des données, qu'elle soit de nature qualitative (Gibbs, 2007 ; Lewis et Silver, 2007) ou quantitative (Johnson, Maddux et Liu, 2000) a sans doute été la plus marquée par l'inclusion du numérique en sciences humaines.

Parmi les chercheurs qui ont abordé la question de l'apport des TIC au processus de recherche, Edyburn (1999) mais aussi Casagrande et Vuillon (2017) mettent l'accent sur la productivité des chercheurs, laquelle augmenterait avec le numérique. Ce dernier peut également contribuer à élargir les données accessibles. Ainsi, alors que l'analyse fine de séquences vidéo exigeait naguère un travail colossal de codage manuel, les techniques modernes de traitement de l'image numérique permettent d'automatiser ce processus, en partie du moins, tout en soutenant la rigueur scientifique du chercheur, comme nous l'avons évoqué avec des logiciels tels que Snagit ou Camtasia.

Dans le cadre de ce chapitre, nous avons tenté de montrer les avantages du numérique pour la recherche en sciences humaines. Nous avons d'abord fait ressortir les avantages transversaux des technologies pour la recherche en sciences de l'éducation, c'est-à-dire les avantages valables pour l'ensemble du processus de recherche, de la gestion à la communication en passant par la collaboration. Nous avons ensuite fait valoir les avantages du numérique pour chacune des principales étapes de la recherche en éducation, à savoir l'élaboration de la problématique et du cadre théorique ; la conception de la méthodologie ; la collecte, la préparation, l'organisation, le partage et l'archivage des données ; l'analyse qualitative ou quantitative des données et, enfin, l'interprétation et la diffusion des résultats de recherche.

De manière globale, la plus-value qu'apporte le numérique s'applique donc à l'ensemble du processus de recherche en sciences humaines, de sorte qu'il nous semble difficile, de nos jours, de concevoir la recherche en éducation sans mettre à profit l'appareillage technologique existant. Enfin, le numérique joue également un rôle décisif dans le développement professionnel de tout chercheur universitaire. En effet, si nous nous donnons pour mission de mieux préparer les chercheurs actuels et futurs aux défis du troisième millénaire, nous devons également les initier aux nouveaux outils et aux nouvelles pratiques de recherche issus du numérique au xxie siècle.

Activités d'appropriation

1. En utilisant un logiciel de carte conceptuelle (p. ex., MindMeister, Framindmap, etc.), tracez un schéma des différents types de logiciels mentionnés dans ce chapitre et de leur fonction dans la recherche en sciences humaines.

2. En utilisant des logiciels de collaboration tels que Dropbox ou Google Docs, partagez avec vos collègues les cartes conceptuelles que vous avez produites dans l'activité d'appropriation précédente, comparez-les et discutez de leurs différences.

3. En utilisant des moteurs de recherche tels que Google, trouvez une liste de diffusion, un forum électronique, un blogue ou une revue en accès libre qui sont pertinents pour votre domaine de recherche, et inscrivez-vous-y.

4. À partir d'un thème de votre choix, définissez des mots clés, effectuez une recherche documentaire dans Google Scholar et indexez dans le logiciel de gestion bibliographique Zotero ou Mendeley les cinq documents scientifiques les plus pertinents que vous aurez trouvés.

5. Dans chacun des cinq documents scientifiques trouvés dans l'activité d'appropriation précédente, relevez les technologies employées à chacune des étapes des recherches décrites.

6. En fonction du type de données (quantitatives ou qualitatives) et de votre objectif de recherche (fictif, au besoin), déterminez quel ou quels logiciels d'analyse conviendraient le mieux à votre recherche. Justifiez votre choix.

Concepts importants

La définition de ces mots clés se trouve dans le glossaire.
- Base de données informatisée / bibliothèque numérique
- Logiciel d'analyse qualitative
- Logiciel d'analyse quantitative
- Logiciel de carte conceptuelle
- Logiciel de communication, de collaboration et de diffusion
- Logiciel de gestion bibliographique
- Logiciel de gestion de projet
- Technologie émergente
- Web 2.0

Liste des outils et technologies émergentes présentées dans ce chapitre

	Nom	Description	URL
1	Academia	Réseau social s'adressant aux chercheurs et étudiants qui leur permet entre autres de se créer une page Web facile à actualiser ainsi que de consulter les publications de collègues dans un domaine de recherche particulier.	https://academia.edu
2	American Educational Research Association (AERA)	Association américaine de recherche visant à encourager la recherche universitaire liée à l'éducation, par l'entremise d'un portail des associations et des communautés de chercheurs dans plusieurs domaines.	http://aera.net
3	Association for the Advancement of Computing in Education (AACE)	Associations de chercheurs spécialisés dans l'application pratique de la technologie de l'information dans l'éducation et l'apprentissage en ligne.	http://aace.org
4	ATLAS.ti	Logiciel statistique d'analyse de données textuelles, graphiques, audio et vidéo.	http://atlasti.com
5	BBC Archive (British Broadcasting Corporation)	Site d'archives anglophone incluant des documents historiques de programmes de radiotélévision britannique de la BBC, des documents internes, des photographies et divers contenus autres en ligne.	http://bbc.co.uk/archive
6	Bibliothèque numérique de la Ville de Montréal	Bibliothèque numérique regroupant des livres numériques, des journaux, revues et reportages ainsi que des cours en ligne.	http://bibliomontreal.com/numerique

7	Camtasia par TechSmith	Logiciel permettant la création de tutoriels ou de présentations vidéo directement via la vidéo d'écran ou via un module d'enregistrement intégré à Microsoft PowerPoint.	https://techsmith.fr/camtasia.html
8	CmapTools	Logiciel de création de cartes conceptuelles avec une licence gratuite et multiplateforme pour illustrer certains concepts et des théories complexes.	https://cmap.ihmc.us/cmaptools
9	Coggle	Service en ligne qui permet de créer des cartes mentales, puis de les partager avec plusieurs personnes qui pourront les éditer ou les commenter.	https://coggle.it/ ? lang=fr
10	Dgroups	Plateforme en ligne offrant des outils et des services qui rassemblent des individus et des organisations dans la communauté du développement international.	https://dgroups.info
11	Doodle	Outil de partage de calendrier et de planification de réunions en ligne en fonction des disponibilités des personnes invitées.	http://doodle.com
12	Dropbox	Service d'hébergement et de partage de fichiers locaux en ligne disponible sous Windows, Mac OS, Linux, iOS, Android, BlackBerry et Windows Phone.	https://dropbox.com/fr
13	Éducation et francophonie	Revue scientifique francophone en accès libre touchant tous les ordres d'enseignement.	http://acelf.ca/c/revue/index.php
14	ELAN	Logiciel ouvert dédié à la création d'annotations complexes sur des ressources vidéo et audio sous Windows, Mac OS X et Linux.	https://tla.mpi.nl/tools/tla-tools/elan/download

15	EndNote	Logiciel de gestion bibliographique, destiné à la gestion des références de livres et travaux de recherche sous Mac OS et Windows.	http://endnote.com
16	ERIC (Educational Resources Information Center)	Librairie numérique de l'Institut américain des sciences de l'éducation (IES), qui comprend des rapports de recherche, des articles de journaux, des documents, des conférences et d'autres ressources.	http://eric.ed.gov
17	European Association for Research on Learning and Instruction (EARLI)	Organisation de réseautage pour les chercheurs en éducation qui représente plus de 2 000 membres dans plus de 60 pays.	http://earli.org
18	Evernote	Logiciel qui permet d'enregistrer des informations, sous forme de tâches, notes, images, vidéos ou pages Web, pouvant être partagé pour devenir collaboratif et accessible à partir de la majorité des plateformes et appareils.	https://evernote.com/intl/fr
19	Feedly	Agrégateur de flux RSS (format de données utilisé pour la syndication de contenu Web) en ligne accessible par un navigateur Internet, aussi disponible sous forme d'application pour téléphone intelligent.	https://feedly.com
20	Forum NVivo	Forum destiné aux utilisateurs du logiciel NVivo permettant à ces derniers d'obtenir réponse à leurs questions en matière de recherche qualitative.	https://forums.nvivobyqsr.com

21	Framatalk	Application de visioconférence basée sur le logiciel libre Jitsi Meet permettant d'effectuer des entrevues et des collectes de données téléphoniques.	https://framatalk.org/accueil
22	Framindmap	Logiciel qui permet de créer et partager des cartes euristiques directement depuis n'importe quel navigateur gratuitement et sans publicité.	https://framindmap.org/c/login
23	FreeMind	Logiciel libre qui permet de créer des diagrammes représentant les connexions sémantiques entre différentes idées, tels que des cartes euristiques, disponible sous Windows, Linux et Mac OS.	http://freemind.sourceforge.net/wiki/index.php/Main_Page
24	GanttProject	Logiciel libre de gestion de projet qui permet d'éditer, hors-ligne, un diagramme de Gantt sous divers systèmes d'exploitation (Windows, Linux et Mac OS).	http://ganttproject.biz
25	Google	Moteur de recherche permettant l'accès gratuit aux travaux scientifiques et aux documents de recherche mis en ligne par des auteurs ou des centres de recherche.	https://google.com/?hl=fr
26	Google Docs	Logiciel de traitement de texte basé sur le Web de la suite bureautique de Google qui permet de créer et de modifier des documents en ligne et de travailler en équipe, en temps réel.	https://docs.google.com
27	Google Livres (Google Books en anglais)	Moteur de recherche dans l'index de livres de Google permettant la consultation de livres numérisés, de collections personnelles, et le téléchargement d'ouvrages libres de droits.	https://books.google.fr

28	Google Scholar	Moteur de recherche d'articles scientifiques approuvés ou non par des comités de lecture (*peer-reviewed*), de thèses universitaires, de citations ou de livres scientifiques.	https://scholar.google.fr
29	GraphPad InStat	Logiciel statistique effectuant des tests statistiques en expliquant chaque étape du processus et en déterminant si les résultats obtenus sont conformes aux hypothèses de recherche.	https://graphpad.com/scientific-software/instat
30	GraphPad Prism	Logiciel de représentation graphique de biostatistique, d'analyse de la régression non linéaire et de création de graphiques scientifiques, disponible sous Mac OS et Windows	https://graphpad.com/scientific-software/prism
31	GraphPad StatMate	Logiciel statistique destiné aux chercheurs novices permettant de calculer la taille d'un échantillon et de justifier un échantillon déjà choisi, entre autres.	https://graphpad.com/scientific-software/statmate
32	IBM SPSS (Statistical Package for the Social Sciences)	Logiciel de statistiques descriptives et inférentielles le plus populaire en sciences humaines, avec de nombreuses fonctions statistiques telles que les statistiques descriptives (analyse de fréquence), bivariées (ANOVA), la régression linéaire et l'analyse factorielle.	https://ibm.com/ca-fr/marketplace/spss-statistics
33	IBM SPSS Amos	Logiciel de modélisation par équation structurelle (SEM) faisant appel à des méthodes d'analyse multivariable standard, telle que la régression, l'analyse factorielle, la corrélation et l'analyse de variance.	https://ibm.com/ca-fr/marketplace/structural-equation-modeling-sem

34	Inspiration 9	Logiciel de création de cartes mentales et conceptuelles ou autres diagrammes pour la réflexion, l'organisation et l'écriture, disponible sous Mac OS et Windows.	http://inspiration.com
35	Institut national de l'audiovisuel (INA)	Site d'archives numérique de la télévision française dédié à la valorisation et à la transmission du patrimoine audiovisuel.	http://ina.fr
36	International Journal of Technologies in Higher Education	Journal en libre accès publiant les dernières recherches en matière de technologie éducative dans l'enseignement supérieur, explorant l'utilisation innovante de la technologie et de modèles éducatifs.	http://ijthe.ca ou https://educationaltechnologyjournal.springeropen.com
37	Iramuteq	Logiciel lexicographique libre construit avec l'interface de R permettant d'effectuer des analyses multidimensionnelles de textes et de questionnaires.	http://iramuteq.org
38	JSTOR (contraction de *Journal Storage*)	Une bibliothèque numérique de publications universitaires et scientifiques en toutes langues avec un moteur de recherche.	http://jstor.org/action/showAdvancedSearch
39	Keynote	Logiciel de présentation développé par Apple qui fait partie de la suite bureautique iWork sous iOS et Mac OS.	https://apple.com/ca/fr/keynote
40	Librairie Alden	Librairie numérique de l'Université de l'Ohio permettant d'accéder à des livres, des articles, des vidéos, mais aussi à une assistance en ligne au moyen de clavardages, du logiciel Skype et de messages textes.	https://library.ohio.edu

41	LISREL (contraction de *linear structural relations*)	Logiciel de modélisation par équation structurelle (SEM) permettant de dégager la relation entre des variables manifestes et latentes, disponible sous Windows seulement.	http://ssicentral.com/lisrel
42	MAXQDA	Logiciel conçu pour la recherche qualitative et les méthodes mixtes, pour l'analyse de textes et de données multimédias.	https://maxqda.com
43	Mendeley	Logiciel gratuit de gestion bibliographique sous Windows, Mac OS et Linux destiné à la gestion et au partage de travaux de recherche et qui gère notamment les PDF, les citations et les références bibliographiques.	https://mendeley.com
44	Microsoft Excel	Logiciel tableur de la suite bureautique Microsoft Office développé et distribué par Microsoft sous Windows, Mac OS, Android, iOS et Office 365.	https://products.office.com/fr-ca/excel
45	Microsoft PowerPoint	Logiciel de présentation de la suite bureautique Microsoft Office qui fonctionne sous Windows, Mac OS, Android et iOS et disponible en ligne avec Office 365.	https://products.office.com/fr-ca/powerpoint
46	MindMeister	Application de création de cartes euristiques en ligne (*mind mapping*) qui permet à ses utilisateurs de visualiser et de partager l'organisation de leur pensée.	https://mindmeister.com/fr
47	Mindomo	Logiciel en ligne de cartographie conceptuelle collaborative permettant la visualisation et l'organisation de l'information.	https://mindomo.com/fr

48	Mplus	Logiciel statistique qui permet l'analyse de données transversales et longitudinales, de données à un ou plusieurs niveaux.	https://statmodel.com
49	Netlytic	Service infonuagique du Social Media Lab de l'Université Ryerson permettant l'analyse de texte des principaux réseaux sociaux (tels que Twitter, YouTube, blogues et forums en ligne) afin de résumer de gros volumes de texte et de découvrir des tendances à partir de conversations s'y retrouvant.	https://netlytic.org/home
50	Netvibes	Portail Web que l'on peut personnaliser et qui permet de regrouper dans une page des signets et différents contenus de sources multiples afin de constituer un tableau de bord de veille.	https://netvibes.com/fr
51	NVivo	Logiciel d'analyse qualitative de données (p. ex., analyse de contenu et méthodes mixtes).	http://qsrinternational.com/nvivo-french
52	OpenProject	Logiciel libre permettant la gestion de projet avec plusieurs membres à l'aide d'un diagramme de Gantt pour gérer les tâches et les échéances des projets.	https://openproject.org
53	Publish or Perish	Logiciel qui récupère et compile les citations universitaires d'un chercheur en utilisant une variété de sources de données telles que Google Scholar, Web of Science ou Scopus pour obtenir les citations.	https://harzing.com/resources/publish-or-perish

54	QDA Miner	Logiciel d'analyse qualitative assistée par ordinateur conçu pour la recherche avec méthodes mixtes et qui permet le codage, l'annotation et l'analyse de textes ou d'images.	https://provalisresearch.com/fr/produits/logiciel-d-analyse-qualitative
55	R (The R Project for Statistical Computing)	Logiciel statistique gratuit pour le calcul qui fournit une grande variété de techniques statistiques et graphiques telles que la modélisation linéaire et non linéaire et l'analyse de séries temporelles, disponible sous Linux, Windows et Mac OS.	https://r-project.org
56	REDIE (Revista Electrónica de Investigación Educativa)	Revue scientifique électronique espagnole dans le domaine de l'éducation.	https://redie.uabc.mx/redie
57	ResearchGate	Réseau social destiné aux chercheurs et scientifiques intégrant un moteur de recherche de documents scientifiques, qui inclut également un forum, des discussions méthodologiques et des groupes d'échange.	https://researchgate.net
58	Revue internationale des technologies en pédagogie universitaire (RITPU)	Revue scientifique avec comité de lecture se spécialisant dans l'intégration des technologies de l'information et de la communication (TIC) en enseignement supérieur.	http://ritpu.ca
59	SciVerse Scopus	Base de données transdisciplinaire lancée par l'éditeur scientifique Elsevier référençant plus de 21 000 journaux scientifiques.	https://scopus.com
60	Skype	Logiciel de télécommunication permettant la visioconférence, l'appel téléphonique (téléphonie IP) et le transfert de fichiers par Internet, qui intègre aussi un service de messagerie instantanée.	https://skype.com/fr

61	Snagit par TechSmith	Logiciel de capture d'écran et d'édition d'image qui capture l'affichage vidéo et le son d'un ordinateur, disponible sous Windows et Mac OS mais avec des fonctionnalités limitées.	https://techsmith.fr/snagit.html
62	Snapz Pro X par Ambrosia Software	Programme utilitaire développé sous Mac OS permettant l'enregistrement d'un écran d'ordinateur sous forme de capture photo ou vidéo.	https://ambrosiasw.com/utilities/snapzprox
63	Social Network Visualizer (SocNetV)	Logiciel gratuit d'analyse et de visualisation de réseaux sociaux qui utilise GraphML comme format de fichier natif pour lire et écrire des données.	http://socnetv.org
64	Social Science Research Network (SSRN)	Plateforme de recherche de documents scientifiques en sciences sociales et humaines de Elsevier.	https://ssrn.com/en
65	Statistique Canada	Collection de bases de données statistiques liées au recensement du Canada dressant un portrait statistique du pays tous les cinq ans.	http://statcan.gc.ca/start-debut-fra.html
66	Trello	Outil de gestion de projet en ligne basé sur une organisation des projets en planches listant des cartes, chacune représentant des tâches.	https://trello.com
67	Twitter Analytics	Service disponible aux membres Twitter permettant d'analyser l'efficacité de leurs publications à partir de données telles que les impressions et les engagements.	https://analytics.twitter.com
68	Veille et analyses	Service de diffusion des résultats de recherche en éducation de l'Institut Français de l'Éducation (IFÉ).	http://ife.ens-lyon.fr/vst

69	Wikipédia	Encyclopédie numérique en accès libre, universelle et multilingue permettant à n'importe qui de modifier la quasi-totalité des articles.	https://fr.wikipedia.org
70	WordPress	Système de gestion de contenu (SGC) gratuit, libre et à code ouvert (*open source*) permettant la création et la gestion d'un blogue ou d'un site Web personnel.	https://fr.wordpress.com
71	WordStat	Module complémentaire d'analyse de contenu et d'exploration de texte de QDA Miner, utilisé pour l'analyse de contenu de questions ouvertes et l'extraction de thèmes à partir de données de médias sociaux.	https://provalisresearch.com/fr/produits/wordstat
72	YouTube	Site Web d'hébergement de vidéos sur lequel les utilisateurs peuvent envoyer, regarder, commenter et partager des vidéos.	https://youtube.com
73	Zotero	Logiciel de gestion de références gratuit et libre qui permet de gérer des données bibliographiques et des documents de recherche.	https://zotero.org

Conclusion

« Ce n'est pas tant la fertilité de l'esprit qui nous fait trouver
plusieurs expédients sur une même affaire, que
c'est le défaut de lumière qui nous fait arrêter
à tout ce qui se présente à notre imagination, et qui nous
empêche de discerner d'abord ce qui est le meilleur. »

LA ROCHEFOUCAULD (1613-1680),
Réflexions, sentences et maximes

Au terme de cet ouvrage, il faut s'interroger sur le sens de l'activité de
recherche, tant pour le praticien actuel et le futur enseignant que pour
l'étudiant-chercheur. Car si les auteurs se sont employés à formuler
diverses notions propres à la recherche, de la position épistémologique
à la diffusion des résultats, la réflexion sur l'apport de la recherche en
éducation est demeurée plutôt discrète.

Le discours sur la professionnalisation des enseignants se fait
entendre haut et fort depuis plusieurs années. Toutefois, ainsi que l'indiquent Gauthier et ses collaborateurs (1997), la création d'un corps
professionnel va de pair avec la disponibilité d'une base de connaissances (*knowledge base*) liée à la profession. Une telle base permettrait de
délimiter des savoirs propres aux professionnels de l'éducation et elle
contribuerait éventuellement à guider non seulement les pratiques,
mais aussi les orientations éducatives. Trois questions se posent alors.
De quelle nature doit être cette base de connaissances si l'on désire
mieux éclairer les pratiques et les politiques en éducation ? Quelles
formes de recherche contribueront le mieux à une réflexion critique au
sujet des processus d'enseignement, de formation et d'apprentissage au
cœur de l'éducation ? Quelles sont les responsabilités particulières des

chercheurs et des enseignants quant à l'apport de la recherche en éducation?

Une formation continue à ...

Gauthier et ses collaborateurs (1997) ont rassemblé, comparé et classé les différents savoirs rendus accessibles grâce à la recherche en éducation. Quiconque prend connaissance de leur travail de synthèse est amené à conclure que le problème ne réside pas tant dans la constitution d'une base de connaissances que dans sa faible diffusion auprès des intéressés que sont les acteurs de l'éducation. On peut se demander pourquoi ces résultats ne sont ni mieux connus ni mieux intégrés, tant dans les programmes que dans les pratiques. Quels facteurs freinent l'utilisation de ces savoirs? Loin d'être nouvelle, cette question se pose depuis les années 1970, alors que Guba et Clark soutenaient la création de centres de démonstration qui devaient servir de vitrines permettant aux chercheurs et aux praticiens de s'informer mutuellement des innovations et des découvertes récentes en éducation et de nouer des liens entre la recherche et la pratique.

L'échec de ces centres semble avoir conforté chacun des groupes, chercheurs et praticiens, dans la poursuite séparée de leurs activités professionnelles. Mais comment tisser ces liens? Comment jeter des ponts entre les deux activités parallèles que constituent la pratique du praticien et la recherche du chercheur? S'agit-il de revoir la façon dont la recherche se fait traditionnellement et d'encourager les chercheurs et les enseignants à travailler ensemble, à collaborer dans le cadre de recherches qui réunissent les intérêts des uns et des autres? Peut-être. Mais pour optimiser l'intégration de la recherche en éducation, n'est-il pas alors nécessaire que toute recherche comporte une certaine proportion «d'actions concrètes»?

Une réflexion critique des processus d'enseignement et de formation

La collaboration réciproque des chercheurs et des praticiens semble une avenue prometteuse dans la mise en place d'une plus grande synergie entre les résultats de recherche et leurs effets «directs» sur la pratique. Cette collaboration varie et certaines formes de recherche, dont la recherche-action, sont plus susceptibles que d'autres de la favoriser. Nous pourrions alors parler d'un continuum de collaboration qui aurait, à une extrémité, la recherche-action et, à l'autre, la recherche dite tradi-

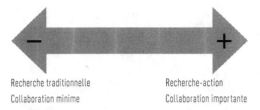

Recherche traditionnelle   Recherche-action
Collaboration minimale   Collaboration importante

Figure C.1   Le degré de partenariat dans les recherches en éducation

tionnelle, qui devrait néanmoins, elle aussi, comporter une partie, si infime soit-elle, de partenariat, de collaboration. C'est cette nouvelle conception d'un partenariat variable, mais indispensable à tous les types de recherche en éducation, que représente le continuum de la figure C.1.

Ainsi, des recherches de type quantitatif ou qualitatif, des recherches évaluatives ou encore des études de cas peuvent contribuer de façon importante aux savoirs et aux pratiques des enseignants si elles sont planifiées de concert, c'est-à-dire avec et pour les acteurs de l'éducation. Il sera alors question de partenariats de recherche dans lesquels chercheurs et enseignants collaboreront à la planification et à la réalisation de la recherche, chacun jouant un rôle et ayant des responsabilités particulières, eu égard aux compétences, aux intérêts et à la disponibilité des uns et des autres. Dès lors, il est plus approprié d'encourager des attitudes de collaboration entre chercheurs et enseignants que de cibler des formes de recherche déterminées pour que la recherche soit un facteur d'influence dans le changement du processus d'enseignement, de formation et d'apprentissage qui forme le cœur de l'éducation.

Les responsabilités particulières des chercheurs et des enseignants

La position de Gauthier et de ses collaborateurs (1997) contribue à répondre à la question des responsabilités particulières des chercheurs et des praticiens quant à l'apport de la recherche en éducation. Selon eux, il s'agit là d'une responsabilité éthique, partagée à la fois par les chercheurs et les enseignants. Les chercheurs ont la responsabilité de s'engager dans des recherches socialement pertinentes qui explorent, entre autres, des problèmes liés à la pratique.

Ils doivent aussi diffuser leurs résultats, non seulement auprès de communautés scientifiques, mais également auprès de communautés de praticiens, sous une forme appropriée et permettant d'engager un dialogue véritable entre ces deux communautés qui seront ainsi en mesure d'exprimer leurs préoccupations et la nature de leurs besoins. En outre, les chercheurs devraient systématiquement soumettre leurs « résultats de recherche » à une forme quelconque de triangulation auprès des praticiens. Cette validation par le praticien, ou « validation écologique », serait, par le fait même, susceptible de créer des passerelles de partenariats éventuels ; elle aiderait le chercheur à mieux comprendre l'applicabilité de ses résultats de recherche en contexte éducatif.

Cependant, les enseignants ont eux aussi la responsabilité de chercher à s'améliorer sur le plan professionnel et de prêter attention aux enseignements que des résultats de recherche pourraient leur procurer. Si l'on veut créer une certaine synergie entre chercheurs, praticiens et résultats de recherche, s'imposent ici une reculturation de la formation à la recherche et l'utilisation de la recherche par les praticiens.

Il paraît indispensable de promouvoir cette synergie, tant chez les chercheurs que chez les praticiens. Le Conseil supérieur de l'éducation s'est d'ailleurs déjà penché sur les façons d'instaurer un dialogue entre la recherche et la pratique en éducation (CSE, 2006). Reconnaissant la complémentarité des savoirs dits empiriques ou savants et des savoirs d'expérience, le Conseil a tenté de faire ressortir les mécanismes susceptibles de multiplier les ponts entre ces deux registres de savoirs. Selon une étude du CSE encore, il est erroné de penser que les praticiens tournent le dos aux résultats de recherche : on y apprend, par exemple, que 88,1 % des répondants lisent des articles signés par des chercheurs dans les revues professionnelles et que 53,8 % lisent des articles parus dans les revues universitaires. Plusieurs pistes d'actions sont alors proposées par le Conseil supérieur. Elles sont de trois ordres. La première est de soutenir les pratiques innovatrices autant par la recherche que par l'accompagnement des ajustements de pratique. La seconde s'intéresse à la formation et touche autant les futurs enseignants, lors de la formation initiale, que les enseignants en exercice, dans un processus de formation continue. En ce sens, la formation à la recherche des futurs maîtres – qui ne fait cependant pas légion dans les universités – est certainement un pas dans la bonne voie, car elle constitue une expérience susceptible de favoriser une meilleure connaissance du processus de recherche. De plus, elle sert à faire naître un intérêt et un savoir-faire dans l'utilisation des résultats de recherche et, éventuellement, dans la production de résultats de recherche.

La formation à la recherche ne devrait pas non plus s'arrêter à la formation initiale. Dans une démarche de formation continue, l'engagement dans la recherche pourrait procurer aux praticiens actuels une expérience stimulante qui permettrait de montrer comment celle-ci peut apporter des éclairages intéressants dans la résolution des problèmes de pratique. L'important réseau américain des enseignants-chercheurs (*teacher researchers*) constitue un bel exemple de recours à la recherche par les praticiens eux-mêmes. Non seulement ils s'en servent comme mode systématique de résolution de problèmes, mais ils en diffusent les résultats à l'intérieur du réseau dûment constitué, ce qui fournit par le fait même un précieux support à la réflexion critique sur leurs actes professionnels comme à la transformation des pratiques. Il s'agit là du troisième ordre de propositions émises par le Conseil supérieur de l'éducation (2006), à savoir créer des mécanismes qui accroîtront le transfert de la recherche et la diffusion de savoirs pratiques en éducation et faciliteront ainsi l'accès à une information structurée, pertinente et adéquate pour ses utilisateurs.

La collaboration entre praticiens et chercheurs est particulièrement importante, ne serait-ce que pour dépasser les perceptions que se font les uns de la profession des autres. Ce sont de tels enjeux qui ont d'ailleurs favorisé l'émergence de séminaires de dialogues délibératifs entre chercheurs et praticiens de l'éducation. Ces processus permettent de recevoir et d'échanger de l'information et de faire l'examen critique d'un enjeu en vue d'éclairer la prise de décision (Illsley, Jackson et Deasley, 2014). Cette stratégie de transfert de connaissances qui met l'accent sur la participation de chercheurs et de décideurs des milieux permet réellement un rapprochement entre ces deux mondes, dans un souci de collaboration professionnelle en contexte scolaire.

Enfin, tout comme Bourdoncle et Mathey-Pierre (1994), nous croyons que la pratique de la recherche par, pour et avec le praticien a un rôle important à jouer dans la dynamique du développement professionnel de l'enseignant et du chercheur. Elle permet la distanciation, elle aide à la compréhension et à la prise en compte de la complexité des situations pédagogiques, elle rend les personnes critiques devant leurs gestes professionnels et elle oriente la formation continue.

La pratique de la recherche en éducation devrait donc être en synchronie avec la pratique éducative et poursuivre le but d'améliorer les gestes professionnels, afin de promouvoir la qualité de la formation donnée et des apprentissages accomplis.

Glossaire des concepts importants

Acte professionnel – Action effectuée en raison du caractère particulier et essentiel du service rendu, des compétences qu'il faut pour l'exercer, de l'étendue de la responsabilité que cette action implique et des exigences éthiques qui s'y rattachent. *(chapitre 1)*

Actes de colloques ou de congrès – Publication qui regroupe, en un ou plus d'un volume, tous les textes ou une partie des textes qui ont été présentés lors de rencontres de spécialistes, appelées colloques ou congrès. *(chapitre 13)*

Ami critique – Interlocuteur de confiance, extérieur à la recherche-action mais connaissant son contexte et ses finalités, qui accepte de poser des questions et de formuler des commentaires propres à permettre aux acteurs de réfléchir, de réajuster leurs actions et d'atteindre avec succès leurs visées. *(chapitre 9)*

Analogie – Ressemblance établie entre deux objets différents. *(chapitre 4)*

Analyse conceptuelle – Mise au jour et analyse du réseau conceptuel d'une théorie, en tenant compte de l'ensemble des énoncés de la théorie et de l'articulation entre les concepts; analyse générique ou différentielle (extension) d'un concept. *(chapitre 4)*

Analyse de contenu – Méthode de classification ou de codification dans diverses catégories des éléments du document analysé pour en faire ressortir les différentes caractéristiques en vue d'en mieux comprendre le sens exact et précis (L'Écuyer, 1988). *(chapitre 11 et 12)*

Analyse des données – Ensemble de processus mentaux et d'opérations logiques mises en œuvre afin de donner un sens aux données recueillies. *(chapitres 7, 11 et 12)* Une stratégie analytique pour l'étude de cas comprend habituellement six étapes, sept si le chercheur entend formuler des propositions théoriques *a priori*. L'analyse commence par la présentation des données et est suivie de l'élaboration de matrices conceptuelles et de la ou des preuves. Le chercheur crée ensuite des diagrammes contextuels afin d'examiner les données de façon holistique. Il indique aussi la fréquence des phénomènes et en explore la complexité en déterminant la variance et la médiane. Enfin, le chercheur organise l'information en ordre chronologique ou selon un autre schème temporel afin de construire la narration. *(chapitre 11)*

Analyse par théorisation ancrée – Type d'analyse qualitative consistant à mettre au jour les aspects fondamentaux d'un phénomène, par des comparaisons constantes entre les données, afin d'en tirer une explication, en portant sur le phénomène un regard différent. *(chapitre 12)*

Analyse thématique – Méthode d'analyse pour repérer, analyser et révéler des modèles (*patterns*) dans les données. Cette méthode met l'emphase sur l'organisation et la description dense de l'ensemble des données (Braun et Clarke, 2006). *(chapitre 12)*

Apprentissage expérientiel – Processus cyclique en quatre étapes *(expérience concrète, conceptualisation abstraite, expérimentation active, observation réfléchie)* au cours duquel un individu apprend et réajuste continuellement sa vision du monde. *(chapitre 9)*

Approbation éthique – Aussi appelée certificat d'éthique, une approbation éthique est une décision rendue par un comité d'éthique de la recherche qui atteste que les activités de recherche avec participants humains évaluées respectent, telles qu'elles sont présentées, les normes éthiques et déontologiques en vigueur. L'obtention d'une approbation éthique est souvent obligatoire pour toucher des subventions de recherche. Elle peut aussi être une condition de diplomation pour les étudiants. *(chapitre 2)*

Approche disciplinaire – Représentation d'une situation selon les présupposés d'une discipline. Il s'agit donc d'une lecture partielle du monde. Par exemple, l'approche des psychologues ou des sociologues à propos de l'échec scolaire. *(chapitre 1)*

Approche interdisciplinaire – Construction d'une connaissance structurée et organisée en fonction d'un problème à résoudre, dans un contexte particulier, en faisant appel à diverses disciplines en vue d'arriver à un résultat original, différent, qui ne dépend plus des disciplines. *(chapitre 1)*

Approche mixte – Méthodologie de recherche par laquelle on recueille à la fois des données qualitatives et des données quantitatives. Cette approche emprunte à diverses méthodologies, en fonction des objectifs de recherche. Elle permet le mariage stratégique de données qualitatives et quantitatives, de façon cohérente et harmonieuse, afin d'enrichir les résultats de la recherche. *(chapitre 5)*

Argumentation – Exposé d'idées ou de motifs qui visent à montrer le bien-fondé ou la validité d'une position. *(chapitre 4)*

Aspect heuristique – L'étude de cas est heuristique, c'est-à-dire qu'elle améliore la compréhension du cas étudié et permet l'émergence de nouvelles interactions, de nouvelles variables, ce qui peut mener à une redéfinition du phénomène (Merriam, 1988). *(chapitre 11)*

Aspect holistique – Lié à sa contribution à la compréhension de systèmes complexes, tels les systèmes sociaux, les systèmes humains. L'étude de cas est holistique en ce qu'elle vise d'abord et avant tout une profonde compréhension du système représenté par le cas, du sens des interactions qu'on y trouve, du pourquoi et du comment de ce phénomène. L'approche holistique offre une description globale du cas. *(chapitre 11)*

Aspect idiographique – Lié à l'étude de cas ou d'événements vus comme uniques, dans le but de comprendre chacun séparément et individuellement, puisqu'ils sont tous différents. *(chapitre 11)*

Aspect nomothétique – Lié à l'étude de cas ou d'événements vus comme universels, avec l'idée de formuler des théories (ou lois) généralisables à tous les cas ou événements. *(chapitre 11)*

Base de données informatisée / bibliothèque numérique – Site Web contenant des informations électroniques audio, vidéo, graphiques et textuelles (ces dernières pouvant être des données plein texte, des références bibliographiques, des données statistiques ou encore des listes de diffusion et de forums), et doté d'un moteur de recherche, généralement par mots clés. *(chapitre 14)*

Cadre théorique – Ensemble de références dans lequel et à l'aide duquel on tente de résoudre un problème ou d'enrichir un domaine de connaissances. Dans une approche globale et interdisciplinaire, contexte de la résolution d'un problème ou de l'enrichissement d'un savoir qui, tenant compte des données d'une problématique, délimite et précise la recherche par un réseau notionnel, enrichit le raisonnement par l'apport intégré d'une pluralité de disciplines devant conduire à l'énoncé d'hypothèses ou à de nouvelles connaissances (Legendre, 2005).

Caractéristiques communicationnelles – Elles font référence: à l'intention de communication de l'énonciateur et aux thèmes du texte; aux contextes de production et de réception; aux caractéristiques du scripteur et du destinataire. *(chapitre 3)*

Caractéristiques textuelles – Elles font référence: au plan du texte et à sa structure compositionnelle; au système énonciatif; à la concordance des temps verbaux; aux procédés langagiers. *(chapitre 3)*

Certificat d'éthique – Document délivré par un comité d'éthique de la recherche qui atteste que le projet avec participants humains évalué respecte, tel qu'il est soumis, les normes éthiques et déontologiques en vigueur. L'obtention d'un certificat d'éthique est souvent obligatoire pour toucher des subventions de recherche. Elle peut aussi être une condition de diplomation pour les étudiants. *(chapitre 2)*

Collecte des données – Pour l'étude de cas, il existe quatre instruments de collecte de données, soit l'observation, l'entrevue, le questionnaire et les études documentaires. (*chapitre 11*)

Collectif ou ouvrage collectif – Publication qui comporte une orientation ou une visée commune et dont chaque chapitre (partie) est produit par un ou des spécialistes du domaine. Par exemple, *Formation des maîtres et contextes sociaux* de Maurice Tardif, Claude Lessard et Clermont Gauthier est un ouvrage collectif paru en 1998 aux Presses universitaires de France. (*chapitre 13*)

Comité d'éthique de la recherche (CER) – Comité qui évalue les aspects éthiques des projets de recherche, composé d'au moins : deux personnes ayant une connaissance pertinente des méthodes, des domaines et des disciplines de recherche relevant de la compétence du comité ; d'une personne versée en éthique ; d'une personne versée en droit ; et d'un membre de la collectivité non affilié à l'établissement. (*chapitre 2*)

Compréhension – De manière générale, il s'agit de la faculté de comprendre, de percevoir et de raisonner. Plus particulièrement, en herméneutique, la compréhension est un processus influencé par une tradition historique et qui renvoie au partage d'un monde commun avec autrui. (*chapitre 3*)

Compte rendu *in extenso* – Écrit qui rapporte exactement les propos d'une personne sans y changer un mot. L'expression *verbatim* est un terme usuel, mais déconseillé en langue française. (*chapitre 9*)

Concept – Idée, notion, structure mentale réunissant les attributs d'une réalité. (*chapitre 4*)

Corrélation – Lien statistique entre les données de deux variables quantitatives. Il existe plusieurs types de corrélations pour illustrer des relations entre deux ou même plusieurs variables. Ainsi, un coefficient de corrélation positif tend à démontrer qu'il existe une certaine relation ; plus ce coefficient se rapproche de 1, plus la relation entre les variables est élevée. (*chapitre 6*)

Courrier électronique – Catégorie de logiciels dont la fonction est de crypter de l'information, textuelle ou graphique, de façon à la rendre transmissible, d'un ordinateur à un autre. La plupart des logiciels de courrier électronique incluent un éditeur texte et un programme de cryptage et de décryptage de signaux codés. Au Québec, on utilise l'acronyme « courriel » pour désigner le courrier électronique alors que les francophones d'Europe recourent au terme « mel », acronyme de messagerie électronique, plus près du diminutif anglo-saxon « mail » ou « e-mail ». (*chapitre 13*)

Culture – Concept faisant référence, en sociologie, à l'environnement symbolique commun (traditions, valeurs, normes et rites) orientant l'action des individus. (*chapitre 8*)

Définition opérationnelle – Définition d'un mot ou d'une expression en des termes qui permettent de reconnaître explicitement le concept par l'énoncé de ses caractéristiques observables, soit directement par les sens, soit d'une façon plus objective par l'observation instrumentale. Définition d'un concept par l'énoncé des opérations de mesure ou de repérage qui conduisent à son identification (Legendre, 2005).

Développement professionnel – Processus planifié et continu, individuel ou collectif, d'actualisation des compétences essentielles à l'exercice d'une profession. (*chapitre 9*)

Diagramme – Représentation graphique des informations liées à des variables. Cette représentation peut prendre diverses formes : par exemple, des histogrammes, des nuages de points, des secteurs ou des lignes superposées. (*chapitre 6*)

Didacticiel – Logiciel dont l'objet est de reproduire un environnement et un contexte favorable à l'apprentissage des contenus propres à une matière scolaire ou à une discipline scientifique. Le didacticiel est un instrument (didactique) de soutien à l'enseignement-apprentissage au même titre que le manuel scolaire. Les didacticiels présentent le plus souvent de façon séquentielle l'exposé de règles et de contenus, puis de situations de performance destinées à l'exercisation ou à la sanction d'un cycle ou d'une boucle d'apprentissage. Les didacticiels peuvent être diffusés sous divers supports, dont la disquette et le cédérom selon le volume d'informations traitées. (*chapitre 13*)

Domaine de recherche – Domaine de savoirs où se situe le problème à résoudre ou la question à étudier ; sphère où s'exercent des activités d'investigation ; ensemble des interrogations, des problématiques, des axes de développement et des tendances lourdes dans un secteur de savoirs et d'activités (Legendre, 2005).

Échantillon – Groupe représentatif d'éléments d'une population plus vaste. Par exemple, un échantillon d'individus est seulement une partie d'une population plus grande d'individus. Dans une recherche quantitative, un échantillon bien choisi permet de réduire les coûts de réalisation du projet tout en favorisant la généralisation des résultats à toute la population concernée. (*chapitre 6*)

Échantillonnage – Processus de détermination et de constitution d'un échantillon (Legendre, 2005).

Échantillonnage intentionnel – Procédure par laquelle le chercheur choisit des participants à la recherche à partir d'un ensemble de critères, provenant du cadre théorique, afin d'avoir accès, pour le temps de l'étude, à des personnes qui partagent certaines caractéristiques. (*chapitre 7*)

Échantillonnage théorique – Stratégie de développement et de consolidation de théories; le chercheur se donne la possibilité de réviser son choix de participants pendant l'étude selon les besoins de comparaison et d'objectivation qui se révèlent (Paillé, 1996b). (*chapitre 7*)

Éducation basée sur la preuve – Approche qui se développe autour de la thèse selon laquelle les pratiques et les politiques éducatives devraient être fondées, au nom de l'intérêt public, sur les meilleures preuves scientifiques disponibles. Les preuves admissibles seraient des recherches quantitatives ou cliniques, avec un groupe contrôle et un groupe expérimental.

Entrevue – Mode de collecte de données qui repose sur l'interaction verbale entre des personnes qui s'engagent volontairement dans pareille relation afin de partager un savoir d'expertise, en vue de mieux comprendre un phénomène d'intérêt pour les personnes concernées. (*chapitre 7*)

Entrevue semi-dirigée – Méthode de collecte de données dans laquelle l'enquêteur accorde moins d'importance à l'uniformisation qu'à l'information elle-même. Toutefois, une série d'objectifs précis sont poursuivis et doivent être atteints à la fin de l'entretien; un schéma définit les thèmes à explorer et prévoit certaines questions; la manière dont les thèmes sont amenés au cours de l'entretien, la façon dont les questions sont formulées et l'ordre dans lequel les thèmes apparaissent ne sont pas fixés d'avance (de Landsheere, 1979).

Entrevue structurée – Méthode de collecte de données qui vise à recueillir des informations de manière uniforme: les personnes interrogées répondent à des questions identiques, reçoivent les mêmes explications et les entrevues se déroulent dans des conditions aussi semblables que possible (de Landsheere, 1979).

Épistémologie (sens contemporain) – Étude critique du discours scientifique, de ses fondements, de ses méthodes, des conditions d'admissibilité de ses propositions. (*chapitres 1 et 4*)

Essai – Publication, présentée pour l'obtention d'une maîtrise en éducation, dans laquelle un chercheur débutant fait l'exposé d'un problème et des éléments constitutifs d'un cadre théorique, ou l'exposé d'une méthodologie et l'analyse des résultats. (*chapitre 13*)

Étude de cas – À l'instar de Stake (1994), Yin voit en l'étude de cas une réponse possible au «pourquoi» et au «comment» d'un phénomène humain. L'étude de cas est donc pour lui explicative et préférable pour répondre à des problèmes de liens opératoires qui doivent être étudiés pendant un certain temps, plutôt que de faire part de fréquences ou d'incidences de phénomène. On peut aussi la définir comme une étude empirique qui analyse un phénomène contemporain à l'intérieur de son contexte réel, surtout lorsque les frontières entre le phénomène et son contexte ne sont pas évidentes. L'étude de cas permet à l'enquête menée de retenir les caractéristiques holistiques et sémantiques d'événements vécus, tels les cycles de vie individuels, les processus organisationnels, les changements communautaires, les relations internationales, etc. (*chapitre 11*)

Étude de cas analytique – Shaw (1978) nomme aussi l'étude de cas interprétative «étude analytique», puisqu'elle implique une analyse plus profonde que l'étude descriptive. L'étude analytique se distingue par sa complexité, son étendue et son orientation théorique (Merriam, 1988). (*chapitre 11*)

Étude de cas collective – Subordonne le cas à l'étude, puisque ce dernier devient un élément d'un ensemble de cas. Le but est d'étudier plusieurs cas qui représentent un phénomène, une population et une condition générale, car ils ont tous une caractéristique commune (Stake, 1994). (*chapitre 11*)

Étude de cas descriptive – L'étude de cas est aussi descriptive, puisque le résultat final est une description détaillée, quasi positiviste, mais comportant des éléments d'interprétation. Elle comprend le plus de variables possible et décrit leurs interactions pendant un laps de temps prédéterminé (Merriam, 1988). L'étude de cas descriptive présente le cas de façon détaillée ; la formulation d'hypothèses et la mise à l'épreuve de théories sont subordonnées à cette description. Certains auteurs, dont Litjphart (1971), qualifient même l'étude de cas descriptive d'athéorique, c'est-à-dire qu'elle évolue sans être guidée par des hypothèses de recherche et qu'elle n'est pas motivée par la généralisation (Merriam, 1988) (analogue à l'étude de cas instrumentale de Stake). (*chapitre 11*)

Étude de cas ethnographique – Sous-entend une interprétation socioculturelle du cas à l'étude (Merriam, 1988). (*chapitre 11*)

Étude de cas évaluative – Se distingue par son produit final, c'est-à-dire par le jugement qu'elle porte sur le phénomène, le système du cas étudié. Il s'agit d'une approche particulièrement bien adaptée à l'évaluation éducative, puisqu'elle peut expliquer les liens causaux des interventions éducatives, ces dernières étant souvent trop complexes pour qu'on les étudie à l'aide d'un questionnaire ou d'une expérimentation (Merriam, 1988). (*chapitre 11*)

Étude de cas historique – Exploite des archives et des témoignages afin de mieux comprendre l'évolution d'un phénomène, d'un événement, d'une institution ; c'est-à-dire qu'elle en trace le développement (Merriam, 1988). (*chapitre 11*)

Étude de cas instrumentale – Entreprise lorsque le chercheur souhaite mieux comprendre un problème ou raffiner une théorie. Le cas devient alors subordonné à un intérêt externe, c'est-à-dire qu'on l'étudie afin de mieux comprendre quelque chose d'autre (Stake, 1994). (*chapitre 11*)

Étude de cas interprétative – Contient la description détaillée du cas, mais les données sont utilisées afin de développer des catégories conceptuelles ou pour illustrer, soutenir ou réfuter des postulats théoriques adoptés avant la collecte des données. Le chercheur amasse alors le maximum d'information afin d'interpréter le phénomène ou d'en tirer une théorie (Merriam, 1988). (*chapitre 11*)

Étude de cas intrinsèque – Vise une compréhension approfondie d'un cas particulier. On ne cherche pas à comprendre le cas parce que ce dernier est représentatif d'un ensemble de cas ou parce qu'il illustre bien un problème ou un phénomène, mais plutôt parce que, dans sa particularité, ce cas comporte un intérêt pour le chercheur. Le but n'est pas de produire des généralisations, mais de comprendre ce système en particulier (Stake, 1994). (*chapitre 11*)

Étude de cas psychologique – Met l'accent sur l'individu afin de mieux comprendre un aspect du comportement humain (Merriam, 1988). (*chapitre 11*)

Étude de cas sociologique – S'attarde aux construits sociaux et à la socialisation dans les phénomènes éducatifs (Merriam, 1988). (*chapitre 11*)

Étude descriptive – Décrit un phénomène ; comprend la collecte de données quantitatives ou qualitatives pour prédire et cerner la relation entre les variables à l'étude. Ce genre d'étude inclut l'observation directe des comportements, les enquêtes, les études développementales et les études corrélationnelles (Dawoud, 1996). (*chapitre 11*)

Étude du cas simple – L'étude du cas simple ou particulier peut être efficace pour mettre une théorie à l'épreuve, pour étudier un cas unique ou extrême et enfin, pour étudier un phénomène jusqu'à présent inconnu ou inaccessible, c'est-à-dire un cas révélateur. Outre ces trois objectifs, l'étude du cas simple ou particulier peut servir d'étape préliminaire à une étude multicas (Yin, 1994). L'objectif de l'étude est une compréhension approfondie d'un cas particulier, parce que, dans sa particularité, ce cas comporte un intérêt pour le chercheur. Le but n'est pas de produire des généralisations, mais de comprendre cet enfant, cette clinique, cette école en particulier (Stake, 1994). (*chapitre 11*)

Étude holistique du cas particulier – Sous-entend que seule la nature globale du cas (une école, un programme ou un organisme) est à l'étude. Le chercheur ne s'attarde pas aux unités de processus à l'intérieur du système (Yin, 1994). (*chapitre 11*)

Étude intégrée ou contextualisée du cas particulier – Sous-entend que le chercheur étudie non seulement le cas dans son ensemble, mais aussi les sous-unités du cas (pour un programme, il peut s'agir des objectifs ; pour une école, il peut s'agir du personnel enseignant) ou des unités du processus et du contexte du cas (Yin, 1994). (*chapitre 11*)

Étude multicas – Par rapport à l'étude du cas simple, l'étude multicas a pour but de découvrir des convergences entre plusieurs cas, tout en visant l'analyse des particularités de chacun des cas (Yin, 1994). L'étude multicas permet d'augmenter le potentiel de généralisation au-delà du cas particulier. Une interprétation fondée sur plusieurs cas peut être plus intéressante que des résultats provenant d'un seul cas (Merriam, 1988). *(chapitre 11)*

Étude multicas holistique – Dans l'étude multicas intégrée, chaque unité (cas) à l'étude est analysée selon une approche holistique, tenant compte de l'aspect global du système et des interactions entre ses composantes. *(chapitre 11)*

Étude multicas intégrée ou contextualisée – Sous-entend que chaque cas comporte des sous-unités d'intérêt pour le chercheur; celui-ci les examine individuellement avant de retourner à l'examen des interactions entre les composantes du système, c'est-à-dire au cas global. *(chapitre 11)*

Expérience sociale – Concept sociologique, inspiré des travaux d'Alfred Schutz, cherchant à comprendre la société à partir de la perspective des acteurs et représentant la prise de conscience de leur vécu par les individus. Dans cette vision, elle constitue le premier motif du comportement et de l'action des individus construisant leur interprétation du monde. *(chapitre 8)*

Falsifiabilité – Selon la formulation de Popper, il s'agit de déduire d'une théorie certains énoncés que l'on peut appeler des «prédictions» et que l'on peut facilement contrôler. Ces énoncés sont ensuite testés. S'ils sont vérifiés, la théorie est provisoirement acceptée ou «corroborée». *(chapitre 4)*

Fidélité – Capacité d'un instrument de mesure de toujours mesurer la même chose si les mêmes conditions d'administration sont appliquées. On parle alors de la consistance des résultats ou de la stabilité d'un outil dans le temps. *(chapitre 6)*

Formulation d'un problème de recherche – Étape qui vise essentiellement à faire ressortir par une logique argumentative l'existence d'un manque de connaissance relativement à la problématique soulevée. *(chapitre 3)*

Genre textuel – Ensemble de productions langagières (orales ou écrites) ayant des caractéristiques communes qui peuvent être de divers ordres (communicationnel, textuel, sémantique, grammatical, graphique, etc.). *(chapitre 3)*

Groupe contrôle ou groupe témoin – Ensemble des sujets qui ne participent pas directement à l'expérimentation, mais qui servent de cadre de référence pour permettre au chercheur d'attribuer les effets de l'intervention vérifiés auprès du groupe expérimental, uniquement à la variable indépendante. *(chapitre 6)*

Groupe expérimental – Ensemble des sujets d'une recherche sur lesquels le chercheur applique un traitement ou mène une intervention. *(chapitre 6)*

Herméneutique – Art d'interpréter les textes chez les Grecs anciens. Aujourd'hui, il existe plusieurs variantes selon les champs disciplinaires: littéraire (interprétation des textes littéraires); juridique (interprétation des sources de la loi); théologique (interprétation des textes sacrés); historique (interprétation des sources historiques); philosophique (au-delà d'une théorie de la connaissance, elle est pour certains une théorie de l'être, à savoir qu'elle caractérise la manière propre qu'a l'être humain d'habiter le monde). *(chapitre 3)*

Heuristique ou fécondité heuristique – Qui est relatif à la découverte, à la capacité de faire apparaître du sens. *(chapitre 4)*

Hypothèse – Énoncé formulant une relation potentielle entre deux variables, relation que le chercheur souhaite vérifier. Une hypothèse provient soit des résultats de recherches antérieures, soit de l'intuition du chercheur. *(chapitre 6)*

Instrument de mesure – Ensemble d'éléments regroupés pour recueillir des données pertinentes quant au jugement à poser et à la décision à prendre; par exemple, test, épreuve, grille d'observation, échelle d'appréciation, etc. (Legendre, 2005).

Interactionnisme symbolique – Approche sociologique développée par George H. Mead postulant que les individus ne réagissent pas simplement aux actions des autres, mais que leurs interprétations des intentions et actions de soi et des autres participent à la définition du social et de leur identité. *(chapitre 8)*

Internet – Représentait initialement l'acronyme d'un réseau de communication entre ordinateurs spécialisés de grande puissance. De nos jours, ce terme renvoie généralement au réseau unifié connu sous l'appellation anglaise de World Wide Web ou réseau W3. Il s'agit simplement d'une série d'ordinateurs de puissance variable (serveurs) interconnectés. Ceux-ci ont pour fonction principale de recevoir ou de rediriger des signaux transmis à partir du réseau téléphonique traditionnel ou d'un réseau de transmission d'information à l'aide d'un support optique. *(chapitre 13)*

Langage – Système qui permet l'expression de la pensée et de la communication entre les êtres humains. Cette fonction est mise en œuvre par la parole ou l'écriture. *(chapitre 3)*.

Livre – Au sens restreint, publication relative à un sujet donné produite habituellement par un seul auteur qui ne vise pas l'obtention d'un grade universitaire. Par exemple, le roman *Agaguk* est un livre d'Yves Thériault dont la première édition a paru en 1958 chez Bernard Grasset à Paris. *(chapitre 13)*

Logiciel – Au sens restreint, agencement d'instructions cryptées selon un code lisible et interprétable par un ordinateur. La séquence d'instructions logique elle-même représente un programme. Un logiciel peut intégrer en séquence hiérarchique plusieurs programmes dont les finalités d'exécution sont limitées, mais dont l'interaction permet une plus ou moins grande flexibilité dans l'accomplissement de tâches par l'utilisateur. Par exemple, un logiciel de traitement de texte intègre généralement un programme d'édition (éditeur texte), un programme d'édition graphique et, dans la majorité des cas, des programmes de tabulation et de calcul plus ou moins rudimentaires. *(chapitre 13)*

Logiciel d'analyse qualitative (en anglais, *computer assisted qualitative data analysis software*, CAQDAS) – Logiciel soutenant le codage (intentionnel ou automatisé) et l'analyse des données qualitatives (textuelles, graphiques, audio ou vidéo). *(chapitre 14)*

Logiciel d'analyse quantitative – Logiciel effectuant des analyses statistiques exploratoires, descriptives, inférentielles ou multidimensionnelles sur des données quantitatives. *(chapitre 14)*

Logiciel de carte conceptuelle – Logiciel permettant de construire une représentation graphique d'un ensemble de concepts et des relations qu'ils entretiennent entre eux. *(chapitre 14)*

Logiciel de communication, de collaboration et de diffusion – Logiciel, notamment issu du Web 2.0, qui favorise les interactions (écrites, orales ; synchrones, asynchrones) et le partage de documents (textuels, audio, graphiques, vidéo) au sein d'un groupe d'individus. *(chapitre 14)*

Logiciel de gestion bibliographique – Logiciel permettant d'indexer, d'organiser, d'annoter, de partager et de citer des documents électroniques. *(chapitre 14)*

Logiciel de gestion de projet – Logiciel ayant pour but d'assister le travail de gestion de projet (par exemple, Basecamp), notamment au regard de l'automatisation des tâches de sauvegarde, de la gestion du temps ou de la construction de diagrammes de Gantt, qui exposent sur l'axe du temps les diverses tâches exigées par un projet. *(chapitre 14)*

Mémoire – Publication qui résulte d'une recherche, ou d'une réflexion d'ordre argumentatif, soumise pour l'obtention d'une maîtrise ès arts. Un mémoire comprend souvent l'exposé d'une problématique et d'un cadre théorique, la présentation d'une méthodologie de recherche et des résultats de cette recherche ainsi qu'une discussion sommaire, mais suffisante, de ces résultats. *(chapitre 13)*

Métaphore – Comparaison par analogie condensée entre deux termes (sans le « comme » ; par exemple, *la vieillesse est le soir de la vie*). *(chapitre 4)*

Méthode – Techniques de collecte de données (entrevues, questionnaires) et techniques d'analyse (analyse de contenu, test statistique) mises en œuvre pendant la recherche. *(chapitre 5)*

Méthode déductive – Va d'un raisonnement général au particulier, du principe à la conséquence ; infère une conclusion à partir d'une prémisse, d'un principe ou d'une loi (Petit Robert, 1993). Mode de raisonnement logique qui suit un réseau de propositions interreliées allant du général au particulier (Legendre, 2005). *(chapitre 5)*

Méthode inductive – Méthode suivant laquelle le chercheur tire des conclusions à partir de données qui les rendent vraisemblables ; raisonnement qui va de la cause à la conséquence, du particulier au général (Petit Robert, 1993). Mode de raisonnement logique qui consiste à généraliser à un ensemble les données particulières obtenues à partir d'un nombre limité d'éléments (Legendre, 2005). *(chapitre 5)*

Méthode scientifique – Démarche inspirée du discours cartésien qui met en relation fonctionnelle et logique les processus de l'induction, de l'hypothèse et de la déduction (Petit Robert, 1993). Méthode de résolution de problème caractérisée par trois éléments fondamentaux: l'induction, l'hypothèse, la déduction (IHD). (*chapitre 5*)

Méthodologie – Ensemble de points de vue et de perspectives sur une recherche. Dans la planification de la méthodologie, un chercheur lie ces points de vue et ces perspectives aux techniques de travail employées. Cet ensemble doit former un tout cohérent et ordonné: les décisions méthodologiques découlent des postures épistémologiques et théoriques. (*chapitre 5*)

Méthodologie mixte – Approche pragmatique de la recherche dans laquelle des données qualitatives sont jumelées à des données quantitatives afin d'enrichir la méthodologie et, éventuellement, les résultats de la recherche. (*chapitre 5*)

Modèle – Schéma, image, discours organisé qui représente la complexité des situations abordées. Un modèle simplifie toujours la situation étudiée. (*chapitre 1*)

Monographie – Publication qui résulte de l'étude exhaustive et détaillée d'un sujet précis et relativement restreint. Document unique dans le temps et dans l'espace, qui vise à faire le tour d'une question particulière en quelques chapitres. Il est l'œuvre d'une ou de plusieurs personnes et paraît à un moment précis, mais peut faire l'objet par la suite d'une nouvelle édition pour sa mise à jour. La monographie est aussi communément appelée livre. *Stratégies pour apprendre à enseigner autrement* est une monographie. (*chapitre 13*)

Objectifs de recherche – Intentions du chercheur à propos de son objet de recherche. (*chapitre 3*)

Observation – Mode de collecte de données par lequel le chercheur s'intéresse aux comportements de personnes, organise sa perception et tente d'y donner un sens au regard des objectifs de la recherche. (*chapitre 7*)

Observation participante – Technique de collecte de données exigeant la présence physique du chercheur sur le terrain et permettant l'accès à des données de première main, en train de se faire (*in vivo*) ou issues de leur milieu naturel (*in situ*). (*chapitre 8*)

Paradigme – Ensemble de présupposés, de croyances et de valeurs qui déterminent le point de vue d'une discipline ou d'un champ de connaissance. Les paradigmes sont des cadres de référence qui standardisent la construction des savoirs. Ils sont communs aux chercheurs qui travaillent au sein d'une même communauté scientifique (Kuhn, 2008). (*chapitres 1 et 4*)

Paradigme compréhensif, interprétatif – Conception de la connaissance scientifique qui affirme la complexité de la réalité, met en question la causalité et la recherche des lois en donnant une place importante à l'interaction sujet-objet de la connaissance et en prenant en compte les intentions, les valeurs, les motivations, les stratégies des acteurs. Il s'oppose au paradigme positiviste; il réfute l'existence d'un monde réel, extérieur au sujet. (*chapitre 1*)

Paradigme positiviste-empiriste – Conception de la connaissance scientifique fondée sur plusieurs croyances: a) en une science descriptive qui ne construit pas ses objets, mais les trouve tout faits; b) en une science privée d'un appareil critique conçu pour l'évaluation du savoir qu'elle produit; c) en une démarche expérimentale limitée aux seules opérations d'observation passive et de quête empirique des liens entre phénomènes; d) en une objectivité qui correspond à la réalité et non pas aux paradigmes dominants; e) en une science à portée universelle, indépendante des contextes et des idéologies; f) en une progression de la connaissance vers la réalité. Ce courant important dans l'histoire de l'épistémologie est apparu en réaction au dogmatisme religieux et à certains de ses *a priori*. Il a donné naissance au positivisme « vulgaire » qui est devenu la philosophie spontanée de beaucoup de scientifiques. (*chapitre 1*)

Participant de recherche – En éthique de la recherche, personne dont les données ou les réponses à des interventions, à des stimuli ou à des questions de la part du chercheur ont une incidence sur la question de recherche. On dit aussi « participant humain » ou, dans d'autres politiques ou lignes directrices, « sujet » ou « sujet de recherche » (EPTC 2, 2014). (*chapitre 2*)

Plan expérimental – Façon d'organiser les groupes en vue des observations et du traitement (Ouellet, 1994).

Planification de l'étude de cas – Comporte cinq composantes, soit les questions de recherche, les propositions, les unités d'analyse, la logique liant les données aux propositions et les critères d'interprétation (Yin, 2003). (*chapitre 11*)

Post-test – Mesures prises après qu'un traitement expérimental a été administré, servant à vérifier si l'intervention a entraîné une modification des résultats depuis les mesures du prétest. (*chapitre 6*)

Pragmatisme – Théorie de la connaissance selon laquelle l'action finalisée est la source de l'acquisition et de la justification des idées sur le monde externe. (*chapitres 5 et 9*)

Pratique fondée sur des données probantes. Approche selon laquelle il est important de faire un usage consciencieux et judicieux de données de la recherche dans les interventions éducatives réalisées. (*chapitre 1*)

Prétest – Dans la perspective d'une recherche quantitative, mesures effectuées avant toute intervention expérimentale. Le prétest se situe ainsi au début de la recherche alors que le post-test s'en situe à la fin. (*chapitre 6*)

Problématique – Sélection et mise en ordre par le chercheur et selon ses perspectives propres des éléments qui composent le territoire de questionnement que couvre la recherche. Elle a pour finalité de convaincre le lecteur du bien-fondé du questionnement proposé. (*chapitre 3*)

Procédé langagier – Moyen utilisé pour développer l'argumentation, par exemple, expliquer, réfuter, recourir à des faits, décrire et définir, etc. (*chapitre 3*)

Procédé statistique – Outil mathématique qui permet de rassembler les résultats d'un processus de mesure sous des formes utiles à l'expression de jugements et à la prise de décision (Legendre, 2005).

Profession – Occupation caractérisée par une compétence acquise par de longues études, une pratique spécialisée, une haute responsabilité et un service centré sur les besoins de la société. (*chapitre 1*)

Professionnalisation – Processus et cheminement d'un groupe de professionnels visant une certaine légitimité et un certain statut dans la société. Ce processus se caractérise par un ensemble de démarches et par des contenus orientés vers le développement des compétences requises pour l'exercice du métier. (*chapitre 1*)

Question de recherche – Interrogation portant sur les connaissances et visant à les étudier. (*chapitre 3*)

Rapport de recherche – Publication de recherche qui s'apparente à un mémoire ou à une thèse, mais qui n'a pas comme objectif l'obtention d'un diplôme universitaire. D'ampleur variable, de tels rapports peuvent faire l'objet d'une diffusion relativement importante, notamment, de façon presque incontournable, lors de la clôture des activités d'une recherche subventionnée (à la demande, par exemple, du Fonds de recherche du Québec – Société et culture (FRQSC) (*chapitre 13*)

Recherche-action – Action de recherche et d'éducation visant la transformation finalisée d'une situation pédagogique dans le but de l'améliorer, de contribuer au développement professionnel des personnes qui y ont part et d'étendre les connaissances sur cette situation. (*chapitre 9*)

Recherche évaluative orientée vers la conception – S'intéresse à l'amélioration d'un programme ou d'un dispositif au cours de sa conception, de manière à satisfaire au mieux les besoins des bénéficiaires. Certains auteurs insistent pour que cette recherche évaluative soit menée sur le terrain plutôt qu'en laboratoire. (*chapitre 10*)

Recherche évaluative orientée vers la prise de décision – S'intéresse aux résultats d'un programme ou d'un dispositif afin d'orienter certains choix en matière de politique éducative, de méthodes et d'outils pédagogiques. (*chapitre 10*)

Recherche qualitative/interprétative – Épouse le paradigme interprétatif et privilégie l'approche naturaliste. Visant à comprendre en profondeur les phénomènes à l'étude à partir du sens que communiquent les participants à la recherche, elle se déroule dans le milieu naturel de ces derniers, et implique un choix éclectique d'outils de travail. (*chapitre 7*)

Recherche quantitative – Fondée sur des statistiques, sur la mesure de quantités (Petit Robert, 1993). Recherche qui préconise l'utilisation d'instruments de mesure pour préciser les observations ainsi que l'utilisation de méthodes statistiques pour objectiver l'analyse et l'interprétation des résultats (Legendre, 2005).

Réflexivité – Concept faisant référence au questionnement constant du chercheur, c'est-à-dire à toutes les étapes du processus de recherche, sur la façon dont il en vient à savoir ce qu'il sait. (*chapitre 8*)

Revue professionnelle – Périodique qui publie des textes destinés aux personnes qui exercent une même profession. Par exemple, *Québec français*, *Vie pédagogique*, *L'Orientation* et *Orientation nouvelle* sont des revues professionnelles publiées au Québec. (*chapitre 13*)

Revue scientifique – Périodique qui publie des articles scientifiques, c'est-à-dire produits par des chercheurs et habituellement évalués par des pairs, des comptes rendus d'ouvrages scientifiques, etc. La *Revue des sciences de l'éducation*, la *Revue canadienne de l'éducation* et les *Cahiers de la recherche en éducation* en sont trois exemples. (*chapitre 13*)

Rhétorique – Art de persuader par le discours ; procédés mis en œuvre à cette fin. (*chapitre 4*)

Risque minimal – En éthique de la recherche, notion désignant en quelque sorte le seuil en deçà duquel le risque est jugé bénin. On dit d'une recherche qu'elle est à risque minimal quand les risques découlant de la participation à celle-ci ne sont pas plus élevés que les risques inhérents à la vie quotidienne du participant. (*chapitre 2*)

Sérendipité – Concept faisant référence à la nécessité d'adopter une posture d'ouverture et d'exploration qui agit comme un rempart contre la tentation de formaliser à outrance les choix théoriques et méthodologiques du travail de recherche. (*chapitre 8*)

Sujets de recherche – En recherche quantitative, personnes, animaux ou même choses qui participent à l'expérimentation, ou qui constituent l'objet des mesures de la recherche. (*chapitre 6*)

Système énonciatif – Présence plus ou moins importante de marques énonciatives (*nous croyons que…*), de discours rapportés (*selon Bouchard…*), de marques de modalité (*il est impératif de…*). (*chapitre 3*)

Technique de codage – Ensemble des procédés et des méthodes qui transforment, sous une forme standardisée, des données brutes obtenues par la mesure, afin d'en faire une analyse (Ouellet, 1994).

Technologie émergente – Toute technologie récente, qu'elle soit matérielle (ordinateurs portables de plus en plus puissants, compacts et peu chers, iPhone, iPad, etc.) ou virtuelle (réseaux sociaux comme Facebook, microblogues comme Twitter, blogues, signets sociaux comme Del.icio.us, baladodiffusions, vidéodiffusions comme sur YouTube, etc.). (*chapitre 14*)

Théorie – Ensemble systématique d'énoncés, ou de propositions logiquement liées, portant sur un objet déterminé et répondant à certains critères de validité. (*chapitre 4*)

Théorie ancrée – Privilégiée par l'approche naturaliste en recherche, elle sous-entend que toute théorie construite à partir de l'étude de cas est enracinée dans le contexte, dans le système naturel étudié. Par induction, elle dérive du phénomène qu'elle représente. La théorie ancrée est découverte, développée et vérifiée provisoirement lors de la collecte des données et de l'analyse systématique de ces dernières. On ne commence pas avec la théorie pour la prouver, on commence par un domaine d'étude et ce qui s'y rapporte ; la théorie en émerge (Strauss et Corbin, 1990). La théorie ancrée se compose de trois éléments essentiels au chercheur qui choisit le paradigme qualitatif, soit les concepts, les catégories et les propositions. Les théories ne peuvent être construites directement à partir des données, des activités ou des incidents observés. Ces derniers sont analysés en tant qu'indicateurs potentiels d'un phénomène qui fera ensuite partie d'une catégorie conceptuelle. Ces catégories sont le fondement de la théorie. La troisième étape de l'analyse produit des propositions. Ces dernières indiquent la relation entre la catégorie et ses concepts. (*chapitre 11*)

Théorisation ancrée – Méthode qui met l'accent sur la création de cadres conceptuels ou de théories dans la construction d'un schème inductif d'analyse des données par comparaison constante (Charmaz, 2006). (*chapitre 12*)

Thèse – Publication qui résulte d'un travail substantiel de recherche, ou d'une réflexion argumentative d'envergure, présentée pour l'obtention d'un doctorat. Une thèse comprend souvent l'analyse fouillée d'une problématique et d'un cadre théorique, la présentation d'une méthodologie de recherche et des résultats de cette recherche ainsi qu'une discussion en profondeur de ces résultats. *(chapitre 13)*

Triangulation – Stratégie de recherche au cours de laquelle le chercheur superpose et jumelle plusieurs perspectives (théories, méthodes, personnes). *(chapitres 7 et 9)*

Triangulation des méthodes – Stratégie de recherche qui conduit à recourir à plusieurs modes de collecte des données combinés pour faire ressortir différents aspects d'un phénomène étudié. *(chapitre 7)*

Triangulation des sources – Stratégie de recherche qui conduit à recourir aux divers points de vue abordés pendant la recherche afin de dégager une vision globale du phénomène étudié. *(chapitre 7)*

Triangulation du chercheur – Stratégie par laquelle le chercheur prend du recul par rapport à sa démarche en discutant de celle-ci, par exemple, avec quelqu'un qui ne fait pas partie de sa recherche. *(chapitre 7)*

Triangulation indéfinie – Objectivation de la démarche de coconstruction des savoirs par le retour aux participants à la recherche et les discussions autour des constructions de sens émergentes. *(chapitre 7)*

Triangulation par l'analyse – Étude d'un même corpus de données par l'application de différentes approches d'analyse. *(chapitre 7)*

Triangulation théorique – Stratégie par laquelle le chercheur recourt à plusieurs perspectives théoriques pour donner sens à un phénomène. *(chapitre 7)*

Validité – Capacité d'un instrument de mesure de bien mesurer ce qu'il est censé mesurer. Il existe plusieurs types de validité selon qu'il s'agit de la construction même de l'instrument de mesure ou de la rigueur liée à la recherche proprement dite. *(chapitre 6)*

Validité externe – Degré de précision avec lequel on peut transposer les conclusions d'une expérimentation, obtenues avec un échantillon de sujets, à d'autres sous-groupes de sujets, dans d'autres situations et à d'autres moments (Legendre, 2005).

Validité interne – Qualité d'une recherche expérimentale dont les conclusions découlent directement de l'influence des variables indépendantes (Legendre, 2005).

Variable – Trait ou attribut, caractéristique ou facteur observables et évaluables auxquels on peut attribuer diverses propriétés ou valeurs numériques (Legendre, 2005). Tout facteur qui peut prendre au moins deux valeurs distinctes, soit tout ce qui peut changer de valeur en grandeur et en intensité (Ouellet, 1994).

Variable dépendante – Variable sur laquelle l'intervention expérimentale ou les effets de la variable indépendante devraient avoir une incidence, lors d'une expérimentation en recherche quantitative. Ainsi, la variable dépendante est celle «sur laquelle on n'intervient pas directement, mais dont on observe les variations résultant des changements provoqués chez d'autres variables, en vue de mieux connaître un phénomène ou de vérifier une prédiction» (Legendre, 2005). *(chapitre 6)*

Variable indépendante – Variable que manipule le chercheur en vue de provoquer un changement sur la variable dépendante. Cette variable qui implique une intervention du chercheur voulant en vérifier les effets est souvent associée à la cause d'un phénomène; c'est pourquoi on l'appelle souvent variable explicative. *(chapitre 6)*

Voie holistique – Démarche globale qui décrit non seulement les éléments qui composent l'ensemble d'un système, mais aussi les relations entre ces éléments, relations qui n'ont de signification qu'en fonction de l'organisation générale à laquelle elles appartiennent (Ouellet, 1994). *(chapitre 5)*

Voie réductionniste – Type de recherche qui vise à décomposer la structure d'un phénomène dans le plus grand nombre possible d'éléments, et à déterminer leurs différentes propriétés afin d'isoler celles qui définissent en propre le système organisé dont ce phénomène fait partie. (Ouellet, 1994). *(chapitre 5)*

Web 2.0 – Renouveau du Web par le passage d'un environnement unidirectionnel de diffusion de l'information (Web 1.0) à un environnement multidirectionnel et interactif de publication personnelle, de collaboration, de partage et de personnalisation de l'information. *(chapitre 14)*

Bibliographie

ADELMAN, C. (1993). Kurt Lewin and the origins of action research. *Educational Action Research*, *1*(1), 7–24.

ALEXANDER, B.K. (2005). Performance ethnography: The reenacting and inciting of culture. Dans N. K. Denzin et Y. S. Lincoln (dir.), *The SAGE handbook of qualitative research* (3ᵉ éd., p. 411-442). Thousand Oaks, CA: SAGE Publications.

ALTET, M. (2000). L'analyse de pratiques: une démarche de formation professionnalisante? *Recherche et formation*, (35), 25-41.

American Psychological Association. (1973). *Ethical principles in the conduct of research with human participantss.* Washington, DC: APA.

American Psychological Association. (2010). *Publication manual of the american psychological association* (6ᵉ éd.). Washington, DC: APA.

AMIEL, P. et VIALLA, F. (2009) La vérité perdue du «code de Nuremberg»: réception et déformations du «code de Nuremberg» en France. *Revue de droit sanitaire et social*, Sirey – Dalloz, 673-687.

AMOSSY, R. et KOREN, R. (2009). Rhétorique et argumentation: approches croisées. *Argumentation et Analyse du Discours*, (2), 1-20.

ANADÓN, M. (1989). *L'école québécoise: jeux et enjeux des forces sociales, 1970-1980.* Québec: Université Laval, Laboratoire de recherches sociologiques.

ANADÓN, M. (1990). Quelques réflexions sur la formation du chercheur en sciences de l'éducation. *Recherches qualitatives, 3*(été), 155-158.

ANADÓN, M. (2001). *Nouvelles dynamiques de recherche en sciences de l'éducation.* Québec: Presses de l'Université Laval.

ANADÓN, M. (2006). La recherche dite «qualitative»: de la dynamique de son évolution aux acquis indéniables et aux questionnements présents. *Recherches Qualitatives, 26*(1), 5-31.

ANADÓN, M. (2007). *La recherche participative: multiples regards.* Québec: Presses de l'Université du Québec.

ANADÓN, M., GOHIER, C. et CHEVRIER, J. (2007). Les qualités et les compétences de l'enseignant en formation au préscolaire et au primaire: point de vue des formateurs. Dans C. Gohier (dir.), *Identités professionnelles d'acteurs de l'enseignement: regards croisés* (p. 11-36). Québec: Presses de l'Université du Québec.

ANADÓN, M. GOHIER, C. et CHEVRIER, J. (2010, février). *Compromiso, identidad profesional e inserción.* Communication présentée au Congreso Internacional sobre profesorado Principiante e inserción profesional a la docencia, Buenos Aires, Argentine.

ANADÓN, M., SAUVÉ, L., TORRES, M. et BOUTET, A. (2000). L'évaluation de programmes en éducation relative à l'environnement: le cas du projet EDAMAZ – Educacion ambiental en Amazonia. *Éducation relative à l'environnement: regards, recherches, réflexions, 2*, 31-47.

ANADÓN, M. et SAVOIE-ZAJC, L. (2004). Dynamiques de recherche et accompagnement du changement des pratiques professionnelles. Dans *L'année de la recherche en sciences de l'éducation* (p. 115-139). Paris: AFIRSE Matrice.

ANADÓN, M., et SAVOIE-ZAJC, L. (2004). Introduction: l'analyse qualitative des données. *Recherches qualitatives, 8*(1), 1-7.

ANADÓN, M., et SAVOIE-ZAJC, L. (2009). L'analyse qualitative. *Recherches qualitatives*, *28*(10), 1-7.

ANGENOT, P. (1989). La recherche qualitative: enjeux discursifs. Dans P. Angenot (dir.), *La pratique de la recherche qualitative: un plaisir?* (p. 39-48). Rouyn-Noranda: Société de recherche en éducation de l'Abitibi-Témiscamingue.

ANGENOT, P. (1994). Apprendre à argumenter: l'acquisition de stratégies. *Revue pour la recherche qualitative*, *10*, 54-67.

ANGENOT, P. (1996). Des stratégies argumentatives pour l'innovation pédagogique en milieu scolaire. Dans R. Pallascio, L. Julien et G. Gosselin (dir.), *L'école alternative, un projet d'avenir* (p. 109-116). Montréal: Beauchemin.

ANGENOT, P. (1998). *Le discours pédagogique argumentatif. Recueil de textes. Questions approfondies de pédagogie. Recueil thématique 3 – Les opérations.* Trois-Rivières: Université du Québec à Trois-Rivières, Département des sciences de l'éducation, Épistémologie des discours pédagogiques au Québec (ÉDIPEQ).

ANGERS, M. (1996). *Initiation pratique à la méthodologie des sciences humaines.* Montréal: Commission des écoles catholiques.

ANGERS, P. et BOUCHARD, C. (1978). *École et innovation.* Montréal: Éditions NHP.

ARMAND, F. (2015). Pourquoi l'éducation inclusive en maternelle? Les jeunes enfants sont-ils «racistes»? *Revue préscolaire*, *52*(3), 21-23.

ARTHURS, H.W., BLAIS, R.A. et THOMPSON, J. (1994). *Integrity in scholarship: A report to concordia university by the independent committee of inquiry into academic and scientific integrity* (Rapport Arthurs). Montréal: Concordia University.

ASSELIN, C. et MCLAUGHLIN, A. (1992). Les erreurs linguistiques rencontrées dans les écrits des étudiants universitaires: analyse et conséquences. *Revue de l'Association canadienne de linguistique appliquée*, *14*(1), 13-30.

Association des cadres scolaires du Québec. (2000). S'éduquer à la santé: le défi des gestionnaires: vécu des gestionnaires des commissions scolaires et propositions d'actions favorisant le maintien de leur santé au travail. *Réussir, 7*(1), 1-12.

Association médicale mondiale. (1964). *Déclaration d'Helsinki: principes éthiques applicables à la recherche médicale impliquant des êtres humaine.* Helsinki: AAM.

ATKINSON, P. (2015). *For ethnography.* Londres: SAGE Publications.

ATKINSON, P. et HAMMERSLEY, M. (1994). Ethnography and participant observation. Dans N.K. Denzin et Y.S. Lincoln (dir.), *Handbook of qualitative research* (p. 248-261). Thousand Oaks, CA: SAGE Publications.

AUYERO, J. et JENSEN, K. (2015). Political ethnographies of urban marginality. *City and Community*, *14*(4), 359-363.

AYOTTE, R. (1984). L'évolution de l'organisation de la recherche québécoise. *Prospectives*, (20), 7-16.

AVANZINI, G. (2008). De l'avenir des sciences de l'éducation. *Les sciences de l'éducation: histoire, débats, perspectives*, (1), 145-153.

BAILEY, C.A. (2018). *A guide to qualitative field research* (3e éd.). Thousand Oaks, CA: SAGE Publications.

BAILLARGEON, N. (2014, 20 janvier). Entretien sur le «New public management» en éducation. *Philosophie Magazine*. En ligne, https://voir.ca/normand-baillargeon/2014/04/08/entretien-sur-le-new-public-management-en-education/

BANERJEE, A. et DUFLO, E. (2009). The experimental approach to development economics. *The Annual Review of Economics, 1*, 151-178.

BARANOWSKI, K. (2015). Les compétences en français: agentivité et motivation des étudiants universitaires. *Cahiers de L'ILOB, 7*, 17–28.

BARDIN, L. (2013). *L'analyse de contenu* (2e éd.). Paris: Presses universitaires de France.

BARIBEAU, C. (2005). Le journal de bord du chercheur. *Recherches qualitatives, 2*(hors-série), 98-114.

BARKER, P. (1998). The future of books in an electronic era. *Electronic Library, 16*(3), 191-198.

BARTH, B.-M. (2004). *Le savoir en construction: former à une pédagogie de la compréhension.* Paris: Retz.

BARTHES, R. et DUISIT, L. (1975). An introduction to the structural analysis of narrative. *New Literary History, 6*(2), 237-272.

BASTIEN, S. (2007). Observation participante ou participation observante? Usages et justifications de la notion de participation observante en sciences sociales. *Recherches qualitatives, 27*(1), 127-140.

BEAUD, S. et WEBER, F. (2010). *Guide de l'enquête de terrain*. Paris: La découverte.

BEAUD, S. et WEBER, F. (2012). Le raisonnement ethnographique. Dans S. Paugam (dir.), *L'enquête sociologique* (p. 223-246). Paris: Presses universitaires de France.

BECKER, H.S. (2002). *Les ficelles du métier: comment conduire sa recherche en sciences sociales*. Paris: Éditions La Découverte.

BECKER, H.S. *et al.* (1961). *Boys in white: Student culture in medical school*. Chicago, IL: The University of Chicago Press.

BEDNARZ, N. (2013). *Recherche collaborative et pratique enseignante: regarder ensemble autrement*. Paris: Éditions L'Harmattan.

BEDNARZ, N. et PROULX, J. (2009). Knowing and using mathematics in teaching: Conceptual and epistemologic clarifications. *For the Learning of Mathematics, 29*(3), 11-17.

BEECHER, H.K. (1966). Ethics and clinical research. *New England Journal of Medicine*, (274), 1354-1360.

BEHRENS, J.T. et SMITH, M.L. (1996). Data and data analysis. Dans D.C. Berliner et R.C. Calfee (dir.), *Handbook of educational psychology* (p. 945-989). New York, NY: Simon and Schuster Macmillan.

BEILLEROT, J. (1991). La « recherche », essai d'analyse. *Recherche et formation*, (9), 17-31.

BELLENGER, L. (1992). *L'argumentation* (3ᵉ éd.). Paris: ESF Éditeur.

BELLENGER. L. (2009). *La force de persuasion: du bon usage des moyens d'influencer et de convaincre* (5ᵉ éd.). Paris: ESF Éditeur.

BERGADAÀ, M. (2015). Une brève histoire de la lutte contre le plagiat dans le monde académique. *Questions de communication, 27*(1), 171-188.

BERGADAÀ, M. *et al.* (2008). *La relation éthique-plagiat dans la réalisation des travaux personnels par les étudiants*. Genève: Université de Genève, Commission Éthique-Plagiat.

BERGER, P.L. et LUCKMAN, T. (1987). *La construction sociale de la réalité*. Paris: Méridiens Klincksieck.

BERGERON, G. (2014). *Le développement de pratiques professionnelles inclusives: le cas d'une équipe-cycle de l'ordre d'enseignement secondaire engagée dans une recherche-action-formation*. (Thèse de doctorat, Université du Québec à Montréal).

BERGERON, M. (2010). La place des sujets de recherche en éthique de la recherche. *Ethica, 17*(1), 69-87.

BERGERON, M. et LAUDY, D. (2004). Le suivi éthique des protocoles de recherche en contexte nord-américain: des finalités à définir. *Journal international de bioéthique, 15*(4), 15-32.

BERNET, E. (2010). *Engagement affectif, comportemental et cognitif des élèves du primaire dans un contexte pédagogique d'intégration des TIC: une étude multicas en milieux défavorisés* (Thèse de doctorat, Université de Montréal).

BERTAUX, D. (2005). *L'enquête et ses méthodes: le récit de vie* (2ᵉ éd.). Paris: Armand Colin.

BIANQUIS-GASSER, I. (1996). Observation participante. Dans A. Mucchielli (dir.), *Dictionnaire des méthodes qualitatives en sciences humaines et sociales* (p. 146-152). Paris: Armand Colin.

BISAILLON, R. (1992, octobre). *Entre la recherche, la formation et la pratique en éducation: des liens organiques et systémiques*. Communication présentée au colloque du Réseau international de recherche en éducation et formation, Sherbrooke.

BISSONNETTE, S., RICHARD, M. et GAUTHIER, C. (2006). *Comment enseigne-t-on dans les écoles efficaces? Efficacité des écoles et des réformes*. Québec: Presses de l'Université Laval.

BISSONNETTE, S. *et al.* (2010). Quelles sont les stratégies d'enseignement efficaces favorisant les apprentissages fondamentaux auprès des élèves en difficulté de niveau élémentaire? Résultats d'une méga-analyse. *Revue de recherche appliquée sur l'apprentissage, 3*(1), 1-35

BLUMER, H. (1969). *Symbolic interactionisme, perspective and method*. Englewood Cliffs, NJ: Prentice-Hall.

BLUMER, H. (1979). Symbolic interaction. Dans H. Robboy, S.L. Greenblatt et C. Clark (dir.), *Social interaction: Introductory readings in sociology* (p. 19-22). New York, NY: Saint-Martin's Press.

BOCK CÔTÉ, M. (2010, 4 août). La pédagogie de l'estime de soi. *24 heures*. En ligne, http://www.24hmontreal.canoe.ca/24hmontreal/chroniques/mathieubockcote/archives/2010/08/20100804-091038.html.

BOGDAN, R.C. et BIKLEN, S.K. (1992). *Qualitative research for education*. Boston, MA: Allyn and Bacon.

BOISVERT, J. (1999). *La formation de la pensée critique: théorie et pratique*. Montréal: ÉRPI.

BOLSTER, A.S. (1983). Toward a more effective model of research on teaching. *Harvard Educational Review*, *53*(3), 294-308.

BONNET, F. et ROBERT, B. (2009). La régulation éthique de la recherche aux États-Unis: histoire, état des lieux et enjeux. *Genèses*, *2*(75), 87-108.

BORGMAN, C.L. (2009). The digital future is now: A call to action for the humanities. *Digital humanities quarterly*, *3*(4), 1-30.

BORRI-ANADON, C. (2016a). Les défis et les enjeux de la prise en compte de la diversité à l'école québécoise. Dans P. Dorais et C. Lessard (dir.), *50 ans d'éducation au Québec* (p. 171-177). Québec: Presses de l'Université du Québec.

BORRI-ANADON, C. (2016b). Les enjeux de l'évaluation des besoins des élèves en contexte de diversité. Dans M. Potvin, M.-O. Magnan et J. Larochelle-Audet (dir.), *La diversité ethnoculturelle, religieuse et linguistique en éducation: théorie et pratique* (p. 215-224). Anjou: Fides Éducation.

BOUCHAMMA, Y. (2004). Gestion de l'éducation et construction identitaire sur le plan professionnel des directeurs et des directrices d'établissements scolaires. *Éducation et francophonie*, *XXXII*(2), 62-78.

BOUCHARD, P. et ST-AMANT, J.-C. (1996). Le retour aux études: les facteurs de réussite dans quatre écoles spécialisées au Québec. *Revue canadienne de l'éducation*, *21*(1), 1-17.

BOUCHARD, Y. (2011). De la problématique au problème de recherche. Dans T. Karsenti, T. et L. Savoie-Zajc (dir.), *La recherche en éducation: étapes et approches* (p. 63-81). Montréal: ÉRPI.

BOUCHER-GAGNON, M., DES RIVIERES-PIGEON, C. et POIRIER, N. (2016). L'implication des mères québécoises dans l'intégration en classe ordinaire de leur enfant ayant un TSA. *Revue de psychoéducation*, *45*(2), 313-341.

BOURDONCLE, R. et MATHEY-PIERRE, C. (1994). Autour des mots. *Recherche et Formation*, (17), 141-154.

BOURGEAULT, G. (2010). À la recherche d'un contrôle illusoire. Dans M.S. Jean et P. Trudel (dir.), *La malréglementation: une éthique de la recherche est-elle possible et à quelles conditions?* (p. 21-34). Montréal: Presses de l'Université de Montréal.

BOYADJIAN, J. (2014). Twitter, un nouveau «baromètre de l'opinion publique»? *Participations*, *1*(8), 55-74.

BOYATZIS, R. (1998). *Transforming qualitative information: Thematic analysis and code development.* Thousand Oaks, CA: SAGE Publications.

BOYER, M. et ROYAL, L. (2009, novembre). *Construire le sens de l'accompagnement professionnel par la recherche-action-formation.* Communication présentée à l'Association des cadres scolaires du Québec, Québec.

BOYLAN, E.S. (1993). Politically correct, but not accurate. *Academe: Bulletin of the AAUP*, *79*(3), 6-7.

BRADBURY, H. et REASON, P. (2008). Conclusion. Broadening the bandwidth of validity: Issues and choice-points for improving the quality of action research. Dans P. Reason et H. Bradbury (dir.), *Handbook of action research* (p. 343-351). Thousand Oaks, CA: SAGE Publications.

BRAULT-FOISY, L.-M., LAFORTUNE, S. et MASSON, S. (2012). Neurodidactique de la lecture: comprendre comment le cerveau apprend à lire pour mieux le lui enseigner. *Vivre le primaire*, *25*(1), 14-16.

BRAULT-FOISY, L.-M. et MASSON, S. (2011). Apprendre les sciences, c'est apprendre à inhiber ses conceptions antérieures? *Spectre*, *40*(2), 30-33.

BRAUN, V. et CLARKE, V. (2006). Using thematic analysis in psychology. *Qualitative Research in Psychology*, *3*(2), 77-101.

BRAWLEY, O.W. (1998). The study of untreated syphilis in the negro male. *International Journal of Radiation Oncology, Biology, Physics*, *40*(1), 5-8.

BRESSOUX, P. (1994). Les recherches sur les effets-écoles et les effets-maîtres. *Revue française de pédagogie*, (108), 91-137.

BREWER, J. et HUNTER, A. (1989). *Multimethod research: A synthesis of styles.* Newbury Park, CA: SAGE Publications.

BREZINKA, W. (1992). *Philosophy of educational knowledge.* Boston, MA: Kluwer Academic Publishers.

BROWN, A.L. (1992). Design experiments: Theoretical and methodological challenges increating complex interventions. *The Journal of the Learning Sciences*, *2*, 141-178.

BRYMAN, A. (2006). Integrating quantitative and qualitative research: How is it done? *Qualitative Research*, 6(1), 97-113.

BUNGE, M. (1996). *Finding philosophy in social studies*. Toronto: University of Toronto Press.

BURRELL, G. et MORGAN, G. (2005). *Sociological paradigms and organizational analysis: Elements of the sociology of corporate life*. Londres: Heinemann.

BUTCHART, A. (1997). Objects without origins: Foucault in South-african socio-medical science. *South African Journal of Psychology*, 27(2), 101-110.

CAMPBELL, D.T. et FISKE, D.W. (1959). Convergent and discriminant validation by the multitrait-multimethod matrix. *Psychological Bulletin*, 56, 81-105.

CAMPBELL, D.T. et STANLEY, J.C. (1966). *Experimental and quasi-experimental design for research* (2ᵉ éd.). Chicago, IL: Rand, McNally and Company.

CANVAT, K. (1999). *Enseigner la littérature par les genres: pour une approche théorique et didactique des genres littéraires*. Bruxelles: De Boeck.

CAPRA, F. (1983). *Le temps du changement: science, société et nouvelle culture*. Monaco: Éditions du Rocher.

CARACELLI, V.J. et GREENE J.C. (1993). Data analysis strategies for mixed-method evaluation designs. *Educational Evaluation Policy Analysis*, 15, 195-207.

CARR, W. et KEMMIS, S. (1986). *Becoming critical: Education, knowledge and action research*. Londres: The Falmer Press.

CARSON, R. (1962). *Silent spring*. Boston, MA: Houghton Mifflin Company.

CASAGRANDE, A. et VUILLON, L. (2017). Sciences humaines et sociales et méthodes du numérique, un mariage heureux? *Les Cahiers du numérique*, 13(3), 115-136.

CEFAÏ, D. (2013). Que es la etnografía? Debates contemporáneos. Primera parte: Arraigamientos, operaciones y experiencias de la encuesta. *Persona y sociedad*, 27(1), 101-120.

CEFAÏ, D. (dir.) (2003a). *L'enquête de terrain*. Paris: La découverte.

Centre de lutte contre l'oppression des genres (Center for Gender Advocacy) c. Québec (Procureure générale). (2016). QCCS 5161.

CHAGNON, V. (2009). *Résultats probants et pratiques infirmières en milieu hospitalier* (Thèse de doctorat, Université Laval, Québec).

CHALMERS, A.F. (1987). *Qu'est-ce que la science? Récents développements en philosophie des sciences*. Paris: Éditions La Découverte.

CHAPOULIE, J.M. (1984). Everett C. Hughes et le développement du travail de terrain en France. *Revue française de sociologie*, 25(4), 582-608.

CHARANDEAU, P. (2007) De l'argumentation entre les visées d'influence de la situation de communication. Dans C. Bois (dir.), *Argumentation, manipulation, persuasion* (p. 13-35). Paris: L'Harmattan.

CHARLIER, B. (2005). Parcours de recherche-action-formation. *Revue des sciences de l'éducation*, 21(2), 258-272.

CHARMAZ, K. (2006). *Constructing grounded theory: A practical guide through qualitative analysis*. Thousand Oaks, CA: SAGE Publications.

CHARTRAND, S.-G. (1995). *Modèle pour une didactique du discours argumentatif écrit en classe de français*. Montréal: Les publications de la Faculté des sciences de l'éducation, Université de Montréal.

CHARTRAND, S.-G. et ELGHAZI, L. (2014). Qu'est-ce qu'argumenter? *Correspondances*, 19(3), 1-6.

CHARTRAND, S.-G., ÉMERY-BRUNEAU, J. et SÉNÉCHAL, K. (2015). *Caractéristiques de 50 genres pour développer les compétences langagières en français au secondaire québécois*. Québec: Didactica.

CHARUEST, J. L. (2001). *Enquête sur la relève: l'attrait pour la fonction de direction d'établissement. Rapport final*. Québec: Fédération des commissions scolaires du Québec.

CHECKLAND, P.B. (1981). *Systems thinking, systems practice*. Chichester, GB: John Wiley.

CHEN, H. (2012). *Approaches to quantitative research: A guide for dissertation students*. Cork: Oak Tree Press.

CHEVALIER, J.M. et BUCKLES, D.J. et BOURASSA, M. (2013a). *Participatory action research: Theory and methods for engaged inquiry*. New York, NY: Routledge.

CHEVALIER, J.M., BUCKLES, D.J. et BOURASSA, M. (2013b). *Guide de la recherche-action: la planification et l'évaluation participative*. Ottawa: SAS2 Dialogue.

CITTON, Y. (2015). Humanités numériques : une médiapolitique des savoirs encore à inventer. *Multitudes*, 2(59), 169-180.

CLANDININ, J. et CONNELLY, F.M. (2000). *Narrative inquiry : Experience and story in qualitative research*. San Francisco, CA : Jossey-Bass Publishers.

CLANET, J. (2012). L'efficacité enseignante, quelle modélisation pour servir cette ambition ? *Questions Vives*, 6(18), 15-37.

CLAS, A. et HORGUELIN, P.A. (1991). *Le français, langue des affaires* (3ᵉ éd.). Montréal : McGraw-Hill.

CLAUX, R. et GÉLINAS, A. (1982). *Systémique et résolution de problèmes selon la méthode des systèmes souples. Pour un renouvellement de la systématique : systèmes souples, changement émergent et recherche-action*. Montréal : Agence d'Arc.

COCHRANE, T. (2006). Learning with wireless mobile devices and social software. Dans L. Markauskaite, P. Goodyear et P. Reimann (dir.), *Proceedings of the 23rd Australasian Society for Computers in Learning in Tertiary Education* (p. 143-146). Sydney : Sydney University Press.

COHEN, L., MANION, L. et MORRISON, K. (2007). *Research methods in education*. Londres : Routledge.

COLIN, M. *et al.* (1995). *Initiation aux méthodes quantitatives en sciences humaines* (2ᵉ éd.). Boucherville : Gaëtan Morin.

COLLINS, A., JOSEPH, D. et BIELACZYC, K. (2004). Design research : Theorical and methodological issues. *The Journal of the Learning Sciences*, 13(1), 15-42.

Commission d'étude des universités. (1979). *Rapport du comité d'étude sur la formation et le perfection-nement des enseignants* (Rapport Angers). Québec : Gouvernement du Québec.

Commission des États généraux sur l'éducation. (1996). *Les États généraux sur l'éducation 1995-1996 : exposé de la situation et faits saillants*. Québec : Gouvernement du Québec.

Conseil de recherches en sciences humaines du Canada, Conseil de recherches en sciences naturelles et en génie du Canada, Instituts de recherche en santé du Canada. (2010). *Énoncé de politique des trois Conseils : éthique de la recherche avec des êtres humains*. Ottawa : CRSH, CRSNG, IRSC.

Conseil des Arts du Canada. (1977). *Déontologie : rapport du groupe consultatif de déontologie*. Ottawa : Conseil des Arts du Canada.

Conseil des universités. (1986). *Bilan du secteur de l'éducation*. Québec : Gouvernement du Québec.

Conseil supérieur de l'éducation. (1991). *Rapport annuel 1990-1991 sur l'état et les besoins de l'éducation : la profession enseignante vers le renouvellement du contrat social*. Québec : Gouvernement du Québec.

Conseil supérieur de l'éducation. (2006). *Le dialogue entre la recherche et la pratique en éducation : une clé pour la réussite*. Québec : Gouvernement du Québec.

Conseil supérieur de l'éducation. (2017). *Mémoire dans le cadre des consultations sur la création d'un institut national d'excellence en education*. Québec : Gouvernement du Québec.

CONTANDRIOPOULOS, A.-P. *et al.* (1990). *Savoir préparer une recherche : la définir, la structurer, la financer*. Montréal : Presses de l'Université de Montréal.

COOK, T.D. et CAMPBELL, D.T. (1979). *Quasi-experimentation : Design and analysis issues for field settings*. Chicago, IL : Rand McNally College.

COREY, S. (1953a). Action research to improve school practices. *Teachers College Record*, 55(3), 165.

COREY, S. (1953b). *Action research to improve schools practices*. New York, NY : Teachers College Press.

CORMAN, B.R. (1957). Action research : A teaching or a research method ? *Review of Educational Research*, 27(5), 544-547.

CORNELLIER, L. (2009). *L'art de défendre ses opinions expliqué à tout le monde*. Montréal : VLB Éditeur.

CORRIVEAU, L. (2004). Identification professionnelle ou suridentification à la profession ? La situation de directrices et de directeurs d'établissements scolaires québécois. *Éducation et fran-cophonie*, XXXII(2), 95-110.

CÔTÉ-THIBAULT, D. (1992). Recherche-action des praticiens : la recherche-action de Kurt Lewin aux pratiques contemporaines. *Association pour la recherche qualitative*, 7, 93-107.

CÔTÉ-THIBAULT, D. (1996). Historique de la recherche-action. Dans L. Lavoie, D. Marquis et P. Laurin (dir.), *La recherche-action : théorie et pratique* (p. 165-180). Sainte-Foy : Presses de l'Université du Québec.

COULTER, J. (2001). Human practices and the observability of the « macro-social ». Dans T.R. Schatzki, K.K. Cetina et E. Von Savighy (dir.), *The practice turn in contemporary theory* (p. 29-41). Londres : Routledge.

COUTURE, C., BEDNARZ, N. et BARRY, S. (2007). Multiples regards sur la recherche participative: une lecture transversale. Dans M. Anadón (dir.), *La recherche participative: multiples regards* (p. 205-221). Québec: Presses de l'Université du Québec.

COUTURE, Y. (2017). *Normes bibliographiques: adaptation française des normes de l'APA*. Montréal: Université du Québec, TÉLUQ.

COUTURIER, Y. et CARRIER, S. (2003). Pratiques fondées sur les données probantes en travail social: un débat émergeant. *Nouvelles pratiques sociales, 16*(2), 68-79.

CRAHAY, M. (2006). Dangers, incertitudes et incomplétude de la logique de la compétence en éducation. *Revue française de pédagogie*, (154), 97-110.

CRESWELL, J.W. (2009). *Research design: Qualitative, quantitative and mixed methods approaches*. Los Angeles, CA: SAGE Publications.

CRESWELL, J.W. (2013). *Qualitative inquiry and research design: Choosing among five traditions* (3e éd.). Thousand Oaks, CA: SAGE Publications.

CRONBACH, L.J. (1983). *Designing evaluations of educational and social programs*. San Francisco, CA: Jossey-Bass.

CRONBACH, L.J. *et al.* (1980). *Toward reform in program evaluation*. San Francisco, CA: Jossey-Bass.

CROTTY, M. (1998). *The foundations of social research*. Thousand Oaks, CA: SAGE Publications.

CROZIER, M. et FRIEDBERG, E. (1977). *L'acteur et le système: les contraintes de l'action collective*. Paris: Éditions du Seuil.

CUBAN, L. (2001). *Oversold and underused: Computers in the classroom*. Cambridge, MA: Harvard University Press.

CYR, G., BRAULT-FOISY, L.-M. et MASSON, S. (2010). Comment le cerveau réagit-il à un conflit cognitif? *Spectre, 39*(2), 22-24.

DAGENAIS, C. *et al.* (2012). Use of research-based information by school practitioners and determinants of use: A review of empirical research. *Evidence and Policy: A Journal of Research, Debate and Practice, 8*(3), 285-309.

DANBLON, E. (2005). *La fonction persuasive*. Paris: Armand Colin.

DANCEY, C.P. et REIDY, J. (2007). *Statistiques sans maths pour psychologues*. Bruxelles: De Boeck.

DANSEREAU, S. *et al.* (1997). *Itinéraire vers la production du mémoire*. Montréal: Université du Québec à Montréal, Département des sciences de l'éducation.

DAVIS, M. S. (1997). Georg Simmel and Erving Goffman: Legitimators of the sociological investigation of human experience. *Qualitative Sociology, 20*(3), 369-388.

DE LAGASNERIE, G. (2017). *Penser dans un monde mauvais*. Paris: Presses universitaires de France.

DE SCHEPPER, C. (2010). Acculturation aux discours universitaires: poser les variables de l'intervention didactique. *Diptyque*, (18), 93-126.

DELAMONT, S. (1983). *Interaction in the classroom*. New York, NY: Methuen.

DELAMONT, S. (2004). Ethnography and participant observation. Dans C. Seale *et al.* (dir.), *Qualitative research practice* (p. 217-230). Londres: SAGE Publications.

DELAMONT, S. (2014). *Key themes in the ethnography of education: Achievements and agendas*. Londres: SAGE Publications.

DELESALLE, C. et MARQUIÉ, G. (2015). Pratiques numériques en éducation: l'exemple des usages de Twitter en milieu scolaire. *Terminal: technologie de l'information, culture et société*, (117), 1-11.

DELUZE, H. (1997). *L'ethnométhodologie*. Paris: Economica.

DEMAZIERE, D. et DUBAR, C. (1997). *Analyser les entretiens biographiques: l'exemple des récits d'insertion*. Paris: Nathan.

DEMERS, S. (2016). L'efficacité: une finalité digne de l'éducation. *McGill Journal of Education, 51*(2), 961-971.

DENZIN, N.K. (1970). *The research act: A theoretical introduction to sociological methods*. Chicago, IL: Aldine.

DENZIN, N.K. (1978). *The research act: A theoretical introduction to sociological methods* (2e éd.). New York, NY: McGraw-Hill.

DENZIN, N.K. (2003). *Performance ethnography: Critical pedagogy and the politics of culture*. Thousand Oaks, CA: SAGE Publications.

DENZIN, N.K. et LINCOLN, Y.S. (dir.). (1994). *Handbook of qualitative research*. Thousand Oaks, CA: SAGE Publications.

DENZIN, N.K. et LINCOLN, Y.S. (dir.). (2005). *Handbook of qualitative research* (3ᵉ éd.). Thousand Oaks, CA: SAGE Publications.

DEPOVER, C. et MARCHAND, L. (2002). *E-learning et formation des adultes en contexte professionnel.* Bruxelles: De Boeck.

DÉRY, M. *et al.* (2005). Les caractéristiques d'élèves en difficulté de comportement: placés en classe spéciale ou intégrés en classe ordinaire. *Revue canadienne de l'éducation, 28*(1/2), 1-23.

DESCHAMPS, C. (dir.). (1995). La recherche qualitative: 10 ans de développement. *Recherche qualitative, 13*(numéro souvenir).

DESCHAMPS, P., VINAY, P. et CRUESS, S. (1995). *Rapport sur l'évaluation des mécanismes de contrôle en matière de recherche clinique au Québec* (Rapport Deschamps). Québec: Comité d'experts sur l'évaluation des mécanismes de contrôle en matière de recherche clinique, Ministère de la Santé et des Services sociaux du Québec.

DESGAGNÉ, S. (1997). Le concept de recherche collaborative: l'idée d'un rapprochement entre chercheurs universitaires et praticiens enseignants. *Revue des sciences de l'éducation, XXIII*(2), 371-393.

DESGAGNÉ, S. (1998). La position du chercheur en recherche collaborative: illustration d'une démarche de médiation entre culture universitaire et culture scolaire. *Recherches qualitatives, 18*, 77-105.

DESGAGNÉ, S. (2001). La recherche collaborative: nouvelle dynamique de recherche en éducation. Dans M. Anadón (dir.), *Des nouvelles dynamiques de recherche en éducation* (p. 51-76). Québec: Presses de l'Université Laval.

DESGAGNÉ, S. (2005). *Récits exemplaires de pratique enseignante: analyse typologique.* Québec: Presses de l'Université du Québec.

DESGAGNÉ, S. *et al.* (2001). L'approche collaborative de recherche en éducation: un nouveau rapport à établir entre recherche et formation. *Revue des sciences de l'éducation, XXIII*(1), 33-64.

DESLANDES, R. et BERTRAND, R. (2003). Motivation des parents à participer au suivi scolaire de leur enfant au primaire. *Revue des sciences de l'éducation, 30*(2), 411-433.

DESLANDES, R. et JACQUES, M. (2004). Relations famille-école et l'ajustement du comportement socioscolaire de l'enfant à l'éducation préscolaire. *Éducation et francophonie, XXXII*(1), 172-200.

DESLAURIERS, J.P. (1991). *Recherche qualitative: guide pratique.* Montréal: McGraw-Hill.

DESMOND, M. (2014). Relational ethnography. *Theory and Society, 43*(5), 547-579.

DEWEY, J. (1929). *The sources of a science of education.* New York, NY: Horace Liveright.

DIONNE, L. (2003). *La collaboration entre collègues comme mode de développement professionnel chez l'enseignant: une étude de cas* (Thèse de doctorat, Université du Québec à Montréal).

DIONNE, L., SAVOIE-ZAJC, L. et COUTURE, C. (2013). Les rôles de l'accompagnant. *Canadian Journal of Education, 36*(4), 175-201.

Doctorat réseau en éducation de l'Université du Québec. (1993). *Cheminement et caractéristiques de la recherche et de la thèse au doctorat en éducation.* Montréal: Université du Québec à Montréal, Doctorat en éducation.

DOLBEC, A. (1997). La recherche-action. Dans B. Gauthier (dir.), *Recherche sociale: de la problématique à la collecte de données* (3ᵉ éd., p. 467-496). Sainte-Foy: Presses de l'Université du Québec.

DOLBEC, A. (2003). La recherche-action. Dans B. Gauthier (dir.), *Recherche sociale: de la problématique à la collecte de données* (4ᵉ éd., p. 505-540). Québec: Presses de l'Université du Québec.

DOLBEC, A. et CLÉMENT, J. (2004). La recherche-action. Dans T. Karsenti et L. Savoie-Zajc (dir.), *Introduction à la recherche en éducation* (p. 199-247). Sherbrooke: Éditions du CRP.

DOUCET, H. (2001). Développement des concepts et des enjeux en éthique de la recherche. *Pistes, 3*(1), 1-11.

DOYON, J. (1995). *L'apport de l'art dramatique comme mode d'intervention permettant le développement affectif de la personne handicapée intellectuelle: rapport de recherche* (Mémoire en éducation, Université du Québec à Hull).

DRULHE, M. (2006). Orientations épistémiques et niveaux d'analyse en sociologie: examen d'un corpus dans le domaine de la vieillesse. *SociologieS: Théories et recherches.* En ligne, http://journals.openedition.org/sociologies/2123.

DUBET, F. et MARTUCCELLI, D. (1996). *À l'école: sociologie de l'expérience scolaire.* Paris: Seuil.

DUBOST, J. (1984). Une analyse comparative des pratiques dites de recherche-action. *Connexions, 43*, 8-28.

DUMAY, X. (2009). Que sait-on de l'efficacité des écoles? Dans X. Dumay et V. Dupriez (dir.), *L'efficacité dans l'enseignement: promesses et zones d'ombre* (p. 73-88). Bruxelles: Éditions de Boeck Université.

DUMAY, X. et DUPRIEZ, V. (dir.). (2009). *L'efficacité dans l'enseignement: promesses et zones d'ombre*. Bruxelles: De Boeck Université.

ECKSTEIN, H. (1975). Case study and theory in political science. Dans F. Greenstein et N. Polsby (dir.), *Handbook of political science* (p. 79-138). Reading, MA: Addison-Wesley.

EDEN, C. ET HUXHAM, C. (2006). Researching organizations using research action. Dans S. Clegg *et al.* (dir.), *The SAGE handbook of organizations studies* (p. 338-408). Thousand Oaks, CA: SAGE Publications.

EDYBURN, D.L. (1999). *The electronic scholar: Enhancing research productivity with technology*. Upper Saddle River, NJ: Prentice-Hall.

EL GHAZI, L. (2015). *Séquence didactique visant l'efficacité argumentative des textes d'opinion* (Thèse de doctorat, Université Laval, Québec).

ELIASOPH, N. et LICHTERMAN, P. (2003). Culture in interaction. *American Jounal of Sociology, 108*(4), 735-794.

ELLIOT, J. (1977). Developing hypotheses about classrooms from teachers' practical constructs: An account of the work of the Ford teaching project. *Interchange, 7*(2), 2-21.

ELLIS, A.K. et FOUTS, J.T. (1993). *Cooperative learning: Research on educational innovations*. Princeton Junction: Eye on Education.

ELLIS, A.K. et FOUTS, J.T. (2001). Interdisciplinary curriculum: The research base. *Music Educators Journal, 87*(5), 22–26.

ELLIS, C. et BOCHNER, A.P. (dir.). (2000). *Composing ethnography: Alternative forms of qualitative writing*. Walnut Creek: AltaMira Press.

EMERSON, R.M. (2004). Working with «key incidents». Dans C. Seale *et al.* (dir.), *Qualitative research practice* (p. 427-442). Londres: SAGE Publications.

ERICKSON, F. (1986). Qualitative methods in research on teaching. Dans M.C. Wittrock (dir.), *Handbook of research on teaching* (3ᵉ éd., p. 119-161). New York, NY: Macmillan.

ESCANDE, C. (1973). *Les classes sociales au cégep: sociologie de l'orientation des étudiants*. Montréal: Parti pris.

ESIN, C., MASTOUREH, J. et SQUIRE, C. (2014). Narrative analysis: The constructionist approach. Dans U. Flick (dir.), *The SAGE handbook of qualitative data analysis* (p. 203-216). Thousand Oaks, CA: SAGE Publications.

FABRE, M. (2017). *Qu'est-ce que problématiser?* Paris: Vrin.

FALS BORDA, O. (2008). Participatory (action) research in social theory: Origins and challenges. Dans P. Reason et H. Bradbury (dir.), *Handbook of action research* (p. 27-37). Thousand Oaks, CA: SAGE Publications.

FELOUZIS, G. (2005). Performances et valeur ajoutée des lycées: le marché scolaire fait des différences. *Revue française de sociologie, 46*(1), 3-36.

FETTERMAN, D.M. (2001). Empowerment evaluation: Building communities of practice and a culture of learning. *American Journal of Community Psychology, 30*(1), 89-102.

FETTERMAN, D.M., KAFTARIAN, S.J. et WANDERSMAN, A. (1996). *Empowerment evaluation: Knowledge and tools for self-assessment and accountability*. Thousand Oaks, CA: SAGE Publications.

FEUER, M.-J., TOWNE, L. et SHAVELSON, R.-J. (2002). Scientific culture and educational research. *Educational Researcher, 31*(8), 4-14.

FEYERABEND, P. (1979). *Contre la méthode*. Paris: Éditions du Seuil.

FIELDING, N.G. et LEE, R.M. (1998). *Computer analysis and qualitative research*. Londres: SAGE Publications.

FINEMAN, Y. (2003). Electronic theses and dissertations. *Portal-Libraries and the Academy, 3*(2), 219-227.

FLYVBJERG (2006). Five misunderstandings about case-study research. *Qualitative Inquiry, 12*(2), 219-245.

FONTAINE, S. (1994). Recherche en éducation et changement. Dans J. Chevrier (dir.), *La recherche en éducation comme source de changement* (p. 43-58). Montréal : Les Éditions Logiques.

FORGET, D. (2009). La neuroéducation, nouvelle avenue de recherche. *L'UQAM : Le journal de l'Université du Québec à Montréal, 35*(17), 11.

FORTIN, M.F. (2006). *Fondements et étapes du processus de recherche.* Montréal : Chenelière Éducation.

FORTIN, M.F., CÔTÉ, J. et FILION, F. (2006). *Fondements et étapes du processus de recherche.* Montréal : Chenelière Éducation.

FOUREZ, G. (1988). *La construction des sciences* (1ère éd.). Bruxelles : De Boeck-Wesmaël.

FOUREZ, G. (1996). *La construction des sciences : les logiques des inventions scientifiques* (3e éd.). Bruxelles : De Boeck.

FRANKLIN, M.B. (1997). Making sense : Interviewing and narrative representation. Dans M.M. Gergen et S.N. Davis (dir.), *Toward a new psychology of gender : A reader* (p. 79-116). New York, NY : Routledge.

FRÉCON, G. (2012). *Formuler une problématique* (2e éd.). Paris : Dunod.

FULLAN, M.G. (1993). *Change forces : Probing the depths of educational reform.* Londres : Falmer Press.

FULLAN, M.G., BENNETT, B. et ROLHEISER-BENNETT, C. (1990). Linking classroom and school improvement. *Educational Leadership, 47*(8), 13-19.

FULLAN, M.G. et QUINN, J. (2018). *La cohérence : mettre en action les moteurs efficaces du changement en éducation.* Québec : Presses de l'Université du Québec.

GADAMER, H.-G. (1996). *Vérité et méthode : les grandes lignes d'une herméneutique philosophique.* Paris : Seuil.

GANACHE, I. (2007). Plaidoyer pour un élargissement des pratiques de l'éthique de la recherche. *Les ateliers de l'éthique, 2*(2), 53-61.

GARDNER, H. (1997). *Les formes de l'intelligence* (2e éd.). Paris : Odile Jacob.

GARDNER, H. (2004). *Les intelligences multiples.* Paris : Retz.

GARFINKEL, H. (1967). *Studies in ethnomethodology.* Englewood Cliffs : Prentice-Hall.

GARNEAU, S. (2015). Les défis de la théorisation ancrée : échelle d'observation et échelle de contextualisation dans l'analyse de récits biographiques. *Recherches qualitatives, 34*(1), 6-28.

GAUTHIER, B. (dir.). (2003). *Recherche en sciences sociales : de la problématique à la collecte des données* (4e éd.). Québec : Presses de l'Université du Québec.

GAUTHIER, B. et BOURGEOIS, I. (dir.). (2016). *Recherche sociale : de la problématique à la collecte des données* (6e éd.). Québec : Presses de l'Université du Québec.

GAUTHIER, C. (2004). De la pédagogie traditionnelle à la pédagogie nouvelle. Dans C. Gauthier et M. Tardif (dir.), *La pédagogie : théories et pratiques de l'Antiquité à nos jours* (2e éd., p. 131-156). Montréal : Gaëtan Morin.

GAUTHIER, C. (2005a). Le XVIIe siècle et le problème de la méthode dans l'enseignement ou la naissance de la pédagogie. Dans C. Gauthier et M. Tardif (dir.), *La pédagogie : théories et pratiques de l'Antiquité à nos jours* (2e éd., p. 85-107). Montréal : Gaëtan Morin.

GAUTHIER, C. (2005b). De la pédagogie traditionnelle à la pédagogie nouvelle. Dans C. Gauthier et M. Tardif (dir.), *La pédagogie : théories et pratiques de l'Antiquité à nos jours* (2e éd., p. 131-154). Montréal : Gaëtan Morin.

GAUTHIER, C., BISSONNETTE, S. et RICHARD, M. (2013). *Enseignement explicite et la réussite des élèves : la gestion des apprentissages.* Québec : ÉRPI.

GAUTHIER, C. et DEMBÉLÉ, M. (2004). *Qualité de l'enseignement et qualité de l'éducation : revue des résultats de recherche.* Paris : UNESCO.

GAUTHIER, C. *et al.* (1997). *Pour une théorie de la pédagogie : recherches contemporaines sur le savoir des enseignants.* Québec : Presses de l'Université Laval.

GAUTHIER, C. *et al.* (2004). *Interventions pédagogiques efficaces et réussite scolaire des élèves provenant de milieux défavorisés : une revue de littérature.* Québec : Université Laval.

GAUTHIER, Y. (2005). *Entre science et culture : introduction à la philosophie des sciences.* Montréal : Presses de l'Université de Montréal.

GEE, J.P. (2010). *An introduction to discourse analysis* (3e éd.). Londres : Routledge.

GEERTZ, C. (2003). La description dense : vers une théorie interprétative de la culture. Dans D. Cefaï (dir.), *L'enquête de terrain* (p. 208-233). Paris : La Découverte.

GELMAN, S.R. et GIBELMAN, M. (1999). A quest for citations? An analysis of and commentary on the trend toward multiple authorship. *Journal of Social Work Education, 35*(2), 203-213.

GERGEN, M.M. et GERGEN, K.J. (2000). Qualitative inquiry: Tensions and transformations. Dans N.K. Denzin et Y.S. Lincoln (dir.), *Handbook of qualitative research* (p. 1025-1046). Thousand Oaks, CA: SAGE Publications.

GERVAIS, M.J. (2017). *Les relations chercheurs-praticiens comme déterminant de l'utilisation des connaissances issues des recherches: étude dans le domaine des sciences humaines et sociales* (Thèse de doctorat, Université du Québec à Montréal).

GIBBS, G.R. (2007). *Analyzing qualitative data.* Thousand Oaks, CA: SAGE Publications.

GIBBS, G.R., FRIESE, S. et MANGABEIRA, W.C. (2002). The use of new technology in qualitative research. *Forum: Qualitative Social Research, 3*(2).

GIDDENS, A. (1979). *Central problems in social theory: Action, structure and contradiction in social analysis.* Los Angeles, CA: University of California Press.

GIDDENS, A. (1987). *La constitution de la société: éléments de la théorie de la structuration.* Paris: Presses universitaires de France.

GINGRAS, F.P. et CÔTÉ, C. (2016). La théorie et le sens de la recherche. Dans B. Gauthier et I. Bourgeois (dir.), *Recherche sociale: de la problématique à la collecte de données* (6e éd., p. 103-127). Québec: Presses de l'Université du Québec.

GIORGI, A. et GIORGI, B. (2008). Phenomenological psychology. Dans C. Willig et W. Stainton-Rogers (dir.), *The SAGE handbook of qualitative research in psychology* (p. 165-179). Londres: SAGE Publications.

GLANZ, J. (2014). *Action research an educational leader's guide to school improvement.* Lanham, MD: Rowman & Littlefield.

GLASER, B.G. et STRAUSS, A.L. (1967). *The discovery of grounded theory: Strategies for qualitative research.* Chicago, IL: Aldine.

GLESNE, C. (2011). *Becoming qualitative researchers* (4e éd.). Boston, MA: Pearson.

GOETZ, J.P. et LECOMPTE, M.D. (1981). Ethnographic research and the problem of data reduction. *Anthropology and Education Quartely, 12,* 51-70.

GOETZ, J.P. et LECOMPTE, M.D. (1984). *Ethnography and qualitative design in educational research.* San Diego, CA: Academic Press.

GOFFMAN, E. (1959). The moral career of the mental patient. *Psychiatry: Journal for the Study of Interpersonal Processes, 22*(2), 123-142.

GOFFMAN, E. (1961). *Encounters: two studies in the sociology of interation.* Indianapolis, IN: Bobbs-Merrill.

GOHARD-RADENKOVIC, A. (2012). *Journal de bord, journal d'observation.* Berne: Peter Lang.

GOHIER, C. (1989). Biologie et éducation: évolution? *Nouvelles études psychologiques, 3*(1), 149-187.

GOHIER, C. (1990). Biologie et éducation: le paradigme latent. Dans *Les modèles en éducation. Actes du colloque AIPELF 1989* (p. 72-83). Montréal: Éditions Noir sur Blanc.

GOHIER, C. (1997). Du glissement de la macro à la microanalyse ou du comment en éducation le sujet est redevenu le centre du monde. Dans C. Baudoux et M. Anadón (dir.), *La recherche en éducation, la personne et le changement. Les cahiers du LABRAPS* (vol. 23, p. 41-54). Montréal: LABRAPS.

GOHIER, C. (1998). La recherche théorique en sciences humaines: réflexions sur la validité d'énoncés théoriques en éducation. *Revue des sciences de l'éducation, XXIV*(2), 267-284.

GOHIER, C. (2004). De la démarcation entre critères d'ordre scientifique et d'ordre éthique en recherche interprétative. *Recherches qualitatives, 24,* 3-16.

GOHIER, C. *et al.* (1997). Vers l'élaboration d'un modèle de l'identité professionnelle et de sa construction pour les maîtres en formation. Dans M. Tardif et H. Ziarko (dir.), *Continuités et ruptures dans la formation des maîtres au Québec* (p. 280-299). Québec: Presses de l'Université Laval.

GOHIER, C., ANADÓN, M. et CHEVRIER, J. (2008). La dynamique de l'engagement chez les étudiantes en formation dans des maîtres analysée sous l'angle des états identitaires. *Revue canadienne de l'éducation, 31*(4), 813-835.

GOLD, R. (1958). Roles in sociological field observation. *Social Forces, 36*(3), 217–223.

GOLDER, C. (1998). Debatable topic or not: Do we have the right to argue? *European Journal of Psychology of Education, 13*(2), 175-185.

GOODSON, I. (1993). Un pacte avec le diable ou des éléments de réflexion à l'intention des formateurs des maîtres. Dans *L'université et le milieu scolaire : partenaires en formation des maîtres. Actes du troisième colloque de l'Association québécoise universitaire en formation des maîtres* (p. 3-21). Montréal : Université McGill.

GORARD, S. (2010). Serious doubts about school effectiveness. *British Educational Research Journal, 36*(5), 745–766.

GORARD, S. et TAYLOR, C. (2004). *Combining methods in educational and social research.* Maidenhead, Berkshire : Open University Press, McGraw-Hill.

GORGA, A. et LERESCHE, J.-P. (dir.). (2015). *Transformations des disciplines académiques : entre innovation et résistance.* Paris : Éditions des archives contemporaines.

Gouvernement du Québec (1991). *Code civil du Québec.* En ligne, http://legisquebec.gouv.qc.ca/fr/showdoc/cs/CCQ-1991

Gouvernement du Québec (1992). *La formation l'enseignement secondaire général : orientations et compétences attendues.* Québec : Ministère de l'Éducation.

Gouvernement du Québec (1994). *La formation à l'éducation préscolaire et à l'enseignement primaire : orientations et compétences attendues.* Québec : Ministère de l'Éducation.

GOYER, R. (2016). Home is more than a shelter : The experience of housing space and the processes of exclusion. Dans G. Anderson, J. Moore et L. Suski (dir.), *Sociology of home : Belonging, community and place in the Canadian context.* Toronto : Canadian Scholars Press.

GOYER, R. (2017). *Déménager ou rester là ? Rapports sociaux inégalitaires dans l'expérience des locataires* (Thèse de doctorat inédite, Université de Montréal).

GOYETTE, G. et LESSARD-HÉBERT, M. (1987). *La recherche-action : ses fonctions, ses fondements et son instrumentation.* Québec : Presses de l'Université du Québec.

GRAFMEYER, Y. et JOSEPH, I. (2004). *L'École de Chicago : naissance de l'écologie urbaine.* Paris : Flammarion.

GRAVITZ, M. (1996). *Méthode des sciences sociales* (10ᵉ éd.). Paris : Dalloz.

GRENON, G. et VIAU, S. (1996a). *Méthodes quantitatives en sciences humaines : de l'échantillon vers la population* (Tome 1). Boucherville : Gaëtan Morin.

GRENON, G. et VIAU, S. (1996b). *Méthodes quantitatives en sciences humaines : du modèle théorique vers l'inférence statistique* (Tome 2). Boucherville : Gaëtan Morin.

GRONDIN, J. (2011). *L'herméneutique* (3ᵉ éd.). Paris : Presses universitaires de France.

GUAY, M.-H., PRUD'HOMME, L. et DOLBEC, A. (2016). La recherche-action. Dans B. Gauthier et I. Bourgeois (dir.), *Recherche sociale : de la problématique à la collecte de données* (p. 539–576). Québec : Presses de l'Université du Québec.

GUBA, E.G. et LINCOLN, Y.S. (1982). *Effective evaluation.* San Francisco, CA : Jossey-Bass.

GUBA, E.G. et LINCOLN, Y.S. (1989). *Fourth generation evaluation.* Newbury Park, CA : SAGE Publications.

GUEDON, J.C. (1998). Electronic publication of theses. *Scientist, 12*(15), 8.

GUEST, G. (2012). *Applied thematic analysis.* Thousand Oaks, CA : SAGE Publications.

GUILLEMETTE, S. (2011). *Étude de l'ajustement de pratiques vers une gestion différenciée de l'activité éducative par des directions d'établissement : expérimentation d'un modèle d'accompagnement collectif* (Thèse de doctorat, Université de Sherbrooke).

GUILLEMETTE, S. (2014). *Une gestion différenciée de l'activité éducative en milieu scolaire.* Saarbrücken : Presses Universitaires Académiques.

GUILLOTON, N. et CAJOLET-LAGANIÈRE, H. (2001). *Le français au bureau* (5ᵉ éd.). Québec : Office de la langue française.

GUIMOND-PLOURDE, R. (2004). *Le stress-coping chez des jeunes de 15 à 17 ans dans une perspective d'éducation pour la santé* (Thèse de doctorat inédite, Université du Québec à Rimouski).

HABERMAS, J. (1987). *Théorie de l'agir communicationnel* (Tome I : *Rationalité de l'agir et rationalisation de la société*). Paris : Fayard.

HAIG, B.D. (2014). *Investigating the psychological world : Scientific method in the behavioral sciences.* Cambridge, MA : MIT Press.

HAMMERSLEY, M. (2012). Troubling theory in case study research. *Higher Education Research and Development, 31*(3), 393-405.

HARGREAVES, D. (1997). In defence of research for evidence-based teaching: A rejoinder to Martyn Hammersley. *British Educational Research Journal, 23*(4), 405-419.

HARGREAVES, D. (1999). Revitalising educational research: Lessons from the past and proposals for the future. *Cambridge Journal of Education, 29*(2), 405-419.

HARRISON, D. (2004). L'éthique et la recherche sociale. Dans T. Karsenti et L. Savoie-Zajc (dir.), *La recherche en éducation: ses étapes, ses approches* (p. 37-60). Sherbrooke: Éditions du CRP.

HARRY, B. et KLINGNER, J. (2006). *Why are so many minority students in special education? Understanding race and disability in schools.* New York, NY: Teachers College Press.

HARVEY, D.L. (2009). Complexity and case. Dans D. Byrne et C.C. Ragin (dir.), *The SAGE handbook of case-based methods* (p. 15-38). Londres: SAGE Publications.

HATCH, J. (2002). *Doing qualitative research in education settings.* Albany, NY: SUNY Press.

HEMMINGS, A. (2006). Great ethical divides: Bridging the gap between institutional review boards and researchers. *Educational Researcher, 35*(4), 12-18.

HEMPEL, C.G. (1952). *Fundamentals of concept formation in empirical science.* Chicago, IL: University of Chicago Press.

HENDRICKS, C. (2009). *Improving schools through action research: A comprehensive guide for educators.* Columbus, OH: Pearson.

HERMAN, J. (1983). *Les langages de la sociologie.* Paris: Presses universitaires de France.

HERON, J. (1996). *Cooperative inquiry: Research into the human condition.* Londres: SAGE Publications.

HERR, K.G. et ANDERSON, G.L. (2015). *The action research dissertation: A guide for students and faculty.* Thousand Oaks, CA: SAGE Publications.

HESS, R. (1989). *Le lycée au jour le jour.* Paris: Méridiens Klincksieck.

HODGKINSON, H.L. (1957). Action research: A critique. *The Journal of Educational Sociology, 31*(4), 137-153.

HOFSTETTER, R. et SCHNEUWLY, B. (2002). Émergence et développement des sciences de l'éducation: enjeux et questions vives. Dans R. Hofstetter et B. Schneuwly, *Science(s) de l'éducation 19ᵉ-20ᵉ siècles: entre champs professionnels et champs disciplinaires* (p. 1-32). New York, NY: Peter Lang.

HOULE, D. *et al.* (2017). La pertinence des stages de formation pratique pour le développement de l'identité professionnelle d'étudiantes-infirmières au Québec. *Revue canadienne de l'éducation/Canadian Journal of Education, 40*(4), 393-418.

HOUSSAYE, J. (1988). *Théorie et pratique de l'éducation scolaire: le triangle pédagogique.* Berne: Peter Lang.

HOWE, K. (1988). Against the quantitative-qualitative incompatibility thesis or dogmas die hard. *Educational Researcher, 17*(8), 10-16.

HOWE, K. (2004) A critique of experimentalism. *Qualitative Inquiry, 10*(4), 42-61.

HUBERMAN, A.M. et MILES, M.B. (1991). *Analyse des données qualitatives: recueil de nouvelles méthodes.* Bruxelles: De Boeck.

HUBERMAN, A.M. et MILES, M.B. (1994). Data management and analysis methods. Dans N.K. Denzin et Y.S. Lincoln (dir.), *Handbook of qualitative research* (p. 428-444). Thousand Oaks, CA: SAGE Publications.

HUBERMAN, A.M. et MILES, M.B. (2003). *Analyse des données qualitatives* (2ᵉ éd.). Paris: De Boeck Université.

HULT, M. et LENNUNG, S. (1980). Toward a definition of action research: A note and bibliography. *Journal of Management Studies, 17,* 241-250.

HUMPHREYS, L. (1975). *Tearoom trade: Impersonal sex in public places* (Enlarged edition with a retrospect on ethical issues). Chicago, IL: Aldine Publishing Company.

HUSSERL, E. (1985). *Idées directrices pour une phénoménologie* (Edeem I). Paris: Gallimard.

ILLSLEY, B., JACKSON, T. et DEASLEY, N. (2014). Spheres of public conversation: Experiences in strategic environmental assessment. Environmental Impact Assessment Review, 44, 1-10.

JACCOUD, M. et MAYER, R. (1997). L'observation en situation et la recherche qualitative. Dans J. Poupart *et al.* (dir.), *La recherche qualitative: enjeux épistémologiques et méthodologiques* (p. 211-250). Boucherville: Gaëtan Morin.

JACOBSON, R. (1960). Closing statements: Linguistics and poetics. Dans T.A. Sebeok (dir.), *Style in langage* (p. 350-349). Cambrige: The MIT Press.

JEAN, A., LAMARCHE, M.-C. et GARIÉPY, Y. (1998). *Plan d'action ministériel en éthique de la recherche et en intégrité scientifique.* Québec: Gouvernement du Québec, Ministère de la Santé et des Services sociaux, Direction des communications.

JEAN, M.S. et TRUDEL, P. (2010). *La malréglementation: une éthique de la recherche est-elle possible et à quelles conditions?* Montréal: Presses de l'Université de Montréal.

JOHNSON, D.L., MADDUX, C.D. et LIU, L. (2000). *Integration of technology in the classroom: Case studies.* Binghamton, NY: Haworth Press.

JOHNSON, J.M. (1975). *Doing field research.* New York, NY: The Free Press.

JONES, A. (2000). *Méthodes de recherche en sciences humaines.* Bruxelles: De Boeck Université.

JOYCE, B., WEIL, M. et CALHOUN, E. (2009). *Models of teaching* (8ᵉ éd.). Boston, MA: Pearson.

JUFFE, M. (1998). Faire exister la science de l'éducation. *Les sciences de l'éducation pour l'Ère nouvelle, 31,* 151-174.

KAMPOURAKIS, K. (2016). Publish or Perish? *Science and Education, 25*(3-4), 249-250.

KARSENTI, T. (1998). *Étude de l'interaction entre les pratiques pédagogiques d'enseignants du primaire et la motivation de leurs élèves* (Thèse de doctorat, Université du Québec à Montréal).

KARSENTI, T. (1999). Comment le recours aux TIC en pédagogie universitaire peut favoriser la motivation des étudiants: le cas d'un cours médiatisé sur le Web. *Cahiers de la recherche en éducation, 4*(3), 455-484.

KARSENTI, T., KOMIS, V. et DEPOVER, C. (2009). Les nouveaux outils et les nouvelles pratiques de recherche issus des technologies de l'information et de la communication. Dans C. Depover (dir.), *La recherche en technologie éducative: un guide pour découvrir un domaine en émergence* (p. 31-51). Paris: Éditions des Archives Contemporaines, Agence Universitaire de la Francophonie.

KARSENTI, T., SAVOIE-ZAJC, L. et LAROSE, F. (2001). Les futurs enseignants confrontés aux TIC: changements dans l'attitude, la motivation et les pratiques pédagogiques. *Éducation et Francophonie, 29*(1), 1-29.

KARSENTI, T. et TCHAMENI NGAMO, S. (2007). Quality of education in Africa: The impact of ICTs. *International Review of Education, 53*(3), 277-298.

KAZDIN, A.E. (1982). *Single-case research design.* New York, NY: Oxford University Press.

KEMMIS, S. (1997). Action research. Dans J.P. Keeves (dir.), *Educational research, methodology and measurement: An international handbook* (p. 173-179). New York, NY: Pergamon.

KEMMIS, S. et MCTAGGART, R. (dir.). (1988). *The action research reader.* Geelong: Deakin University Press.

KEMMIS, S. et MCTAGGART, R. (2000). Participatory action research. Dans N.K. Denzin et Y.S. Lincoln (dir.), *Handbook of qualitative research* (2ᵉ éd., p. 567-606). Thousand Oaks, CA: SAGE Publications.

KENNEDY, M.A. (1997). The connection between research and practice. *Educational Researcher, 26*(7), 4-12.

KINCHELOE, J.L. et BARRY, K.S. (2004). *Rigour and complexity in educational research: Conceptualizing the bricolage.* Maidenhead: Open University Press.

KINNEAR, P. et GRAY, C. (2005). *SPSS facile appliqué à la psychologie et aux sciences humaines.* Bruxelles: De Boeck.

KOLB, D.A. (1984). *Experiential learning.* Englewood Cliffs, NY: Prentice-Hall.

KOTIAHO, J.S., TOMKINS, J.L. et SIMMONS, L.W. (1999). Unfamiliar citations breed mistakes. *Nature, 400,* 307-308.

KOZLESKI, E. (2017). The uses of qualitative research: Powerful methods to inform evidence-based practice in education. *Research and Practice for Persons with Severe Disabilities, 42*(1), 19-32.

KRAEMER, H.C. et THEMANN, S. (1987). *How many subjects? Statistical power analysis in research.* Newbury Park, CA: SAGE Publications.

KRATHWOHL, D.R. (1998). *Methods of educational and social science research: An integrated approach* (2ᵉ éd.). New York, NY: Addison Wesley Longman.

KRIPPENDORFF. K. (2018). *Content analysis: An introduction to its methodology* (4ᵉ éd.). Newbury Park, CA: SAGE Publications.

KUHN, T. (2008). *La structure des révolutions scientifiques* (2ᵉ éd.). Paris: Flammarion.

L'ÉCUYER, R. (1987). L'analyse de contenu: notion et étapes. Dans J.P. Desaulniers (dir.), *Les méthodes de la recherche qualitative* (p. 49-65). Québec: Presses de l'Université du Québec.

L'ÉCUYER, R. (1990). *Méthodologie de l'analyse développementale du contenu: méthode GPS et concept de soi.* Québec: Presses de l'Université du Québec.

L'HOSTIE, M. et DOYON, D. (2004). *L'analyse collective des pratiques dans un dispositif de recherche-action: opportunités et enjeux.* Communication présentée au 72ᵉ congrès de l'ACFAS: Le rôle de la recherche dans la formation à l'enseignement et dans la pratique enseignante, 10-14 mai, Université du Québec à Montréal.

LA ROCHEFOUCAULD, F. duc de 1613-1680 (1946). *Réflexions, sentences et maximes morales.* Montréal: B.D. Simpson.

LADOUCEUR, R. et BÉGIN, G. (1980). *Protocoles de recherche en sciences appliquées et fondamentales.* Saint-Hyacinthe: Edisem.

LAFONTAINE, L., DUMAIS, C. et PHARAND, J. (2016). L'oral au 1ᵉʳ cycle de l'école primaire québécoise: assises théoriques et démarche d'enseignement et d'évaluation. *Repères: recherches en didactique du français langue maternelle,* (54), 101-119.

LAFORTUNE, L. (2008). *Un modèle d'accompagnement professionnel d'un changement.* Québec: Presses de l'Université du Québec.

LAFORTUNE, S., VÉRONNEAU, K. et MASSON, S. (2012). Les mécanismes cérébraux permettant de réaliser un changement conceptuel sont-ils les mêmes dans tous les domaines scientifiques? *Spectre, 42*(1), 12-14.

LAPERRIÈRE, A. (2000). L'observation directe. Dans B. Gauthier (dir.), *Recherche sociale: de la problématique à la collecte des données* (p. 311-336). Québec: Presses de l'Université du Québec.

LARIVÉE, J.S. (2015). *La collaboration école-famille-communauté: des pratiques différenciées pour répondre à des besoins diversifiés.* Communication présentée à la 348ᵉ réunion de la Commission de l'éducation préscolaire et de l'enseignement primaire et à la 356ᵉ réunion de la Commission de l'enseignement secondaire du Conseil supérieur de l'éducation, Québec.

LAROCHELLE-AUDET, J., BORRI-ANADON, C. et POTVIN, M. (2016). La formation interculturelle et inclusive des enseignant(e)s: conceptualisation et opérationnalisation de compétences professionnelles. *Éducation et francophonie, 44*(2), 172-195.

LAROSE, F. *et al.* (2011). Entre discipline et profession: la question des bonnes pratiques guidées par les résultats probants de la recherche («evidence based practice») en formation à l'enseignement. *Les Sciences de l'éducation: pour l'Ère nouvelle, 44*(2), p. 31-48.

LAVEAULT, D. et GRÉGOIRE, J. (2002). *Introduction aux théories des tests en psychologie et en sciences de l'éducation* (2ᵉ éd.). Bruxelles: De Boeck.

LAVOIE, L., MARQUIS, D. et LAURIN, P. (1996). *La recherche-action: théorie et pratique.* Québec: Presses de l'Université du Québec.

LECOMPTE, M.D. et PREISSLE, J. (1993). *Ethnography and qualitative design in educational research.* San Diego, CA: Academic Press.

LEGENDRE, R. (1993). *Dictionnaire actuel de l'éducation* (2ᵉ éd.). Montréal: Guérin.

LEGENDRE, R. (2005). *Dictionnaire actuel de l'éducation* (3ᵉ éd.). Montréal: Guérin.

LEGROS, C. (1999). *Analyse des connaissances des étudiants du postsecondaire en français écrit à travers leurs discours métalinguistique et métatextuel* (Thèse de doctorat, Université de Montréal).

LEMAY, P. (1997). *La recherche-action en éducation: analyse chronologique et critique des principaux cas de figure dans le monde anglo-saxon* (Thèse de doctorat, Université de Montréal).

LENOIR, Y. (1996). La recherche collaborative, les facultés d'éducation, le milieu scolaire et les organismes subventionnaires: un concept à clarifier, une situation fragile, des rapports institutionnels précaires! Dans Y. Lenoir et M. Laforest (dir.), *La bureaucratisation de la recherche en éducation et en sciences sociales: constats, impacts et conséquences* (p. 205-232). Sherbrooke: Éditions du CRP.

LENOIR, Y. *et al.* (2001). *Le manuel scolaire et l'intervention éducative: regards critiques sur ses apports et ses limites.* Sherbrooke: Éditions du CRP.

LEPAGE, M. *et al.* (2015). Analyse de besoins sur l'utilisation des outils Web 2.0: éléments essentiels pour la communication dans les équipes de recherche universitaire. *Nouveaux cahiers de la recherche en éducation, 18*(1), 87-113.

LESEMANN, F. (2003). La société des savoirs et la gouvernance: la transformation des conditions de production de la recherche universitaire. *Lien social et politiques,* (50), 17-37.

LESSARD, C. (2006). Déficit de recherche? Pas certain. Plutôt question de rapport à la recherche. *Formation et profession: Bulletin du CRIFPE, 12*(1), 37-42.

LESSARD, C. (2006). Le débat américain sur la certification des enseignants et le piège d'une politique éducative «evidence-based». *Revue des sciences de l'éducation, 32*(1), 31-52.

LESSARD, C., PERRON, M. et BÉLANGER, P. (dir.). (1991). *La profession enseignante au Québec: enjeux et défis des années 1990.* Québec: Institut québécois de recherche sur la culture.

LESSARD-HÉBERT, M., GOYETTE, J. et BOUTIN, G. (1990). *La recherche qualitative: fondements et pratiques.* Montréal: Éditions Nouvelles.

LEWIN, K. (1946). Action research and minority problems. *Journal of Social Issues, 2*(4), 34-46.

LEWIS, A. et SILVER, C. (2007). *Using software in qualitative research: A step-by-step guide.* Londres: SAGE Publications.

LHERME-PIGANIOL, E. (1998). Les «pseudo-délinquants»: à propos des troubles du caractère et du comportement chez les adolescents n'accédant pas à la pensée formelle. *Psychologie et éducation, 42,* 89-98.

LIN, N. (1976). *Foundations of social research.* New York, NY: McGraw-Hill.

LINCOLN, Y.S. (1995). Emerging criteria for quality in qualitative and interpretive research. *Qualitative Inquiry, 1*(3), 275-289.

LINCOLN, Y.S. et GUBA, E.C. (1985). *Naturalistic inquiry.* Beverly Hills, CA: SAGE Publications.

LITJPHART, A. (1971). Comparative politics and the comparative method. *The American Political Science Review, 63*(3), 628–693.

LIU, M. (1997). *Fondements et pratiques de la recherche-action.* Paris: Harmattan.

LOFF, B. (2006). Research ethics. Dans M.H. Ditmore (dir.), *Encyclopedia of prostitution and sex work* (vol. 2, p. 395-398). Westport, CT: Greenwood Press.

LOOI, C., HUNG, D. et TAN, L. (2006). Linking the learning science to teacher education: Teachers' beliefs, professional development, and scalability issues. *Educational Technology, 46*(3), 22-26.

MACÉ, C. (2011). D'une perspective normative vers une perspective interactionniste compréhensive pour aborder le concept de résilience. *Recherches qualitatives, 30*(1), 274-298.

MACGILCHRIST, B. (2003). *Professorial Lectures: Has school improvement passed its sell-by-date?* Londres: Institute of Education Press.

MADISON, D.S. (2005). *Critical ethnography.* Londres: SAGE Publications.

MALINOWSKI, B. (1963). *Les argonautes du pacifique occidental.* Paris: Gallimard.

MALINOWSKI, B. (1967). *A diary in the strict sense of the term.* New York, NY: Brace and World.

MALINOWSKI, B. (1985). *Journal d'ethnographe* (2ᵉ éd.). Paris: Éditions du Seuil.

MALO, A. (2000). Savoirs scientifiques et savoirs d'expérience: un processus de transformation. *Éducation et francophonie, 28*(2), p. 216-235.

MALO, A. (2005). *Parcours évolutif d'un savoir professionnel: une étude de cas multiples menée auprès de futurs enseignantes et enseignants de secondaire en stage intensif* (Thèse de doctorat, Université Laval, Québec).

MANGABEIRA, W.C., LEE, R.M. et FIELDING, N.G. (2004). Computers and qualitative research. *Social Science Computer Review, 22*(2), 167-178.

MANNING, K. (1997). Authenticity in constructivist inquiry: Methodological considerations without prescriptions. *Qualitative Inquiry, 3*(1), 93-115.

MARCHIVE, A. (2012). Introduction: les pratiques de l'enquête ethnographique. *Les sciences de l'éducation: pour l'Ère nouvelle, 45*(4), 7-14.

MARK, M.M. et SHOTLAND, R.L. (dir.). (1987). *Multiple methods in program evaluation.* San Francisco, CA: Jossey-Bass.

MAROY, C. (2009). Enjeux, présupposés et implicites normatifs de la poursuite de l'efficacité dans les systèmes d'enseignement. Dans X. Dumay et V. Dupriez (dir.), *L'efficacité dans l'enseignement* (p. 209-224). Bruxelles: De Boeck.

MARTELLA, R.C., NELSON, R. et MARCHAND-MARTELLA, N.E. (1999). *Research methods: Learning to become a critical research consumer.* Needham Heights, MA: Allyn and Bacon.

MARTINEAU, S. et GOHIER, C. (2015). L'apport de la philosophie à l'éducation: visions de l'apprentissage et finalités éducatives. Dans S. Demers, D. Lefrançois et M.A. Éthier (dir.), *Les fondements de l'éducation, perspectives critiques* (p. 263-298). Montréal: Multimondes.

MARTINEAU, S. et PRESSEAU, A. (2003). Le sentiment d'incompétence pédagogique des enseignants en début de carrière et le soutien à l'insertion professionnelle. *Brock Education Journal, 12*(2), 54-67.

MARTINEAU, S., SIMARD, D. et GAUTHIER, C. (2001). Recherches théoriques et spéculatives: considérations méthodologiques et épistémologiques. *Revue des sciences de l'éducation, XXIV*(2), 3-32.

MASO, I. (2001). Phenomenology and ethnography. Dans P. Atkinson *et al.* (dir.), *Handbook of ethnography* (p. 136-144). Londres: SAGE Publications.

MASON, J. (2018). *Qualitative researching* (3ᵉ éd.). Thousand Oaks, CA: SAGE Publications.

MASSON, S. (2007). Enseigner les sciences en s'appuyant sur la neurodidactique des sciences. Dans P. Potvin, M. Riopel et S. Masson (dir.), *Enseigner les sciences: regards multiples* (p. 308-321). Québec: Éditions MultiMondes.

MASSON, S. et BORST, G. (2017). *Méthodes de recherche en neuroéducation*. Québec: Presses de l'Université du Québec.

MASSON, S. *et al.* (2012). Using fMRI to study conceptual change: Why and how? *International Journal of Environmental and Science Education, 7*(1), 19-35.

MASTERS, J. (1995). *The history of action research*. En ligne, http://uqconnect.net/action_research/arr/arow/rmasters.html

MAY, S.A. (1997). Critical ethnography. Dans N.H. Hornberger et D. Corson (dir.), *Encyclopedia of language and education volume 8: Research methods in language and education* (p. 197-206). Boston, MA: Kluwer Academic Publishers.

MCANDREW, M. (2015). *La réussite éducative des élèves issus de l'immigration: dix ans de recherches et d'intervention*. Montréal: Presses de l'Université de Montréal.

MCANDREW, M., MILOT, M. et TRIKI-YAMANI, A. (dir.). (2010). *L'école et la diversité: perspectives comparées: politiques, programmes et pratiques*. Québec: Presses de l'Université Laval.

MCANDREW, M., POTVIN, M. et BORRI-ANADON, C. (dir.). (2013). *Le développement d'institutions inclusives en contexte de diversité*. Québec: Presses de l'Université du Québec.

MCLESTER, S. (2007). Technology literacy and the MySpace generation. *Technology and Learning, 27*, 16-22.

MCMILLAN, J.H. et WERGIN, J.F. (1998). *Understanding and evaluating educational research*. Merrill, NJ: Prentice Hall.

MCNEIL, P.M. (2001). Experimentation on human beings. Dans H. Kuhse et P. Singer (dir.), *A companion to bioethics* (p. 369-378). Oxford, UK: Blackwell Publishers.

MCNIFF, J. (1988). *Action research: Principles and practice*. Basingstoke: Macmillan Education.

MCNIFF, J. (1995). *Action research for professional development*. Bournemouth, GB: Hyde.

MCNIFF, J. (2016). *You and your action reseach project* (4e éd.). Londres: Routledge Falmer.

MCNIFF, J. et WHITEHEAD, J. (2010). *You and your action reseach project*. Londres: Routledge Falmer.

MEAD, G.H. (1934). *Mind, self and society: From the standpoints of social behaviorist*. Chicago, IL: University of Chicago Press.

MEAD, G.H. (1967). *Mind, self and society: From the standpoint of a social behaviorist*. Chicago, IL: University of Chicago Press.

MEHAN, H. (1979). *Learning lessons: Social organization in the classroom*. Cambridge, MA: Harvard University Press.

MEHAN, H. *et al.* (1996). *Constructing school success: The consequences of untracking low achieving students*. Cambridge: Cambridge University Press.

MERRIAM, S.B. (1988). *Case study in education: A qualitative approach*. San Francisco, CA: Jossey-Bass.

MERRIAM, S.B. (1998). *Qualitative research and case study applications in education*. San Francisco, CA: Jossey-Bass.

MESSIER, G. (2014). *Proposition d'un réseau conceptuel initial qui précise et illustre la nature, la structure ainsi que la dynamique des concepts apparentés au terme méthode en pédagogie* (Thèse de Doctorat, Université du Québec à Montréal).

MIALARET, G. (1998). Réflexions personnelles sur les sciences de l'éducation à l'aube du troisième millénaire. *Les sciences de l'éducation pour l'Ère nouvelle, 31*, 7-23.

MILES, M.B. et HUBERMAN, A.M. (1984). *Qualitative data analysis: A sourcebook of new methods*. Newbury Park, CA: SAGE Publications.

MILES, M.B. et HUBERMAN, A.M. (2003). *Analyse des données qualitatives* (2ᵉéd.). Bruxelles: De Boeck Université.

MILLER, W. et LENNIE, J. (2005). Empowerment evaluation: A practical method for evaluating a national school breakfast program. *Evaluation Journal of the Australasia, 5*(2), 18-26.

MILLS, D. et MORTON, M. (2013). *Ethnography in education.* Londres: SAGE Publications.

Ministère de l'Éducation et de l'Enseignement supérieure. (2017). *Politique de la réussite éducative: le plaisir d'apprendre, la chance de réussir.* Québec: Gouvernement du Québec.

Ministère du Multiculturalisme et de la Citoyenneté. (1991). *Pour un style clair et simple.* Ottawa: Approvisionnements et services.

MJOSET, L. (2000). Stein Rokkan's thick comparisons. *Acta Sociologica, 43*(4), 381-397.

MONS, N. (2009). Effets théoriques et réels des politiques d'évaluation standardisée. *Revue française de pédagogie,* (169), 99-140.

MOON, J. (2006). *Learning journals: A handbook for academics, students and professional development.* Londres: Kogan.

MORIN, A. (2010). *Cheminer ensemble dans la réalité complexe: la recherche-action intégrale et systémique (RAIS).* Paris: L'Harmattan.

MORIN, E. (1977). *La méthode.* Paris: Éditions du Seuil.

MORTON, S. (2015). Creating research impact: The roles of research users in interactive research mobilisation. *Evidence and Policy: A Journal of Research, Debate and Practice, 11*(1), 35-55.

MOSS, P.A. (1996). Enlarging the dialogue in educational measurement: Voices from interpretive research traditions. *Educational Researcher, 25*(1), 20-28 et 43.

MOUSTAKAS, C. (1994). *Phenomenological research methods.* Thousand Oaks, CA: SAGE Publications.

MUCCHIELLI, A. (1996). *Dictionnaire des méthodes qualitatives en sciences humaines et sociales.* Paris: Armand Colin.

MUCCHIELLI, A. (2009). *Dictionnaire des méthodes qualitatives en sciences humaines et sociales* (3ᵉ éd.). Paris: Armand Colin.

MUCCHIELLI, R. (1988). *L'analyse de contenu des documents et des communications* (6ᵉ éd.). Paris: Éditions ESF.

MUCCHIELLI, R. (2006). *L'analyse de contenu des documents et des communications: connaissance du problème* (9ᵉ éd.). Paris: ESF Éditeur.

MUNAFÒ. M.R. *et al.* (2017). A manifesto for reproducible science. *Nature Human Behaviour, 1,* 1-9.

NAMER, É. (1966). *Giordano Bruno.* Paris: Seghers.

NEDJAR-GUERRE, A. et GAGNEBIEN, A. (2015). Les fablabs, étude de cas: le faclab de Cergy-Pontoise à Gennevilliers est-il un lieu d'expérimentation sociale en faveur des jeunes? *Agora débats/jeunesses,* (69), 101-114.

NIGLAS, K. (2004). *The combined use of qualitative and quantitative methods in educational research.* Tallinn: Tallinn Pedagogical University.

NODIE OJA, S. et SMULYAN, L. (1989). *Collaborative action research: A developmental approach.* Londres: The Falmer Press.

NOFFKE, S.E. (1994). Action research: Toward the next generation. *Educational Action Research, 2*(1), 9-21.

O'REILLY, T. (2005). *What is Web 2.0: Design patterns and business models for the next generation of software.* En ligne, http://www.oreillynet.com/lpt/a/6228.

OAKLEY, A. (2002). Social science and evidence-based everything: The case of education. *Educational Review, 54*(3), 277-286

OLÉRON, P. (2001). *L'argumentation* (5ᵉ éd.). Paris: Presses universitaires de France.

OLIVIER, L., BÉDARD, G. et FERRON, J. (2005). *L'élaboration d'une problématique de recherche: sources, outils et méthode.* Paris: L'Harmattan.

OLIVIER, L. et PAYETTE, J.-F. (2010). *Argumenter son mémoire ou sa thèse.* Québec: Presses de l'Université du Québec.

OLIVIER, L. et PAYETTE, J.-F. (2011). *Argumenter son mémoire ou sa thèse.* Montréal: Presses de l'Université du Québec.

OLLION, É. et BOELAERT, J. (2015). Au delà des *big data.* Les sciences sociales et la multiplication des données numériques. *Sociologie, 6*(3), 295-310.

Organisation de coopération et de développement économiques (1996). *L'économie fondée sur le savoir.* Paris: OCDE.

Organisation de coopération et de développement économiques (2000). *Société du savoir et gestion des connaissances.* Paris: OCDE.

Organisation de coopération et de développement économiques (2004). *Completing the foundation for lifelong learning: An OECD survey of upper secondary schools: Technical report.* Amsterdam: OCDE.

PAILLÉ, P. (1994). L'analyse par théorisation ancrée. *Cahiers de recherche sociologique, 23,* 147-181.

PAILLÉ, P. (1994). Pour une méthodologie de la complexité en éducation: le cas d'une recherche-action-formation. *Revue canadienne de l'éducation, 19*(3), 215-230.

PAILLÉ, P. (dir.). (2006). *La méthodologie qualitative: postures de recherche et travail de terrain.* Paris: Armand Colin.

PAILLÉ, P. (2009a). Recherche qualitative. Dans A. Mucchielli (dir.), *Dictionnaire des méthodes qualitatives en sciences humaines et sociales* (3e éd., p. 218-220). Paris: Armand Colin.

PAILLÉ, P. (2009b). Échantillonnage théorique. Dans A. Mucchielli (dir.), *Dictionnaire des méthodes qualitatives en sciences humaines et sociales* (3e éd., p. 69-70). Paris: Armand Colin.

PAILLÉ, P. et MUCCHIELLI, A. (2003). *L'analyse qualitative en sciences humaines et sociales.* Paris: Armand Colin.

PAILLÉ, P. et MUCCHIELLI, A. (2016). *L'analyse qualitative en sciences humaines et sociales* (4e éd.). Malakoff: Armand Colin.

PALLASCIO, R., ALLAIRE, R. et DEROME, D. (1996). Géométrie et gestion de l'espace de travail par l'élève. *Revue des sciences de l'éducation, 22*(2), 443-460.

PALYS, T. (2011). The Russel Ogden Case. En ligne, http://www.sfu.ca/~palys/OgdenPge.htm.

PAPPWORTH, M.H. (1967). *Human guinea pigs: Experimentation on Man.* Londres: London Routledge and Kegan Paul.

PARÉ, G. (2007). *Et si le chercheur était vulnérable? Proposition d'une approche socioéthique des vulnérabilités du chercheur en regard d'une controverse* (Mémoire de maitrise, Université de Montréal).

PARENT c. R. (2014). QCCS 132.

PASSMORE, W. (2008). *Action research in the workplace: The socio-technical* perspective. Dans P. Reason et H. Bradbury (dir.), *Handbook of action research* (p. 38-48). Thousand Oaks, CA: SAGE Publications.

PATTON, M.Q. (1990). *Qualitative evaluation and research methods.* Newbury Park, CA: SAGE Publications.

PATTON, M.Q. (1997). Toward distinguishing empowerment evaluation and placing it in a larger context. *Evaluation Practice, 18*(2), 147-163.

PATTON, M.Q. (2002). *Qualitative research and evaluation methods.* Thousand Oaks, CA: SAGE Publications.

PELLETIER, J. et LACHAPELLE, G. (2016). *Français écrit au collégial et marché du travail: regards sur la formation technique et les attentes des employeurs des domaines d'emploi afférents en matière de production d'écrits professionnels.* Sherbrooke: Cégep de Sherbrooke.

PERELMAN C. (1971). The new rhetoric. Dans Y. Bar-Hillel (dir.), *Pragmatics of natural languages* (p. 145-149). Dordrecht: Springer Netherlands.

PERELMAN, C. et OLBRECHTS-TYTECA, L. (1958). *Traité de l'argumentation: la nouvelle rhétorique.* Bruxelles: Université de Bruxelles.

PERELMAN, C. et OLBRECHTS-TYTECA, L. (2008). *Traité de l'argumentation: la nouvelle rhétorique* (6e éd.). Bruxelles: Éditions de l'Université de Bruxelles.

PETSCHER, Y., SCHATSCHNEIDER, C. et COMPTON, D.L. (2013). *Applied quantitative analysis in education and the social sciences.* New York, NY: Routledge.

PHELPS, R., FISHER, K. et ELLIS, A. (2007). *Organizing and managing your research: A practical guide for postgraduates.* Londres: SAGE Publications.

PHOENIX, A. (2013). Analysing narrative contexts. Dans M. Andrews, C. Squire et M. Tamboukou (dir.), *Doing narrative research* (2e éd., p. 72-87). Thousand Oaks, CA: SAGE Publications.

PINCH, K.J. (2009). The importance of evaluation research. *Journal of Experiential Education, 31*(3), 390-394.

PIRÈS, A.P. (1993). La recherche qualitative et le problème de la scientificité. Dans *Les méthodes qualitatives et la recherche sociale: problématiques et enjeux. Actes du colloque du Conseil québécois de la recherche sociale* (p. 33-44). Rimouski: Université du Québec à Rimouski.

PIRÈS, A.P. (1997). De quelques enjeux épistémologiques d'une méthodologie générale pour les sciences sociales. Dans J. Poupart *et al.* (dir.), *La recherche qualitative: enjeux épistémologiques et méthodologiques* (p. 3-54). Boucherville: Gaëtan Morin.

PONTILLE, D. (2015). Les transformations de la contribution scientifique. *Histoire de la recherche contemporaine, 4*(2), 152-162.

PORTELANCE, L. (2009). Élaboration d'un cadre de référence pour la formation des enseignants associés québécois. Éducation et francophonie, *XXXVII*(1), 26-49.

POSTIC, M. et DE KETELE, J.M. (1988). *Observer les situations éducatives.* Paris: Presses universitaires de France.

POTTER, W.J. (1996). *An analysis of thinking and research about qualitative methods.* Mahwah, NJ: Lawrence Erlbaum.

POTVIN, M. (2014). Diversité éthnique et éducation inclusive: fondements et perspectives. Éducation et société: Revue internationale *de sociologie de l'éducation, 33*(1), 185-202.

POUPART, J. *et al.* (dir.). (1997). *La recherche qualitative: enjeux épistémologiques et méthodologiques.* Boucherville: Gaëtan Morin.

POURTOIS, J.P. et DESMET, H. (1988). *Épistémologie et instrumentation en sciences humaines.* Bruxelles: Pierre Mardaga.

POURTOIS, J.P., DESMET, H. et LAHAYE, W. (2006). Postures et démarches épistémiques en recherche. Dans P. Paillé (dir.), *La méthodologie qualitative: postures de recherche et travail de terrain* (p. 169-200). Paris: Armand Colin.

POWER, M. (2005). La société de l'audit: l'obsession du contrôle. Paris: La Découverte.

PRATT, D.D. (dir.) (2005). *Five perspectives on teaching in adult and higher education.* Malabar: Krieger Publishing Company.

PREISSLE, J. (1999). An ethnographer comes of age. *Journal of Contemporary Ethnography, 28*(6), 650-659.

PRENSKY, M. (2001). Digital natives, digital immigrants, part 1. *On the Horizon, 9*(5), 1-6.

Presse canadienne. (1995). Une brochure pour les personnes atteintes d'un cancer. *Le soleil,* 18 février, p. D6.

PRUD'HOMME, L., DOLBEC, A. et GUAY, M.-H. (2011). Le sens construit autour de la différenciation pédagogique dans le cadre d'un recherche-action-formation. Éducation et francophonie, *39*(2), 165-188.

PRUD'HOMME, L. *et al.* (2016). *L'inclusion scolaire: ses fondements, ses acteurs et ses pratiques.* Bruxelles: De Boeck Université.

RABY, C., GAGNON, B. et CHARRON, A. (2013). S'engager en recherche-action: une démarche gagnante pour développer ses compétences professionnelles. *Vivre le primaire, 26*(1), 25-27.

RABY, C. et VIOLA, S. (2009). *Modèles d'enseignement et théories d'apprentissage: de la pratique à la théorie.* Anjou: Éditions CEC.

RAVITCH, S.M. et MITTENFELNER CARL, N. (2016). *Qualitative research: Bridging the conceptual, theoretical, and methodological.* Thousand Oaks, CA: SAGE Publications.

REASON, P. (1996). Reflections on the purposes of human inquiry. *Qualitative Inquiry, 2*(1), 15-28.

REASON, P. et BRADBURY, H. (2015). *The SAGE handbook of action research: Participative inquiry and practice.* Londres: SAGE Publications.

REBOUL, O. (1984). *Le langage de l'éducation.* Paris: Presses universitaires de France.

REBOUL, O. (2011). *Introduction à la rhétorique: théorie et pratique* (2ᵉ éd.). Paris: Presses universitaires de France.

REDECKER, C. (2009). *Review of learning 2.0 practices: Study on the impact of web 2.0 innovations on education and training in europe.* Séville: European Commission, Joint Research Centre, Institute for Prospective Technological Studies.

REICHARDT, C.S. et GOLLOB, H.F. (1987). Taking uncertainty into account when estimating effects. Dans M.M. Mark et R.L. Shotland (dir.), *Multiple methods in program evaluation* (p. 7-22). San Francisco, CA: Jossey-Bass.

REY, O. (2006). Qu'est-ce qu'une «bonne» recherche en éducation? *Lettre Veille Scientifique et Technologique,* (18).

REYNOLDS, D. *et al.* (2002). *World class schools: International perspectives in school effectiveness.* Londres: Routledge Falmer.

REYNOLDS, D. et CUTTANCE, C. (dir.). (1992). *School effectiveness: Research, policy and practice.* Londres: Cassell.

RICHARDSON, L. (2000). Writing: A method of inquiry. Dans N.K. Denzin et Y.S. Lincoln (dir.), *Handbook of qualitative research* (p. 923-948). Thousand Oaks, CA: SAGE Publications.

RICOEUR, P. (1986). *Du texte à l'action: essais d'herméneutique II*. Paris: Éditions du Seuil.

RICOEUR, P. (1998). *Du texte à l'action: essais d'herméneutique II* (2ᵉ éd.). Paris: Éditions du Seuil.

RITTER, L.A. et SUE, V.M. (2007). Using online surveys in evaluation. *New Directions for Evaluation*, *115*(hors-série).

RIVARD c. Éoliennes de l'Érable. (2017). QCCS 2259.

RIVOAL, I. et SALAZAR, N.B. (2013). Contemporary ethnographic practice and the value of serendipity. *Social Anthropology*, *21*(2), 178-185.

ROBERT, M. (1988). *Fondements et étapes de la recherche scientifique en psychologie* (3ᵉ éd.). Saint-Hyacinthe: Edisem.

ROCKWELL, E. (2009). *La experiencia etnográfica*. Buenos Aires: Paidos.

ROGERS, C. (1968). *Le développement de la personne*. Paris: Dunod.

ROSENBAUM, J. (1976). *Making inequality: The hidden curriculum of high school tracking*. New York: Wiley.

ROSENBERG, J.P. et YATES, P. (2007). Schematic representation of case study research designs. *Journal of Advanced Nursing*, *60*(4), 447-452.

ROTHMAN, D.J. (1987). Ethics and human experimentation: Henry Beecher revisited. *The New England Journal of Medicine*, *317*(19), 1195-1199.

ROUSSEAU, N. (dir.). (2012). *Modèle dynamique de changement accompagné en contexte scolaire: pour le bien-être et la réussite de tous*. Québec: Presses de l'Université du Québec.

ROUSSEAU, N. (dir.). (2015). *La pédagogie de l'inclusion scolaire* (3ᵉ éd.). Québec: Presses de l'Université du Québec.

ROWLAND, G. (2007). Educational inquiry in transition: Research and design. *Educational Technology*, *47*(2), 14-23.

ROY, G.-R. (2001). D'un enseignement actuel décontextualisé de la grammaire à un enseignement grammatical axé sur la vie. Dans Y. Lenoir, B. Rey et I. Fazenda (dir.), *Les fondements de l'interdisciplinarité dans la formation à l'enseignement* (p. 399-420). Sherbrooke: Éditions du CRP.

ROY, G.-R. (2002). *L'écriture d'un article scientifique*. Communication présentée aux membres de l'Association de recherche collégiale, avril, Cégep du Vieux-Montréal.

ROY, G.-R. (2004). *Préparer un article scientifique*. Communication présentée à l'Association des étudiants du CRIFPE, février, Sherbrooke.

ROY, G.-R. et LAFONTAINE, L. (1992). *La maîtrise du français écrit à l'université*. Sherbrooke: Éditions du CRP.

ROY, G.-R., LAFONTAINE, L. et LEGROS, C. (1995). *Le savoir grammatical après treize ans de formation*. Sherbrooke: Éditions du CRP.

RUSSELL, C. (2005). « Whoever does not write is written »: The role of nature in post-post approaches to environmental education research. *Environmental Education Research*, *11*(4), 433-443.

SALDANA, J. (2009). *The coding manual for qualitative researchers*. Thousand Oaks, CA: SAGE Publicatons.

SASS, H.M. (1983). Reichsrundschreiben 1931: Pre-Nuremberg German regulations concerning new therapy and human experimentation. *The Journal of Medicine and Philosophy*, *8*(2), 99-111.

SAUSSEZ, F. (2017). *Les données probantes en éducation: un regard critique*. Communication présentée au 85ᵉ Congrès de l'ACFAS, 8-12 mai, Université McGill, Montréal.

SAUSSEZ, F. et LESSARD, C. (2009). Entre orthodoxie et pluralisme: les enjeux de l'éducation basée sur la preuve. *Revue française de pédagogie*, (168), 111-136.

SAUVÉ, L. (2005). *Les défis posés à la recherche en éducation par le contexte socio-environnemental contemporain: jalons pour une réflexion*. Communication présentée au colloque du doctorat réseau de l'Université du Québec à Montréal, août, Gatineau.

SAVOIE-ZAJC, L. (1989). Les critères de rigueur de la recherche qualitative. Dans *Actes de colloque de la Société de recherche en éducation de l'Abitibi-Témiscamingue (SORÉAT)* (p. 49-66). Rouyn-Noranda: Université du Québec en Abitibi-Témiscamingue.

SAVOIE-ZAJC, L. (1993). Qu'en est-il de la triangulation? Là où la recherche qualitative interprétative se transforme en intervention sociale. *Revue de l'ARQ*, 8, 121-133.

SAVOIE-ZAJC, L. (1994). Le discours sur l'école de jeunes identifiés à risque de décrochage scolaire. Dans L. Langevin (dir.), *L'abandon scolaire: on ne naît pas décrocheurs* (p. 79-109). Montréal: Éditions Logiques.

SAVOIE-ZAJC, L. (1995). Les problèmes éthiques en recherche qualitative. Dans R. Rousseau, C. Landry et B. Isabel (dir.), *Éducation, recherche et considérations éthiques* (p. 67-79). Rimouski: Éditions GREME.

SAVOIE-ZAJC, L. (2001). La recherche-action en éducation: ses cadres épistémologiques, sa pertinence, ses limites. Dans M. Anadón et M. L'Hostie (dir.), *Nouvelles dynamiques de recherche en éducation* (p. 15-49). Québec: Presses de l'Université Laval.

SAVOIE-ZAJC, L. (2005). Children's visual representations of food and meal time: Towards an understanding of nutrition and educational practices. *Educational European Research Journal*, 4(2), 132-141.

SAVOIE-ZAJC, L. (2007). Comment peut-on construire un échantillonnage scientifiquement valide? *Recherche qualitative*, 5(hors-série), 99-111.

SAVOIE-ZAJC, L. (2009a). Pédagogie et méthodes qualitatives. Dans A. Mucchielli (dir.), *Dictionnaire des méthodes qualitatives en sciences humaines et sociales* (3ᵉ éd., p. 175-178). Paris: Armand Colin.

SAVOIE-ZAJC, L. (2009b). La triangulation. Dans A. Mucchielli (dir.), *Dictionnaire des méthodes qualitatives en sciences humaines et sociales* (3ᵉ éd., p. 285-286). Paris: Armand Colin.

SAVOIE-ZAJC, L. (2009c). Journal de bord. Dans A. Mucchielli (dir.), *Dictionnaire des méthodes qualitatives en sciences humaines et sociales* (3ᵉ éd., p. 130). Paris: Armand Colin.

SAVOIE-ZAJC, L. (2011). La recherche qualitative/interprétative en éducation. Dans T. Karsenti et L. Savoie-Zajc (dir.), *La recherche en éducation: étapes et approches* (p. 123-147). Saint-Laurent: ÉRPI.

SAVOIE-ZAJC, L. (2016). L'entrevue semi-dirigée. Dans B. Gauthier et I. Bourgeois (dir.), *Recherche en sciences sociales: de la problématique à la collecte des données* (6ᵉ éd., p. 337-362). Sainte-Foy: Presses de l'Université du Québec.

SAVOIE-ZAJC, L. *et al.* (2002). *Role representations at the core of school principals' practices in the midst of school reform in Quebec.* Communication présentée à l'American Educational Research Association (AERA), avril, New Orleans.

SAVOIE-ZAJC, L. et DOLBEC, A. (1994). Quelle recherche pour quel changement? Dans J. Chevrier (dir.), *La recherche en éducation comme source de changement* (p. 85-101). Montréal: Les Éditions Logiques.

SAVOIE-ZAJC, L. et DOLBEC, A. (1999). Former pour transformer: une recherche-action impliquant des chefs d'établissements scolaires et visant la mise en place d'une culture de formation continue dans leurs écoles. Dans G. Pelletier (dir.), *Former les dirigeants de l'éducation* (p. 133-151). Bruxelles: De Boeck.

SCHMUCK, R.A. (2006). *Practical action research for change.* Thousand Oaks, CA: Corwin Press.

SCHÖN, D. (1983). *The reflexive practitioner: How professionals think in action.* New York, NY: Basic Book.

SCHÖN, D.A. (1987). *Educating the reflective practitioner: Toward a new design for teaching and learning in the professions.* San Francisco, CA: Jossey-Bass.

SCHUMSKY, A. (1958). *The action research way of learning: An approach for in-service education.* New York, NY: Teachers College.

SCHUTZ, A. (1987). *Le chercheur et le quotidien: phénoménologie des sciences sociales.* Paris: Méridiens Klincksieck.

SCHWANDT, T.A. (1996). Farewell to criteriology. *Qualitative Inquiry*, 2(1), 58-72.

SCHWANDT, T.A. (1997). *Qualitative inquiry: A dictionary of terms.* Thousand Oaks, CA: SAGE Publications.

SCRIVEN, M. (1988). Philosophical inquiry methods in education. Dans R.M. Jaeger (dir.), *Complementary methods for research in education* (p. 129-149). Washington, DC: American Educational Research Association.

SEALE, C. (2011). Secondary analysis of qualitative data. Dans D. Silverman (dir.), *Qualitative research: Theory, method and practice* (3e éd., p. 347-364). Londres: SAGE Publications.

SEBILLOTTE, M. (2007). L'analyse des pratiques: réflexions épistémologiques pour l'agir du chercheur. Dans M. Anadón (dir.), *La recherche participative: multiples regards* (p. 49-87). Québec: Presses de l'Université du Québec.

SHAW, K.E. (1978). Understanding the curriculum: The approach through case studies. *Journal of Curriculum Studies, 10*(1), 1-17.

SIEMENS, G. et TITTENBERGER, P. (2009). *Handbook of Emerging Technologies for Learning.* En ligne, http://www.umanitoba.ca/learning_technologies/cetl/HETL.pdf.

SILVERMAN, D. (dir.). (2004). *Qualitative research: Theory, method and practice.* Londres: SAGE Publications.

SILVERMAN, D. (2017). *Doing qualitative research* (4ᵉ éd.). Thousand Oaks, CA: SAGE Publications.

SIMARD, C. (1996). *Méthodes quantitatives: approche pédagogique progressive pour les élèves en sciences humaines.* Québec: Le Griffon d'argile.

SLAVIN, R.E. (2002). Evidence-based education policies: Transforming educational practice and research. *Educational Researcher, 31*(7), 15–21.

SLAVIN, R.E. (2004). Education research can and must address "what works" questions. *Educational Researcher, 33*(1), 27-28.

SMITH, D.E. (2005). *Institutional ethnography: A sociology for people.* New York: Alta Mira.

SMITH, L. (1982). Ethnography. Dans H.E. Mitzel (dir.), *Encyclopedia of educational research* (p. 587-592) New York, NY: The Free Press.

SNELBECKER, G.E., MILLER, S.M. et ZHENG, R. (2006). Learning sciences and instructional design: Obervations, reflections, and suggestions for further exploration. *Educational Technology, 46*(4), 22-27.

SNYDER, P. *et al.* (2002). Examination of quantitative methods used in early intervention research: Linkages with recommended practices. *Journal of Early Intervention, 25*(2), 137-150.

SOLTIS, J.F. (1985). *An introduction to the analysis of educational concepts* (2ᵉ éd.). New York, NY: University Press of America.

SPALLANZANI, C. *et al.* (2001). *Le rôle du manuel scolaire dans les pratiques enseignantes au primaire.* Sherbrooke: Éditions du CRP.

SPETTEL, S. et WHITE, M.D. (2011). The portrayal of J. Marion Sims' controversial surgical legacy. *The Journal of Urology, 185*(6), 2424 -2427.

SPRADLEY, J.P. (1970). *You owe yourself a drunk: An ethnography of urban nomads.* Boston, MA: Little Brown.

SPRADLEY, J.P. (1979). *The ethnographic interview.* Long Grove: Waveland Press.

ST-ARNAUD, Y. (1992). *Connaître par l'action.* Montréal: Presses de l'Université de Montréal.

ST-GERMAIN, M. (2001). Une conséquence de la nouvelle gestion publique: l'émergence d'une pensée comptable en éducation. *Éducation et francophonie, XXIX*(2), 10-44.

STAKE, R.E. (1994). Case studies. Dans N.K. Denzin et Y.S. Lincoln (dir.), *Handbook of qualitative research* (p. 236-246). Thousand Oaks, CA: SAGE Publications.

STAKE, R.E. (1995). *The art of case study research.* Thousand Oaks, CA: SAGE Publications.

STAKE, R.E. (2000). Case studies. Dans N.K. Denzin et Y.S. Lincoln (dir.), *Handbook of qualitative research* (2ᵉ éd., p. 435-453). Thousand Oaks, CA: SAGE Publications.

STENGER, T. et COUTANT, A. (2010). Les réseaux sociaux numériques: des discours de promotion à la définition d'un objet et d'une méthodologie de recherche. *HERMES: Journal of Language and Communication in Business, 23*(44), 209-228.

STENHOUSE, L. (1975). *An introduction to curriculum research and development.* Londres: Heinemann.

STOKER, D. (1996). Editorial. *Journal of Librarianship and Information Sciences, 28*(1), 3-6.

STRAUSS, A.L. (1987). *Qualitative analysis for social scientist.* Cambridge: Cambridge University Press.

STRAUSS, A.L. et CORBIN, J.M. (1990). *Basics of qualitative research: Grounded theory procedures and techniques.* Newbury Park, CA: SAGE Publications.

STRAUSS, A.L. et CORBIN, J.M. (1994). Grounded theory methodology: An overview. Dans N.K. Denzin et Y.S. Lincoln (dir.), *Handbook of qualitative research* (p. 273-285). Londres: SAGE Publications.

STRAUSS, A.L. et CORBIN, J.M. (2004). *Les fondements de la recherche qualitative: techniques et procédures de développement de la théorie enracinée.* Fribourg: Fribourg Academic Press.

STRAUSS, A.L. et CORBIN, J.M. (2008). *Basics of qualitative research: Grounded theory procedures and techniques* (3ᵉ éd.). Londres: SAGE Publications.

STRINGER, E. (2008). *Action research in education.* Upper Saddle River, NJ: Pearson Education.

STRINGER, E. (2013). *Action research in education.* Upper Saddle River, NJ: Pearson Education.

TABA, H. et NOËL, E. (1957). *Action research: A case study.* Washington, DC: Association for Supervision and Curriculum Development.

TARDIF, M. et GAUTHIER, C. (1999). *Pour ou contre un ordre professionnel des enseignantes et des enseignants au Québec.* Québec: Presses de l'Université Laval.

TARDIF, M. et LESSARD, C. (1999). *Le travail enseignant au quotidien.* Saint-Nicolas, Québec: Presses de l'Université Laval.

TASHAKKORI, A. et TEDDLIE, C. (1998). *Mixed methodology: Combining qualitative and quantitative approaches.* Thousand Oaks, CA: SAGE Publications.

TASHAKKORI, A. et TEDDLIE, C. (dir.). (2010). *SAGE handbook of mixed methods in social and behavioral research* (2ᵉ éd.). Thousand Oaks, Ca: SAGE Publications.

TASSIN, A. et SPANGHERO-GAILLARD, N. (2015). Le développement des habiletés rédactionnelles à l'université: expertise discursive et acculturation aux discours universitaires. *Linx: Revue des linguistes de l'Université Paris Ouest Nanterre La Défense,* (72), 169-188.

TEDLOCK, B. (2000). Ethnography and ethnographic representation. Dans N.K. Denzin et Y.S. Lincoln (dir.), *Handbook of qualitative research* (p. 455-486). Thousand Oaks, CA: SAGE Publications.

TESCH, R. (1990). *Qualitative research: Analysis types and software tools.* New York, NY: The Falmer Press.

THOMAS, W.I. (1923). *The unajusted girl.* Boston, MA: Little, Brown, and Company.

TOOHEY, K. (2008). Ethnography and language education. Dans K.A. King et N.H. Hornsberger (dir.), *Encyclopedia of language and education volume 10: Research methods in language and education* (p. 177-187). New York, NY: Springer.

TOULMIN, S.E. (1958). *Les usages de l'argumentation.* Paris: Presse de l'université de France.

TOULMIN, S.E. (1993). *Les usages de l'argumentation.* Paris: Presse de l'université de France.

TOULMIN, S.E. (2003). *The uses of argument* (2ᵉ éd.). Cambridge: Cambridge University Press.

TOURAINE, A. (1984). *Le retour de l'acteur: essais de sociologie.* Paris: Fayard.

TOURAINE, A. (1992). *Critique de la modernité.* Paris: Fayard.

TOUSSAINT, N. et DUCASSE, G. (1996). *Apprendre à argumenter: théories et exercices.* Québec: Le Griffon d'argile.

TOWNSEND, T. (dir.). (2007). *International Handbook of School Effectiveness and* Improvement (Part 1). New York, NY: Springer.

TREMBLAY, O., Turgeon, É. et Gagnon, B. (2017). *Les cercles d'auteurs en classe: pratiques différenciées de six enseignants du primaire québécois.* Communication présentée au Symposium international sur la littératie à l'école, juin, Ajaccio, Corse.

TRIPP, D. (1994). *Critical incidents in teaching: Developing professional judgement.* Londres: Routledge.

TRUDEL, R. et ANTONIUS, R. (1991). *Méthodes quantitatives appliquées aux sciences humaines.* Montréal: Centre éducatif et culturel.

TUCKMAN, B.W. et HARPER, B.E. (2012). *Conducting educational research* (6ᵉ éd.). Lanham, MD: Rowman and Littlefield Publishers.

U.S. National Commission for the Protection of Human Subjects of Biomedical and Behavioral Research (1978). *The Belmont report: Ethical principles and guidelines for the protection of human subjects of research* (Rapport nᵒ OS-78-0012). Washington, DC: U.S. Government Printing Office, DHEW Publication.

VAN DER MAREN, J.-M. (1993). *Méthodes de recherches pour l'éducation.* Montréal: Librairie de l'Université de Montréal.

VAN DER MAREN, J.-M. (1995). *Méthodes de recherche pour l'éducation.* Montréal: Presses de l'Université de Montréal.

VAN DER MAREN, J.-M. (1999). La recherche appliquée en pédagogie: des modèles pour l'enseignement. Louvain-la-Neuve: De Boeck.

VAN DER MAREN, J.M. (2003). *La recherche appliquée en pédagogie: des modèles pour l'enseignement* (2ᵉ éd.). Bruxelles: De Boeck.

VAN DER MAREN, J.M. (2004). *Méthodes de recherches pour l'éducation* (2ᵉ éd.). Bruxelles: De Boeck.

VAN DER MAREN, J. M. (2014). *La recherche appliquée pour les professionnels: éducation, (para)médical, travail social* (3ᵉ éd.). Bruxelles: De Boeck.

VAN MANEN, M. (1997). *Researching lived experience: Human science for an action sensitive pedagogy* (2e éd.). London, ON: Althouse Press.

VAN ZANTEN, A. (2010). Ethnographie. Dans S. Paugam (dir.), *Les 100 mots de la sociologie* (p. 33-34). Paris: Presses universitaires de France.

VANHULLE, S. (2005). Écriture réflexive et subjectivation de savoirs chez les futurs enseignants. *Nouveaux cahiers de la recherche en éducation, 8*(1), 41-63.

VIAL, M. et CAPARROS-MENCACCI, N. (2007). L'accompagnement professionnel? Méthode à l'usage des praticiens exerçant une fonction éducative. Bruxelles: De Boeck Supérieur.

VILLERS, M.-É. (2015). *Multidictionnaire* (6ᵉ éd.). Montréal: Québec Amérique.

VULTUR, I. (2017). *Comprendre: l'herméneutique et les sciences humaines.* Paris: Gallimard.

VYGOSTSKY, L. (1934). *Pensée et langage.* Paris: La Dispute.

VYGOSTSKY, L. (1997). *Pensée et langage* (3ᵉ éd.). Paris: La Dispute.

WANDERSMAN, A. (2005). The principles of empowerment evaluation. Dans D. Fetterman et A. Wandersman (dir.), *Empowerment evaluation: Principles in practice.* New York, NY: The Guilford Press.

WAX, R.H. (1971). *Doing fieldwork: Warnings and advice.* Chicago, IL: University of Chicago Press.

WEBER, M. (1968). *Essais sur la théorie de la science.* Paris: Plon.

WEIS, L. et FINE, M. (2004). *Working method: Research and social justice.* New York, NY: Routledge.

WENZEL, J.W. (1992). Perspectives on argument. Dans W.L. Benoit, D. Hample et P.J. Benoit (dir.), *Readings in argumentation* (p. 121-143). New York, NY: Foris Publication.

WERTSCH, J.V. (1991). *Voices of the mind: A sociocultural approach to mediated action.* Cambridge, MA: Harvard University Press.

WHITEHEAD, J. (1993). *The growth of educational knowledge: Creating your own living educational theories.* Bournemouth: Hyde Publications.

WHYTE, W.F. (1994). *Participant observer: An autobiography.* Ithaca, NY: ILR Press.

WHYTE, W.F (2002). *Street corner society.* Paris: La Découverte.

WILES, K. (1953). Can we sharpen the concept of action research? *Educational Leadership, 10*, 408-410.

WILLIS, J. et KIM, S.H. (2006). *Using computers in educational and psychological research: Using information technologies to support the research process.* Springfield, IL: Charles C. Thomas.

WILLIS, P. (2001). *L'école des ouvriers.* Marseille: Agone.

WITHERELL, C. et NODDING, N. (1991). *Stories lives tell: Narrative and dialogue in education.* New York, NY: Teachers College Press.

WOLCOTT, H.F. (1973). *The man in the principal's office: An ethnography.* Walnut Creek: AltaMira Press.

WOLCOTT, H.F. (1994). *Transforming qualitative date: Description, analysis, and interpretation.* Thousand Oaks, CA: SAGE Publications.

WOLCOTT, H.F. (1999). *Ethnography: A way of seeing.* Walnut Creek: AltaMira Press.

WOODS, M., MACKLIN, R. et LEWIS, G.K. (2016). Researcher reflexivity: Exploring the impacts of CAQDAS use. *International Journal of Social Research Methodology, 19*, 385-403.

YIN, R.K. (1984). *Case study research: Design and methods.* Beverly Hills, CA: SAGE Publications.

YIN, R.K. (1994). *Case study research: Design and methods* (2ᵉ éd.). Thousand Oaks, CA: SAGE Publications.

YIN, R.K. (2003). *Case study research: Design and methods* (3ᵉ éd.). Thousand Oaks, CA: SAGE Publications.

ZUÑIGA, R. (1975). The experimenting society and radical social reform: The role of the social scientist in chile's unidad popular experience. *American Psychologist, 30*(2), 99-115.

ZUÑIGA, R. (1994). *Planifier et évaluer l'action sociale.* Montréal: Presses de l'Université de Montréal.

Table des matières